Schriftenreihe der Neuen Juristischen Wochenschrift

Im Einvernehmen mit den Herausgebern der NJW
herausgegeben von
Rechtsanwalt Prof. Dr. Konrad Redeker
Rechtsanwalt Felix Busse

Heft 27/2

Schul- und Prüfungsrecht

Band 2
Prüfungsrecht

Von

Dr. Norbert Niehues

Vorsitzender Richter am Bundesverwaltungsgericht
in Berlin

Dritte, neubearbeitete Auflage

C.H. BECK'SCHE VERLAGSBUCHHANDLUNG
MÜNCHEN 1994

Zitierweise: Niehues, Prüfungsrecht, NJW-Schriften 27/2
(3. Aufl.)

ISBN 3 406 38160 X

Satz der C.H.Beck'schen Buchdruckerei, Nördlingen
Gedruckt auf säurefreiem,
aus chlorfrei gebleichtem Zellstoff hergestelltem Papier

Vorwort zur 3. Auflage

Es heißt: Vor Gericht und auf hoher See sind alle in Gottes Hand. Was für den Seefahrer und den Prozeßbeteiligten gilt, scheint auch für viele Prüflinge zu gelten. Prüfung nur mit Gottvertrauen oder – für den, der das nicht kann – als nackter Zufall wie ein Lotteriespiel? Das kann es wohl allein nicht sein, obwohl außer Frage steht, daß vor allem die punktuellen Leistungskontrollen, die gleichsam mit dem Blitzlicht der Momentaufnahme Kenntnisse und Fähigkeiten des Prüflings erhellen sollen, sehr leicht zufällig mal mehr ins Schwarze treffen und mal weniger. Wer will den Prüfungsstoff etwa der juristischen Staatsprüfungen umfassend beherrschen? Wer wagt zu behaupten, daß er einigermaßen sicher weiß, was alles „prüfungsrelevant" ist? Der Prüfungserfolg ist zu einem nicht unbedeutenden Teil „Lebensschicksal", wer immer auch es lenken mag.

Rechtliche Regelungen können dies nicht grundlegend ändern, aber jedenfalls versuchen, ein möglichst hohes Maß an Chancengleichheit zu gewährleisten. Da die Ausübung eines Berufs vielfach von dem Bestehen einer Prüfung abhängt, muß die Rechtsordnung bemüht sein, die Chancengleichheit zu wahren. Die zahlreichen Vorschriften der Prüfungsordnungen haben vor allem den Zweck, den Prüflingen gleiche Startchancen zu sichern, so daß letztlich die persönliche Befähigung den Ausschlag gibt. Daß auch dieses Ideal wohl nie erreicht wird, sollte nicht hindern, rechtliche Regelungen zu treffen, die ihm förderlich sind. Das Grundrecht der Berufsfreiheit (Art. 12 GG) läßt keine andere Wahl.

Da Gesetze und Verordnungen das Prüfungsgeschehen stets nur generalisierend erfassen könnnen, kommt es letztlich darauf an, wie sie in der Praxis angewendet werden. Gesucht ist der ideale Prüfer, der fachlich qualifiziert, in der Durchführung der Prüfung souverän, von Fairneß und Sachlichkeit erfüllt und außerdem befähigt ist, die Leistungen des Prüflings in allen Einzelheiten und in dem Gesamturteil richtig zu bewerten. Die Vorstellung, daß dies allenthalben so sei, ist zu schön, um wahr sein zu können. Auch das sollte jeder Prüfling wissen.

Die leidvoll dunklere Seite des Prüfungswesens wird in hohem Maße durch Rechtsstreitigkeiten dokumentiert, deren Ergebnisse in diesem Buch ausgewertet sind. Seit dem Erscheinen der 2. Auflage (1983) habe ich zusätzlich etwa 500 gerichtliche Entscheidungen gesammelt, in denen – durchweg mehrere – prüfungsrechtliche Rechtsfragen von grundsätzlicher Bedeutung beantwortet worden sind. Erfaßt worden sind ferner etwa 30 einschlägige Abhandlungen im Schrifttum.

Von den 10 prüfungsrechtlichen Entscheidungen des Bundesverfassungsgerichts aus diesem Zeitraum sind ohne Zweifel die beiden Beschlüsse vom

17. 4. 1991 (BVerfGE 84, 34 u. 59) von zentraler Bedeutung. Sie haben dazu geführt, daß die Kontrolle der Verwaltungsgerichte deutlich verstärkt worden ist: Macht der Prüfling substantiiert geltend, daß seine Antwort auf eine Fachfrage nicht – wie der Prüfer gemeint hat – falsch, sondern richtig oder zumindest vertretbar sei, hat das Gericht dies notfalls mit Hilfe eines Sachverständigen zu klären. Soweit es nicht um die richtige Beantwortung von Fachfragen geht, sondern um die Wertung der einzelnen Leistung nach Maßgabe der prüfungsspezifischen Anforderungen, bleibt den Prüfern zwar ein Bewertungsspielraum, den die Gerichte respektieren müssen. Die Defizite des Rechtsschutzes sind aber insofern dadurch auszugleichen, daß dem Prüfling ein „Anspruch auf Überdenken" seiner Leistungen in einem eigenständigen verwaltungsinternen Kontrollverfahren zuerkannt wird.

Dieser „Blitzstrahl aus Karlsruhe" hat bewirkt, daß ein großer Teil der bisherigen verwaltungsgerichtlichen Rechtsprechung in Prüfungsangelegenheiten überholt ist. Das betrifft insbesondere die zuvor von einem sehr weiten Beurteilungsspielraum ausgehende Judikatur des Bundesverwaltungsgerichts, die insgesamt in dieser Auflage mit zusätzlich etwa 150 Entscheidungen erfaßt worden ist. Die gebotene Neuorientierung verlangt, neue Wege zu gehen, die der seit 1992 zuständige 6. Senat des Bundesverwaltungsgerichts bereits beschritten hat (s. unten Rdn. 312 ff. u. 326, 399 ff.). In den übrigen Teilen wird die langjährige, bewährte Rechtsprechung des 7. Senats schon aus Gründen der Rechtssicherheit eine zuverlässige Grundlage bleiben, wenngleich die Erfahrung lehrt, daß andere Spruchkörper gelegentlich andere Akzente setzen. Aufgabe ist es, einen angemessenen Ausgleich zu finden zwischen dem Anliegen des Prüflings und den Anforderungen an Prüfer und Prüfungsbehörden. Durch übersteigerte – nur mit übermäßigem Aufwand realisierbare – Anforderungen werden insbesondere qualifizierte Personen von dem Amt des Prüfers abgehalten. Damit wäre niemandem gedient, am wenigsten den Prüflingen selbst.

Wegen dieser tiefgreifenden Wandlungen war der prüfungsrechtliche Teil der 2. Auflage im wesentlichen neu zu gestalten. Um insbesondere die umfangreiche neue Judikatur zu erfassen sowie alte und neue Rechtsfragen mit der gebotenen Ausführlichkeit zu erörtern, erwies es sich als unumgänglich, den prüfungsrechtlichen Teil, dessen Umfang nahezu verdoppelt worden ist, nunmehr als Band 2 des „Schul- und Prüfungsrechts" zu verselbständigen.

Eine solche Aufgabe läßt sich neben der richterlichen Tätigkeit nicht ohne Hilfe anderer erfüllen. Ich habe meinen Kollegen im 6. Senat des Bundesverwaltungsgerichts und unserem wissenschaftlichen Mitarbeiter Dr. Thomas Heitz für manchen guten Hinweis und anregende Gespräche zu danken. Mein besonderer Dank gilt meiner Tochter stud. jur. Karen Niehues für ihre kritischen Anmerkungen und zahlreichen Verbesserungsvorschläge; sie hat zudem das Stichwortverzeichnis fachkundig und aus der Sicht eines Prüflings in spe lebensnah gestaltet.

Berlin, im April 1994 *Norbert Niehues*

Inhaltsverzeichnis

	Rdn.	Seite

A. Einführung

	Rdn.	Seite
1. Die rechtliche Ordnung des Prüfungsgeschehens	1	1
2. Prüfungen als staatliche Angelegenheit/Grenzen der hoheitlichen Gestaltungsfreiheit	5	3
3. Die Gleichwertigkeit und die Anerkennung von Abschlüssen und Berechtigungen	10	6

B. Rechtsgrundlagen der Prüfungen/Rechtsgültigkeit der Prüfungsordnungen

	Rdn.	Seite
1. Der Vorbehalt des Gesetzes	21	15
a) Grundsätzliche Geltung	21	15
b) Regelung des Verfahrens und der Zuständigkeit	25	19
c) Regelungen der Leistungsanforderungen und der Leistungsbewertung	30	22
d) Regelungen betreffend schulische Leistungsbewertungen	41	26
e) Verzicht auf eine formell-gesetzliche Grundlage für eine Übergangszeit	48	30
2. Anforderungen an die Rechtsgültigkeit von Prüfungsordnungen/Folgen der Rechtsungültigkeit	51	32
3. Änderung der gesetzlichen Prüfungsbestimmungen/Vertrauensschutz	56	34
4. Verwaltungsvorschriften/ständige Prüfungspraxis	67	39

C. Mängel im Prüfungsverfahren

	Rdn.	Seite
1. Die allgemeine Bedeutung prüfungsrechtlicher Verfahrensregelungen	75	43
2. Die Verletzung von Verfahrensvorschriften/allgemeine Bedeutung und Konsequenzen, Schadensersatz	79	45
3. Der Anspruch auf Durchführung der Prüfung, Zulassung zur Prüfung und Fortsetzung des Prüfungsverfahrens	85	48
4. Der Anspruch auf Information, Anhörung, Akteneinsicht	104	58
a) Bei Prüfungen allgemein	105	58
b) Besonderheiten im schulischen Bereich	115	64

	Rdn.	Seite
5. Zuständigkeitsfragen/Besetzung des Prüfungsausschusses	124	68
6. Die Durchführung der Prüfung im einzelnen	136	74
a) Zur Person des Prüflings	137	74
aa) Die persönlich zu erbringende Leistung/Täuschungsversuch	140	76
bb) Die gesundheitliche Beeinträchtigung	153	83
(1) Merkmale der Prüfungsunfähigkeit	153	83
(2) Rügepflicht und Nachweis der Prüfungsunfähigkeit	158	88
(3) Genehmigung des Rücktritts	171	96
b) Zur Person des Prüfers	174	99
aa) Fachliche Qualifikation	174	99
bb) Eigenverantwortlichkeit und Unabhängigkeit	179	102
cc) Die Gebote der Fairneß und der Sachlichkeit	184	105
dd) Ausschluß von der Prüfung/Befangenheit	189	109
ee) Das Zusammenwirken der Prüfer/Verfahrensgestaltung	199	115
c) Der Prüfungsstoff	203	117
d) Form und Verlauf der Prüfung	215	124
aa) Das Verfahren zur Ermittlung der Leistungen und Fähigkeiten des Prüflings	215	124
(1) Allgemeine Grundsätze	215	124
(2) Unterschiedliche Formen der Leistungsermittlung	217	125
(3) Die Gestaltung der Prüfung im einzelnen	220	126
bb) Störungen durch äußere Einwirkungen	238	136
e) Das Prüfungsprotokoll	246	141
f) Das Verfahren bei der Bewertung der Prüfungsleistungen und das Prüfungsergebnis	251	144
7. Die Erheblichkeit von Verfahrensmängeln/Heilung durch Neubewertung	284	159
8. Die Wiederholung der Prüfung/Rücktritt mit Wiederholungsrecht	290	162
9. Widerspruch gegen die Prüfungsentscheidung/verwaltungsinternes Kontrollverfahren	312	172

D. Inhaltliche Bewertungsfehler

	Rdn.	Seite
1. Die materiell-rechtlichen Vorgaben für die Leistungsbewertung/prüfungsspezifische Wertungen	326	181
2. Rechtserhebliche Fehler bei der Bewertung von Prüfungsleistungen	331	183

Inhaltsübersicht IX

	Rdn.	Seite

a) Die Grundlagen und der Gegenstand der Bewertung ... 331 183
b) Willkürverbot und Beachtung allgemeingültiger Bewertungsgrundsätze 339 188
c) Sachfremde Erwägungen 352 194
d) Das Gebot, Gleiches gleich zu bewerten 355 196
e) Sonstige rechtliche Bindungen (Zusagen, ständige Bewertungspraxis)............................... 360 198
3. Die Erheblichkeit des Bewertungsfehlers 364 199
4. Neubewertung.................................. 367 201

E. Prozeßrechtliche Fragen

1. Verwaltungsrechtsschutz im Prüfungswesen/Rechtsschutzinteresse................................ 370 203
2. Der Verwaltungsrechtsweg........................ 372 204
3. Zuständigkeit................................... 374 205
4. Verfahrensbeteiligte/Klagebefugnis.................. 375 205
5. Der Gegenstand der gerichtlichen Kontrolle 378 207
   a) Klageziel/Klageart 381 208
   b) Das Vorverfahren 390 213
   c) Fristen.................................... 391 214
6. Das gerichtliche Verfahren/Aufklärungspflicht, Beweislast....................................... 392 215
7. Die gerichtliche Kontrolldichte/Bewertungsspielraum des Prüfers....................................... 399 219
8. Der Inhalt der gerichtlichen Entscheidung/Bindungswirkung 409 226
9. Vorläufiger Rechtsschutz 414 228
10. Vergleichsmöglichkeiten.......................... 420 231

Abkürzungsverzeichnis

a. A	anderer Auffasung
aaO	am angegebenen Orte
ABl	Amtsblatt
abl	ablehnend
AAppO	Approbationsordnung für Apotheker
ÄAppO	Approbationsordnung für Ärzte
Anm	Anmerkung
AöR	Archiv des öffentlichen Rechts
Art	Artikel
AS	Amtliche Sammlung
AVO	Ausführungsverordnung
Bad.-Wttbg., bad.-wttbg.	Baden-Württemberg, baden-württembergisch
BAG	Bundesarbeitsgericht
BÄO	Bundesärzteordnung
Bay, bay	Bayern, bayerisch
BayObLG	Bayerisches Oberstes Landesgericht
BayVBl	Bayerische Verwaltungsblätter
BayVerfGH	Bayerischer Verfassungsgerichtshof
BayVGH	Bayerischer Verwaltungsgerichtshof
Bd	Band
Beschl	Beschluß
BeschlSlg KMK	Beschlußsammlung der Kultusministerkonferenz
BFH	Bundesfinanzhof
BGBl	Bundesgesetzblatt
Berl., berl	Berlin, berliner
Brandbg., brandbg	Brandenburg, brandenburgisch
Brem, brem	Bremer, bremisch
Buchholz	Sammel- und Nachschlagewerk der Rechtsprechung des BVerwG (Nr. 421.0 Prüfungswesen)
BVerfG	Bundesverfassungsgericht
BVerfGE	Sammlung der Entscheidungen des BVerfG
BVerwG	Bundesverwaltungsgericht
BVerwGE	Sammlung der Entscheidungen des BVerwG
ders	derselbe
Diss	Dissertation
DJT-SchulGE	Schule im Rechtsstaat, Entwurf für ein Landesschulgesetz der Kommission Schulrecht des Deutschen Juristentages, 2 Bd., Beck-Verlag 1981

DÖD	Der öffentliche Dienst
DÖV	Die öffentliche Verwaltung
DRiG	Deutsches Richtergesetz
DRiZ	Deutsche Richterzeitung
DVBl	Deutsches Verwaltungsblatt
DVO	Durchführungsverordnung
Entsch	Entscheidung
Erl	Erlaß
ESVGH	Entscheidungssammlung des VGH
EUGRZ	Europäische Grundrechte Zeitschrift
FamRZ	Zeitschrift für das gesamte Familienrecht
f., ff.,	folgende
Fußn	Fußnote
GBl	Gesetzblatt
GemABl	Gemeinsames Amtsblatt
GS	Gesetzessammlung
GVBl., GV	Gesetz- und Verordnungsblatt
JAG	Juristenausbildungsgesetz
JAO	Juristenausbildungsordnung
Hamb., hamb	Hamburg, hamburgisch
Hess, hess	Hessen, hessisch
HessVRspr	Rechtsprechung der Hessischen Verwaltungsgerichte (Beilage zum Staatsanzeiger für das Land Hessen)
HRG	Hochschulrahmengesetz
IMPP	Institut für medizinische Prüfungsfragen
JZ	Juristenzeitung
KM	Kultusminister, Kultusministerium
KMK	Kultusministerkonferenz
KMK HSchR	Informationen zum Hochschulrecht der KMK
Lbg.	Lüneburg
LV	Landesverfasung
MDR	Monatsschrift für Deutsches Recht
Meckl.-Vorp	Mecklenburg-Vorpommern
Nds., nds	Niedersachsen, niedersächsisch
NJW	Neue Juristische Wochenschrift
NVwZ	Neue Zeitschrift für Verwaltungsrecht
NVwZ-RR	NVwZ-Rechtsprechungsreport
NW, nw	Nordrhein-Westfalen, nordrhein-westfälisch
NWVBL	Nordrhein-westfälische Verwaltungsblätter
OVG	Oberverwaltungsgericht
RdErl	Runderlaß
RdJB	Recht der Jugend und des Bildungswesens
Rdn	Randnummer
RhPf., rhpf	Rheinland-Pfalz, rheinland-pfälzisch

RiA	Recht im Amt
Saarl., saarl	Saarland, saarländisch
Sachs., sächs	Sachsen, sächsisch
Sachs.-Anh	Sachsen-Anhalt
Schl. H., schl. h., ...	Schleswig-Holstein, schleswig-holsteinisch
Schr. z. ÖR	Schriften zum Öffentlichen Recht
SchulG	Schulgesetz
SchulGE	s. DJT-SchulGE
SPE	Sammlung schul- und prüfungsrechtlicher Entsch.
St. Rechtspr	Ständige Rechtsprechung
StGH	Staatsgerichtshof
Thür., thür	Thüringen, thüringisch
Urt	Urteil
VBl BW	Verwaltungsblätter für Baden-Württemberg
VerwArch	Verwaltungsarchiv
VerwRspr	Verwaltungsrechtsprechung
VG	Verwaltungsgericht
VGH	Verwaltungsgerichtshof
VO	Verordnung
VVDStRL	Veröffentlichungen der Vereinigung der Deutschen Staatsrechtslehrer
VwGO	Verwaltungsgerichtsordnung
VwVfG	Verwaltungsverfahrensgesetz
WissR	Wissenschaftsrecht, Wissenschaftsverwaltung, Wissenschaftsförderung
ZBR	Zeitschrift für Beamtenrecht

Schrifttumsverzeichnis (Auswahl)

Becker, Peter ...... Prüfungsrecht – eine konstruktive Kritik seiner Rituale, Baden-Baden 1988
ders. .... Der Parlamentsvorbehalt im Prüfungsrecht, NJW 1990, 274
ders. .... Überlegungen zur „Neuzeit des Prüfungsrechts" NVwZ 1993, 1129
Berkemann, Jörg ... Die „eingeschränkte" richterliche Kontrolle schulischer Leistungsbewertungen – Ursprünge und Ideologien, RdJB 1986, 258
Brehm, Robert ..... Rechtsstaatliche Prüfungen?, RdJB 1992, 87
Guhl, Peter .... Prüfungen im Rechtsstaat, Bad Honnef 1978
Gusy, Christoph ... Prüfungsentscheidungen vor Gericht, Jura 1991, 633
Haas, Klaus .... Probleme des Rücktritts von der Prüfung aus gerichtlicher Sicht, VBl BW 1985, 161
Hofmeyer, Wolfgang Allgemein anerkannte Bewertungsgrundsätze als schulrechtliche Bewertungskriterien, Schr. z. ÖR Bd. 530, 1988
Jakobs, Otto-Wilhelm ..... Der vorläufige Rechtsschutz im Prüfungsrecht, VBl BW 1984, 129
Klenke, Reiner ..... Rechtsfragen des Justizprüfungsrechts, NWVBL 1988, 199
Koenig, Christian ... Zur gerichtlichen Kontrolle sogenannter Beurteilungspielräume im Prüfungsrecht, VerwArch 83. Bd. 1992, 351
Kopp, Ferdinand ... Die Neubewertung fehlerhaft bewerteter Prüfungsaufgaben, BayVBl. 1990, 684
Löwer, Wolfgang ... Kontrolldichte im Prüfungsrecht nach dem Maßstab des BVerfG, Festschrift für Redeker, München 1993, 515
Muckel, Stefan ..... Neues zum Rechtsschutz gegenüber Prüfungsentscheidungen, JuS 1992, 201
ders. .... Zum Gegenvorstellungsrecht des erfolglosen Rechtskandidaten, NVwZ 1992, 348
von Mutius, Albert/ Sperlich, Klaus ..... Prüfungen auf dem Prüfstand, DÖV 1993, 45
Niehues, Norbert ... Stärkere gerichtliche Kontrolle von Prüfungsentscheidungen, NJW 1991, 3001
Pietzcker, Jost ..... Verfassungsrechtliche Anforderungen an die Ausgestaltung staatlicher Prüfungen, Schr. z. ÖR Bd. 260

Redeker, Konrad ...	Verfassungsrechtliche Vorgaben zur Kontrolldichte verwaltungsgerichtlicher Rechtsprechung, NVwZ 1992, 305
Redeker, Konrad/ von Oertzen, Hans-Joachim	Verwaltungsgerichtsordnung, 11. Aufl., Stuttgart, Berlin, Köln 1994
Roellecke, Gerd	Recht und Prüfungen, Festschrift zum 125-jährigen Bestehen der Juristischen Gesellschaft zu Berlin, S. 625
Rozek, Jochen	Neubestimmung der Justitiabilität von Prüfungsentscheidungen, NVwZ 1992, 343
ders	Neubewertung einer fehlerhaft bewerteten Prüfungsarbeit im Prüfungsrechtstreit, NVwZ 1992, 33
Scherzberg, Arno ...	Behördliche Entscheidungsprärogativen im Prüfungsverfahren, NVwZ 1992, 31
Seebass, Friedrich ...	Die Prüfung – ein rechtsschutzloser Freiraum des Prüfers?, NVwZ 1985, 521
ders.............	Eine Wende im Prüfungsrecht?, NVwZ 1992, 611
Stelkens, Paul/Bonk, Heinz Joachim/ Sachs, Michael	Verwaltungsverfahrensgesetz, 4. Aufl. München 1993
Stüer, Bernhard	Systemgerechtigkeit in der Punktbewertung, NVwZ 1985, 545
Theuersbacher, Paul	Gerichtliche Kontrolle der Prüfungsentscheidungen im Antwort-Wahl-Verfahren der medizinischen und pharmazeutischen Prüfungen, BayVBl. 1991, 649.
Wagner, Fritjof.....	Das Prüfungsrecht in der aktuellen Rechtsprechung, DVBl. 1990, 183
Waldeyer, Hans-Wolfgang	in: Hailbronmner, Kommentar zum Hochschulrahmengesetz, Loseblattsammlung
Wimmer, Raimund ..	Gibt es gerichtlich unkontrollierbare „prüfungsspezifische" Bewertungsspielräume? in: Festschrift für Konrad Redeker, München 1993, S. 531
Wortmann, Bernd ..	Entwicklungen und Tendenzen in der Rechtsprechung zum Prüfungsrecht, NWVBL 1992, 304

A. Einführung

1. Die rechtliche Ordnung des Prüfungsgeschehens

Die persönliche und berufliche Entwicklung junger Menschen hängt wesentlich vom Erfolg zahlreicher Prüfungen[1] ab, in denen sie über ihr Wissen und ihre Leistungsfähigkeit Auskunft geben sollen. Wer selbst prüft oder sonstwie Leistungen anderer zu bewerten hat, weiß, wie unvollkommen die Einschätzungsmöglichkeiten trotz allen Bemühens sind, wie unbefriedigend und nicht selten von Zweifeln getragen manche Entscheidungen ausfallen.[2]

Ein rigoroser Abbau der Leistungskontrollen würde nichts bessern; denn da ein leistungsorientiertes Gemeinwesen nicht ohne Differenzierungen aufgrund von Leistungen und Eignungen auskommt, würden in diesem Fall andere – und zwar informelle und daher dubiose – „Überprüfungen" die Lücke ausfüllen. Bei den Bemühungen, die bestehenden Leistungskontrollen zu verbessern, insbesondere sie menschlicher, sicherer und durchsichtiger zu machen, kommt es in erster Linie auf die persönlichen Qualitäten der an der Leistungskontrolle Beteiligten – einschließlich der Kontrollierten – an. Der rechtliche Rahmen des Prüfungsgeschehens kann diese Dimension nur unvollkommen erfassen. Seine Bedeutung erschöpft sich weitgehend darin, eine gewisse äußere **Chancengleichheit** zu gewährleisten.

Prüfungen, die den Nachweis erworbener Fähigkeiten für die Aufnahme eines Berufs erbringen sollen, greifen in die **Freiheit der Berufswahl** ein und müssen daher den Anforderungen des **Art. 12 Abs. 1 GG** genügen. Das bedeutet im wesentlichen: Die maßgeblichen Leistungsanforderungen und Bewertungskriterien sind gesetzlich zu regeln (vgl. unten Rdn. 21 ff.). Inhaltlich dürfen die Beschränkungen des beruflichen Fortkommens durch Prüfungen nach Art und Umfang nicht ungeeignet, unnötig oder unzumutbar sein. Der Bewerber hat ein „Recht auf Prüfung"; danach kann er die Zulassung zur Prüfung beanspruchen, wenn er die rechtsgültigen Zulassungsvoraussetzungen erfüllt, und die Fortsetzung des Prüfungsverfahrens mit dem dafür vorgesehenen Abschluß verlangen, wenn nicht besondere Gründe (z.B. die Fest-

---

[1] Der Begriff „Prüfung" ist hier und nachfolgend in einem weiten Sinne gemeint. Er umfaßt hoheitliche Leistungsbewertungen schulischer und außerschulischer Art. Für die Überweisung in eine Sonderschule gelten die Ausführungen über schulische Prüfungen und Versetzungen entsprechend.

[2] Dazu insbesondere: Becker, Prüfungsrecht – eine konstruktive Kritik seiner Rituale, Baden-Baden 1988, und Birkel, Mündliche Prüfungen – zur Objektivität und Validität der Leistungsbeurteilung, Bochum 1978.

stellung eines Täuschungsversuchs) dem entgegenstehen.³ Die Effizienz des Grundrechtsschutzes ist auch durch die Ausgestaltung des Prüfungsverfahrens zu gewährleisten.⁴

3 Näher geregelt ist der rechtliche Rahmen des Prüfungsgeschehens in erster Linie durch **Prüfungsordnungen** unterschiedlicher Art und Rechtsqualität, auf die nachfolgend (zu B) eingegangen wird. Im konkreten Streitfall ist zunächst zu fragen, ob einschlägige Vorschriften der maßgeblichen Prüfungsordnung (möglicherweise auch als ein Bestandteil von Studienordnungen oder Hochschulsatzungen) eine bestimmte Regelung vorsehen. Demgegenüber kommen allgemeine prüfungsrechtliche Grundsätze und verfassungsrechtliche Gewährleistungen, insbesondere der aus Art. 3 GG herzuleitende Grundsatz der Chancengleichheit der Prüflinge und bei berufsbezogenen Prüfungen das Grundrecht der Berufsfreiheit (Art. 12 Abs. 1 GG),⁵ erst in zweiter Linie zum Tragen, etwa wenn die Rechtsgültigkeit einer Prüfungsordnung (teilweise) in Frage steht oder wenn sie zwar rechtsgültig ist, den umstrittenen Fall jedoch nicht oder nur ungenau regelt.

Es ist hier kein Raum dafür, den Inhalt aller in Betracht kommenden Prüfungsordnungen darzustellen und zu erläutern. Dazu sei auf die amtlichen Begründungen der Gesetzesentwürfe und privaten Kommentierungen verwiesen.⁶ Darüberhinaus läßt ein Blick auf die umfangreiche Rechtsprechung zum Prüfungsrecht erkennen, daß es trotz mancherlei Detailregelungen in den Prüfungsordnungen viele schwerpunktmäßig zu erfassende gemeinsame Rechtsprobleme gibt, deren Lösung durch die Rechtsprechung grundsätzliche Bedeutung hat.⁷ Dies mag darauf beruhen, daß viele Prüfungs- und Versetzungsordnungen in Grundfragen des Prüfungsgeschehens und wegen der

---

³ Dazu im einzelnen Rdn. 85 ff.; wegen der prozessualen Form der Geltendmachung des Prüfungsanspruchs s. Rdn. 381 ff.

⁴ Dazu insgesamt: BVerfG, Beschl. v. 17. 4. 1991 – 1 BvR 419/81, 213/83 – BVerfGE 84, 34 = NJW 1991, 2005 und – 1 BvR 1529/84, 138/87 – BVerfGE 84, 59 = NJW 1991, 2008; vgl. dazu ferner BVerfGE 53, 60 (65) und 80, 1 (24) sowie BVerwG, Urt. v. 7. 10. 1983 – 7 C 54.82 – BVerwGE 68, 69 (73); a. A.: Roellecke, Recht und Prüfungen, Festschrift zum 125-jährigen Bestehen der Juristischen Gesellschaft zu Berlin, S. 625.

⁵ Dazu: BVerfG, Beschl. v. 17. 4. 1991 aaO; BVerwG, Urt. v. 28. 4. 1978 – 7 C 50.75 – BVerwGE 55, 355 und Urt. v. 3. 12. 1981 – 7 C 30 u. 31 – NJW 1983, 407 = DVBl 1982, 447 und Urt. v. 9. 7. 1982 – 7 C 51.79 – Buchholz 421.0 Nr. 161 = DVBl 1983, 90.

⁶ Als Beispiele seien erwähnt: Brauer/Strobrawa, Approbationsordnung für Ärzte und Bundesärzteordnng, 4. Aufl. 1989; Waldeyer, in: Hailbronner, Kommentar zum Hochschulrahmengesetz §§ 15 ff.; Sebbel/Acker, Ausbildungs- und Prüfungsordnung für die gymnasiale Oberstufe, Deutscher Gemeindeverlag 1989.

⁷ Vgl. dazu die nach alphabetisch geordneten Stichworten aufgebaute Sammlung schul- und prüfungsrechtlicher Entscheidungen, hrsg. von Seipp/Knudsen (SPE), Luchterhand-Verlag. Aus dem Schrifttum sind dazu und auch wegen der nachfolgend erörterten Einzelrechtsfragen insbesondere die Gesamtdarstellungen von Becker, Prüfungsrecht (s. Anm. 2) und Guhl, Prüfungen im Rechtsstaat, Bad Honnef 1978, und Pietzcker, Verfassungsrechtliche Anforderungen an die Ausgestaltung staatlicher Prüfungen, Schr. z. ÖR Bd. 260 (1975), zu nennen. Vgl. ferner Heckel/Avenarius, Schulrechtskunde, 6. Aufl. 1986, S. 326 ff.

Bewertung der Leistungen inhaltlich übereinstimmende oder doch ähnliche Regelungen enthalten. Deshalb haben gerichtliche Entscheidungen, durch die Vorschriften einer bestimmten Prüfungsordnung – z. B. im Hinblick auf den Grundsatz der Chancengleichheit (Art. 3 GG) – verfassungskonform interpretiert werden, in aller Regel mittelbar auch rechtliche Auswirkungen für andere Prüfungsordnungen und Prüfungen. Dennoch muß davor gewarnt werden, etwa die Leitsätze, welche üblicherweise den Inhalt einer gerichtlichen Entscheidung zur Auslegung einer bestimmten Prüfungsordnung verallgemeinernd zum Ausdruck bringen, ohne weiteres auf die durch eine andere Prüfungsordnung geregelte Rechtslage zu übertragen. Vielmehr muß stets im Einzelfall geprüft werden, ob die maßgebliche Prüfungsordnung eine entsprechende Auslegung zuläßt.

Einfacher ist die Übernahme gerichtlicher Rechtserkenntnisse, die aus Anlaß anderweitiger prüfungsrechtlicher Streitigkeiten zustande gekommen sind, jedenfalls dann, wenn es um Rechtsfragen geht, die hier wie dort **nicht ausdrücklich in einer Prüfungsordnung geregelt** sind. Dies kommt in der Praxis häufig vor. Insbesondere wenn darum gestritten wird, ob bestimmte Formen des – insoweit nicht ausdrücklich geregelten – Prüfungsverlaufs mit dem verfassungsrechtlichen **Grundsatz der Chancengleichheit** zu vereinbaren sind, ist dies regelmäßig der Fall (s. unten Rdn. 215 ff.). Ein weiterer Schwerpunkt ist durch die Frage nach den Grenzen der gerichtlichen Kontrolle von Prüfungsentscheidungen gekennzeichnet (s. unten Rdn. 399 ff.). Darüberhinaus sind von den Gerichten auch viele Einzelfragen, die zumeist nicht in Prüfungsordnungen geregelt sind, mit grundsätzlicher Bedeutung für andere Prüfungsfälle entschieden worden, z. B. unter welchen Umständen das Recht des Prüflings auf ein faires Verfahren verletzt ist (vgl. Rdn. 184), auf welche Weise eine rechtsfehlerhafte Prüfungsentscheidung zu wiederholen ist (s. unten Rdn. 296 ff.), welche rechtlichen Anforderungen an das Antwort-Wahl-Verfahren zu stellen sind (s. unten Rdn. 34, 203 und 219, 259 ff. sowie 351) oder ob ein Anspruch auf Schadensersatz wegen einer rechtswidrigen Prüfungsentscheidung besteht (s. unten Rdn. 84).

2. Prüfungen als staatliche Angelegenheit/Grenzen der hoheitlichen Gestaltungsfreiheit.

Von den mannigfachen Leistungsbewertungen, die gemeinhin als „Prüfungen" bezeichnet werden, sind hier nur solche Gegenstand der Erörterung, die vom **Staat** und anderen **Trägern hoheitlicher Gewalt**, insbesondere von den Schulen und Hochschulen, abgehalten werden.[8] Gemeint sind nicht nur förmliche Abschlüsse, sondern auch andere hoheitliche Bewertungen, z. B.

---

[8] In der gerichtlichen Praxis wird ganz überwiegend um juristische und um ärztliche Staatsprüfungen gestritten.

ebenfalls bei der Nichtversetzung von Schülern oder der Zuweisung in eine andere Schulform (etwa in eine Sonderschule für Lernbehinderte) oder die leistungsbedingte Entlassung von einem Gymnasium. Es geht hier demnach – vereinfachend gesagt – um „hoheitliche Leistungsbewertungen". Die Prüfungen und Versetzungen anerkannter Ersatzschulen werden im folgenden ebenfalls erfaßt; denn da die staatliche Anerkennung der Prüfungs- und Versetzungsentscheidungen dieser Schulen „gleichwertige" Abschlüsse voraussetzt, betreffen die hier zu erörternden rechtlichen Bindungen auch diese **Schulen in freier Trägerschaft** jedenfalls insoweit, wie von ihrer Einhaltung die „Gleichwertigkeit" abhängt (vgl. dazu in der 2. Aufl. 2. Teil Rdn. 158ff.).[9]

Nicht Gegenstand der Erörterung sind Prüfungen, die in einem privatrechtlich ausgestalteten Prüfungsrechtsverhältnis stattfinden, z. B. denen tarifvertragliche Vereinbarungen zugrunde liegen.[10]

6 Gleichwie die Einführung und Ausgestaltung hoheitlicher Prüfungen zum staatlichen Gestaltungsbereich gehören, müssen diese in der (Letzt-)Verantwortung staatlicher Institutionen (z. B. staatlicher Prüfungsämter) auch durchgeführt werden. Soweit öffentliche Institutionen mit dem Recht zur **Selbstverwaltung** im Rahmen ihrer hoheitlichen Aufgaben Prüfungen abhalten, liegt die Verantwortung bei ihnen. Die staatliche Rechtsaufsicht wacht insofern (nur) darüber, daß Gesetz und Verfassung nicht verletzt werden.

7 Daß die **schulischen Leistungsbewertungen** zum **staatlichen Aufgabenbereich** gehören, folgt aus **Art. 7 Abs. 1 GG**.[11] Zuständig sind hinsichtlich des schulischen Bildungswesens generell die Bundesländer (Art. 30, 70 ff., 91 a GG), soweit nicht das Grundgesetz insbesondere durch die Art. 71 ff. dem Bund Gesetzgebungskompetenzen verliehen hat, beispielsweise für den Bereich der beruflichen Bildung (vgl. Art. 74 Nr. 11 GG). Der Bund regelt die **Laufbahnprüfungen der Bundesbeamten** (Art. 73 Nr. 8 GG). Der staatliche Einfluß auf die Regelung des Prüfungswesens öffentlicher Institutionen, denen ein Recht auf Selbstverwaltung zusteht, ist durch die Pflicht des Staates begrenzt, deren jeweilige auf ihre spezifischen Aufgaben bezogene – aber auch begrenzte –

---

[9] Wegen dieser inhaltlichen Zusammenhänge vgl. insbesondere: BVerwG, Urt. v. 18. 11. 1983 – 7 C 114.81 – BVerwGE 68, 185 = NVwZ 1984, 104 = RdJB 1984, 471 mit Anm. von Pieroth und BayVGH, Beschl. v. 28. 1. 1982 – 7 CE 81 A/2144 – NVwZ 1982, 562; VGH Bad.-Wttbg., Urt. v. 20. 1. 1983 – 9 (11) S 12/82 – NVwZ 1984, 124; Müller/Kromer, Zur Verfassungsmäßigkeit staatlicher Prüfungsordnungen für anerkannte Ersatzschulen, NVwZ 1984, 77.

[10] BVerwG, Beschl. v. 18. 1. 1993 – 6 B 5.92 – NVwZ-RR 1993, 251 = Buchholz 421.0 Prüfungswesen Nr. 311. Privatrechtliche Regelungen zwischen Arbeitgeber- und Arbeitnehmerverbänden sind auch nicht durch § 41 Berufsbildungsgesetz ausgeschlossen. Denn die dort normierte Pflicht zum Erlaß von öffentlich-rechtlichen Prüfungsordnungen gilt für die berufliche Fortbildung (§ 46 Abs. 1 Satz 2) nur entsprechend. Vgl. dazu ferner: OVG RhPf., Urt. v. 17. 7. 1991 – 2 A 10173/91.

[11] BVerwG, Beschl. v. 18. 2. 1981 – 7 B 10.81 und 7 B 13.81 – Buchholz 421.0 Prüfungswesen Nr. 141; zur Ordnung des Prüfungswesens an öffentlichen Schulen vgl. ferner: BayVerfGH, Entsch. v. 25. 7. 1979 – Vf. 6 – VII 76 – SPE III A III, S. 1.

Autonomie zu achten. Anerkannt ist, daß die Teilautonomie der **Hochschulen** auch das Recht umfaßt, die Voraussetzungen der Hochschulabschlüsse (z.B. betreffend die Promotion und die Habilitation) durch Satzung zu regeln. Soweit jedoch Abschlüsse nach Beendigung eines Hochschulstudiums zugleich Berechtigungen für den Eingang in den öffentlichen (Vorbereitungs-) Dienst vermitteln (z.B. bei den juristischen Staatsprüfungen und Prüfungen für das schulische Lehramt), handelt es sich trotz der Beteiligung von Hochschullehrern[12] um staatliche Prüfungen, die vorrangig der staatlichen Regelungsgewalt unterliegen.[13]

Der Staat handelt bei dem Erlaß genereller Vorschriften über die hoheitlichen Leistungsbewertungen durch seine **gesetzgebenden Organe (Parlamente)**. Die Frage, welche prüfungsrechtlichen Regelungen die Parlamente selbst treffen müssen, welche sie wegen der weiteren Einzelheiten durch die Ermächtigung zum Erlaß einer Rechtsverordnung delegieren und welche sie der Verwaltung zur eigenverantwortlichen Regelung durch Erlasse und Richtlinien überlassen dürfen, ist nur schwierig zu beantworten. Darauf wird gesondert unter Rdn. 21 ff. eingegangen.

Der Gesetz- oder Verordnungsgeber (bzw. die Institution mit eigener Satzungsgewalt) hat hinsichtlich des Inhalts der von ihm zu erlassenden **Prüfungsordnung** ein am Zweck der jeweiligen Leistungsbewertung zu orientierendes weites **Ermessen**.[14] Beispielsweise liegt es in seinem Ermessen anzuordnen, daß unzureichende Leistungen in einzelnen Prüfungsgebieten durch bestimmte bessere Leistungen in anderen Gebieten ausgeglichen werden können und welches Gewicht etwa die mündlich erbrachten Leistungen im Verhältnis zu den schriftlichen Leistungen haben.[15] Die Grenzen der hoheitlichen Gestaltungsfreiheit sind außer durch den Zweck der jeweiligen Leistungskontrolle auch durch allgemeine prüfungsrechtliche – zumeist im Bundesverfassungsrecht (Art. 3 und 12 GG) wurzelnde – Schranken vorgegeben, insbesondere durch das Verbot sachlich nicht gerechtfertigter übermäßiger Anforderungen (Verhältnismäßigkeitsprinzip) sowie durch das Gebot, die Chancengleichheit und allgemeingültige Bewertungsgrundsätze zu beachten (vgl. dazu im einzelnen die Abschnitte C und D).

---

[12] Die in Art. 5 Abs. 3 S. 1 GG verbürgte Freiheit der Lehre erleidet durch die Ausrichtung akademischer Lehrveranstaltungen auf staatliche Prüfungen keine unzulässige Beschränkung: BVerwG, Beschl. v. 25. 5. 1978 – 7 B 124.77 – Buchholz 421.0 Prüfungswesen Nr. 91.
[13] Dazu insgesamt: Waldeyer, in: Hailbronner, Kommentar zum Hochschulrahmengesetz § 15 Rdn. 7 ff; vgl. ferner: HessVGH, Beschl. v. 7. 4. 1982 – VI TG 189/82 – (betr. die Mitwirkungsbefugnis des Kultusministers bei der Schaffung von Studien – und Prüfungsordnungen der Hochschulen). Wegen des staatlichen Einflusses auf die Promotionsordnung einer Theologischen Fakultät: VGH Bad.-Wttbg., Urt. v. 19. 7. 1984 – 9 S 2239/82 – NVwZ 1985, 126 = VBl BW 1985, 341.
[14] BVerwG, Beschl. v. 30. 5. 1979 – 7 B 47.79 – Buchholz 421.0 Prüfungswesen Nr. 110 = DÖV 1979, 754).
[15] BVerwG, Beschl. v. 30. 5. 1979, aaO.

3. Die Gleichwertigkeit und die Anerkennung von Abschlüssen und Berechtigungen

10   Es wird häufig beklagt, daß die Bildungsgänge, Leistungsanforderungen und Abschlüsse in den einzelnen Bundesländern zu wenig einheitlich seien. Wer etwa in Bremen oder im Land Hessen eine Prüfung abgelegt hat, vermag häufig nicht einzusehen, daß der damit erbrachte Leistungs- und Befähigungsnachweis nicht gleichsam automatisch auch in jedem anderen Bundesland anerkannt wird. Bei Abschlüssen in der ehemaligen DDR oder im Ausland ist die Anerkennung durchweg besonders schwierig. In der Tat entstehen durch die zum Teil erheblichen Divergenzen bei den Abschlüssen und Berechtigungen negative Folgen für das Beschäftigungssystem und nicht zuletzt für Familien mit schulpflichtigen Kindern. Hier ist nicht der Ort, den nachteiligen Folgen des **föderativen Bildungssystems** nachzugehen und diese mit den Vorteilen dieses Systems abzuwägen.[16] Im Mittelpunkt der Erörterungen stehen vielmehr die individuellen Rechte des einzelnen Betroffenen (Schülers, Studenten oder z.B. auch eines Lehramtsbewerbers), der einen vom allgemeinen Standard[17] abweichenden Abschluß – etwa auch im Ausland – erreicht hat und damit in einem anderen Bundesland – oder überhaupt im Bundesgebiet – die für seine weitere Berufsausbildung oder für die Berufsaufnahme nötige Anerkennung sucht.[18] Zum besseren Verständnis soll dennoch zunächst auf die objektiv-rechtlichen Grundlagen der damit aufgeworfenen Rechtsfragen eingegangen werden:

11   Verfassungsrechtlich steht außer Frage, daß der jeweilige Landesgesetzgeber in dem Rahmen seiner Gesetzgebungszuständigkeit, z.B. im Bereich des Schul- und Hochschulwesens, **prinzipiell nicht gehindert** ist, von der Gesetzgebung anderer Länder **abweichende Regelungen** über Prüfungen und Verset-

---

[16] Dazu insbesondere: Hufen, Gegenwartsfragen des Kulturföderalismus, BayVBl 1985, 1 und 37; Richter, Alternativen zur Kompetenzverschiebung im Bildungsföderalismus, DÖV 1979, 185; vgl. dazu auch den Bericht der Bundesregierung über die strukturellen Probleme des föderativen Bildungssystems, Bundesdrucksachen 8/1551 („Mängelbericht"); zur Kritik demgegenüber: Stellungnahme („Strukturbericht") der KMK vom 20./21. 4. 1978 (187. Plenarsitzung) sowie die Stellungnahme der Kultusminister der Länder Baden-Württemberg, Bayern, Niedersachsen, Rheinland-Pfalz, Saarland und Schleswig-Holstein 1978; ferner: Klöpfer, Die Verfassungsmäßigkeit des „Mängelberichts", Zeitschrift für Rechtspolitik 1978, 121.
[17] Bemühungen um eine Vereinheitlichung gibt es seit langem; vgl. dazu insbesondere das Abkommen zwischen den Ländern der Bundesrepublik zur Vereinheitlichung auf dem Gebiet des Schulwesens („Hamburger Abkommen") vom 28. 10. 1964/14. 10. 1971, BeschlSlg KMK 101. Beschl. der KMK vom 25. 6. 1982/17. 1. 1984 betr. die in der gymnasialen Oberstufe erworbenen Zeugnisse der allgemeinen Hochschulreife, BeschlSlg KMK 175.7 und vom 27./28. 5. 1982 betr. die Anerkennung von Abschlüssen an integrierten Gesamtschulen, BeschlSlg KMK 473.4.
[18] Wegen der Anerkennung von Lehramtsprüfungen: BVerwG, Urt. v. 22. 10. 1981 – 2 C 42.80 – BVerwGE 64, 142 und – 2 C 70.81 – BVerwGE 64, 153.

zungen zu treffen. Werden aufgrund dessen in einem Bundesland weniger schwere Anforderungen gestellt, sind die anderen Bundesländer nicht etwa wegen des Gleichheitssatzes (Art. 3 GG) verpflichtet, die weniger qualifizierten Abschlüsse oder sonstigen Prüfungsentscheidungen anzuerkennen. Denn die föderative Struktur der Bundesrepublik Deutschland verschafft in den davon betroffenen Bereichen der **Vielfalt** allgemeinen Vorrang vor der **Gleichheit**.[19] Freilich darf das einzelne Bundesland auch Prüfungen und schulische Versetzungen sowie die sich daraus ergebenden Berechtigungen nicht rücksichtslos und in jeder Weise beliebig ausgestalten, sondern es sind ihm insbesondere durch die gleichermaßen mit Verfassungsrang versehenen Pflichten zur **Bundestreue** (zu „bundesfreundlichem Verhalten") äußerste Grenzen gesetzt. Die dadurch gegebenen Bindungen, welche grundsätzlich auch das Verhalten der Länder untereinander betreffen, sind jedoch nur sehr abstrakt definiert, etwa als eine Verpflichtung der Länder, ihre Schulsysteme aufeinander abzustimmen.[20] Der Grundsatz bundesfreundlichen Verhaltens verpflichtet jedes Land, bei der Inanspruchnahme seiner Rechte die gebotene Rücksicht auf die Interessen der anderen Länder und des Bundes zu nehmen und nicht auf die Durchsetzung rechtlich eingeräumter Positionen zu beharren, welche die elementaren Interessen anderer Länder schwerwiegend beeinträchtigen.[21] Demgemäß sind die Bundesländer bundesrahmenrechtlich verpflichtet, dafür Sorge zu tragen, daß die Hochschulzugangsberechtigungen hinsichtlich der jeweiligen Anforderungen und Bewertungen vergleichbar sind (§ 32 Abs. 3 Nr. 1 Satz 4 HRG).

Wegen dieser Grundsätze herrscht im wesentlichen kein Streit. Problematisch wird es jedoch, wenn anläßlich eines umstrittenen Einzelfalles entschieden werden muß, ob diese oder jene landesrechtliche (Sonder-) Regelung noch auf der Grundlage des föderativen Systems von der Gestaltungsfreiheit des jeweiligen Bundeslandes gedeckt ist oder jedoch wegen der gravierenden Auswirkungen für das allgemeine Bildungssystem und die durch Schule und Hochschule vermittelten Berechtigungen als **unerträglich** oder **rücksichtslos** im Sinne der angeführten Rechtsprechung des Bundesverfassungsgerichts zu bewerten ist. Für die Abwägung, welcher der vorbezeichneten Verfassungsgrundsätze im Einzelfall stärker zum Zuge kommt, gibt es keine eindeutigen Maßstäbe, sondern nur Anhaltspunkte aufgrund von Präjudizien, die zumindest teilweise weiterhelfen können:

Nicht zulässig wäre es, aus dem Grundsatz der **Bundestreue** und der Pflicht zu bundesfreundlichem Verhalten durchgängige Bindungen der einzelnen Landesgesetzgeber an die üblichen Vereinbarungen der **Kultusministerkonferenz** (vgl. oben Anm. 17) herzuleiten, ganz abgesehen davon, daß diese auf

---

[19] St. Rspr.: BVerfGE 10, 354 ff.(371), BVerfGE 33, 224 ff.(231); BVerwG, Beschl. v. 31. 5. 1978 – 7 B 141.77 – Buchholz 421.0 Prüfungswesen Nr. 93.
[20] BVerfGE 34, 165 ff. (194).
[21] BVerfGE 34, 216 (232); 42, 103; 43, 291 (348) und 59, 360 (377).

ministerieller Ebene geschlossenen Abmachungen die Parlamente nicht binden. Demgemäß liegt auch nicht etwa schon allein darin ein Verstoß gegen den Grundsatz der Bundestreue, daß ein Bundesland in irgendeiner Weise von dem vorerwähnten „Hamburger Abkommen" abgewichen ist.[22] Geht die Abweichung indes über eher periphere Bereiche des Bildungssystems deutlich hinaus und wird etwa in den zentralen Fragen des Berechtigungswesens (z. B. betreffend die Reifeprüfung und deren wesentliche Anforderungen) ein „eigener Weg" gesucht, der die bundesweite Realisierbarkeit eines solchen Systems verhindert, so liegt die Annahme eines Verfassungsverstoßes nahe. Insbesondere wenn es nicht mehr nur um das „rücksichtsvolle" Verhalten der Bundesländer untereinander geht, sondern wenn darüberhinaus die **Grundrechte** der davon betroffenen Schüler und Prüflinge zu berücksichtigen sind, gelangt die „föderative Gestaltungsfreiheit" an ihre Grenzen. Beispielsweise zwingt im Bereich der Hochschulzulassung der Grundrechtsschutz (Art. 12 GG) die Länder zu einer Kooperation durch Staatsvertrag, soweit diese bundesweite Aufgabe nicht anders zu bewältigen ist.[23] Dies gilt jedoch – was die Vereinheitlichung anbelangt – wiederum nur als eine prinzipielle **Verpflichtung zur kooperativen Verwirklichung des Grundrechtsschutzes** und nicht als eine einklagbare Verpflichtung, im einzelnen näher bezeichnete Regelungen einzuführen. Auch Art. 12 GG enthält keine geeigneten Maßgaben, nach denen eine bundesweite Koordinierung der in Betracht kommenden unterschiedlichen Lösungen (z. B. hinsichtlich einzelner Anforderungen an die Reifeprüfung als Voraussetzung zur Hochschulzulassung) als verfassungsrechtlich geboten zu qualifizieren wäre.[24]

13 Für den einzelnen Schüler, Studenten oder Absolventen einer Hochschule ist es wesentlich, ob und aus welchem Recht er selbst einen **persönlichen** – notfalls einklagbaren – **Anspruch** daraus herleiten kann, daß sein in dem einen Bundesland erreichter (Prüfungs-) Abschluß in dem anderen Bundesland **anerkannt** wird. In erster Linie ist auch hier nach einschlägigen spezialgesetzlichen Regelungen zu suchen.[25] Fehlt eine spezialgesetzliche Regelung in dem

---

[22] BVerfG, Beschl. v. 25. 8. 1978 – 1 BvR 338/75 – RdJB 1979, 325 (327) und v. 22. 6. 1977 – 1 BvR 799/76 – BVerfGE 45, 400 (421) = NJW 1977, 1723 (betr. die Abweichung des hess. Vorschaltgesetzes zur Oberstufenreform von der KMK-Vereinbarung vom 7. 7. 1972).

[23] BVerfGE 33, 303.

[24] BVerfGE 33, 303, und 43, 291 ff.(349); vgl. ferner: BVerwG, Urt. v. 1. 12. 1982 – 7 C 72.81 – Buchholz 421.0 Nr. 168 = NVwZ 1983, 470.

[25] Hinzuweisen ist insbesondere auf § 122 Abs. 1 Beamtenrechtsrahmengesetz, der insbesondere bei der Zulassung zum staatlichen Vorbereitungsdienst für Lehrer und Juristen (§ 6 DRiG) bedeutsam ist; vgl. dazu: BVerwG, Urt. v. 22. 10. 1981 – 2 C 42.80 – BVerwGE 64, 142, und – 2 C 70.81 – BVerwGE 64, 153 (159). Spezialgesetzliche Regelungen gelten auch für die Hochschulzulassung nach dem Hochschulrahmengesetz und den Staatsverträgen der Länder. Die Gleichstellung von Zeugnissen öffentlicher Schulen ist bislang nur vereinzelt geregelt (s. z. B. § 38 berl SchulG; vgl. auch § 61 DJT-SchulGE).

In diesem Zusammenhang darf nicht verkannt werden, daß Verwaltungsvereinbarun-

Bundesland, in dem der Anspruch auf Anerkennung geltend gemacht wird, bleibt nur die Möglichkeit, ihn auf verfassungsrechtliche Gewährleistungen etwa aus den Art. 3 und 12 GG zu stützen.[26] Anders als konkrete gesetzliche Regelungen hat eine solche – sehr abstrakte – verfassungsrechtliche Anspruchsgrundlage für den, der die Anerkennung seines Abschlusses anstrebt, den erheblichen Nachteil, daß das letztlich entscheidende Kriterium der „Gleichwertigkeit" hier besonders offen ist.

Mit diesen verfassungsrechtlichen Gewährleistungen **nicht** in Einklang steht die Auffassung des BVerwG,[27] ein **Anspruch auf Anerkennung** anderer, in anderen Ländern abgelegter Prüfungen „als mit jener Prüfung gleichwertig" sei **von vornherein ausgeschlossen**. Auch aus Art. 12 Abs. 1 GG sei ein solcher Anspruch nicht herzuleiten; denn ein Bundesland könne kraft der ihm aufgrund des föderalistischen Prinzips zukommenden Eigenständigkeit nicht allein durch das Grundrecht der Berufsfreiheit gezwungen werden, in möglicherweise umfangreiche, erheblichen Verwaltungsaufwand erfordernde Ermittlungen darüber einzutreten, ob die in einem anderen Bundesland abgelegte Prüfung trotz möglicherweise unterschiedlicher Ausbildungsdauer, unterschiedlicher Ausbildungsinhalte und unterschiedlicher Prüfungspraxis dennoch gleichwertig sei mit einer Prüfung vor den eigenen Prüfungsbehörden. Diese Rechtsauffassung ist verfassungsrechtlich kaum haltbar. Im Grundrechtsbereich, hier neben **Art. 12 Abs. 1** auch **Art. 2 Abs. 1** und **Art. 3 GG**, kann ein „möglicherweise" erheblicher Verwaltungsaufwand nicht pauschal die Verkürzung der subjektiven Rechte von Grundrechtsträgern rechtfertigen, zumal ein solcher Aufwand wegen der **Pflicht zu bundesfreundlichem Verhalten** in den Grenzen des noch Erträglichen und Zumutbaren von den Ländern gegenseitig erbracht werden muß. Die Schwierigkeiten, die einer hinreichend präzisen Feststellung der Gleichwertigkeit nicht selten im Wege stehen, können den Anspruch auf Anerkennung des „gleichwertigen" Abschlusses nicht prinzipiell ausschließen. Die Interessen der Verwaltung sind zumeist schon dadurch hinreichend gewahrt, daß es in erster Linie Sache des Klägers ist, die Gleichwertigkeit des von ihm in einem anderen Bundesland erreichten Abschlusses näher darzulegen, und daß es zu seinen Lasten geht, wenn die behauptete Gleichwertigkeit mit einem der Sache angemessenen Verwaltungsaufwand nicht hinreichend sicher festzustellen ist und daher letztlich offen bleibt (dazu unten Rdn. 398).

---

gen der Bundesländer grundsätzlich keine individuellen Ansprüche enthalten; sie können aber durch Landesgesetz in diesem Sinne bekräftigt werden (z.B. das „Hamburger Abkommen" (vgl. Anm. 17) in einigen Bundesländern).
Eine Eignungsprüfung, deren Zweck sich in der Zulassung zu einer bestimmten Schule oder Schulart erschöpft, kann nicht einer sog. Nichtschülerprüfung (etwa bei dem allgemeinbildenden Abschluß des 2. Bildungsweges) gleichgesetzt werden (VGH Bad.-Wttbg., Urt. v. 3. 8. 1990 – 9 S 744/90 – SPE 266 Nr. 3).
[26] BVerfGE 33, 303 (352 ff.) am Beispiel der Hochschulzulassung (Verbot der „Landeskinderklausel").
[27] Urt. v. 1. 12. 1982 – 7 C 72.81 – NVwZ 1983, 470 = Buchholz aaO Nr. 168.

15 Zu beachten ist, daß die hierzu von dem einzelnen Bundesland getroffenen Regelungen in vielen Fällen **Zulassungsvoraussetzungen** für das berufliche Fortkommen darstellen, welche die auf die Grundrechte gestützten Anerkennungsansprüche zum Schutze wichtiger Gemeinschaftsgüter in zulässiger Weise begrenzen können, und daß die Länder auch unter dem Gesichtspunkt des freien Zugangs zu den Ausbildungsstätten gemäß Art. 12 Abs. 1 Satz 1 GG berechtigt sind, die verfassungskonformen Zulassungsvoraussetzungen von allen Bewerbern zu verlangen, auch von solchen aus anderen Bundesländern.[28] Es ist jedoch letztlich eine Frage der Auslegung der jeweiligen Prüfungsanforderungen und ihrer vergleichenden Bewertung, deren Beantwortung Aufschluß darüber geben muß, ob die in dem einen Land festgelegten, eine bestimmte fachliche Qualifikation des Bewerbers verlangenden Zulassungsvoraussetzungen (auch) im Hinblick auf die von einem anderen Bundesland erteilten Zeugnisse und Berechtigungen inhaltlich erfüllt sind oder nicht. Allein auf die äußere Form des Leistungsnachweises darf es in dem hier tangierten Schutzbereich der Art. 12 Abs. 1 und Art. 3 GG nicht ankommen.

16 Die sachliche Prüfung, ob die miteinander zu vergleichenden Abschlüsse und Berechtigungen trotz einiger Divergenzen insgesamt dennoch **gleichwertig** sind, hat darauf abzustellen, ob die jeweiligen Anforderungen, die zu dem Abschluß führen, in den wesentlichen Punkten gleiches Gewicht haben und nicht etwa so erheblich voneinander abweichen, daß eine unterschiedslose Vergabe der erstrebten Berechtigung willkürlich wäre.[29] Bei der dabei vorzunehmenden Gewichtung darf nicht kleinlich auf Nebensächlichkeiten oder Äußerlichkeiten abgestellt werden. Weder darf die volle Identität der Leistungsanforderungen vorausgesetzt, noch entscheidend darauf abgestellt werden, ob etwa die Organisation und der Aufbau der jeweiligen Bildungsgänge sich in den Einzelheiten entsprechen. Aus **Staatsverträgen** oder gar aus den **Verwaltungsvereinbarungen** der Länder können die Betroffenen zwar nicht unmittelbar für sich selbst Ansprüche herleiten. Aus solchen Abkommen[30] können jedoch Anhaltspunkte dafür gewonnen werden, ob eine grundsätzliche Übereinstimmung in den wesentlichen Punkten besteht.[31] Soweit Vereinbarungen der Bundesländer (z. B. das „Hamburger Abkommen")[32] in einem von ihnen durch ein zustimmendes Landesgesetz Gesetzeskraft erlangt hat,

---

[28] BVerwG, Urt. v. 1. 12. 1982 – 7 C 72.81 – Buchholz 421.0 Nr. 168 unter Hinweis auf BVerwGE 64, 142 und 153.

[29] Hierzu insbesondere: Laaser, Die Gleichwertigkeit von Schulabschlüssen in dem föderalen Bildungssystem des Bundes, RdJB 1982, 352.

[30] Vgl. insbesondere das „Hamburger Abkommen" (s. o. Fußn. 17). Vgl. ferner: Jülich, Festschrift für Hans-Ulrich Scupin (1983), S. 755 ff. (772).

[31] BayVGH, Beschl. v. 7. 11. 1980 – Nr. 7 CE 80 A 1250 – NJW 1981, 1973 (betr. die Anerkennung von Reifezeugnissen hinsichtlich der Anforderungen an Fremdsprachen) und Beschl. v. 27. 9. 1973 – Nr. 182 III 73 – SPE II B III, S. 1 (betr. die Anerkennung der Fachoberschulreife in Bayern aufgrund eines Abschlußzeugnisses der 10. Hauptschulklasse in NW).

[32] S. o. Fußn. 17.

hat der Landesgesetzgeber eine rechtliche Bindung auch gegenüber dem einzelnen Betroffenen geschaffen.[33] Wie immer die Regelung auch entstanden sein mag, so stellt sich hinsichtlich der Rechte aus Art. 12 GG in jedem Fall die Frage, ob die damit im Rahmen des grundrechtlichen Gesetzesvorbehalts geschaffenen **subjektiven Zulassungsbedingungen** inhaltlich im Interesse des **Gemeinwohls** gerechtfertigt sind.[34]

Für die danach im Einzelfall vorzunehmende (vergleichende) **Abwägung** können hier nur einige exemplarische Hinweise gegeben werden: Fehlt etwa eine der für die Erlangung der Hochschulreife vorausgesetzten **Fremdsprachen**, wird die Anerkennung – solange allgemein mehr als eine Fremdsprache vorgesehen ist – so nicht zu erreichen sein. Ferner würde ein Anspruch auf Gleichsetzung von musischen Fächern des musischen Schultyps eines Gymnasiums mit der 2. Pflichtfremdsprache eines „normalen" Gymnasiums in Art. 2 Abs. 1, Art. 3, 12 GG keine Stütze finden.[35] Dagegen darf die Anerkennung in aller Regel nicht schon deshalb versagt werden, weil anderswo in einer (Pflicht-) Fremdsprache nur drei der sonst üblichen vier Wochenstunden unterrichtet worden sind. Die Zeitspanne (z. B. die Semesterzahl), in der ein Fach gelehrt worden ist, darf nur dann ausschlaggebend sein, wenn die allzu kurze Dauer des Unterrichts oder der Lehrveranstaltung unter normalen Umständen eine Gleichwertigkeit des damit erreichten Leistungsstandes ausschließt. Unerheblich sollte ein Unterrichtsausfall sein, wenn er – wäre er z. B. krankheitsbedingt erfolgt – in der Regel als nachholbar gilt. Schließlich ist – wenn der Sachverhalt dazu Anlaß gibt – auch zu erwägen, ob das Fehlen einzelner Anforderungen durch die (bessere oder zusätzliche) Erfüllung anderer Anforderungen kompensiert wird. Entscheidend dafür ist, ob die erbrachten Leistungen insgesamt den Anforderungen in etwa entsprechen, die für den betreffenden Abschluß angesichts des von ihm bezeugten Leistungsnachweises und der von ihm vermittelten Berechtigungen prägend sind.[36]

17

---

[33] So in Baden-Württemberg durch Gesetz v. 24. 5. 1967 (GBl. S. 74) und v. 11. 4. 1972 (GBl. S. 126).
[34] BVerfGE 33, 303 und 7, 377; vgl. ferner: BVerwG, Beschl. v. 2. 2. 1979 – 7 C 60.76 – DÖV 1979, 751.
[35] Das BVerwG (Beschl. v. 2. 2. 1979, aaO) kommt zu diesem Ergebnis auch ohne eine Gewichtung („Erheblichkeit") der unterschiedlichen Anforderungen allein deshalb, weil das betr. Zeugnis von den einheitlichen Maßstäben des „Hamburger Abkommens" abweiche. Dagegen stellt der BayVGH (Beschl. v. 7. 11. 1980 aaO) treffender darauf ab, ob es sich um von den Ländern übereinstimmend festgelegte Mindestforderungen handelt und ob die dort in Rede stehende Fremdsprachenausbildung als „wesentliche" Voraussetzung der materiellen Gleichwertigkeit von Hochschulzugangsberechtigungen und damit der Anerkennung der Bundesländer untereinander ist.
[36] Wegen weiterer Einzelfälle vgl. BVerwG, Urt. v. 22. 10. 1982 – 7 C 31.79 – Buchholz 421.0 Prüfungswesen Nr. 166 = NVwZ 1983, 223; BayVGH, Urt. v. 16. 10. 1981 – Nr. 3 B 81 A 701 – NJW 1982, 786; OVG NW, Urt. v. 21. 6. 1985 – 15 A 1469/ 84 – DVBl 1986, 632 (betr. die Einbeziehung anderweitig erbrachter, dort als gleichwertig angesehener Studien- und Prüfungsleistungen); vgl. ferner: OVG NW, Urt. v.

18 Läßt sich die zwischen den Parteien umstrittene „Gleichwertigkeit" im Einzelfall nicht hinreichend feststellen, geht dies zu Lasten des Bewerbers(Klägers), weil somit eine Anspruchsvoraussetzung für die begehrte Anerkennung nicht gegeben ist.[37] Die hier im Rahmen des Grundrechtsschutzes gebotene „Großzügigkeit" der Betrachtungsweise, welche kleinliche Differenzierungen nach weniger bedeutsamen Merkmalen ausschließt, bewirkt nicht, daß bei verbleibenden, nicht unerheblichen Divergenzen im Zweifel stets zugunsten des um die Anerkennung streitenden Bewerbers entschieden werden muß. Damit verbleibt freilich in diesem aktuellen Problemfeld eine erhebliche Unsicherheit, solange über die Anerkennung – wie in den meisten bisher streitigen Fällen – allein nach dem groben Raster des Grundrechtsschutzes befunden werden kann. Auch die Gerichte haben auf dieser Grundlage wenig Anhaltspunkte für eine Entscheidungsfindung, so daß eine uneinheitliche Rechtsprechung zu befürchten ist.[38]

Einen Weg, diesem Mangel abzuhelfen, weist § 61 DJT-SchulGE. Darin wird – anknüpfend an den Grundsatz des bundesfreundlichen Verhaltens auch der Länder untereinander – die gesetzliche Regelung vorgeschlagen, daß von der Bewertung der Abschlüsse und Berechtigungen durch das „abgebende" Land auszugehen ist. Die Anerkennung darf von dem – sich durch diese Vorschrift selbst bindenden – „aufnehmenden" Land nur dann versagt werden, wenn die Anforderungen an den Erwerb der Abschlüsse und Berechtigungen offensichtlich ungleichwertig sind gegenüber den Abschlüssen und Berechtigungen, die in dem „aufnehmenden" Land durch oder aufgrund eines Gesetzes geregelt sind. Mit einer solchen landesgesetzlichen Regelung würde zugleich dem Gesetzesvorbehalt, der ebenfalls für die Regelung der Anerkennung von Abschlüssen und Berechtigungen gilt, Rechnung getragen.[39] Sind auch die Abschlüsse selbst, einschließlich der dafür vorauszusetzenden maßgeblichen Anforderungen, in dem nachfolgend erörterten Rahmen durch Gesetz oder aufgrund eines Gesetzes durch Rechtsverordnung näher festgelegt, dürfte es erheblich leichter fallen, die hier vorzunehmenden Abgrenzungen

---

23. 11. 1979 – 15 A 472/79 – SPE VI A IX, S. 291 und Urt. v. 3. 8. 1979 – 15 A 1490/78 – SPE VI A IX, S. 281.

[37] Vgl. unten Rdn. 398. Ein besonderer förmlicher Gleichwertigkeitsnachweis mag zwar vorteilhaft sein, da er das Verfahren erleichtert und die Positionen frühzeitig verdeutlicht. Eine unumgängliche rechtliche Voraussetzung für die Anerkennung ist er jedoch nicht, und zwar auch dann nicht, wenn die Fakultät den Nachweis in der Prüfungsordnung vorgesehen hat; s. BVerwG, Beschl. v. 15. 5. 1985 – 7 B 54.84 – NVwZ 1985, 654.

[38] Die „Gleichwertigkeit" ist als ein „unbestimmter Rechtsbegriff ohne Beurteilungsspielraum" der verwaltungsgerichtlichen Überprüfung allgemein zugänglich: BVerwG, Urt. v. 1. 12. 1982 – 7 C 72.81 – Buchholz 421.0 Prüfungswesen Nr. 168 = NVwZ 1983, 470; BayVGH, Beschl. v. 7. 11. 1980 – Nr. 7 CE 80 A 1250 – NJW 1981, 1973. Freilich hat das Gericht von der durch das jeweilige Land getroffenen Festlegung einzelner Faktoren etwa hinsichtlich der Zahl der Fremdsprachen auszugehen und darf diese nicht durch seine Vorstellungen ersetzen.

[39] S. die Anm. zu § 61 DJT-SchulGE, Schule im Rechtsstaat, Bd. I, S. 281 ff. (283).

zu treffen und Streitfälle nach einheitlichen Maßstäben zu entscheiden. Denn wer gegenüber einem solchermaßen definierten Abschluß mit einem – anderswo erreichten – „offensichtlich ungleichwertigen" Abschluß keine Anerkennung findet, kann sich darüber nicht zu Recht beklagen. Andererseits würde sich das aufnehmende Land mit einer solchen gesetzlichen Regelung nicht übermäßig an die Praxis anderer Länder binden. Ferner wäre es auch den konkurrierenden Mitbewerbern des aufnehmenden Landes zumutbar, wenn dort auch solche Abschlüsse anerkannt werden, die nicht offensichtlich ungleichwertig sind, sondern bei denen nur Zweifel an der Gleichwertigkeit mit den landeseigenen Abschlüssen letztlich nicht auszuräumen sind.

Für Personen, die sich um ihre Einstellung in den **öffentlichen Dienst** eines anderen Bundeslandes bewerben, insbesondere diejenigen, die nach einem abgeschlossenen Hochschulstudium in den sich daran anschließenden **staatlichen Vorbereitungsdienst** eintreten wollen (z.B. Lehrer, Juristen), ist die in **§ 122 Beamtenrechtsrahmengesetz (BRRG)** bzw. die in **§ 6 Deutsches Richtergesetz** enthaltene Sonderregelung zu beachten. Nach dieser unmittelbar und einheitlich auch für alle Bundesländer in engem Zusammenhang mit Art. 33 Abs. 2 GG geltenden Vorschrift darf ein Land etwa die Einstellung eines Bewerbers für den Höheren Dienst nicht schon deshalb ablehnen, weil er die zur Befähigung für diese Laufbahn führende **zweite juristische Staatsprüfung** in einem anderen Bundesland abgelegt hat.[40] Ferner darf die Zulassung zum Vorbereitungsdienst einer Laufbahn nicht deshalb abgelehnt werden, weil der Bewerber die für die Laufbahn vorgeschriebene Vor- oder Ausbildung im Bereich eines anderen Landes erworben hat.[41] Eine im Bereich eines anderen Dienstherrn erworbene Vorbildung ist freilich nur dann als „vorgeschriebene Vorbildung" im Sinne des § 122 Abs. 1 BRRG zu qualifizieren, wenn sie mit einer nach dem Recht des aufnehmenden Landes geregelten und geforderten Vorbildung in einem Maße übereinstimmt, daß sie wie diese geeignet ist, zusammen mit der laufbahnbezogenen Ausbildung im Vorbereitungsdienst die Befähigung für die beim aufnehmenden Land eingerichtete Laufbahn zu vermitteln und damit in diesem Sinne der im Bereich des aufnehmenden Landes geregelten Vorbildung **gleichwertig** ist. Das BVerwG[42] hat den nur für das Lehramt an einer Grundschule befähigenden Abschluß (Hessen) als nicht gleichwertig mit einem für das Lehramt an Volksschulen (Grund- und Hauptschulen in Baden-Württemberg) befähigenden Abschluß erachtet. In einem anderen Fall hat es dagegen dem Kläger einen Anspruch auf Zulassung zum Vorbereitungsdienst in NW für das Lehramt an Grundschulen und Hauptschulen zugesprochen, weil das von dem Bewerber in Berlin abge-

---

[40] BVerwG, Urt. v. 20. 10. 1983 – 2 C 11.82 – BVerwGE 68, 109. Wegen der Anerkennung von Lehramtsprüfungen: BVerwG, Urt. v. 22. 10. 1981 – 2 C 42.80 – BVerwGE 64, 142, und – 2 C 70.81 – BVerwGE 64, 153.
[41] OVG NW, Beschl. v. 10. 6. 1983 – 6 B 1094/83 – NVwZ 1984, 126.
[42] Urt. v. 22. 10. 1981 – 2 C 70.81 – BVerwGE 64, 153. Ebenso: BAG, Urt. v. 28. 3. 1983 – 2 A ZR 132/82 – NVwZ 1984, 134.

schlossene erziehungswissenschaftliche Grundstudium einschließlich eines Wahlfachs dem gleichwertig sei; das in NW weiter geforderte fachbezogene Studium im Stufenschwerpunkt sei demgegenüber von untergeordneter Bedeutung.[43]

20 Für **Ausländer** aus den EG-Mitgliedsstaaten gelten die vorgenannten rechtlichen Grundsätze in gleicher Weise. Andere Ausländer können nur die willkürliche Ungleichbehandlung beanstanden (Art. 3 Abs. 1 GG), da die verfassungsrechtlichen Gewährleistungen der Art. 12 Abs. 1 und 33 Abs. 1 GG ausdrücklich nur deutschen Staatsangehörigen vorbehalten sind.[44] Eine von einem Vertriebenen nach dem 8. 5. 1945 außerhalb des Geltungsbereichs des Bundesvertriebenengesetzes abgelegte juristische Prüfung (z.B. polnische Rechtsmagisterprüfung) kann der ersten juristischen Staatsprüfung im Sinne des § 92 Abs. 2,3 Bundesvertriebenengesetz gleichwertig sein.[45]

---

[43] BVerwG, Urt. v. 22. 10. 1981 – 2 C 42.80 – BVerwGE 64, 142.

[44] Zur Anerkennung ausländischer juristischer Prüfungen (§ 112 DRiG): BVerwG, Urt. v. 28. 8. 1986 – 2 C 38.83 – NJW 1987, 1779.

[45] BVerwG, Urt. v. 30. 6. 1992 – 9 C 5.91 – Buchholz 412.3 § 92 BVFG Nr. 9 = NJW 1993, 276 = DÖV 1993, 76 (Fortführung und Klarstellung von BVerwGE 55, 104 und 72, 141).

B. Rechtsgrundlagen der Prüfungen/Rechtsgültigkeit der Prüfungsordnungen

1. Der Vorbehalt des Gesetzes

a) Grundsätzliche Geltung

Es ist heute allgemein anerkannt, daß **Prüfungen** eine **gesetzesförmige** 21 **Rechtsgrundlage** benötigen. Der Vorbehalt des Gesetzes[46] gilt auch für das Prüfungswesen. Diese schon 1976 in der ersten Auflage vertretene Rechtsauffassung[47] hat sich in der Rechtsprechung und auch im Schrifttum durchgesetzt.[48] Leitentscheidungen des Gesetzgebers sind in diesem Rechtsbereich insbesondere wegen der Grundrechtsrelevanz von Prüfungsentscheidungen erforderlich. Da (negative) Prüfungsentscheidungen in aller Regel die grundgesetzlichen Freiheiten der Berufswahl oder der Wahl der Ausbildungsstätte einschränken, ist der Schutzbereich des **Art. 12 GG** durch sie berührt. Soweit dies nicht der Fall ist, bleibt jedenfalls das allgemeine Persönlichkeitsrecht (**Art. 2 Abs. 1 GG**) zu beachten. Auch von daher können sich Anforderungen an die rechtssatzförmige Ausgestaltung prüfungsrechtlicher Rechtsverhältnisse ergeben (z.B. im Schulwesen s. nachfolgend zu Rdn. 41 ff.). Die an die **Ausführlichkeit** und **Bestimmtheit parlamentarischer Leitentscheidungen** zu stellenden Anforderungen sind auch im Prüfungswesen verschärft, wenn wesentlich Neues eingeführt werden soll, etwa wenn das Prüfungsgeschehen unter Abwendung von der bisherigen Praxis oder gar unter Bruch mit traditionel-

---

[46] Dazu ausführlich: 2. Aufl. Rdn. 64 ff.
[47] Vgl. dort Rdn. 355 ff. mit zahlreichen weiteren Hinweisen; vgl. ferner Sitzungsbericht M des 51. Deutschen Juristentages 1976, S. 58 und 230.
[48] Grundlegend ist der Beschl. des BVerfG vom 20. 10. 1981 – 1 BvR 640/80 – BVerfGE 58, 257 = DVBl 1982, 401 = NJW 1982, 921, fortgesetzt und präzisiert durch Beschlüsse vom 14. 3. 1989 – 1 BvR 1033/82, 174/84 – BVerfGE 80, 1 = NVwZ 1989, 850, und vom 17. 4. 1991 – 1 BvR 419/81, 213/83 – BVerfGE 84, 34 = NJW 1991, 2005, und – 1 BvR 1529/84, 138/87 – BVerfGE 84, 59 = NJW 1991, 2008. Aus der Rechtsprechung des BVerwG insbesondere die Urteile vom 14. 7. 1978 – 7 C 11.76 – BVerwGE 56, 155 = NJW 1979, 229 (m. Anm. v. Wimmer) und vom 1. 12. 1978 – 7 C 68.77 – BVerwGE 57, 130 = DVBl 1979, 424 = DÖV 1979, 413. Aus dem Schrifttum: Guhl, Prüfungen im Rechtsstaat, S. 304 (319); Pietzcker, Verfassungsrechtliche Anforderungen an die Ausgestaltung staatlicher Prüfungen, Schr.z.ÖR, 149 ff.; Lerche, Bayerisches Schulrecht und Gesetzesvorbehalt, S. 100; Evers, Parlamentszuständigkeit zur inhaltlichen Gestaltung von Prüfungs- und Versetzungsordnungen, RdJB 1982, 336; Stüer, Prüfungsordnungen und Grundgesetz, JR 1974, 445 (449); Becker, Parlamentsvorbehalt im Prüfungsrecht, NJW 1990, 274.

len Vorstellungen neu geordnet oder wenn für die Bewertung der Leistung neue Maßstäbe gesetzt werden.[49]

22 Es ist nicht zu übersehen, daß Bund und Länder inzwischen zahlreiche Gesetze und Rechtsverordnungen über eine Vielzahl von Prüfungen und andere hoheitliche Bewertungen von Leistungen und Befähigungen erlassen haben. Rechtssatzcharakter haben ferner **Prüfungsordnungen**, die von autonomen **Körperschaften** oder **Anstalten des öffentlichen Rechts** im Rahmen der ihnen durch Gesetz zugewiesenen Aufgaben und Befugnisse zur Selbstverwaltung erlassen worden sind. Hier sind insbesondere die Prüfungsordnungen der **Hochschulen** zu nennen. Sie entstehen durch ein Zusammenwirken von Staat (Bundesland) und Hochschule, indem diese eine Satzung erläßt, welche der Genehmigung der zuständigen Landesbehörde bedarf (§ 16 Abs. 1 HRG).[50] Eine solche Prüfungsordnung hat gemäß § 16 Abs. 2 HRG insbesondere die Voraussetzungen für die Zulassung zur Prüfung und deren Wiederholung, die Anrechnung von Studien- und Prüfungsleistungen, die Prüfungsanforderungen und das Prüfungsverfahren abschließend zu regeln. Maßgaben dazu sind den landesrechtlichen Regelungen der (Landes-) Hochschulgesetze zu entnehmen.[51] Die hier und anderswo früher vielfach üblichen schlichten Verwaltungsanordnungen und administrativen Prüfungserlasse sind, sofern sie mehr als verwaltungsinterne Bedeutung haben (wegen der mittelbaren Außenwirkung s. unten Rdn. 70), nunmehr nahezu überall durch rechtsstaatliche Regelungen ersetzt oder sonstwie obsolet geworden.

Man könnte daher meinen, daß nach alledem die Anforderungen des **Gesetzesvorbehalts für das Prüfungswesen** durch eine gefestigte Rechtsprechung abschließend geklärt und durch den jeweils zuständigen Gesetzgeber erfüllt seien, so daß weitere Rechtsprobleme insofern nicht mehr zu erwarten seien.

---

[49] Die Umgestaltung der zuvor mündlichen medizinischen Prüfungen in ein schrifliches Antwort-Wahl-Verfahren hat das BVerfG (BVerfGE 80, 1) freilich auch ohne eine dies ausdrücklich anordnende gesetzliche Regelung akzeptiert. Vgl. ferner: BVerwGE 57, 130 (139) (betr. die Dritteanrechnung der Ausbildungsnote des juristischen Vorbereitungsdienstes für das 2. jur. Staatsexamen). Zu der Frage, ob wegen des Vertrauensschutzes eine gesetzliche Übergangsregelung erforderlich ist, s. unten Rdn. 56).

[50] Dazu im einzelnen: Waldeyer, in: Hailbronner, Kommentar zum Hochschulrahmengesetz § 16 Rdn. 6 ff. Vgl. ferner: Leuze, Bemerkungen zum Inhalt und zu den Grenzen der Hochschulautonomie, DÖD 1993, 1 (6 ff.) und Strauch, Staatliche und akademische Prüfungsordnungen, Heidelberg 1978, S. 87.

[51] Hinweise bei Waldeyer, aaO Rdn. 9. Das Grundrecht der Wissenschaftsfreiheit (Art. 5 Abs. 3 GG) begründet oder fordert keine Teilrechtsfähigkeit der Fakultäten zum Erlaß von Prüfungsordnungen als Hochschulorgane im Verhältnis zu der sie tragenden Hochschule; es kommt dabei auf die landes(hochschul-)gesetzliche Ausgestaltung der Rechtspositionen an: BVerwG, Beschl. v. 13. 5. 1985 – 7 B 54.84 – NVwZ 1985, 654.

Eine solche Annahme wäre jedoch verfehlt.[52] Erhebliche Unsicherheiten bestehen nach wie vor hinsichtlich der Frage, welche Regelungen die **Parlamente durch Gesetz** mit hinreichender Steuerungskraft selbst treffen müssen oder wieweit sie Fragen des Prüfungsgeschehens etwa durch die Verwendung mehr oder weniger **unbestimmter Rechtsbegriffe, Generalklauseln oder Ermächtigungen zum Erlaß von Rechtsverordnungen** (teilweise) offen lassen und damit der Verwaltung zur (weiteren) Regelung anheimgeben dürfen. Problematisch ist insbesondere die oft nur vage Beschreibung eines Berufsbildes als Ziel der Prüfung und Maßstab des Prüfungserfolges (z.B.: die „Befähigung zum Richteramt").[53]

Bedenklich ist ferner die Tendenz, die rechtsstaatlichen Anforderungen an die **Bestimmtheit der gesetzlichen Steuerung** durch parlamentarische Entscheidung dann **zurückzunehmen**, wenn von dem Regelungsinstrument der Ermächtigung zum Erlaß von **Rechtsverordnungen (Art. 80 Abs. 1 GG)** Gebrauch gemacht wird. Hat der Gesetzgeber gemäß den verfassungsrechtlichen Anforderungen eine hinreichend bestimmte Regelung getroffen, ist es nicht etwa aus rechtsstaatlichen Gründen geboten, zur Regelung der weiteren Einzelheiten die Verwaltung zum Erlaß einer Rechtsverordnung zu ermächtigen oder sie gar dazu anzuhalten. Nur wenn der Gesetzgeber in seinen eigenen normativen Festlegungen oder wegen seiner allzu unbestimmten Aussagen hinter dem zurückgeblieben ist, was an normativer Steuerung rechtsstaatlich geboten ist, stellt sich die Frage, ob ein solches Defizit durch gesetzliche Direktiven ausgefüllt wird, die gemäß **Art. 80 GG Abs. 1 Satz 2 GG** durch die Beschreibung von Inhalt, Zweck und Ausmaß der Verordnungsermächtigung den Gehalt der gesetzlichen Regelung ergänzen, so daß das Gesetz damit **insgesamt hinreichende Steuerungsfunktionen** aufweist.[54] Ist auch die Verordnungsermächtigung des Gesetzgebers nicht weiter substantiiert, kann nicht mit ihrer Hilfe – und erst recht nicht durch die Rechtsverordnung selbst – ein verfassungsrechtlich zu beanstandendes Defizit der gesetzlichen Regelung ausgefüllt werden.

Indem das Bundesverfassungsgericht (BVerfGE 58, 277 (278)) annimmt,

---

[52] Zu den weiterhin bestehenden Problemen insbesondere: Wortmann, Entwicklungen und Tendenzen in der Rechtsprechung zum Prüfungsrecht, NWVBl 1992, 304; Becker, Der Parlamentsvorbehalt im Prüfungsrecht, NJW 1990, 274; DJT-SchulGE, Bd. I S. 31, 268 sowie die darauf gerichteten empfehlenden Hinweise des BVerfG im Beschl. v. 20. 10. 1981 – 1 BvR 640/80 – BVerfGE 58, 276. Auffällig ist, daß die Regelungen betr. die juristischen Staatsexamen hinsichtlich der Abstufung: „formellgesetzliche Steuerung in den wesentlichen Fragen – Ermächtigung zum Erlaß von Rechtsverordnungen in den weiteren Einzelheiten" im allgemeinen besser gelungen sind als die Regelungen anderer hoheitlicher Prüfungen. Wegen der Verfassungsmäßigkeit der Regelungen des Prüfungsverfahrens für juristische Staatsprüfungen durch Rechtsverordnung: BVerwG, Urt. v. 1. 12. 1978 – 7 C 68.77 – BVerwGE 57, 130 (137, 138) und Beschl. v. 24. 3. 1976 – 7 B 65.75 – Buchholz 421.0 Prüfungswesen Nr. 73.
[53] Becker, NJW 1990, 274.
[54] Dazu im einzelnen: 2. Aufl. Rdn. 74.

der Gesetzgeber habe den Kultusminister unter Verwendung des Begriffs „Versetzungen" zum Erlaß einer Rechtsverordnung zwecks Regelung der näheren Voraussetzungen ermächtigt, kann dies **nicht zur Rechtfertigung** einer im Hinblick auf die Anforderungen des Gesetzesvorbehalts ansonsten **zu unbestimmten gesetzlichen Aussage** dienen.[55] Die vom BVerfG vertretene Rechtsauffassung kann im Ergebnis nur zutreffen, wenn den Anforderungen des Gesetzesvorbehalts in jenem Fall auch dann entsprochen worden wäre, wenn der Gesetzgeber keine Verordnungsermächtigung angefügt hätte; denn in dem vom Bundesverfassungsgericht entschiedenen Fall gibt die Verordnungsermächtigung[56] **inhaltlich nicht mehr** her als das, was der Gesetzgeber mit der Verwendung des Begriffes „Versetzungen" schon an anderer Stelle ausgesagt hat. Daß die weitere Konkretisierung des rechtsstaatlich hinreichend bestimmt zum Ausdruck gebrachten gesetzgeberischen Willens durch eine Rechtsverordnung – und nicht etwa durch eine Fülle unübersichtlicher und häufig geänderter Verwaltungsvorschriften – im Interesse aller davon Betroffenen sehr zu begrüßen ist, steht auch für das Prüfungswesen außer Frage.

24 Bei **berufsbezogenen Prüfungen** sind die rechtsstaatlichen Anforderungen an die **Bestimmtheit** der formell-gesetzlichen Regelung verstärkt gegeben, weil hier der Schutzbereich des **Art. 12 GG** seine Wirkungen entfaltet und andererseits Gesichtspunkte, die eine mehr unbestimmte Regelung im Gesetz rechtfertigen können (z. B. die im pädagogischen Interesse gebotene Flexibilität), hier – mit Ausnahme der schulischen Versetzungen oder Überweisungen in eine Sonderschule – regelmäßig nicht in Betracht kommen. Diese verfassungsmäßigen Anforderungen sind weiter zu konkretisieren. Schwerpunktmäßig geht es dabei um die Anforderungen des **Gesetzesvorbehalts** erstens

---

[55] Vgl. hierzu auch die kritischen Anmerkungen von Wilke, JZ 1982, 758, der ebenfalls – freilich mit Bedauern – erkennt, daß Art. 80 Abs. 1 GG gegenüber den Bestimmtheitsanforderungen des Gesetzesvorbehalts zurücktritt. Umgekehrt sieht Busch, Das Verhältnis des Art. 80 Abs. 1 Satz 2 GG zum Gesetzes- und Parlamentsvorbehalt, Schr. z. ÖR Bd. 610 (1992), in Art. 80 Abs. 1 Satz 2 GG eine Sonderregelung gegenüber dem Parlamentsvorbehalt, die eine Reduzierung der gesetzgeberischen Steuerungspflicht für Fälle der dort genannten Art vorsehe. Das vermag nicht zu überzeugen, wenngleich die Praxis gleichsam einen Bonus für Verordnungsermächtigungen zu geben bereit ist. Es ist nämlich ein sachlicher Grund nicht zu erkennen, der es rechtfertigen könnte, den Gesetzgeber für den Fall der Verwendungen des gesetzgeberischen Instruments der Verordnungsermächtigung von rechtsstaatlichen Bindungen – hier dem Gebot einer eigenen Leitentscheidung entsprechend der „Wesentlichkeit" der Regelung – zu entbinden. Die inhaltlichen Anforderungen des Demokratie- und Rechtsstaatsgebotes an den Gesetzgeber, die den Parlaments- und Gesetzesvorbehalt tragen, sind nicht dadurch gelockert, daß die Exekutive die normativen Vorgaben formell auf andere Weise (nicht durch schlichte Verwaltungsvorschrift, sondern in Form einer Rechtsverordnung) weiter konkretisiert. Ist die notwendige Konkretisierung eine „wesentliche" Regelung, darf sie in keinem Fall der Verwaltung überlassen werden, wie auch immer das gesetzliche Regelungswerk ausgestaltet ist.

[56] Dort § 44 Abs. 3 i. V. mit Abs. 2 Nr. 4 HessSchulVerwG v. 30. 5. 1969 (GVBl. S. 88) und § 44 Abs. 4 Nr. 3 HessSchulVerwG v. 4. 4. 1978 (GVBl. S. 232).

hinsichtlich der **Verfahrensfragen**, die sowohl den äußeren Ablauf des Prüfungsgeschehens als auch das (verfahrensmäßige) Zustandekommen der Leistungsbewertung betreffen, zweitens um den **inhaltlichen Gegenstand der Prüfung (Prüfungsstoff)** einschließlich der **Leistungsanforderungen** in der Prüfung und drittens um Regelungen, die inhaltlich auf die **Bewertung der Prüfungsleistungen** und Befähigungen durch den Prüfer Einfluß nehmen (Bewertungsmaßstäbe). Auf diese Schwerpunkte wird nachfolgend näher eingegangen.

b) Regelung des Verfahrens und der Zuständigkeit

Der verfahrensmäßigen Regelung des Prüfungsgeschehens kommt deshalb eine besondere Bedeutung zu, weil die jeweils zu treffende Leistungsbewertung in ihrem Kern auf einer höchstpersönlichen Einschätzung und Wertung des Prüfers beruht, die durch Normierungen inhaltlicher Art nur wenig beeinflußbar sind. Um das daraus resultierende und insofern hinzunehmende Defizit an Grundrechtsschutz auf andere Weise auszugleichen oder – anders ausgedrückt – den nur unvollkommenen Grundrechtsschutz auf andere Weise in dem erforderlichen Mindestumfang zu sichern, wird unter den gegebenen Umständen zu Recht die **verfahrensrechtliche Absicherung der Grundrechte** betont[57] und verlangt, daß der **Gesetzgeber** besonders das **Verfahren** bei den **Prüfungen** in den wesentlichen Punkten selbst regeln muß. Das gilt insbesondere auch hinsichtlich der Kompensation von Defiziten der gerichtlichen Kontrolle von Prüfungsentscheidungen durch ein eigenständiges verwaltungsinternes Kontrollverfahren (dazu nachfolgend Rdn. 36 und ferner Rdn. 312 ff.).[58]

Wenn einerseits der Prüfungserfolg maßgeblich von einer höchstpersönlichen und nur begrenzt kontrollierbaren Einschätzung und Bewertung der Leistungen durch einen Prüfer/Lehrer abhängig ist, muß andererseits verantwortlich und bindend festgelegt sein, wem solche bedeutsamen und folgenschweren Entscheidungen anvertraut werden. Der Gesetzgeber muß daher die Grundentscheidung über die **Zuständigkeit** für die jeweilige Prüfung selbst treffen, z.B. diejenige Institution benennen, die im Einzelfall für die Prüfungsentscheidung verantwortlich ist. Die Einzelheiten dazu können in einer als Rechtsverordnung zu erlassenden Prüfungsordnung geregelt wer-

---

[57] BVerfG, Beschlüsse v. 17. 4. 1991 – 1 BvR 419/81 – BVerfGE 84, 34 = NJW 1991, 2005, und – 1 BvR 1529/84 – BVerfGE 84, 59 = NJW 1991, 2008. Vgl. dazu ferner: BVerfG, Beschl. v. 13. 11. 1979 – 1 BvR 1022/78 – NJW 1980, 1153. Grundsätzlich gilt: Je weniger das materielle Recht den Grundrechtsschutz verwirklichen kann, umso mehr ist (ersatzweise) die verfahrensrechtliche Absicherung von einzelnen Grundrechten geboten: BVerfG, Beschl. v. 20. 12. 1979 – 1 BvR 385/77 – DVBl 1980, 356; Bethge, Grundrechtsverwirklichung und Grundrechtssicherung durch Organisation und Verfahren, NJW 1982, 1.

[58] Grundlegend: BVerwG, Urt. v. 24. 2. 1993 – 6 C 35.92 – Buchholz 421.0 Prüfungswesen Nr. 313.

den, etwa auch, ob der einzelne Prüfer oder eine bestimmte Zahl von Prüfern (Prüfungsausschüsse) letztlich über das Ergebnis befinden. Soll die Leistung von zwei oder mehr Prüfern beurteilt werden, sollte die Prüfungsordnung eindeutige **Kollisionsregelungen** enthalten für den Fall, daß die jeweiligen Bewertungen unterschiedlich ausfallen. Ohne eine ausdrückliche Regelung gilt die Vermutung, daß ein arithmetischer Mittelwert zu bilden ist.[59] Freilich darf bei der rechnerischen Ermittlung der **Abschlußnote** die zweite Dezimalstelle nur dann durch ein **Aufrunden der dritten Dezimalstelle** gebildet werden, wenn die Befugnis hierzu rechtssatzmäßig geregelt ist.[60]

27 Neben der Grundentscheidung über die Zuständigkeit muß auch die Frage der für die Person des Prüfers vorauszusetzenden (**Mindest-**) **Qualifikation** (z. B. bei Justizprüfungen die „Befähigung zum Richteramt") vom Gesetzgeber festgelegt sein, sofern sich das nicht – wie etwa bei den schulischen Prüfungen – aus der Sache selbst ergibt. Denn wenn die Einräumung eines sogen. Bewertungsspielraums bei prüfungsspezifischen Wertungen dadurch zu rechtfertigen ist, daß Prüfungsnoten in einem Bezugssystem zu finden sind, das durch die persönlichen Erfahrungen und Vorstellungen der Prüfer beeinflußt wird,[61] muß zumindest geregelt sein, welche Qualifikation für die jeweilige Prüfung gerade auch der Prüfer selbst grundsätzlich besitzen muß (vgl. unten Rdn. 174ff.). Weniger wichtige Einzelheiten (z. B. den **örtlichen Zuständigkeitsbereich der Prüfungsämter**) muß der parlamentarische Gesetzgeber nicht selbst festlegen, sondern kann sie der behördlichen Regelung durch eine Rechtsverordnung überlassen.[62] Entsprechendes gilt für das Verfahren zur **Bestimmung (Auswahl) des Prüfers für die einzelne Prüfung**. Die für den Prüfling zumeist sehr bedeutsame Entscheidung darüber, wer ihn prüft, muß jedenfalls in groben Zügen nach vorgegebenen Regeln erfolgen und darf nicht im freien Belieben von Angehörigen des Prüfungsamts stehen.

28 Daß wichtige Fragen der **Ausgestaltung des Prüfungsverlaufs** gesetzlich zu regeln sind, haben Rechtsprechung und Schrifttum mehrfach zum Ausdruck gebracht.[63] Diese Anforderungen beziehen sich sowohl auf das der Leistungs-

---

[59] Wortmann, NWVBL 1992, 304 (305) hält dagegen eine Kollisionsregelung in der Prüfungsordnung für unerläßlich.
[60] Beschl. v. 20. 11. 1979 – 7 B 236.79 – Buchholz 421.0 Prüfungswesen Nr. 122 und Urt. v. 26. 6. 1975 – 7 C 38.74 – Buchholz aaO Nr. 64.
[61] BVerfG, Beschl. v. 17. 4. 1991 – 1 BvR 419/81, 213/83 – BVerfGE 84, 34 = NJW 1991, 2005.
[62] VGH Bad.-Wttbg., Urt. v. 12. 4. 1989 – 9 S 1978/88 – DVBl 1989, 1189, sowie BayVGH, Urt. v. 19. 2. 1986 – 7 B 85 A2036 – SPE 528 Nr. 4.
Die Hochschule der Bundeswehr in Hamburg leitet ihre hoheitliche Befugnis zur Abnahme von Hochschulprüfungen auf der Grundlage einer detaillierten Regelung des Hamburger Universitätsgesetzes und des Hochschulgesetzes rechtsgültig aus einem Übertragungsbescheid der zuständigen hamburger Landesbehörde her: BVerwG, Beschl. v. 14. 10. 1992 – 6 B 2.92 – DVBl 1993, 52.
[63] Dazu insbesondere BVerfG, Beschl. v. 14. 3. 1989 – 1 BvR 1033/82, 174/84 – BVerfGE 80, 1 = NVwZ 1989, 850 = DVBl 1989, 814.

ermittlung dienende Prüfungsverfahren als auch auf die verfahrensmäßige Ausgestaltung der Leistungsbewertung. Von der Rechtsprechung als ausreichend akzeptiert worden sind die gesetzlichen Regelungen betreffend das **Antwort-Wahl-Verfahren** in den medizinischen und pharmazeutischen Prüfungen (s. nachfolgend Rdn. 34). Umstritten ist, ob der Gesetzesvorbehalt bei der Einführung von studienbegleitenden Leistungskontrollen hinreichend beachtet worden ist.[64]

Sonderregelungen einer Prüfungsbehörde oder Verhaltensweisen einer Prüfungskommission, die den unter „normalen" Umständen vorgezeichneten Ablauf des Prüfungsgeschehens verlassen und etwa zu einem vorzeitigen Abbruch der Prüfung führen, sind grundsätzlich nur dann zulässig, wenn hierfür eine gesetzliche Grundlage vorhanden ist, die dieses Vorgehen unter näher bezeichneten Voraussetzungen erlaubt. Insbesondere wird für den **Abbruch der Prüfung** wegen (versuchter) **Täuschung** eine gesetzliche Grundlage verlangt. Das Gesetz muß freilich nur eine solche Möglichkeit vorsehen; die Einzelheiten dürfen einer Regelung durch Rechtsverordnung vorbehalten bleiben.[65]

Zu den regelungsbedürftigen Einzelheiten gehören auch die Folgen oder nötigen Konsequenzen eines irregulären Prüfungsverlaufs. Ähnlich wie der **Rücktritt von der Prüfung** aus „wichtigem Grunde" – zumeist wegen gesundheitlicher Beschwerden – in den Prüfungsordnungen durchweg heute schon geregelt ist (vgl. etwa § 18 ÄAppO), sind prüfungsrechtliche Regelungen erforderlich, die besagen, wie bei anderen – etwa lärmbedingten – **Störungen des Prüfungsablaufs** zu reagieren ist. Dadurch muß insbesondere ausgeschlossen werden, daß Prüflingen eine Wahlmöglichkeit verbleibt, etwaige Konsequenzen aus der (Lärm-)Störung von dem Ergebnis der Prüfung (z.B. von der Bewertung der Aufsichtsarbeit) abhängig zu machen. Hierzu kommt auch die Festlegung einer Ausschlußfrist in Betracht (vgl. z.B. § 8 Abs. 5 JAO NW).[66]

Die auf das Prüfungsverfahren bezogenen Anforderungen des Gesetzes- 29

---

[64] Dies wird in Frage gestellt von Neumann, DVBl 1987, 339. Das BVerwG hat indessen keine Bedenken, die Zulassung zu einer Prüfung vom Erreichen eines bestimmten Ausbildungserfolges abhängig zu machen, der im Wege einer als Prüfung durchgeführten studienbegleitenden Leistungskontrolle festgestellt wird: Beschl. v. 3.11.1986 – 7 B 108.86 – NVwZ 1987, 978 = BayVBl 1987, 185 = SPE 990 Nr. 14. In der juristischen Ausbildung sind studienbegleitende Leistungskontrollen bundesrechtlich nicht mehr vorgesehen, vgl. Gesetz vom 20.11 1992, BGBl. I S. 1926. Auf landesrechtlicher Grundlage sind studienbegleitende Leistungskontrollen unabhängig davon als rechtmäßig anerkannt worden: OVG NW, Urt. v. 13.3.1991 – 22 A 871/90 – NJW 1991, 2586 = DVBl 1991, 774 = NWVBL 1991, 384, sowie OVG Nds., Urt. v. 19.5.1992 – 10 L 5110/91. Vgl. auch unten Rdn. 92.

[65] BVerwG, Beschl. v. 12.1.1981 – 7 B 300, 301.80 – und Beschl. v. 7.12.1976 – 7 B 157.76 – Buchholz 421.0 Prüfungswesen Nr. 78.

[66] Zur Zulässigkeit einer Regelung, mit der verlangt wird, auch bei Lärmstörungen einen Antrag auf Genehmigung des „Rücktritts" unverzüglich zu stellen: BVerwG, Urt. v. 17.2.1984 – 7 C 67.82 – BVerwGE 69, 46 = NJW 1985, 447.

vorbehalts gelten ferner hinsichtlich der Voraussetzungen für die **Zulassung zur Prüfung**,[67] den **Rücktritt** von der Prüfung und deren **Wiederholbarkeit**.[68] Letztere ist nur dann beschränkt, wenn dies gesetzlich so geregelt ist (Rdn. 304). Auch die Aussonderung von Prüfungskandidaten ist wie die Nichtzulassung zum Studium[69] oder zum Besuch einer weiterführenden Schule[70] ohne gesetzliche Grundlage rechtswidrig. Es genügt nicht, daß durch Rechtsvorschriften pauschal eine „Zulassung" zur Prüfung vorgesehen wird, ohne die wesentlichen Zulassungsvoraussetzungen oder die Nichtzulassungsgründe zu bezeichnen.[71] Maßstab für die notwendige Bestimmtheit der Regelung ist auch hier der Grad der Grundrechtsbetroffenheit. Unverzichtbar ist es daher, daß etwaige objektive Zulassungsvoraussetzungen (z. B. zahlenmäßige Begrenzungen) im Gesetz möglichst konkret geregelt werden; aber auch die subjektiven Zulassungsvoraussetzungen[72] müssen gesetzlich „gesteuert" und für den Prüfling in zumutbarer Weise erkennbar sein. Regelungen indes, die nur dazu dienen, den Beginn der Prüfung und die **äußeren Prüfungsbedingungen geschäftsmäßig zu ordnen** (z. B. Anmeldefristen, Bestimmung der Prüfungstermine, Gestaltung der Räumlichkeiten) haben im allgemeinen nicht das Gewicht und die Bedeutung, die es erforderlich machten, sie einer Leitentscheidung des Gesetzgebers zu unterstellen. Insofern sind Verwaltungsvorschriften, aber auch Einzelanordnungen ausreichend, die freilich inhaltlich nicht weniger daran zu messen sind, ob sie das durch Art. 12 GG gewährleistete „Recht auf Prüfung" (s. oben Rdn. 2) und die durch Art. 3 GG geforderte Chancengleichheit der Prüflinge hinreichend wahren.

c) Regelungen der Leistungsanforderungen und der Leistungsbewertung

30   Zu den Gegenständen des Prüfungswesens, die dem Gesetzgeber zur eigenverantwortlichen Normierung aufgegeben sind, zählen ferner die **Auswahl des Prüfungsstoffs** und Maßgaben für die **Bewertung der Prüfungsleistungen** in den Grundzügen. Grundvoraussetzung für die Zulässigkeit eines Eingriffs in die Freiheit der Berufswahl (Art. 12 Abs. 1 GG) ist, daß die Leistungsanforderungen in der Prüfung und die Maßstäbe, nach denen die erbrachten Leistun-

---

[67] OVG Bremen, Beschl. v. 28. 2. 1984 – I BA 123/80 – SPE III B V S. 1; Becker, Der Parlamentsvorbehalt im Prüfungsrecht, NJW 1990, 274.
[68] BVerwG, Beschl. v. 23. 5. 1985 – 7 B 113.85 – Buchholz 421.0 Prüfungswesen Nr. 211; nicht auch gesetzlich zu regeln sind die Einzelheiten des Wiederholungsverfahrens. Auch dazu Becker aaO.
[69] BVerfGE 33, 303 = NJW 1972, 1561.
[70] Dazu im einzelnen: Avenarius/Jeand'Heur, Elternwille und staatliches Bestimmungsrecht, Schr. z. ÖR Bd. 616 (1992), 21.
[71] OVG Lbg., Urt. v. 18. 3. 1980 – 8 A 5/80 – NVwZ 1982, 383. VGH Bad.-Wttbg., Beschl. v. 29. 3. 1983 – 9 S 129/82 – VBl BW 1983, 43.
[72] Wegen der objektiven und subjektiven Zulassungsvoraussetzungen s. unten Rdn. 87 ff.

gen zu bewerten sind, eine gesetzliche Grundlage aufweisen.[73] Der Gesetzgeber muß jedoch auch diese Angelegenheiten nicht in den Einzelheiten selbst abschließend regeln. Er hat aber diejenigen Leitentscheidungen zu treffen, welche die Regelungsbefugnisse der zur konkreteren Rechtsetzung (durch Rechtsverordnung), aber auch zur Rechtsauslegung (einschließlich der „amtlichen" Auslegung durch Erlasse und sonstige Verwaltungsvorschriften) und Rechtsanwendung berufenen Verwaltung (einschließlich der Prüfer und Prüfungsbehörden) nach Tendenz und Programm umgrenzen und für den betroffenen Prüfling/Schüler berechenbar machen.[74]

Im allgemeinen sind die an die Ausführlichkeit und Bestimmtheit parlamentarischer Leitentscheidungen zu stellenden Anforderungen auch hinsichtlich der Auswahl des Prüfungsstoffes und der inhaltlichen Ausgestaltung der Prüfungsbedingungen dann geringer – so daß der Gesetzgeber mehr **unbestimmte Begriffe** verwenden darf –, wenn schon mit der Verwendung in höherem Maße abstrakter und generalklauselartiger Begriffe unter den gegebenen Umständen eine hinreichende Steuerungsfunktion gegeben ist. Dies mag insbesondere dann der Fall sein, wenn im Hinblick auf die übliche und allseits geläufige Prüfungspraxis oder angesichts gefestigter Rechtsprechung kein Zweifel bestehen kann, daß der Gesetzgeber hieran hat anknüpfen oder hierauf Bezug nehmen wollen. Es steht dem Gesetzgeber allgemein zu, von solchen „Vorgaben" oder „Vorentscheidungen" auszugehen und sie mangels regelungsbedürftiger Abweichungen pauschal zu übernehmen.[75] So wird z. B. die Umschreibung des Zieles und des Inhalts der juristischen Ausbildung (**Befähigung zum Richteramt**, §§ 5ff. DRiG)[76] und des damit verknüpften Zweckes der juristischen Staatsprüfung als eine hinreichend bestimmte Regelung des Gesetzgebers dafür angesehen, was in einer solchen Prüfung als Prüfungsstoff verwendet werden darf und wie die Prüfungsbedingungen auszugestalten sind (BVerwGE 57, 130, 138). Die gesetzliche Grundlage für den Erlaß der Verordnung über eine Noten- und Punkteskala für die Erste und Zweite Juristische Staatsprüfung (Bundesnotenverordnung) vom 3. 12. 1981, BGBl. I S. 1243, findet sich in § 5d Abs. 1 Satz 5 DRiG i. d. F. des Zweiten Gesetzes zur Änderung des Deutschen Richtergesetzes vom 16. 8. 1980, BGBl. I S. 1451, wodurch der Bundesminister der Justiz ermächtigt wird, durch Rechtsverordnung „eine **Noten- und Punkteskala** für die **Einzel- und Gesamtnoten** festzulegen". Der Gesetzgeber hat damit auch hinreichend zum

---

[73] BVerfG, Beschl. v. 17. 4. 1991 – 1 BvR 419/81, 213/83 – BVerfGE 84, 34 = NJW 1991, 2005.

[74] BVerfG, Beschl. v. 14. 3. 1989 – 1 BvR 1033/82 – BVerfGE 80, 1 = NVwZ 1989, 850 und v. 20. 10. 1981 – 1 BvR 640/80 – BVerfGE 58, 257. BVerwG, Urt. v. 1. 12. 1978 – 7 C 68.77 – BVerwGE 57, 130 und v. 7. 10. 1983 – 7 C 54.82 – BVerwGE 68, 69. Vgl. ferner: Becker, Der Parlamentsvorbehalt im Prüfungsrecht, NJW 1990, 274.

[75] BVerfGE 58, 257 (278); BVerfGE 80, 1 = NVwZ 1989, 850; BVerfGE 84, 34 = NJW 1991, 2005. Vgl. auch BVerwGE 57, 130, 138.

[76] BVerwG, Beschl. v. 6. 2. 1986 – 7 B 11.86 – NJW 1986, 1629; kritisch dazu: Becker aaO.

Ausdruck gebracht, daß er eine Unterscheidung zwischen Einzel- und Gesamtnoten für zulässig hält.[77]

32 Hieran anknüpfend, haben die Gerichte zahlreiche Einzelfälle entschieden, wobei insgesamt zu erkennen ist, daß die dem ersten Anschein nach strengen Anforderungen – sobald es um deren Umsetzung im Einzelfall geht – keineswegs besonders streng gehandhabt werden:[78]

33 Es ist nunmehr auch durch das BVerfG geklärt, daß der Gesetzgeber durch § 4 i. V. mit §§ 1 Abs. 1, 2 Abs. 1 und 3 Abs. 1 Satz 1 Nr. 4 der **Bundesärzteordnung**[79] eine hinreichende Leitentscheidung darüber getroffen hat, wie einerseits der im Verfassungsrang stehende Gemeinschaftswert der Volksgesundheit geschützt und gefördert und andererseits das durch solche Schutz- und Förderungsmaßnahmen im Bereich der Ärzteausbildung betroffene Grundrecht der Berufsfreiheit auszugestalten und zu beschränken ist. An diesen das Ziel und den Inhalt der ärztlichen Berufsausbildung bestimmenden Regelungen der Bundesärzteordnung habe sich das im Medizinstudium vorgesehene Prüfungsverfahren zwingend zu orientieren, ohne daß dies im Gesetz noch einmal ausdrücklich angesprochen sein müßte. Es sei wegen der diesbezüglich im Wege der Auslegung zu ermittelnden gesetzgeberischen Grundentscheidungen verfassungsrechtlich nicht zu beanstanden, daß der Gesetzgeber keine ausdrückliche Regelung über den Prüfungsstoff und die Bestehensvoraussetzungen getroffen habe. Dies sei auch wegen der notwendigen Flexibilität für erforderliche Änderungen und Anpassungen an den fortschreitenden Wissenschaftsprozeß gerechtfertigt. Es sei ein Gebot der Praktikabilität, die Aufstellung z. B. von **Prüfungsstoff-Katalogen dem Verordnungsgeber** zu überlassen, der sich dabei an dem gesetzlich vorgeschriebenen Zweck der Prüfung orientieren müsse.[80]

34 Gleichermaßen höchstrichterlich entschieden ist, daß das standardisierte **Antwort-Wahl-Verfahren** (Multiple-choice-Verfahren) und die damit verbundenen (relativen oder absoluten) Bestehensgrenzen betreffend die Zahl der richtig beantworteten schriftlichen Prüfungsfragen nicht vom Gesetzgeber selbst festgelegt werden müssen, sondern durch die **Approbationsordnung für Ärzte**[81] auf der Grundlage einer auch dem Art. 80 Abs. 1 GG entsprechenden gesetzlichen Ermächtigung durch Rechtsverordnung näher bestimmt werden durften.[82] Für diese Rechtsauffassung spricht insbesondere, daß es grundsätz-

---

[77] BVerwG, Beschl. v. 9. 6. 1993 – 6 B 35.92 – und v. 16. 8. 1985 – 7 B 51, 58 u. 59.85 – NJW 1986, 951.
[78] So auch Wortmann, NWVBL 1992, 304.
[79] Jetzt gültig in der Fassung der Bekanntmachung vom 16. 4. 1987, BGBl. I S. 1218, zuletzt geändert durch Gesetz v. 23. 3. 1992, BGBl. I S. 719.
[80] BVerfG, Beschl. v. 14. 3. 1989 – 1 BvR 1033/82 – BVerfGE 80, 1 = NVwZ 1989, 850. Dazu ferner: BVerwG, Urt. v. 18. 5. 1982 – 7 C 24.81 – BVerwGE 65, 323 = NJW 1983, 354.
[81] Vom 14. 7. 1987, BGBl. I S. 1593, zuletzt geändert durch Verordnung v. 21. 12. 1989, BGBl. I S. 2549.
[82] BVerfG, Beschl. v. 14. 3. 1989 aaO und BVerwG, Urt. v. 18. 5. 1982 aaO.

lich nicht dem Gesetzgeber vorbehalten ist, konkrete Maßstäbe für die Bewertung der Prüfungsleistungen festzulegen und die **Bestehensgrenzen** im einzelnen zu bestimmen. Durch die Regelungen in § 14 ÄAppO wird letztlich eine Vereinheitlichung der sonst den Prüfern und nicht etwa dem Gesetzgeber anheimgegebenen Auswahl der einzelnen Prüfungsfragen und Bewertung der daraufhin geleisteten Antworten bewirkt. Weder darüber, ob eine solche Vereinheitlichung stattfinden soll, noch darüber, wie sie im einzelnen zu erreichen ist, bedarf es einer parlamentarischen Entscheidung. Zwar bedeutet das Antwort-Wahl-Verfahren eine erhebliche Umgestaltung des überkommenen und auch sonst üblichen Prüfungsverfahrens. Daß als Prüfungsleistung allein die Auswahl unter mehreren vorgegebenen Antworten zugelassen wird, bewirkt eine starre Fixierung des Prüfungsstoffs und zwingt zu einer schematischen Leistungsbewertung. Die rein rechnerische Auswertung der richtig oder falsch angekreuzten Antworten läßt eine individuelle Bewertung nicht zu. Diese Umgestaltung entspricht indes offenbar den Vorstellungen des Gesetzgebers, der ein Antwort-Wahl-Verfahren durchaus ins Auge gefaßt hat (BT-Drucksachen V/3838 Begr. zu 1, S. 5 sowie zu Art. 1 Nr. 5, S. 7). Sie ist daher keine Kompetenzüberschreitung des Verordnungsgebers.[83]

Hinsichtlich der **pharmazeutischen Prüfungen** ist die Rechtslage ähnlich zu beurteilen. Das BVerwG[84] hat auf der Grundlage des § 5 Bundes-Apothekerordnung[85] eine gesetzliche Regelung, nach der (wie auch nach § 4 Bundesärzteordnung) der zuständige Bundesminister „das Nähere über die pharmazeutische Prüfung" bestimmt, für ausreichend erachtet. Danach besitzt auch das nach der Approbationsordnung für Apotheker[86] vorgesehene Antwort-Wahl-Verfahren eine den Anforderungen des rechtsstaatlichen Gesetzesvorbehalts und des Art. 80 Abs. 1 GG standhaltende gesetzliche Grundlage.

Aus der vom BVerfG betonten „wesentlichen" Bedeutung der eigenständigen **verwaltungsinternen Kontrolle von Prüfungsentscheidungen** für die Verwirklichung des Grundrechts aus Art. 12 Abs. 1 GG (dazu im einzelnen Rdn. 312ff.) folgt, daß es Aufgabe und Pflicht des Gesetzgebers ist, die erforderlichen Regelungen über die konkrete Ausgestaltung des Verfahrens des „Überdenkens" von Prüfungsentscheidungen als Teil des Prüfungsverfahrens zu schaffen.[87] Zu den wesentlichen Merkmalen, die insofern zu regeln sind, gehört vor allem, ob das sonst übliche **Widerspruchsverfahren** (vgl. §§ 68ff. VwGO) auch in Prüfungsangelegenheiten gelten oder ob ein anderes – den bezeichneten Anforderungen entsprechendes – Kontrollverfahren gegeben

---

[83] BVerfG, Beschl. v. 14. 3. 1989 aaO.
[84] Urt. v. 7. 10. 1983 – 7 C 54.82 – BVerwGE 68, 69 = DVBl 1984, 269. Vgl. ferner: VGH Bad.-Wttbg., Urt. v. 12. 4. 1989 – 9 S 1978/88 – DVBl 1989, 1199.
[85] Vom 5. 6. 1968 (BGBl. I S. 601), nunmehr in der Neufassung vom 19. 7. 1989 (BGBl. I S. 1478, 1842).
[86] Vom 23. 8. 1971 (BGBl. I S. 1377), nunmehr in der Fassung vom 19. 7. 1989 (BGBl. I S. 1489), geändert durch Verordnung vom 19. 6. 1991 (BGBl. I S. 1343).
[87] BVerwG, Urt. v. 24. 2. 1993 – 6 C 35.92 – Buchholz 421.0 Prüfungswesen Nr. 313.

sein soll (wegen der übergangsweise geltenden Regelungen s. nachfolgend Rdn. 49).

Ergänzend sei noch auf folgende Einzelfälle hingewiesen, mit denen sich die Rechtsprechung zu befassen hatte:

37 In einer Prüfungsordnung für **Fahrlehrer** genügt dem Gesetzesvorbehalt eine Regelung, welche die „richtige Anleitung des Fahrschülers im Straßenverkehr" zur Voraussetzung des Bestehens einer Prüfung macht, ohne selbst zu sagen, wann eine Anleitung „richtig" ist.[88]

38 Die **Lehrfreiheit des Hochschullehrers** umfaßt zwar die inhaltliche und methodische Gestaltung der Lehrveranstaltungen, nicht aber auch die Bestimmung der Voraussetzungen, unter denen ein Leistungsnachweis erteilt wird. Diese müssen freilich nicht durch Gesetz, sondern können von dem nach dem Landeshochschulrecht dafür zuständigen Gremium der Hochschule in der für den Studiengang maßgeblichen Studienordnung geregelt werden.[89]

39 Hat der Gesetzgeber eine Leitentscheidung darüber getroffen, daß **Nichtabiturienten die Hochschulzugangsberechtigung** erwerben können, wenn sie eine gleichwertige Vorbildung nachweisen, so kann die Ausgestaltung der Zulassungs- und Bestehensvoraussetzungen durch den Verordnungsgeber erfolgen.[90]

40 Schließlich ist auch noch zu bemerken, daß die Rechtsprechung für das Erfordernis eines **qualifizierten Leistungsnachweises** (z. B. bei dem Übergang in die gymnasiale Oberstufe)[91] oder für die Annahme einer **Sperrwirkung** bestimmter nicht ausreichender Leistungen eine dies zulassende gesetzliche Grundlage verlangt. Dagegen ist es nicht erforderlich, durch Gesetz festzulegen, ob schriftliche Prüfungsarbeiten **offen** oder **anonym zu bewerten** sind. Diese Fragen sind dem Bestimmungsrecht der Prüfungsbehörden zur eigenverantwortlichen Regelung anheimgegeben.[92] Freilich ist die Behörde gehalten, auch insofern eine einheitliche Verfahrensweise sicherzustellen, was insbesondere durch entsprechende Anordnungen in Form von Verwaltungsvorschriften geschehen kann.

d) Regelungen betreffend schulische Leistungsbewertungen

41 Bei schulischen Leistungsbewertungen ist zu unterscheiden: Der Schutzbereich des **Art. 12 GG** ist auch hier berührt, wenn ein Schüler wegen schlechter Leistungen – etwa nach mehrfacher Nichtversetzung – zwangsweise von der

---

[88] BVerwG, Beschl. v. 22. 2. 1991 – 7 CB 37.90 – Buchholz 421.0 Prüfungswesen Nr. 284
[89] BVerwG, Beschl. v. 24. 5. 1991 – 7 NB 5.90 – NVwZ 1991, 1082 = Buchholz 421.2 Hochschulrecht Nr. 134.
[90] OVG Bremen, Beschl. v. 28. 2. 1984 – I BA 123/80 – SPE (alte Fassung) zu III B V, S. 1.
[91] OVG Lüneburg, Urt. v. 16. 8. 1977 – V OVG C 2/77 – SPE II C VIII, S. 1.
[92] BVerwG, Urt. v. 25. 3. 1981 – 7 C 8.79 – DVBl 1981, 1149 = DÖV 1981, 679.

Schule entlassen wird.[93] Die **Nichtversetzung** eines Schülers in die nächste Klasse/Jahrgangsstufe ist dagegen nicht auch an den Gewährleistungen des Art. 12 GG zu messen und von daher auch nicht dem Gesetzesvorbehalt zu unterstellen. Die freie Wahl der Ausbildungsstätte wird durch sie nicht berührt. Daß die Lebens- und Berufschancen dadurch maßgeblich beeinträchtigt werden, wie das Bundesverwaltungsgericht (BVerwGE 56, 155, (158) angenommen hat, trifft in aller Regel nicht zu. Denn im allgemeinen liegt eine Nichtversetzung im wohlverstandenen Interesse des – aus welchen Gründen auch immer – überforderten Schülers und sollte seine weitere Entwicklung letztlich positiv beeinflussen können. Immerhin berührt die Nichtversetzung die freie – nämlich seinen eigenen Entschlüssen folgende – Entfaltung der Persönlichkeit des Schülers in beachtlichem Maße und damit sein Grundrecht aus Art. 2 Abs. 1 GG (BVerfGE 58, 272). Da schulische Leistungsbewertungen vielfach auch Auswirkungen auf die Entscheidungen der Eltern über die Wahl des Bildungsweges für ihr Kind haben, ist insofern zumeist auch der Schutzbereich des Art. 6 Abs. 2 GG berührt.

Hinsichtlich der schulischen (**Nicht-**)**Versetzung** ist dem **Vorbehalt des Gesetzes** schon dann hinreichend entsprochen, wenn der Gesetzgeber die Einrichtung der „Versetzung" ausdrücklich vorsieht, indem er diesen allgemeinen Begriff verwendet.[94] Das Institut der Versetzung hat aufgrund langjähriger Praxis eine Ausformung erfahren, die auf dem Leistungsprinzip beruht und von dem Erreichen des jeweiligen Ausbildungszieles abhängig ist. Davon darf auch der Gesetzgeber bei der Verwendung des Begriffes „Versetzung" ausgehen. Entsprechendes gilt für die **Zuständigkeit** der jeweiligen **Klassenkonferenz** und für die **Regelung des Verfahrens** in den Grundzügen. Auch in dieser Hinsicht hat der Gesetzgeber den verfassungsrechtlichen Bestimmtheitsanforderungen hinreichend entsprochen, wenn er durch die Verwendung des Begriffes „Versetzung" die durch langjährige schulische Praxis entstandenen und in den Grundzügen anerkanntermaßen festliegenden Ausformungen in den Inhalt der gesetzlichen Regelung einbezogen hat. Eine weitere gesetzliche Konkretisierung (z.B. durch die Umschreibung und Festlegung der für die Versetzung erforderlichen Mindestleistungen)[95] kann durchaus zweckmäßig und empfehlenswert sein, sie ist jedoch verfassungsrechtlich

42

---

[93] BVerfG, Beschl. v. 20. 10. 1981 – 1 BvR 640/80 – BVerfGE 58, 257 = NJW 1982, 921; vgl. ferner Beschl. v. 14. 3. 1989 – 1 BvR 1033/82 – BVerfGE 80, 1 = NVwZ 1989, 850.

[94] BVerfG, Beschl. v. 20. 10. 1981 – 1 BvR 640/80 – BVerfGE 58, 257ff. (278). Kritisch dazu: Bryde, DÖV 1982, 243 und 661ff. (672). Das BVerwG (BVerwGE 56, 155, 159/160) hatte dies allein nicht ausreichen lassen, sondern zusätzlich die Regelung verlangt, nach welchen Grundsätzen die Eignung des Schülers für eine erfolgreiche Mitarbeit in der nächsthöheren Klasse festzustellen sei, z.B. welche Leistungen regelmäßig zu fordern seien, und verfahrensrechtlich, wer für die Versetzungsentscheidung zuständig sei. Vgl. dazu auch: Sendler, DVBl 1982, 381ff. (387).

[95] Vgl. §§ 54ff. SchulGE (DJT-SchulGE, Bd. I S. 90ff., 268ff.).

nicht geboten.[96] Das ergibt sich einmal aus der geringeren Grundrechtsrelevanz der Maßnahme und der ebenfalls nur geringen „Steuerbarkeit" der zu regelnden Materie, soweit es um die Einzelheiten geht. Insbesondere da Entscheidungen über die Versetzung eines Schülers auch von pädagogischen Überlegungen bestimmt sein sollen und die Prognose einer erfolgreichen Mitarbeit in der nächsthöheren Klasse eine individuelle Einschätzung erfordert, darf die dazu notwendige Flexibilität nicht durch zu enge gesetzliche Bindungen vereitelt werden (BVerfGE 58, 257 ff. (278)).

Ist mithin durch die Verwendung des durch die ständige Praxis ausgeformten Begriffs „Versetzung" dem Gesetzesvorbehalt hinreichend Rechnung getragen, kann es verfassungsrechtlich nicht weiter geboten sein, die Schulbehörde zur Regelung der weiteren Einzelheiten durch Rechtsverordnung (Art. 80 Abs. 1 GG) zu ermächtigen (dazu im einzelnen vorstehend Rdn. 23).

43 Will die Schule den (mehrfach) nicht versetzten Schüler wegen mangelnder Befähigung und schlechter Leistungen[97] zwangsweise von der Schule **entlassen,** benötigt sie dazu eine präzisere gesetzliche Grundlage als in den vorbezeichneten Fällen der Wiederholung einer Jahrgangsstufe. Denn die zwangsweise Entlassung von der Schule stellt eine für den weiteren Berufs- und Lebensweg des betroffenen Schülers sehr einschneidende Maßnahme dar. Sie hat in aller Regel zur Folge, daß der Zugang zu dem erstrebten Beruf abgeschnitten oder zumindest wesentlich erschwert und dadurch die Chance für eine freie Wahl des Berufs erheblich geschmälert wird. Der Vorbehalt des Gesetzes erfordert deshalb insofern, daß der Gesetzgeber die wesentlichen Bestimmungen über die zwangsweise Schulentlassung selbst erläßt. Dazu sind zu rechnen: die **Voraussetzungen für die zwangsweise Entlassung** von der Schule und den etwa vorgesehenen **Ausschluß** eines Schülers von **allen Schulen einer bestimmten Schulart** sowie die **Zuständigkeiten** für eine derartige Maßnahme und die Grundsätze des dabei einzuhaltenden Verfahrens.[98] Eine gesetzliche Vorschrift, die nur die zu regelnde Materie bezeichnet (z. B. nur die Begriffe „Entlassung/Beendigung des Schulverhältnisses" enthält), wird diesen Anforderungen nicht gerecht.[99]

44 Hinsichtlich der **Einweisung in eine Sonderschule** ist den verfassungsrechtlichen Anforderungen des Gesetzesvorbehalts nicht damit genügt, daß für

---

[96] BVerfG, Beschl. v. 20. 10. 1981 – 1 BvR 640/80 – BVerfGE 58, 257 ff. (278) = NJW 1982, 921. OVG Hamb. Beschl. v. 19. 9. 1985 – OVG Bs VII 778/83 – SPE 400 Nr. 20 betr. die Eingliederung eines Schülers nach einem Auslandsaufenthalt. Hinsichtlich der sonderschulbedürftigen Kinder s. HessVGH, Beschl. v. 30. 9. 1988 – 6 R 3482/88 – SPE 400 Nr. 14.
[97] Wegen der zwangsweisen Schulentlassung aufgrund eines ordnungswidrigen Verhaltens vgl. 2. Aufl. Rdn. 173.
[98] BVerfG, Beschl. v. 20. 10. 1981 – 1 BvR 640/80 – BVerfGE 58, 257 ff. (275) = NJW 1982, 921, unter Hinweis auf den diesen Anforderungen gerecht werdenden § 45 SchulGE (vgl. DJT-SchulGE, Bd. I S. 86 ff. und S. 247 ff.).
[99] BVerfGE 58, 279 ff.; Lerche, Bayerisches Schulrecht und Gesetzesvorbehalt (1981), S. 94 ff.

(angeblich) sonderschulbedürftige Kinder die Pflicht „zum Besuch einer ihrer Eigenart entsprechenden Sonderschule" gesetzlich angeordnet wird.[100] Zumindest bedarf es der gesetzlichen Zuordnung bestimmter (Lern-)Behinderungen zu den für sie in Betracht kommenden Schularten. Sollen behinderte Kinder nicht in den (vorhandenen) Sonderschulen gefördert, sondern mit allen anderen Schülern in allgemeinbildenden Schulen unterrichtet werden, bedarf es auch insofern einer legislativen Leitentscheidung.

Wenn im schulischen Alltag Leistungen eines Schülers (z. B. **Hausarbeiten** oder einzelne **Klausuren**) bewertet werden, bedarf es dafür keiner formellgesetzlichen Grundlage. Solche Bewertungen haben nicht eine so erhebliche Bedeutung, daß sie generell vom Grundrechtsschutz erfaßt würden und deshalb durch eine Leitentscheidung des Gesetzgebers gesteuert werden müßten. 45

Hinsichtlich schulischer **Zeugnisse** sind dann strengere Anforderungen zu stellen, wenn mit ihnen zugleich über den schulischen Werdegang des Schülers oder seinen Zugang zu anderen Bildungseinrichtungen (insbesondere über die Hochschulzulassung) unmittelbar oder mittelbar entschieden wird. Dabei kommt es nicht auf die Form der Leistungsbewertung, sondern auf ihre inhaltlichen Folgen an. Wird mit ihr etwa die Eignung des Schülers für den Besuch einer **weiterführenden Schule** versagt und damit seinem Anspruch auf Teihabe an öffentlichen Bildungseinrichtungen Grenzen gesetzt, ist dies nicht eine freie Entscheidung der Schule, sondern es bedarf dazu einer normativen Grundlage.[101] Zwar müssen die Schulgesetze nicht etwa die leistungsmäßigen Voraussetzungen des Übergangs in eine weiterführende Schule oder der Überweisung in eine Sonderschule selbst konkret regeln. Jedoch darf die – insofern grundsätzlich zulässige, aber auch mindestens notwendige – Ermächtigung des Gesetzgebers zum Erlaß von Rechtsverordnungen (Art. 80 GG) nicht so inhaltsarm sein, daß sie einer hinreichenden Steuerungskraft entbehrt.[102] 46

Allein der Wechsel in der **Form der Benotung** der Leistungen in den Schulzeugnissen (z. B. daß textliche Berichte an die Stelle der üblichen Fachnoten treten), stellt sich nicht als so „wesentlich neu" dar, daß eine solche Regelung wegen ihrer Bedeutung für die Grundrechte der Schüler und Eltern allenthalben einer Entscheidung durch den Gesetzgeber bedürfte.[103] Der rechtliche 47

---

[100] HessVGH, Beschl. v. 30. 9. 1988 – 6 R 3482/88 – SPE 800 Nr. 14
[101] Dazu: 2. Aufl. Rdn. 175, 206 ff.
[102] Es ist durchaus zweifelhaft, ob diese Anforderungen in den z. Zt. geltenden Schulgesetzen der Länder erfüllt sind; dazu die Hinweise in: Avenarius/Jeand'Heur, Elternrecht und staatliches Bestimmungsrecht bei der Wahl der Schullaufbahn, Schr. z. ÖR Bd. 616 (1992), S. 22 mit Anm. 44. Als ein Beispiel für eine den Anforderungen gerecht werdende Regelung mag § 29 berl. SchulG gelten.
[103] Zu dem Streit um die „verbalisierten Zeugnisse", bei dem freilich die Frage im Mittelpunkt stand, ob die Schule überhaupt das Sozialverhalten des Schülers darzustellen hat: BVerwG, Beschl. v. 29. 5. 1981 – 7 B 169 und 170.80 – NJW 1982, 250 = DÖV 1981, 680; OVG NW, Urt. v. 25. 4. 1980 – 5 A 2323/78. Vgl. ferner: DJT-SchulGE, Bd. I S. 271.

Rahmen der **Informationspflicht** der Schule ergibt sich nämlich hinreichend aus deren gesetzlich festgelegten Bildungs- und Erziehungszielen und deren Pflicht, mit den Eltern an der Erziehung des Kindes zusammenzuwirken.[104] Hinsichtlich der Einzelheiten, wie die Information der Eltern zweckmäßig zu verwirklichen ist, kommt es auf die konkreten Umstände und die pädagogisch motivierten Überlegungen des jeweiligen Lehrers an. Dies zu regeln, ist grundsätzlich nicht Aufgabe des parlamentarischen Gesetzgebers.[105] Freilich kann auch die Entscheidung darüber, in welcher Weise Schulzeugnisse abzufassen sind, in einem weiteren Zusammenhang größeres Gewicht erlangen, so daß auch insofern eine – in ihrer Bestimmtheit über die Angabe von Bildungs- und Erziehungszielen hinausreichende – Leitentscheidung des Gesetzgebers erforderlich wird. Dies mag insbesondere der Fall sein, soweit der Leistungsnachweis durch (Fach-)Noten als eine Voraussetzung für die Hochschulzulassung oder den Eingang in einen Beruf gilt. Dagegen sind die bessere Vergleichbarkeit der benoteten Leistungen unter den Schülern einer Schulklasse und die etwaige Anfechtbarkeit einzelner Noten im Verwaltungsprozeß (vgl. Rdn. 380) kein hinreichender Grund, um für die Einführung **verbalisierter Zeugnisse** eine Entscheidung des parlamentarischen Gesetzgebers zu verlangen.

e) Verzicht auf eine formell-gesetzliche Grundlage für eine Übergangszeit

48 Auch Prüfungen sind von der Tendenz erfaßt worden, auf an sich erforderliche formell-gesetzliche Grundlagen für eine **Übergangszeit** vorläufig zu verzichten und die allein durch Verwaltungsvorschriften getroffenen Regelungen für einen zumeist nicht näher umgrenzten Zeitraum fortgelten zu lassen.[106] Die allgemein gegen solche „Übergangslösungen" zu erhebenden Bedenken[107] bestehen auch hier, wenngleich nicht verkannt werden soll, daß die Verwaltungsgerichte dem rechtsuchenden Prüfling/Schüler nicht mit dem Hinweis auf fehlende gesetzliche Bestimmungen „Steine statt Brot" geben können. In der Praxis führt dies dazu, daß die bislang das Prüfungsgeschehen

---

[104] Dazu im einzelnen in der 2. Aufl. Rdn. 39.
[105] BVerwG, Beschl. v. 3. 7. 1978 – 7 B 113.78 – DÖV 1978, 845 = Buchholz 421 Kultur- und Schulwesen Nr. 57 (betr. die Erteilung eines Notenspiegels).
[106] Dazu allgemein 2. Aufl. Rdn. 85 ff. Im Zusammenhang mit der Schulentlassung wegen unzureichender Leistungen: BVerfG, Beschl. v. 20. 10. 1981 – 1 BvR 640/80 – BVerfGE 58, 257 (280) = NJW 1982, 921. Aus der speziell zum Prüfungsrecht ergangenen Rechtsprechung: BVerwG, Beschl. v. 8. 5. 1989 – 7 B 58.89 – Buchholz 421.0 Prüfungswesen Nr. 262 und v. 23. 2. 1983 – 7 B 9.83 (betr. die nochmalige Wiederholung der 11. Jahrgangsstufe des Gymnasiums); Beschl. v. 22. 1. 1981 – 7 B 156.80 – u. v. 15. 11. 1979 – 7 B 225.78 – Buchholz 421 Kultur und Schulwesen Nr. 68; Beschl. v. 26. 7. 1978 – 7 B 7.77 – NJW 1979, 330; Urt. v. 14. 7. 1978 – 7 C 11.76 – BVerwGE 56, 155 ff. (161); OVG NW, Urt. v. 23. 8. 1989 – 1 A 7/87 – DVBl 1990, 543. Kritisch: Muckel, NJW 1993, 2283.
[107] Vgl. in der 2. Aufl. die Ausführungen zu Rdn. 86.

ohne gesetzliche Grundlage regelnden **Verwaltungsvorschriften** (administrative Prüfungsordnungen) für einen nicht näher begrenzten Zeitraum weiterhin anzuwenden sind. Was dabei im einzelnen zu beachten ist, wird unten (Rdn. 67 ff.) ausgeführt.

Solange in einigen Bundesländern noch nicht durch Gesetz geregelt worden ist, wie bei berufsbezogenen Prüfungen das – gegenüber dem gerichtlichen Verfahren – eigenständige **verwaltungsinterne Kontrollverfahren** auszugestalten ist (zu den Anforderungen an ein solches Verfahren s. unten Rdn. 312 ff.), ist dieses Verfahren übergangsweise ohne gesetzliche Grundlage in einer Weise durchzuführen, die den Anforderungen des Art. 12 Abs. 1 GG, nämlich dem Prüfling einen rechtzeitigen und wirkungsvollen Schutz seines Grundrechts der Berufsfreiheit zu gewährleisten, der jeweiligen Situation entsprechend möglichst nahe kommt.[108] Ein bereits anhängiges oder vom Prüfling vorsorglich zur Fristwahrung anhängig gemachtes verwaltungsgerichtliches Verfahren ist auf Antrag des Klägers auszusetzen; sodann hat die Prüfungsbehörde bei substantiierten Einwendungen des Prüflings die Prüfer zu befragen, ob sie an ihren Bewertungen festhalten. Ist dies nicht in vollem Umfang der Fall, sondern werden einzelne Bewertungen (Noten) geändert, muß der Prüfungsausschuß ferner darüber beraten, wie das Gesamtergebnis der Prüfung nunmehr zu lauten hat. Bei der rein rechnerischen Ermittlung des Gesamtergebnisses aufgrund entsprechender Vorgaben der Prüfungsordnung ist dies nicht erforderlich. 49

Soll eine als **Verwaltungsvorschrift** erlassene **Prüfungsordnung** für eine Übergangszeit formelles Recht ersetzen, ist dies nur zulässig, wenn die dafür maßgeblichen Voraussetzungen im Einzelfall wirklich vorliegen. Dazu gehören schwerwiegende Beeinträchtigungen des Ausbildungs-, Prüfungs- oder Berechtigungswesens insgesamt, aber auch unerträgliche Nachteile für einzelne Prüflinge.[109] Das Gebot der Chancengleichheit ist zu beachten.[110] Es ist nicht etwa unerheblich und darf deshalb nicht offen bleiben, ob eine Verwaltungsvorschrift angesichts der (noch) ausstehenden gesetzlichen Regelung übergangsweise rechtliche Geltung besitzt oder ob sie nur in einem nicht durch Gesetz regelungsbedürftigen Bereich wegen des verfassungsrechtlichen Gleichbehandlungsgebots (Art. 3 GG) Bindungswirkungen erzeugt. Denn in dem letzten Fall kommt es nicht allein auf den Wortlaut der Verwaltungsvorschrift, sondern entscheidend darauf an, ob die **Prüfungspraxis** dem entspricht (wegen dieser Unterscheidung vgl. unten Rdn. 71).[111] Ist eine **Prüfungsordnung** als **Rechtsverordnung** – etwa wegen unzureichender Veröffentlichung – 50

---

[108] BVerwG, Urt. v. 24. 2. 1993 – 6 C 35.92 – Buchholz 421.0 Prüfungswesen Nr. 313 = NVwZ 1993, 681.
[109] Dazu 2. Aufl. Rdn. 87.
[110] BVerwG, Beschl. v. 15. 12. 1988 – 7 B 190.88 – Informationen zum Hochschulrecht der KMK 1989, 327.
[111] BVerwG, Urt. v. 25. 3. 1981 – 7 C 8.79 – DÖV 1981, 679 = DVBl 1981, 1149.

nicht gültig erlassen worden, kann sie für eine Übergangszeit als Verwaltungsvorschrift angewendet werden.[112]

Die Dauer der zulässigen Übergangszeit ist nicht für alle Fälle gleichermaßen zu bemessen; sie hängt von der Zeit ab, die üblicherweise vorauszusetzen ist, um die erforderlichen Rechtsgrundlagen zu schaffen.[113]

2. Anforderungen an die Rechtsgültigkeit von Prüfungsordnungen/Folgen der Rechtsungültigkeit

51 Da die Rechtmäßigkeit einer Prüfung einschließlich der Prüfungsentscheidung wesentlich davon abhängt, ob die maßgebliche Prüfungsordnung eingehalten worden ist, kommt es auf deren **Rechtgültigkeit** entscheidend an. Freilich ist dem klagenden Prüfling im allgemeinen nicht damit gedient, daß die Prüfungsordnung für ungültig erklärt wird; denn damit würde der **Weg zu einem positiven Prüfungsergebnis** sehr erschwert, wenn nicht gar vorerst bis zum Erlaß einer neuen Prüfungsordnung gänzlich versperrt werden. Deshalb haben Prüflinge, besonders wenn sie die Prüfung bestanden haben und um eine Verbesserung der Prüfungsnote streiten, in aller Regel kein besonderes Interesse, der von ihnen beanstandeten Prüfungsentscheidung durch Angriffe auf die Prüfungsordnung die Grundlage zu entziehen.[114] Sollen nur einzelne Regelungen der Prüfungsordnung angegriffen werden (z.B. betreffend das Prüfungsverfahren), ist von Bedeutung, ob die restlichen Vorschriften als Rechtsgrundlage einer ordentlichen Prüfung ausreichen (so z.B. wenn eine einzelne Bewertungsregelung zu beanstanden ist, die Bewertung sodann aufgrund der anderen Regelungen fehlerfrei vorgenommen werden kann).

Bei alledem darf jedoch nicht übersehen werden, daß die Rechtsgültigkeit der Prüfungsordnung von den Behörden und Gerichten grundsätzlich **von Amts wegen zu untersuchen** ist; dies sollte jedoch nicht ohne Anlaß gleichsam ins Blaue hinein geschehen, sondern nur wenn sich – insbesondere wegen des darauf gerichteten Parteivortrags – Zweifel aufdrängen (dazu insgesamt Rdn. 393).

Im einzelnen ist hierzu insgesamt zu bemerken:

52 Rechtsmängel der Prüfungsordnung können zunächst in **formeller Hinsicht** gegeben sein, z.B. wenn die Diplomprüfungsordnung einer Hochschule nicht von dem dafür zuständigen Gremium in ordnungsgemäßer Besetzung **beschlossen** oder wenn sie fehlerhaft **veröffentlicht** worden ist. Ein solcher

---

[112] BVerwG, Beschl. v. 15. 12. 1988 aaO.
[113] BVerwG, Beschl. v. 11. 6. 1979 – 7 B 135.78 – Buchholz 421.0 Prüfungswesen Nr. 11 und v. 2. 8. 1988 – 7 B 90.88.
[114] Ohne ein Rechtsmittel wird die rechtswidrige Prüfungsentscheidung nach Ablauf der Widerspruchs- bzw. Klagefrist bestandskräftig. Sie kann allerdings auch dann noch nach pflichtgemäßem Ermessen (§ 48 VwVfG) zurückgenommen werden (dazu Rdn. 282, 283 und insbesondere Rdn. 296).

Mangel, der bereits das Entstehen einer Prüfungsordnung als Rechtsvorschrift vereitelt, müßte an sich dazu führen, daß die darauf gestützte Prüfungsentscheidung aufgehoben, die Prüfungsordnung fehlerfrei erlassen und die Prüfung sodann – als Erstprüfung – erneut abgehalten wird. Dieses unbefriedigende Ergebnis läßt sich jedenfalls bei bloßen Veröffentlichungsmängeln dadurch vermeiden, daß übergangsweise – ähnlich wie bei Prüfungsordnungen, die dem Gesetzesvorbehalt nicht hinreichend entsprechen (vgl. vorstehend Rdn. 48 ff.), – die vom Normgeber offensichtlich gewollten und den Betroffenen inhaltlich nicht verborgen gebliebenen Regelungen zwischenzeitlich weiter anzuwenden sind.[115]

Auch bei **förmlichen Gesetzen** oder **Rechtsverordnungen** können **formelle** 53 **Mängel** ihrer Rechtsgültigkeit entgegenstehen, z. B. wenn nicht der Bund, sondern einzelne Länder zuständig sind (s. Art. 70 ff. GG). Hierzu hat das BVerwG entschieden, daß die **Verordnung über eine Noten- und Punkteskala** für die Erste und Zweite juristische Staatsprüfung (vom 3. 12. 1981, BGBl. I S. 1243) die Rahmenkompetenz des Bundes nicht übersteigt.[116] Anzumerken ist in diesem Zusammenhang, daß ein Gericht die Ungültigkeit von Prüfungsordnungen, die als förmliche Gesetze ergangen sind, nicht selbst für ungültig erklären darf, sondern dazu die Entscheidung des Bundesverfassungsgerichts einzuholen hat (s. Art. 100 Abs. 1 GG).[117]

Ferner sind auch **inhaltliche Mängel der Prüfungsordnung** ein Grund dafür, 54 sie als nicht rechtsgültig zu erachten. Solche Mängel können etwa darauf beruhen, daß einzelne Regelungen (z. B. über einzuhaltende Bearbeitungszeiträume oder zugelassene Hilfsmittel) die Chancengleichheit der Prüflinge nicht hinreichend gewährleisten oder Bewertungsvorschriften zu willkürlichen Prüfungsergebnissen führen können. Die weiter unten erörterten Mängel im Prüfungsverfahren (Rdn. 75 ff.) und inhaltlichen Bewertungsfehler (Rdn. 326 ff.) sind in jenem Darstellungszusammenhang auf das konkrete Geschehen in einer bestimmten Prüfung bezogen. Das ist aber nicht die einzige Perspektive, aus der sich prüfungsrechtlich relevante Mängel erkennen lassen. Dieselben Mängel können durchweg gleichsam eine Stufe höher in einer ein solches Vorgehen anordnenden, sodann freilich abstrakt-generellen Regelung der Prüfungsordnung angelegt sein.

Inhaltliche Mängel der **Prüfungsordnung** bewirken, daß diese **rechtsungültig** 55 ist. Daraus folgt im allgemeinen, daß die beanstandete Prüfung einschließlich der Prüfungsentscheidung der erforderlichen rechtlichen Grundlage entbehrt und daher rechtswidrig ist. Dann muß die Entscheidung aufgehoben, die Prüfungsordnung geändert und der Prüfling nach Maßgabe der nunmehr

---

[115] BVerwG, Beschl. v. 15. 12. 1988 – 7 B 190.88 – Informationen zum Hochschulrecht, Veröffentlichungen der KMK 1989, 327.
[116] BVerwG, Beschl. v. 16. 8. 1985 – 7 B 51, 58, 59.85 – NJW 1986, 951 = DÖV 1985, 1018, bekräftigt durch Beschl. v. 9. 6. 1993 – 6 B 35.92-; ebenso: BayVGH, Urt. v. 10. 1. 1985 – Nr. 3 B 84 A1381 – BayVBl 1985, 241.
[117] Dazu im einzelnen: BVerfGE 55, 274 (327) und 70, 35 (58).

inhaltlich fehlerfreien Prüfungsordnung erneut (als Erstprüfung) geprüft werden.[118]

Dieses ist aber nur dann unausweichlich, wenn der inhaltliche Mangel **unheilbar** ist und **wesentliche Teile** der Prüfungsordnung erfaßt, so daß er nicht etwa nach den Grundsätzen, die gemäß dem hypothetischen Willen des Normgebers eine **Teilnichtigkeit** rechtfertigen, als für den Rest der Prüfungsordnung unschädlich zu isolieren ist. Eine solche „Reparatur" der mit Mängeln behafteten Prüfungsordnung scheidet von vornherein aus, wenn die Regelung insgesamt zu unbestimmt oder in sich widersprüchlich ist oder in zentralen Bereichen einen erheblichen Verstoß etwa gegen das im Prüfungswesen besonders zu beachtende Gebot der Chancengleichheit enthält. Sind dagegen nur einzelne etwa die Anforderungen an das Bestehen der Prüfung oder die Zuteilung einer guten Prüfungsnote verschärfende Regelungen ungültig, mag die Prüfungsordnung generell ohne diese besonderen Anforderungen gelten, wenn dies mit dem hypothetischen Willen des Normgebers in Einklang zu bringen ist und die Chancengleichheit dabei nicht verloren geht. Soweit nicht der Vorbehalt des förmlichen Gesetzes (vgl. oben Rdn. 21 ff.) eine normative Steuerung des Prüfungsgeschehens verlangt, kann auf „zusätzliche" Regelungen, die sich als rechtsfehlerhaft erweisen, durchaus verzichtet werden.

Entsprechendes gilt, wenn eine **Rechtsverordnung** in Einzelfragen hinter den Anordnungen zurückbleibt, die das förmliche Gesetz, welches zugleich die Verordnungsermächtigung enthält, selbst näher geregelt hat. Beispielsweise ist eine als Rechtsverordnung oder Satzung ergangene Prüfungsordnung (insoweit) ungültig, wenn dort nur bei zwei Prüfern eine bestimmte Qualifikation gefordert wird, während das Gesetz dies für alle drei Prüfer vorsieht. Sodann gilt hinsichtlich der notwendigen Qualifikation der Prüfer **nur die gesetzliche Regelung**.[119]

3. Änderung der gesetzlichen Prüfungsbestimmungen/Vertrauensschutz

56 Gesetzliche Prüfungsbestimmungen können grundsätzlich – wie jedes andere Gesetz – in dem dafür vorgesehenen Verfahren geändert werden, und zwar auch mit dem Ziel einer **Verschärfung der Voraussetzungen für den Prü-**

---

[118] Es wird hier davon ausgegangen, daß die Prüfung nicht bestanden wurde und der Prüfling diese Entscheidung anficht. Eine negative Prüfungsentscheidung, die einer gültigen Rechtsgrundlage entbehrt, ist aber auch nach Eintritt der Bestandskraft nach pflichtgemäßem Ermessen von der Prüfungsbehörde zurückzunehmen (§ 48 VwVfG). Eine positive Prüfungsentscheidung kann in diesem Fall ebenfalls korrigiert werden, wenn sich dies nach pflichtgemäßem Ermessen rechtfertigen läßt (s. Rdn. 282, 283 und insbesondere 296).

[119] OVG RhPf., Urt. v. 25. 8. 1992 – 6 A 12418/91.

fungserfolg. Dies gilt ebenso für prüfungsrechtliche Rechtsverordnungen,[120] sofern der Rahmen der gesetzlichen Ermächtigung nicht durchbrochen wird. Besonderheiten ergeben sich hier freilich daraus, daß jede Prüfung üblicherweise einer zumeist längeren Vorbereitung bedarf und daß regelmäßig die Ausbildung, die mit der jeweiligen Prüfung abgeschlossen werden soll, mit deren Anforderungen abzustimmen ist. Wer einen Ausbildungsweg einschlägt oder sich sonst in angemessener Zeit auf eine Prüfung vorbereitet, darf grundsätzlich darauf vertrauen, daß die sein Verhalten bestimmenden Prüfungsbedingungen nicht oder jedenfalls nicht so sehr zu seinem Nachteil geändert werden, daß er sich hierauf nicht mehr in **zumutbarer Weise einrichten** kann. Daraus folgt: Will der Gesetzgeber für den Prüfungserfolg neue, sich im Einzelfall für den Prüfling erschwerend auswirkende Voraussetzungen festlegen, muß er durch eine gesetzliche **Übergangsregelung** übermäßige, unzumutbare Benachteiligungen vermeiden.[121]

Der Grundsatz der **Chancengleichheit** gilt bei berufsbezogenen Prüfungen allgemein auch hier in seiner strengen, über das Willkürverbot hinausreichenden Ausprägung. Freilich ist es gerade bei Rechtsänderungen nicht immer möglich, Einbußen an Chancengleichheit gänzlich zu vermeiden. So hat das BVerfG (BVerfGE 37, 342 (355ff.)) es als hinnehmbar erachtet, daß bei der Einführung eines **neuen Notengefüges** die Umstellung von Ausbildungsnoten auf das neue Notensystem angesichts der damit verbundenen Schwierigkeiten unterbleibt, selbst wenn dies zu einer Abwertung der in der Ausbildung erbrachten Leistungen führt. Der Grundsatz der Chancengleichheit verlangt vom Gesetz- und Verordnungsgeber aber besonders dann, wenn bei Übergangsregelungen eine Ungleichbehandlung unvermeidbar ist, jedenfalls übermäßige und unzumutbare Benachteiligungen zu vermeiden.[122]

57

In der Praxis führt dies meist dazu, daß erschwerende Prüfungsbedingungen nicht sofort, sondern erst nach einem gewissen **Zeitablauf** seit ihrer Be-

---

[120] Wegen der Änderungen von Verwaltungsvorschriften in diesem Zusammenhang s. nachfolgend Rdn. 67ff.; wegen der Änderung der Prüfungspraxis und des auch dabei zu beachtenden Vertrauensschutzes s. Rdn. 72.
[121] BVerfG, Beschl. v. 6. 12. 1988 – 1 BvL 5 u. 6/85 – NVwZ 1989, 645 und Beschl. v. 3. 11. 1981 – 1 BvR 632/80 u. a. – NVwZ 1982, 97 (wegen der dabei zu beachtenden verfassungsrechtlichen Anforderungen, hier am Beispiel des bei der Hochschulzulassung für medizinische Studiengänge geänderten Auswahlverfahrens). BVerwG, Beschl. v. 26. 8. 1988 – 7 C 76.87 – Buchholz 421.0 Prüfungswesen Nr. 257 und v. 22. 1. 1987 – 7 B 16.87 – Buchholz aaO Nr. 236 = NVwZ 1987, 592 und v. 21. 7. 1986 – 7 B 36.86 – NJW 1988, 781 und Urt. v. 28. 2. 1986 – 7 C 58.85 – NJW 1987, 723 = DVBl 1986, 622 und Beschl. v. 15. 10. 1984 – 7 CB 70.84 – KMK HSchR 1985, 444 und v. 31. 5. 1978 – 7 B 141.77 – Buchholz aaO Nr. 93; vgl. ferner: VGH Bad.-Wttbg., Beschl. v. 5. 10. 1984 – 9 S 1162/84 – VBl BW 1985, 344 (betr. die Änderung schulrechtlicher Prüfungsbestimmungen, hier betreffend den Stellenwert des Faches Musik in der Oberstufe) und Urt. v. 11. 2. 1992 – 9 S 2459/91 – (kein Vertrauensschutz für Studierende eines anderen Studienganges).
[122] BVerwG, Beschl. v. 26. 8. 1988 – 7 C 76.87 – Buchholz 421.0 Prüfungswesen Nr. 257.

kanntgabe in Kraft treten können, wodurch den Betroffenen die Möglichkeit gegeben wird, sich auf die geänderten Umstände einzustellen.[123] Verlangt der in Einzelfragen zu beachtende **Vertrauensschutz** eine gezieltere Anpassung, hat dies durch entsprechend konkrete Übergangsbestimmungen zu geschehen. Das gilt nicht nur dann, wenn „Übergangsprüflinge" die in die Gesamtnote eingehenden Leistungen teilweise vor und teilweise nach Inkrafttreten des neuen Prüfungsrechts erbracht haben; eine dies entsprechend klarstellende Regelung ist vielmehr auch dann zu erlassen, wenn für Prüfungen nach dem Inkrafttreten des neuen Rechts wegen der Chancengleichheit die Beurteilung der Leistungen insgesamt nach den Maßstäben des alten Rechts erfolgen muß.[124]

58 Wieweit der Vertrauensschutz reicht, kann nur nach den Umständen des Einzelfalles im Hinblick auf die jeweilige Situation der davon Betroffenen, das Gewicht der vorgesehenen Änderungen und die Anpassungsmöglichkeiten in dem vorgegebenen zeitlichen Rahmen beantwortet werden. In Fällen grundlegender Änderungen, die eine völlig andere Orientierung und Vorbereitung auf die Prüfung bedingen (insbesondere bei wesentlichen Änderungen des Prüfungsstoffes), kann es erforderlich sein, diese Regelung **erst für neu eintretende Prüfungsbewerber** (z.B. Studienanfänger) in Kraft treten zu lassen. Dagegen können etwa nur leicht benachteiligende Änderungen z.B. des **Ablaufs der Prüfung**, auf die der Prüfling sich in zumutbarer Weise einrichten kann, auch unmittelbar in Kraft gesetzt werden.

59 Die Rechtsprechung ist mit den Fragen der Reichweite des Vertrauensschutzes und der etwa erforderlichen Übergangsregelung mehrfach befaßt worden (vgl. Rdn. 56 mit den Hinweisen in Fußn. 121). Hingenommen wurde eine Regelung, wonach bei einem **Abschnittsversagen** („**Blockversagen**") künftig keine Ausgleichsmöglichkeit mehr bestehen soll.[125] Ferner wurde es den Kandidaten zugemutet, sich auf eine **mathematisierende Gesamtbewertung** der Prüfungsleistungen in kurzer Zeit einzustellen.[126] Auch die Anhebung der **Mindestnote für das Bestehen der Prüfung** von 4, 3 auf 4,0 ist als mit dem notwendigen Vertrauensschutz vereinbar hingenommen worden.[127]

60 Art. 2 § 4 der 5. Änderungsverordnung zur ÄAppO räumt Prüflingen, die sich bis zum 20. 1. 1988 zum zweiten Abschnitt der Ärztlichen Prüfung gemeldet und beim ersten oder einem weiteren Prüfungsversuch bis zum 1. 5. 1989 die nach damaligem Recht lediglich schriftliche Prüfung nicht bestanden hatten, nicht die Möglichkeit ein, durch Ablegung der nach neuem Recht vorgese-

---

[123] OVG NW, Beschl. v. 19. 11. 1981 – 15 B 1726/81. Das Erfordernis der rechtzeitigen Bekanntgabe der (verschärften) Prüfungsbedingungen gilt auch für private Ersatzschulen: OVG NW, Beschl. v. 6. 1. 1982 – 15 B 1907/81.
[124] BVerwG, Beschl. v. 26. 8. 1988 aaO.
[125] BVerwG, Urt. v. 13. 12. 1979 – 7 C 43.78 – Buchholz 421.0 Prüfungswesen Nr. 124.
[126] OVG NW, Urt. v. 28. 7. 1976 – 5 A 640/75.
[127] VGH Bad.-Wttbg., Urt. v. 20. 11. 1978 – IX 586/78 – SPE III G II S. 15.

henen zusätzlichen mündlichen Prüfung als Fortsetzung des bereits gescheiterten Prüfungsversuchs noch eine weitere Prüfungschance zu erhalten.[128]

Ist eine Prüfungsentscheidung etwa wegen Verstoßes gegen den Grundsatz der **Chancengleichheit** aufgehoben worden, so ist bei der neuen Entscheidung so zu verfahren, daß diesem Grundsatz nachträglich möglichst ungeschmälert Geltung verschafft wird.[129] Wie dies zu erreichen ist, läßt sich nicht allgemeingültig festlegen, sondern hängt von den gesamten Umständen des Einzelfalls ab. Eine zwischenzeitliche Veränderung der Vorschriften über das Prüfungsverfahren darf sich in diesem Zusammenhang[130] jedenfalls nicht zum Nachteil des Prüflings auswirken.[131] 61

Die Änderung der **Zulassungsvoraussetzungen** für eine (Hochschul-) Prüfung ist dazu geeignet, auf ein in der Vergangenheit liegendes und im Hinblick auf die bisherigen Zulassungsvoraussetzungen durchgeführtes Studium zurückzuwirken. Darauf ist bei der Änderung der Zulassungsvoraussetzungen Rücksicht zu nehmen. Für Studenten, die sich hierauf nicht mehr rechtzeitig einstellen können, sind **Ausnahme- oder Übergangsregelungen** zu treffen, um übermäßige und unzumutbare Benachteiligungen zu vermeiden.[132] Die Bestimmungen einer **neuen Promotionsordnung**, wonach eine verschärfte Voraussetzung für die Zulassung zur Promotion (hier: das Vorliegen einer mindestens mit der Note „gut" bewerteten Magisterarbeit) nach Ablauf von 3 Jahren in Kraft tritt, verstößt weder gegen den Grundsatz des Vertrauensschutzes noch gegen den der Chancengleichheit.[133] Es bestehen unter dem Gesichtspunkt des rechtsstaatlichen Vertrauensschutzes keine Bedenken gegen die Anwendung einer Prüfungsvorschrift, die den Verlust des Prüfungsanspruchs an die Nichterfüllung der Pflicht des Kandidaten knüpft, sich innerhalb einer bestimmten **Frist der Prüfung zu unterziehen**, auch wenn diese Pflicht im bisherigen Prüfungsrecht ohne eine solche Sanktion normiert war.[134] 62

Die in der Prüfungsordnung genannten Voraussetzungen für das Bestehen der Prüfung (**Bestehensgrenze**) dürfen aus wichtigen sachlichen Gründen – z. B. um den Anforderungen der beruflichen Tätigkeit, zu der die bestandene Prüfung befähigen soll, gerecht zu werden – durch eine Änderung der Prüfungsordnung **verschärft** werden. Im dem Fall einer zeitweisen Änderung der 63

---

[128] BVerwG, Urt. v. 14. 12. 1990 – 7 C 16.90 – DVBl 1991, 776.

[129] BVerwG, Urt. v. 3. 12. 1981 – 7 C 30 und 31.80 – NJW 1983, 407 = DVBl 1982, 785, und Urt. v. 9. 7. 1982 – 7 C 51.79 – Buchholz aaO Nr. 161 = DVBl 1983, 90.

[130] Anders jedoch bei der Wiederholung der im ersten Versuch nicht bestandenen Prüfung (dazu nachstehend Rdn. 65.).

[131] Anderer Auffassung: BayVGH, Urt. v. 27. 4. 1981 – Nr. 7 B 80 A 1876 – NJW 1982, 2627.

[132] HessVGH, Beschl. v. 7. 4. 1982 – VI TG 189/82 –; vgl. in diesem Zusammenhang auch den Beschl. des BVerfG v. 3. 11. 1981 – 1 BvR 632 u.a. – NVwZ 1982, 97.

[133] BVerwG, Beschl. v. 2. 8. 1988 – 7 B 92.88 – Buchholz aaO Nr. 255.

[134] VGH Bad.-Wttbg., Beschl. v. 22. 12. 1992 – 9 S 2623/92 – VBl BW 1993, 263 und v. 18. 3. 1982 – 9 S 84/82 – VBl BW 1982, 270.

Approbationsordnung für Ärzte durch Rechtsverordnung vom 24. 2. 1978 (BGBl. I S. 312) durch die Einführung einer absoluten Bestehensgrenze von 60% richtiger Antworten ist dies nicht in verfassungsrechtlich zulässiger Weise geschehen ist (dazu im einzelnen und wegen der nunmehr geltenden Regelung s. Rdn. 260).[135]

64 Aus dem Grundsatz der Chancengleichheit in Verbindung mit Art. 12 Abs. 1 GG läßt sich keine starre Regel ableiten, wonach gleichzeitig erbrachte Prüfungsleistungen stets nach gleichem Prüfungsrecht, insbesondere grundsätzlich nach denselben Maßstäben, bewertet werden müßten.[136] Für die Wahrung des Grundsatzes der Chancengleichheit ist nicht die **Gleichzeitigkeit der Prüfungsleistung**, sondern deren **inhaltliche Vergleichbarkeit** entscheidend. Daraus folgt, daß z. B. Stichtagsregelungen nur im Zusammenhang mit den übrigen Prüfungsvoraussetzungen und Bewertungsmaßstäben gewürdigt werden können.[137] Unterschiedliche Maßstäbe sind aus Gründen der Chancengleichheit geboten, wenn nur so den unterschiedlichen Ausbildungen Rechnung getragen werden kann. Besonders deutlich wird dies, wenn bereits während der Ausbildung oder in einer vorangegangenen Prüfung Leistungen erbracht worden sind, die auf die nunmehr abgelegte Prüfung **angerechnet** werden, und eine bloße Umrechnung der Bewertungen auf das neue System nicht durchführbar ist.[138] Ist das Bewertungssystem der neuen Prüfungsordnung für die Prüflinge günstiger, liegt es nahe, die Prüflinge mit anrechenbaren Leistungen nicht schlechter zu stellen als diejenigen, die nicht einmal anrechenbare Leistungen erbracht haben. Dies im einzelnen zu regeln, ist indes dem Gesetz- oder Verordnungsgeber überlassen.[139]

65 Der Grundsatz des rechtsstaatlichen Vertrauensschutzes gebietet es nicht zwingend, die **Wiederholungsprüflinge**[140] von der Anwendung der neuen – für

---

[135] BVerfG, Beschl. v. 14. 3. 1989 – 1 BvR 1033/82 – BVerfGE 80, 1 = NVwZ 1989, 850, mit abw. Meinung von Henschel. Anders zuvor und insoweit nunmehr überholt: BVerwG, Urt. v. 18. 5. 1982 – 7 C 24.81 – BVerwGE 65, 323 = NJW 1983, 354 = Buchholz aaO Nr. 159.
Zur Rechtsgültigkeit einer Übergangsregelung im Juristenausbildungsrecht, welche die Anordnung einer verschärften Bestehensregelung davon abhängig macht, ob der Kandidat sich bei ihrem Inkrafttreten noch nicht länger als neun Monate im Vorbereitungsdienst befindet: BVerwG, Beschl. v. 23. 2. 1990 – 7 B 24.90 – Buchholz aaO Nr. 272.
[136] BVerfG, Beschl. v. 6. 12. 1988 – 1 BvL 5 u. 6/85 – BVerfGE 79, 212 = NVwZ 1989, 645; anders noch: BVerwG, Beschl. v. 26. 8. 1988 – 7 C 76.87 – Buchholz aaO Nr. 257.
[137] BVerfG, Beschl. v. 6. 12. 1988 aaO.
[138] Vgl. auch insoweit: BVerfG, Beschl. v. 6. 12. 1988 aaO.
[139] BVerfG, Beschl. v. 6. 12. 1988 aaO, – anders noch BVerwG, Beschl. v. 26. 8. 1988 aaO.
[140] Gemeint ist hier die von der Prüfungsordnung generell zugelassene Wiederholung der Prüfung in einem zweiten Versuch. Dementgegen ist die Wiederholung der als rechtswidrig erkannten Prüfung (als erneute Erstprüfung) stets nach dem Recht durchzuführen, das zur Zeit des Beginns der Prüfung galt.

sie nunmehr ungünstigeren – Maßstäbe der Leistungsbewertung auszunehmen.[141] Ein etwaiges Vertrauen darauf, daß sich die Bestehensgrenze nicht verschärfen werde, wäre nicht schutzwürdig, denn eine Änderung der Bestehensgrenze greift in der Regel nicht wie eine kurzfristig verfügte wesentliche Änderung des Prüfungsstoffes in einer die Dispositionen des Prüfungsbewerbers entwertenden Weise in die Prüfungsbedingungen ein. Die Anwendung der neuen Maßstäbe scheitert häufig daran, daß Leistungen des Prüflings aus der Erstprüfung anzurechnen sind, deren Bewertung nicht in das neue Bewertungssystem paßt. Das führt dazu, daß mehrere Gruppen (Erstprüflinge, Wiederholer mit und ohne anrechenbare Leistungen) einer jeweils auf ihre Situation bezogenen sachgerechten Bewertung zu unterziehen sind. Dies etwa durch eine den unterschiedlichen Vorbedingungen angepaßte **Stichtagsregelung** zu vollziehen, obliegt dem Gesetzgeber in dem Rahmen seiner nur verfassungsrechtlich begrenzten Gestaltungsfreiheit.[142]

Die nachträgliche **Milderung der Bestehensvoraussetzungen** (z.B. ehedem 66 durch die Approbationsordnung i.d.F. v. 15.7.1981, BGBl. I S. 660) zwingt nicht dazu, die sich daraus ergebenden Vorteile auch den Prüflingen nachträglich zugutekommen zu lassen, die zwischenzeitlich an der verschärften Bestehensgrenze „gescheitert" sind.[143]

4. Verwaltungsvorschriften/ständige Prüfungspraxis

Verwaltungsvorschriften haben für das Prüfungswesen trotz des Gesetzes- 67 vorbehalts nach wie vor Bedeutung. Zwar werden sie z.Zt. kaum noch für eine – im wesentlichen wohl beendete – **Übergangszeit** formelles Recht ersetzen können.[144] Soweit indessen das förmliche Gesetz wegen der nicht besonders „wesentlichen" Bedeutung der Sache **offen** oder in hohem Maße **unbestimmt** bleiben darf oder wegen der bei seiner Anwendung im Einzelfall zu berücksichtigenden individuellen Belange sogar bleiben muß,[145] ist Raum für konkrete Rechtsgestaltungen der zuständigen Prüfungsbehörden, Ausschüsse und Konferenzen.[146] Der parlamentarische Gesetzgeber, der seine ihm zu-

---

[141] BVerwG, Beschl. v. 15.10.1984 – 7 CB 70.84 – KMK HSchR 1985, 444.
[142] BVerfG, Beschl. v. 6.12.1988 aaO. BVerwG, Urt. v. 8.5.1989 – 7 C 86.88 – Buchholz aaO Nr. 263 und Beschl. v. 22.1.1987 – 7 B 16.87 – Buchholz aaO Nr. 236 = NVwZ 1987, 592; OVG NW, Beschl. v. 10.12.1986 – 11 B 2628/86 – NJW 1987, 1505 = SPE 980 Nr. 31.
[143] BVerwG, Urt. v. 18.5.1982 – 7 C 24.81 – BVerwGE 65, 323 = NJW 1983, 354.
[144] Die Frage, ob Verwaltungsvorschriften in diesem Sinne (vorübergehend) quasinormativen Charakter haben oder gemäß Art. 3 GG auch nach außen hin Bindungswirkung erzeugen, darf nicht offen bleiben, wenn sich aus ihrer Beantwortung rechtliche Konsequenzen für den Einzelfall ergeben: BVerwG, Urt. v. 25.3.1981 – 7 C 8.79 – DVBl 1981, 1149 = Buchholz 421.0 Prüfungswesen Nr. 144.
[145] Vgl. dazu insgesamt: 2. Aufl. Rdn. 71, 72.
[146] BVerwG, Urt. v. 25.3.1981 aaO.; Sendler, DVBl 1982, 381 ff. (386).

kommenden Leitentscheidungen mit der jeweils erforderlichen Bestimmtheit getroffen hat, kann die **weitere Konkretisierung des prüfungsrechtlichen Regelwerkes** der Verwaltung überlassen. Diese ist befugt, in dem vorgegebenen gesetzlichen Rahmen **Detailbereiche des Prüfungsgeschehens** näher zu regeln, insbesondere soweit es erforderlich ist, auch in den an sich variabel zu gestaltenden Fragen des Prüfungsablaufs eine **einheitliche** und **vorhersehbare Prüfungspraxis** (Verfahrens- und Beurteilungspraxis) durch generelle und abstrakte Anordnungen zu gewährleisten.

68 Aus verfassungsrechtlicher Sicht macht es auch hier keinen erheblichen Unterschied, ob die jeweils erforderliche gesetzliche Steuerung durch sogenannte „**unbestimmte**" – jedoch in dem betreffenden Fall noch hinreichend bestimmte – **Rechtsbegriffe** oder durch eine entsprechend präzise **Ermächtigung** zum Erlaß einer **Rechtsverordnung** erfolgt. Den Interessen der zu beurteilenden Prüflinge/Schüler kommt indes die letztgenannte Alternative mehr entgegen. Denn Rechtsverordnungen sichern die Vorhersehbarkeit der Prüfungsanforderungen stärker und garantieren besser die von den Prüflingen erwartete Beständigkeit als die der Ausfüllung unbestimmter Rechtsbegriffe dienenden Verwaltungsvorschriften und die eventuell auch ohne sie üblichen Prüfungspraktiken.

69 Auch die als Verwaltungsvorschriften erlassenen **Ausführungsvorschriften zu den Prüfungsordnungen** (betr. etwa die geschäftsmäßig zu ordnenden Einzelheiten des äußeren Ablaufs der Prüfung) sind je nach ihrer Bedeutung für die davon Betroffenen so **bekanntzumachen**, daß diese dadurch ohne unzumutbaren Aufwand in die Lage versetzt werden, hiervon Kenntnis zu nehmen.[147] Für den Prüfling nicht unbedeutende Ausführungsvorschriften zu den Prüfungsordnungen, die – schlicht abgeheftet – spontanen „unauffälligen" Änderungen zugänglich sind, stehen schon deshalb nicht im Einklang mit rechtsstaatlichen Grundsätzen und gewährleisten nicht hinreichend eine gleichmäßige Verwaltungspraxis.

70 Zwar wirken Verwaltungsvorschriften nach überkommener Rechtsauffassung unmittelbar **nur verwaltungsintern**, indem sie z. B. das dienstliche Verhalten der Prüfer regeln. Der Anspruch des Prüflings oder des Schülers auf Einhaltung der Prüfungsordnung, der unter Hinweis auf Art. 3 GG als Recht auf Gleichbehandlung verstanden wird, vermittelt jedoch eine **intensive Außenwirkung**. Die verwaltungsinterne Ordnung des äußeren Prüfungsablaufs ist hiernach eine antizipierte Verwaltungspraxis, an die die prüfende Stelle aufgrund des Gleichheitssatzes gebunden ist, soweit nicht aus sachlichen Gründen eine den Vertrauensschutz der Prüflinge berücksichtigende Änderung geboten erscheint.[148]

---

[147] BayVGH, Urt. v. 12. 3. 1984 – Nr. 7 B 83 A 563 – BayVBl 1984, 629. Pietzcker, Verfassungsrechtliche Anforderungen an die Ausgestaltung staatlicher Prüfungen, Schr.z.ÖR (Bd. 260), 153.
[148] BVerwG, Urt. v. 3. 12. 1981 – 7 C 30 und 31.80 – NJW 1983, 407 = Buchholz 421.0 Prüfungswesen Nr. 157; Urt. v. 28. 9. 1971 – VI C 41.68 – JZ 1972, 53.

Für die **Auslegung und Anwendung** einzelner Vorschriften dieser Art gelten 71
die für förmliche Rechtssätze entwickelten Grundsätze entsprechend,[149] wobei jedoch wegen des spezifischen Charakters von Verwaltungsvorschriften als im Grunde internen Dienstanweisungen gelegentlich Rückschlüsse auf ihren Inhalt zu ziehen sind. So ist z.B. die Aufzählung bestimmter Verhaltensweisen in innerdienstlichen Anweisungen häufig nur als **Entscheidungshilfe** im Bereich eines weitergefaßten Verhaltensspielraums, nicht aber als abschließender Katalog ausschließlich zugelassener Reaktionsmöglichkeiten gemeint. Prinzipiell gilt jedoch auch in diesem Bereich, daß sogen. **Soll-Vorschriften** in typischen Fällen wie **Muß-Vorschriften** gelten und nur in atypischen Situationen ein Abweichen von der Regel rechtfertigen.[150] Soweit Verwaltungsvorschriften den Anspruch auf äußere Chancengleichheit konkretisieren, wird der Prüfling durch Absprachen der Prüfer, bei der Ermittlung von Noten abweichend davon zu verfahren, in seinen Rechten beeinträchtigt.[151] Weicht jedoch die tatsächliche ständige **Prüfungspraxis**[152] von der als Verwaltungsvorschrift erlassenen Prüfungsordnung ab, so ist im Außenverhältnis zum Prüfling nicht die Verwaltungsvorschrift, sondern die **tatsächliche Übung** maßgebend; denn das Gleichbehandlungsgebot bezieht sich inhaltlich nicht auf den Wortlaut der verwaltungsinternen Prüfungsordnung, sondern auf die Gleichmäßigkeit der Verwaltungsübung mit dem Ziel der Verwirklichung der äußeren Chancengleichheit.[153]

Eine durch förmliches Gesetz oder durch Rechtsverordnung geregelte Prü- 72
fung kann nur auf entsprechend **förmliche Weise** für zukünftige Prüfungsfälle geändert werden.[154] Ob und wieweit das Vertrauen der Kandidaten in den Fortbestand der bisherigen – durch Gesetz oder Rechtsverordnung – festge-

---

[149] BVerwG, Urt. v. 28. 9. 1971 – 6 C 41.68 – JZ 1972, 53; vgl. im einzelnen Wolff-Bachof, Verwaltungsrecht I (9. Aufl.), § 28 III (S. 159 ff.).
[150] VGH Bad.-Wttbg., Urt. v. 31. 5. 1978 – IX 477/78 – SPE III F II, S. 41; HessVGH, Urt. v. 4. 2. 1969 – I OE 69/68 – NJW 1969, 1189 (mit Anm. v. van Gelder).
[151] VGH Bad.-Wttbg., Urt. v. 21. 1. 1969 – IV 7 35/68 – SPE III F II, S. 13; zur Frage, ob bei einer unter bewußter Abweichung von der Prüfungsordnung bestandenen Prüfung Vertrauensschutz besteht: VG Berlin, Urt. v. 30. 4. 1970 – XII A 126/70 – DVBl 1970, 940 = SPE III F IV, S. 1; Stüer, RdJB 1975, 317.
[152] Dabei kommt es auf die allgemeine Prüfungspraxis im Geltungsbereich der Prüfungsordnung an, nicht jedoch auf das gerade in der konkreten Prüfung gegenüber den anderen Prüflingen praktizierte Verfahren: BVerwG, Urt. v. 3. 12. 1981 – 7 C 30 und 31.80 – NJW 1983, 407 = DVBl 1982, 447 = Buchholz aaO Nr. 157.
[153] BVerwG, Urt. v. 3. 12. 1981 – 7 C 30 und 31.80 – aaO und Urt. v. 25. 3. 1981 – 7 C 8.79 – DVBl 1981, 1149 = DÖV 1981, 679; OVG Berlin, Urt. v. 1. 11. 1979 – OVG III B 23.78 – OVGE 15, 87; OVG NW, Urt. v. 23. 8. 1989 – 1 A 7/87 – DVBl 1990, 543. Da es hier nicht um die Abänderung geltenden Rechts, sondern um die Gleichmäßigkeit der Verwaltungsübung geht, gilt der Vorrang der Verwaltungsübung auch dann, wenn die Verwaltungsvorschriften von einer der ausführenden Stelle übergeordneten Behörde erlassen oder genehmigt worden sind.
[154] Zur Bildung von Gewohnheitsrecht im Prüfungswesen: BVerwG, Beschl. v. 25. 5. 1978 – 7 B 124.77 – Buchholz 421.0 Prüfungswesen Nr. 91; zur Zulässigkeit von

legten Prüfungsbedingungen zu schützen ist, wurde bereits vorab (Rdn. 56 ff.) dargelegt. Auch die Möglichkeit, eine nur auf einer **Verwaltungsvorschrift** beruhende oder ohne solche Vorschrift ständig geübte Prüfungspraxis zu ändern, ist durch den aus rechtsstaatlichen Gründen herzuleitenden Vertrauensschutz der Prüflinge beschränkt.[155]

73 Die **Intensität des Vertrauensschutzes** hängt u.a. davon ab, wie stark eine bestimmte Prüfungspraxis fixiert ist. Dazu trägt die – nach rechtsstaatlichen Grundsätzen zu fordernde – Veröffentlichung der Prüfungsordnung bei. Die – dem Inhalt der Prüfungsordnung entsprechende – ständige Prüfungspraxis vermittelt jedoch auch dann einen – wenngleich geringeren – Vertrauensschutz, wenn die Prüfungsordnung nicht oder nur unzulänglich veröffentlicht worden ist.[156]

74 Trotz des grundsätzlich zu beachtenden Vertrauensschutzes kann aus sachgerechten Gründen eine bestehende Regelung jedenfalls mit **Wirkung für die Zukunft geändert** und insbesondere atypischen oder neuartigen Entwicklungen angepaßt werden.[157] Dabei ist jedoch erstens in formeller Hinsicht zu beachten: Ist die ursprüngliche Fassung einer als Verwaltungsvorschrift erlassenen Prüfungsordnung in einer bestimmten Form (z.B. im Amtsblatt) **veröffentlicht** worden, so bedarf eine Abänderung – soll sie das Vertrauen der Prüflinge in den Fortbestand der ursprünglichen Regelung wirksam ausschalten – der Publikation in demselben Amtsblatt. Zweitens verlangt der vorher eingetretene Vertrauensschutz **Übergangsregelungen,** die die Chancengleichheit erhalten.[158] Dazu gehört, daß der Prüfungsstoff jedenfalls für Prüflinge/Schüler unverändert bleibt, die sich schon aus zeitlichen Gründen mit den neuen Prüfungsinhalten nicht vertraut machen können.

Vereinbarungen, die mit der Prüfungsordnung nicht übereinstimmen: BayVGH, Beschl. v. 30. 10. 1979 – 7 Ce 1552/79.

[155] Hierzu im einzelnen: Pietzcker, aaO S. 157 ff. Vgl. ferner: BVerwG, Beschl. v. 20. 3. 1973 – I WB 217.72 – BVerwGE 46, 89.

[156] Abweichend: BVerwG, Urt. v. 14. 6. 1963 – VII C 44.62 – BVerwGE 16, 150 = NJW 1963, 1640 = DVBl 1964, 321 mit abl. Anm. v. Bachof, JZ 1966, 63.

[157] BVerwG, Beschl. v. 20. 3. 1973 – I WB 217.72 – BVerwGE 46, 89; VGH Bad.-Wttbg., Urt. v. 20. 11. 1978 – IX 586/78 – SPE III G II, S. 15.

[158] BVerfG, Beschl. v. 25. 6. 1974 – 1 BvL 11/73 – BVerfGE 37, 342.

C. Mängel im Prüfungsverfahren

1. Die allgemeine Bedeutung prüfungsrechtlicher Verfahrensregelungen

Das Gebot, allen Prüflingen äußere Chancengleichheit zu gewähren, verlangt eine Formalisierung des Ablaufs der Prüfung nach feststehenden Regeln, soweit diese einer Reglementierung zugänglich ist. Diese müssen sich am Sinn und Zweck der jeweiligen Prüfung daraufhin messen lassen, ob sie in einem sachlichen Zusammenhang mit dem Ziel der jeweiligen Leistungskontrolle stehen.

Grundsätzlich gelten die **grundrechtlichen Gewährleistungen** auch für das **Verwaltungsverfahren**. Allein der Schutz materieller Rechte reicht nämlich im allgemeinen nicht aus; vielmehr kommt es durchweg darauf an, auf welche Art und Weise von Seiten der Prüfer oder der Prüfungsbehörden vorgegangen wird. Sind die grundrechtlichen Gewährleistungen inhaltlich nur unvollkommen zu realisieren, haben Verfahrensregelungen die besondere Aufgabe, solche Defizite nach Möglichkeit zu kompensieren (sogenannter „**Grundrechtsschutz durch Verfahren**").[159]

Für den Bereich des Prüfungswesens gebieten die Grundrechte aus Art. 2 Abs. 1 GG[160] und aus Art. 12 Abs. 1 GG eine verfassungskonforme Gestaltung und Anwendung des Verfahrensrechts. Das hat das **BVerfG** in seinen Beschlüssen vom 17. 4. 1991[161] besonders hervorgehoben. Ob und wieweit Garantien für das Verwaltungsverfahren grundrechtlich gefordert sind, richtet sich auch im Prüfungswesen zum einen nach der **Intensität des Grundrechtseingriffs**, zum anderen danach, inwieweit der Grundrechtsschutz durch die nachträgliche **gerichtliche Kontrolle** gewährleistet ist. Beide Gesichtspunkte ergeben für die Bewertung der Leistungen in berufsbezogenen Prüfungen, daß grundrechtliche Verfahrensgarantien auch insoweit unerläßlich sind. Solche Prüfungen greifen intensiv in die Freiheit der Berufwahl ein, weil von ihrem Ergebnis abhängt, ob ein bestimmter Beruf überhaupt ergriffen werden kann. Obwohl das BVerfG mit den genannten Beschlüssen eine erhebliche Erweiterung der gerichtlichen Kontrolle von Prüfungsentscheidungen fordert (vgl. dazu unten Rdn. 399 ff.), muß es dennoch einräumen, daß die gerichtliche Kontrolle hier nach wie vor an Grenzen stößt, weil der Bewer-

---

[159] St. Rspr. Vgl. hierzu etwa: BVerfG, Beschl. v. 20. 12. 1979 – 1 BvR 385/77 – NJW 1980, 425.

[160] Auf dieses Grundrecht – und nicht auf Art. 12 GG – ist insbesondere bei schulischen Versetzungen abzustellen (vgl. Rdn. 41 ff.).

[161] 1 BvR 419/81 u. 213/83 – BVerfGE 84, 34 = NJW 1991, 2005 sowie – 1 BvR 1529/84 u. 138.87 – BVerfGE 84, 59 = NJW 1991, 2008.

tungsvorgang von zahlreichen Unwägbarkeiten bestimmt ist, die sich in einem Verwaltungsprozeß nur sehr schwer und teilweise gar nicht erfassen lassen. Subjektive Eindrücke und die Zufälligkeit fachlicher Prägungen der Prüfer beeinflussen nicht selten die Notengebung. Solche unvermeidbaren **Defizite des Grundrechtsschutzes** (Art. 2 Abs. 1, Art. 12 Abs. 1 und Art. 19 Abs. 4 GG) sind soweit wie möglich durch **strengere Regelungen des Prüfungsverfahrens**, einschließlich des Verfahrens bei der Bewertung der Prüfungsleistungen, gleichsam zu kompensieren, um zumindest auf diese Weise im Rahmen des Möglichen Objektivität und Neutralität zu gewährleisten. Durch die besondere Betonung der verfahrensrechtlichen Seite werden die hinsichtlich des eigentlichen Bewertungsvorgangs reduzierten materiellen Grundrechtseinflüsse zumindest von daher zur Geltung gebracht. Dies verschafft der Beachtung der Verfahrensvorschriften im Prüfungswesen einen besonderen Rang und läßt auf dem dargelegten verfassungsrechtlichen Hintergrund etwa festzustellende Verfahrensmängel als besonders gravierend erscheinen.

77 Die danach gebotenen Regelungen[162] betreffen die **Auswahl** der Prüfer,[163] ihre **Zahl** und das **Verhältnis ihrer Bewertungen untereinander**, insbesondere bei Bewertungsdifferenzen. Ferner muß gewährleistet sein, daß die Prüflingen ihren Standpunkt wirksam vertreten können. Sie sind daher **rechtzeitig zu informieren** (Rdn. 104 ff.), und es muß gesichert sein, daß ihr Vorbringen **Gehör** findet. Erfährt der Kandidat üblicherweise erst nach dem Erlaß des Prüfungsbescheides in ausreichendem Umfang, wie seine Leistungen im einzelnen bewertet worden sind, hat er gegen seine Prüfer einen „**Anspruch auf Überdenken**" seiner Einwendungen in einem verwaltungsinternen Kontrollverfahren. Auch dieser Anspruch dient dazu, Defizite der gerichtlichen Kontrolle im Bereich prüfungsspezifischer Wertungen (s. unten Rdn. 399, 326) durch eine besondere Eigenkontrolle der Verwaltung (letztlich der Prüfer oder Prüfungsausschüsse) im Rahmen des Möglichen zu kompensieren (wegen der Einzelheiten s. unten Rdn. 312 ff.).

78 Die genannten Grundrechte des Prüflings erfordern nicht nur, daß durch gezielte Verfahrensregelungen etwaigen inhaltlichen – gerichtlich nicht oder nur schwer erfaßbaren – Grundrechtsverletzungen vorgebeugt wird, sie stellen vielmehr darüberhinaus auch Anforderungen an das Verhalten des Prüfers bei der Ermittlung und Bewertung der Prüfungsleistungen. Insbesondere gebieten sie grundsätzlich eine **faire Verfahrensführung**, die Wahrung der **Chancengleichheit** und die Berücksichtigung eines **schutzwürdigen Vertrauens** der Prüflinge. Auf die näheren Einzelheiten dazu wird nachfolgend unter den Nr. 3 bis 8 näher eingegangen.

---

[162] Wegen der damit korrespondierenden Anforderungen des rechtsstaatlichen Gesetzesvorbehalts s. oben Rdn. 21 ff.

[163] Der Prüfling muß rechtzeitig die Möglichkeit haben, etwa befangene Prüfer abzulehnen: HessVGH, Urt. v. 13. 12. 1991 – 7 UE 3113/88.

2. Die Verletzung von Verfahrensvorschriften/allgemeine Bedeutung und Konsequenzen, Schadensersatz

Es macht für die Art der nachträglichen Fehlerbeseitigung einen wesentlichen Unterschied aus, ob das **Verfahren** zum Zwecke der **Ermittlung** der Prüfungsleistungen fehlerhaft durchgeführt worden ist (z.B. weil der Prüfungsstoff nicht zulässig ist oder weil Lärmstörungen den Prüfling beeinträchtigt haben) oder ob später bei der **Bewertung** der fehlerfrei ermittelten Leistungen falsch verfahren worden ist (z.B. ein Prüfer bei der Beratung nicht anwesend war oder sich bei den Punktzahlen verrechnet hat). In dem letzteren Fall steht außer Frage, daß nicht die Leistungen zu wiederholen, sondern daß die ordnungsgemäß erbrachten Leistungen erneut – und zwar nunmehr insgesamt fehlerfrei – zu bewerten sind.[164] In dem zuerst genannten Fall kann eine ordnungsgemäße Bewertung grundsätzlich nicht stattfinden, weil es dafür an einem tauglichen Gegenstand fehlt. Zu prüfen ist, ob der Fehler zu isolieren ist, weil er (nur) einen – hinreichend verselbständigten – Abschnitt des Prüfungsverfahrens (z.B. nur die mündliche Prüfung) betrifft. Ist dies der Fall, so ist, auch wenn das nicht dem Interesse des Prüflings entsprechen sollte, nur dieser Abschnitt zu wiederholen.

79

Wesentlicher Maßstab für die Art der Fehlerbeseitigung ist, daß das Verfahren die **Chancengleichheit** aller Prüflinge sichern soll. Prinzipiell kann daher auch die Verletzung einer für den einzelnen Prüfling ungünstigen Verfahrensvorschrift (z.B. betreffend die Einhaltung von Fristen oder die begrenzte Zulässigkeit von Hilfsmitteln) dazu führen, daß das Verfahren zumindest in dem betreffenden Prüfungsabschnitt zu wiederholen ist. Es kommt auch insofern darauf an, ob der Prüfling im Verhältnis zu anderen Prüflingen durch diesen Fehler erheblich begünstigt worden ist. Dabei ist jedenfalls bei berufsbezogenen Prüfungen nicht auf die Prüflinge einer einzelnen Prüfungsgruppe, sondern auf den **gesamten Kreis der Prüflinge** abzustellen, die mit einer solchen Prüfung die Berechtigung für den Eingang in einen bestimmten Beruf anstreben. Auch ein positiver, aber rechtswidriger Prüfungsbescheid darf unter den Voraussetzungen des § 48 Abs. 2 bis 4 VwVfG **zurückgenommen** werden (Rdn. 282, 283 und 296).

80

Allerdings hat nicht jeder Verfahrensverstoß überhaupt eine dieser Folgen. Kann nach den Umständen des Einzelfalles **ausgeschlossen** werden, daß der Fehler das **Prüfungsergebnis beeinflußt** hat, bleibt es bei diesem Ergebnis (dazu im einzelnen Rdn. 284 ff.). Insofern macht es prinzipiell keinen Unterschied, ob der Fehler das Verfahren zur Ermittlung oder das der Bewertung der erbrachten Leistung betrifft. Bei einem inhaltlichen Bewertungsmangel (z.B.

81

---

[164] Ebenso, wenn erhebliche inhaltliche Bewertungsfehler vorliegen (s. dazu Rdn. 331 ff. und 364).

wenn eine vertretbare Antwort als falsch bewertet worden ist), wird dagegen ein Einfluß auf das Prüfungsergebnis nur ganz selten auszuschließen sein (s. dazu unten Rdn. 364 ff.).

82 Auch ein rechtserheblicher Verfahrensfehler hat grundsätzlich nur dann Konsequenzen der genannten Art, wenn er von dem betroffenen Prüfling **rechtzeitig gerügt** worden ist. Daher bleibt ein für den Prüfling nachteiliger Verfahrensfehler folgenlos, wenn der Prüfling den Fehler kennt, die ihm zumutbare Rüge unterläßt und sich auf das fehlerhafte Verfahren (betr. z. B. die falsche Besetzung des Prüfungsausschusses) einläßt. Zuweilen mag er sich gar eine bessere Chance ausrechnen, wenn etwa der nicht zuständige Prüfer – möglicherweise nur scheinbar – ein milderer Prüfer ist. Hat er sich darin geirrt oder ist er aus anderen Gründen mit dem Prüfungsergebnis nicht einverstanden, kann er nicht später auf den Verfahrensfehler zurückgreifen.

Auf solche Überlegungen und andere subjektive Beweggründe für die Hinnahme des Verfahrensfehlers kommt es allerdings rechtlich nicht an, wenn es dem Prüfling in der betreffenden Situation **nicht zugemutet** werden konnte, auf den ihm bekannten Verfahrensfehler rechtzeitig hinzuweisen. Dies läßt sich nur unter Berücksichtigung aller erheblichen Umstände des Einzelfalles feststellen. Insbesondere in der mündlichen Prüfung, während der er sich voll auf das Prüfungsgeschehen konzentrieren muß, wird von dem Prüfling nicht verlangt, daß er sich mit der Erheblichkeit eines Verfahrensfehlers befaßt und diesen stets schon hier geltend macht.

83 Zu unterscheiden ist zwischen dem **Hinweis** auf einen bestimmten Mangel im Prüfungsverfahren (hier im weiteren Sinne als „Rüge" bezeichnet) und dem **Geltendmachen** der daraus folgenden **Rechte** (z. B. dem **Rücktritt** von der Prüfung). Mit der Rüge wird **angezeigt**, daß der Prüfling z. B den Baulärm als eine erhebliche Störung empfindet oder daß er durch gesundheitliche Beschwerden erheblich behindert ist. Soweit dies – wie etwa bei Lärmstörungen – möglich ist, wird damit zugleich ein **Anstoß für Abhilfemaßnahmen** der dazu verpflichteten Prüfungsbehörde gegeben. In einem weiteren Schritt geht es um die Folgen des gerügten Mangels. Die meisten Prüfungsordnungen sehen insbesondere für den Fall der krankheitsbedingten Prüfungsunfähigkeit vor, daß – neben dem Nachweis der Krankheit durch ein ärztliches Attest – ein **Antrag auf Genehmigung des Rücktritts** gestellt werden muß. Darüberhinaus ist auch im Falle anderer Mängel des Prüfungsverfahrens im allgemeinen zu verlangen, daß der Prüfling sich in angemessener Zeit entscheidet, ob und welche **Konsequenzen** er für sich daraus herleiten will, daß das Prüfungsverfahren ihn möglicherweise benachteiligt hat. Es darf ihm nicht die **Wahlmöglichkeit** offen stehen, zunächst das Prüfungsergebnis abzuwarten, um sich dann zu entscheiden, ob er sich durch die Berufung auf den Verfahrensfehler einen zusätzlichen Prüfungsversuch verschafft oder das verfahrensfehlerhaft zustande gekommene Prüfungsergebnis akzeptiert. Dadurch würden ihm unter Verletzung der Chancengleichheit Vorteile gegenüber anderen Prüflingen

zukommen, denn die Mitbewerber in den ungestört verlaufenen Prüfungen haben solche Wahlmöglichkeiten nicht.[165]

Diese Rechtsgrundsätze sind indes bislang nicht einheitlich auf alle Arten von Verfahrensfehlern angewendet worden. Für die **mündlichen Prüfungen** gelten ohnehin Besonderheiten, zumal wenn das Prüfungsergebnis unmittelbar danach verkündet wird und der Prüfling bis dahin kaum hinreichend Gelegenheit hatte, sich über die Bedeutung eines Verfahrensmangels klar zu werden und daraus persönliche Konsequenzen zu ziehen. Wegen der Einzelheiten wird daher auf die nachfolgenden Erörterungen einzelner Verfahrensmängel, der darauf bezogenen Rügepflichten und der Pflichten zur Geltendmachung des Mangels hingewiesen. In der Praxis hat dies insbesondere in den Fällen Bedeutung, in denen der Prüfling das Prüfungsverfahren mit der Begründung angreift, er sei aus gesundheitlichen Gründen während der Prüfung **nicht prüfungsfähig** gewesen (dazu im einzelnen Rdn. 153 ff.). Ebenso steht die Frage nach der rechtzeitigen Reaktion des Prüflings häufig im Mittelpunkt prüfungsrechtlicher Streitigkeiten, wenn eine Beeinträchtigung durch **äußere Einwirkungen** (z. B. Lärm) geltend gemacht (dazu Rdn. 238 ff.) oder wenn vorgebracht wird, ein Prüfer sei **befangen** (dazu Rdn. 189).

Mängel im Prüfungsverfahren begründen nicht nur einen Anspruch auf 84 Aufhebung der Prüfungsentscheidung, sondern können auch **Schadensersatzforderungen** auslösen. Rechtsgrundlage dafür ist § 839 BGB i. V. m. Art. 34 GG. Voraussetzung eines solchen **Amtshaftungsanspruchs** ist, daß von den Prüfern oder Prüfungsbehörden schuldhaft Amtspflichten verletzt worden sind, die dem Prüfling gegenüber oblagen, und daß ihm dadurch der Schaden entstanden ist, den er ersetzt verlangt.[166] In der Rechtsprechung behandelt worden sind z. B. Ansprüche auf Schadensersatz wegen eines **rechtswidrigen Widerrufs einer Prüfungsentscheidung**,[167] wegen einer **Änderung des Themas der Prüfungsaufgabe** ohne Verlängerung der Bearbeitungszeit[168] und wegen schuldhafter **Verzögerung des Prüfungsablaufs**.[169]

Der durch die Amtspflichtverletzung Geschädigte hat grundsätzlich den **Beweis** zu führen, daß ihm hierdurch ein Schaden entstanden ist (Rdn. 398). Eine Beweislastverschiebung kommt nur dann in Betracht, wenn nach der Lebenserfahrung eine tatsächliche Vermutung oder eine tatsächliche Wahrscheinlichkeit dafür besteht, daß der Schaden auf der Amtspflichtverletzung beruht. Dafür kann ein enger zeitlicher Zusammenhang sprechen.[170]

---

[165] Der Nachteil des gestörten Prüflings ist durch eine Wiederholung der Prüfung zu korrigieren. Die auf den Erfolg der Prüfung abstellende Wahlmöglichkeit wäre eine überschießende Kompensation.

[166] St. Rspr.: so z. B. OLG Düsseldorf, Urt. v. 1. 10. 1991 – 18 U 124/91 – NVwZ 1992, 94, unter Hinweis auf BGH, NJW 1983, 2241. Keine Entschädigung ohne Verschuldensnachweis: BGH, Beschl. v. 27. 5. 1993 – III ZR 142/92 – BayVBl 1994, 122.

[167] BGH, Urt. v. 27. 11. 1980 – III ZR 95/79 – DRiZ 1981, 147.

[168] OLG Düsseldorf, Urt. v. 1. 10. 1991 aaO.

[169] OLG Koblenz, Urt. v. 26. 4. 1989 – 1 U 905/88 – NJW 1989, 899.

[170] OLG Düsseldorf aaO.

Ein besonderes Hindernis für die Realisierung von Amtshaftungsansprüchen ist auch im Prüfungswesen § 839 Abs. 3 BGB, wonach die Ersatzpflicht nicht eintritt, wenn der Verletzte es schuldhaft unterlassen hat, den Schaden durch den **Gebrauch eines Rechtsmittels abzuwenden.** Der Begriff des Rechtsmittels ist weit zu fassen. Er umfaßt auch den Anspruch auf Überdenken der Prüfungsentscheidung der nach der neueren Rechtsprechung des BVerfG[171] jedem Prüfling zusteht (Rdn. 312 ff.). Wenn nicht besondere Umstände im Einzelfall dagegen sprechen, ist dem Prüfling ferner zuzumuten, gegenüber fehlerhaften Maßnahmen des Prüfungsverfahrens oder zu deren Abwendung verwaltungsgerichtlichen Rechtsschutz in Anspruch zu nehmen und notfalls auch mit Hilfe einer einstweiligen Anordnung etwa die ihm zustehende Verlängerung der Bearbeitungszeit einer Diplomarbeit zu erstreiten.[172] Dazu muß er freilich insbesondere in zeitlicher Hinsicht in der Lage sein, ohne daß er dabei unzumutbare Risiken für den Gesamterfolg der Prüfung in Kauf zu nehmen hätte.

Die Anfechtung der Prüfungsentscheidung durch die Inanspruchnahme verwaltungsgerichtlichen Rechtsschutzes unterbricht die **Verjährung** des Amtshaftungsanspruchs.[173]

3. Der Anspruch auf Durchführung der Prüfung, Zulassung zur Prüfung und Fortsetzung des Prüfungsverfahrens

85 Das verfassungsrechtlich verbürgte „**Recht auf Prüfung**" (Rdn. 2) stellt sich in dem Verfahren des einzelnen Prüflings konkret als ein **Anspruch auf Zulassung zur Prüfung und Durchführung des Prüfungsverfahrens** einschließlich eines entsprechenden Abschlusses dar.

Vor der Prüfung steht in der Regel ein eigenes Aussonderungs- oder Zulassungsverfahren. Da mit der **Zulassung** oder **Nichtzulassung** zumeist schon eine Vorentscheidung für die Berufswahl oder die Wahl der Ausbildungsstätte fällt, sind damit grundrechtliche Gewährleistungen aus **Art. 12 Abs. 1 GG** berührt. In gleicher Weise ist das Grundrecht der persönlichen Handlungsfreiheit (**Art. 2 Abs. 1 GG**) zu beachten, wenn etwa im schulischen Bereich – ohne daß dabei schon berufliche Belange im Blickfeld stehen – durch die Nichtzulassung zu einem (weiteren) Abschnitt des gewählten Bildungsganges oder zu einem anderen Bildungsgang dem Fortkommen des Schülers Grenzen gesetzt werden. Sofern dies nicht schon durch einfaches Gesetz so näher geregelt ist,[174] vermittelt Art. 3 GG i.V.m. Art. 12 Abs. 1 GG demzufolge einen **rechtswirksamen Anspruch auf Zulassung** zur Prüfung, wenn durch Ge-

---

[171] BVerfGE 84, 34 ff. und 59 ff.
[172] OLG Düsseldorf, aaO S. 95.
[173] BGH, NJW 1985, 2324; vgl. dazu auch Peters, NJW 1986, 1087.
[174] Zur Bedeutung des Gesetzesvorbehalts für die Zulassungsentscheidung s. oben Rdn. 29.

setz und Rechtsverordnung rechtsgültig festgelegte oder sich unmittelbar aus dem Prüfungszweck selbst ergebende Hinderungsgründe nicht bestehen. Darüberhinaus hat die Prüfungsbehörde nicht noch ein Ermessen, das ihr gestatten könnte, die Zulassung zur Prüfung von sonstigen Erwägungen abhängig zu machen.[175]

Daraus, daß die Entscheidung über die Zulassung oder Nichtzulassung die vorbezeichneten Grundrechte berührt, folgt ferner, daß die einzelnen **Zulassungsvoraussetzungen** auch **inhaltlich** mit den sich daraus ergebenden verfassungsrechtlichen Anforderungen in Einklang stehen müssen. Dies ist nur dann der Fall, wenn sie nach dem Sinn und Zweck der jeweiligen Leistungskontrolle erforderlich und in ihren Auswirkungen für den betroffenen Prüfling oder Schüler verhältnismäßig sind.[176] Das BVerfG hat für den Gewährleistungsbereich des Art. 12 GG Anforderungen aufgestellt, die sinngemäß auch hier gelten.[177] Entsprechend der von ihm entwickelten (Drei-)Stufentheorie ist zu unterscheiden zwischen **objektiven Zulassungsvoraussetzungen** – das sind solche, die der Prüfling nicht beeinflussen kann, – und **subjektiven Zulassungsvoraussetzungen** – das sind solche, die in der Person des Kandidaten begründet sind oder die er durch sein persönliches Verhalten beeinflussen kann.[178] Je nach dieser unterschiedlichen Intensität sind die Gültigkeitsvoraussetzungen für Zulassungsbeschränkungen abgestuft wie folgt zu bestimmen: 86

Objektive Zulassungsvoraussetzungen sind im Hinblick auf die Gewährleistungen des Art. 12 Abs. 1 GG nur dann hinzunehmen, wenn sie zur Abwehr drohender **schwerer Gefahren** für ein **überragend wichtiges Gemeinschaftsgut** geboten sind. So ist beispielsweise die Begrenzung der Zahl der Prüflinge aus Gründen mangelnder Prüfungskapazität nur dann zulässig, wenn qualifizierte Prüfer auch bei Ausschöpfung aller Einsatzmöglichkeiten nicht ausreichend vorhanden sind oder wenn die notwendigen äußeren Prüfungsbedingungen (z. B. die Aufsichtsmöglichkeiten bei einer Klausur) dies erfordern.[179] 87

Zu beachten ist hierbei freilich, daß nicht schon jede Verzögerung der Prüfung, die auf Engpässen bei der Prüfungskapazität beruht, grundrechtsrelevant ist. Letzteres ist erst dann der Fall, wenn die **Verzögerung für einen längeren Zeitraum** anhält und sich hieraus nicht nur unerhebliche Nachteile für den Prüfling (z. B. hinsichtlich seiner Chancen für den Eingang in einen Beruf oder für das von ihm gewählte Studium) ergeben.

Umstände, die der Prüfling nicht beeinflussen kann, sind nicht selten auch

---

[175] VGH Bad.-Wttbg., Beschl. v. 12. 4. 1983 – 9 S 379/83 – DVBl 1983, 597; Guhl, Prüfungen im Rechtsstaat, S. 63.
[176] Hinsichtlich der Einzelheiten besteht jedoch ein großer Gestaltungsspielraum des Gesetzgebers: BVerwG, Beschl. v. 11. 5. 1983 – 7 B 85.82 – DÖV 1983, 817 = Buchholz 421.0 Prüfungswesen Nr. 174.
[177] BVerfGE 7, 377 (betr. die Niederlassungsfreiheit für Apotheker).
[178] Dazu insbesondere: Guhl, aaO S. 59, 60.
[179] Ähnlich auch: Guhl, aaO S. 66.

zeitliche **Vorgaben** mancherlei Art. Auch sie müssen sich, sofern mit ihnen nicht nur **einfache Dinge** oder **schlichte Formalitäten** der Prüfung **geschäftsmäßig** nach Gesichtspunkten der Zweckmäßigkeit und der notwendigen Koordinierung zu erledigen sind, daran messen lassen, ob sie erforderlich und verhältnismäßig sind. Diese Maßstäbe gelten z.B. für Ausschlußfristen, die etwa die Teilnahme an einer Hochschuleingangsprüfung begrenzen,[180] oder Regelungen, die die Zeit für die Vorbereitung auf die Prüfung reduzieren.[181]

88 Die Zulassung zur Prüfung darf grundsätzlich nicht davon abhängig gemacht werden, ob ein **Bedarf** für die durch die Prüfung vermittelte Berechtigung zur Berufsausübung (etwa für Geschichtslehrer oder Sozialpädagogen) besteht.[182] Denn selbst wo eine Bedarfslenkung durch hoheitliche Maßnahmen zum Schutze überragender Gemeinschaftsgüter ausnahmsweise statthaft ist, ist es sachlich nicht gerechtfertigt, schon den (Berufs-)Befähigungsnachweis durch die Nichtzulassung zur Leistungs- oder Eignungskontrolle von vornherein auszuschließen.

89 **Subjektive Zulassungsvoraussetzungen** halten den verfassungsrechtlichen Anforderungen des Art. 12 GG stand, wenn durch sie Gemeinschaftsgüter geschützt werden, die das Grundrecht der Berufsfreiheit des einzelnen überragen.[183] Sie müssen mit dem Ziel der jeweiligen Leistungskontrolle in sachlichem Zusammenhang stehen und dürfen den Kandidaten nicht übermäßig belasten. Werden diese Voraussetzungen beachtet, ist es grundsätzlich nicht zu beanstanden, wenn die Zulassung zur Prüfung von einer entsprechenden **Vorbildung** – insbesondere von dem Nachweis einer für die Prüfung allgemein **qualifizierenden Ausbildung** – abhängig gemacht wird.[184] Im Zusammenhang mit dem Ziel der Leistungskontrolle stehend ist das Erfordernis einer bestimmten Vor- oder Ausbildung keine unzulässige zusätzliche Prüfung, sondern letztlich ein Teil derselben, und zwar auch zum Zwecke des Nachweises, daß die Leistungen nicht nur punktuell, sondern mit einer hinreichenden Beständigkeit erbracht werden. Daß der Prüfling die Grundvoraussetzungen erfüllt, die eine (genauere) Leistungskontolle in der Prüfung erst sinnvoll machen, ist schließlich auch in seinem eigenen wohlverstandenen Interesse. Die unter den genannten Voraussetzungen sachlich gerechtfertigte Aussonderung noch vor dem Prüfungstermin darf bei nachhaltigem Versagen und der sich daraus ergebenden offensichtlich

---

[180] OVG RhPf., Beschl. v. 20. 10. 1988 – 2 B 26/88 – auch zu der Frage, ob der Grundsatz von Treu und Glauben es der Hochschule nach den besonderen Umständen des Einzelfalles verbietet, sich auf die Ausschlußfrist zu berufen.
[181] BayVGH, Urt. v. 19. 2. 1986 – 7 B 85 A. 2036 – SPE 528 Nr. 4.
[182] Guhl, aaO S. 67.
[183] BVerfG aaO. Vgl. dazu auch: Guhl, aaO S. 60. Niebler, Engelbert, Die Rechtsprechung des Bundesverfassungsgerichts zum Prüfungsrecht für Juristen, BayVBl 1987, 162.
[184] BVerwG, Beschl. v. 3. 11. 1986 – 7 B 108.86 – NVwZ 1987, 978 = BayVBl 1987, 185 = SPE 990 Nr. 14. Vgl. ferner Guhl, aaO S. 87.

negativen Prognose auch zu der endgültigen Feststellung führen, daß der Bewerber für den von ihm angestrebten Beruf nicht die erforderliche Befähigung erbringt.[185]

Die an eine **Vorbildung** gestellten Anforderungen dürfen auch pauschal danach bemessen werden, was üblicherweise für einen Prüfungserfolg vorauszusetzen ist. Dafür sind sowohl zeitliche als auch inhaltliche Maßstäbe geeignet. So sind z. B. **Mindeststudienzeiten** rechtlich unbedenklich, wenn sie den Zeitraum umfassen, der für ein ordnungsgemäßes Studium generell als unverzichtbar erachtet werden muß. Demgemäß hat das BVerwG es als rechtsgültig bekräftigt, daß die Zulassung zur Ärztlichen Vorprüfung neben den vorgeschriebenen Leistungsnachweisen ein Mindeststudium von zwei Jahren voraussetzt (§ 1 Abs. 2 Nr. 1 ÄAppO).[186] Ebensowenig begegnet es aus höherrangigem Recht Bedenken, wenn eine landesrechtliche Vorschrift (z. B. § 8 Abs. 1 Nr. 1 JAG NW (1982)) die Zulassung für die erste Juristische Staatsprüfung davon abhängig macht, daß der Bewerber mindestens 3, 5 Jahre Rechtswissenschaft studiert hat.[187] Bei der Berechnung der Mindeststudienzeit ist ein Semester dann nicht zu berücksichtigen, wenn der Bewerber während dieser Zeit offensichtlich seinen Studien nicht nachgegangen ist oder aus anderen Gründen seine Kenntnisse nicht erheblich vertieft haben kann, z. B. wenn er erst nach dem Ende der Vorlesungszeit immatrikuliert war und keine scheinpflichtigen Lehrveranstaltungen besucht hat.[188] Über die Anrechnung von (anderweitigen) Studienzeiten entscheidet das Prüfungsamt nicht nach freiem Ermessen; es hat vielmehr unter Berücksichtigung aller nach Lage der Dinge für oder gegen die Anerkennung sprechenden Gesichtspunkte eine rechtlich gebundene und gerichtlich überprüfbare Bewertung vorzunehmen.[189]

Die inhaltlichen Maßstäbe, mit denen die für die Zulassung zur Prüfung notwendige Vorbildung zu messen ist, müssen nicht zwingend (nur) dem

---

[185] BVerwG, Beschl. v. 3. 11. 1986 aaO.
[186] BVerwG, Urt. v. 11. 7. 1985 – 7 C 88.84 – DVBl 1986, 48 = Buchholz 421.0 Prüfungswesen Nr. 213. Ebenso OVG RhPf., Urt. v. 15. 2. 1984 – 2 A 133/83 – mit dem zutreffenden Hinweis, daß die Bestimmung des § 17 HRG über die vorzeitige Ablegung einer Prüfung insofern nicht gilt.
[187] OVG NW, Beschl. v. 14. 7. 1987 – 22 B 1259/87 – SPE 990 Nr. 13.
[188] VGH Bad.-Wttbg., Beschl. v. 20. 8. 1987 – 9 S 2097/87.
[189] Für die Annahme eines Beurteilungsspielraumes (so noch BVerwG, Urt. v. 11. 7. 1985 aaO) ist nach der neueren Rechtsprechung des BVerfG (BVerfGE 84, 34 ff. und 59 ff.) kein Raum mehr.
Gegen eine ständige Verwaltungsübung des Landesprüfungsamts, für je zwei in einem anderen Studium erbrachte medizinische Leistungsnachweise ein Semester anzurechnen, hat das BVerwG (Urt. v. 11. 7. 1985 aaO) keine Bedenken. Wegen der Anrechnung von Zeiten, in denen der in einem fachfremden Studiengang eingeschriebene Student tatsächlich und nachweisbar an medizinischen Studienveranstaltungen teilgenommen hat, vgl. ferner: BVerwG, Urt. v. 21. 11. 1980 – 7 C 4.80 – Buchholz 421.0 Prüfungswesen Nr. 134. Wegen der Anrechnung ausländischer Studien: BVerwG, Urt. v. 21. 11. 1980 – 7 C 119.79 – Buchholz aaO Nr. 135.

Mindeststandard entsprechen, der für das Bestehen der Prüfung unabdingbar ist, sondern dürfen auch – die Zulassungsbedingungen demgegenüber verschärfend – daran ausgerichtet sein, was als eine solide **Grundlage den Prüfungserfolg** wahrscheinlich macht. Es ist bundesrechtlich – insbesondere im Hinblick auf den Grundsatz der Chancengleichheit – nicht zu beanstanden, wenn die Prüfungsordnung die Zulassung zur mündlichen Prüfung und damit das Bestehen der Prüfung nicht von dem arithmetischen Durchschnitt aller schriftlichen Leistungen abhängig macht, sondern auf ein Mindestmaß an Leistungen wenigstens in einem der beiden schriftlichen Prüfungsteile (Hausarbeit und Klausuren) abstellt.[190]

92   Der Nachweis, daß die Grundvoraussetzungen einer erfolgversprechenden Leistungs- und Eignungskontrolle vorliegen, kann auch aufgrund von **Vor- oder Zwischenprüfungen** zu erbringen sein. Rechtlich unzulässig wäre dies im Einzelfall nur dann, wenn der sachliche Zusammenhang mit dem Sinn und Zweck der Leistungskontrolle insgesamt nicht mehr gewahrt bliebe.

Als eine besondere Art von Zwischenprüfungen sind auch **studienbegleitende Leistungskontrollen** mit Art. 12 Abs. 1 GG vereinbar.[191] Ein Student, der sich besonders früh zur studienbegleitenden Leistungskontrolle meldet, muß es in Kauf nehmen, daß er sich bei einem Mißerfolg schon nach zwei weiteren Semestern entsprechend früh – und dadurch weniger intensiv vorbereitet – der Wiederholung der Kontrolle zu stellen hat.[192] Nachdem § 5a Abs. 4 DRiG durch Gesetz vom 20. 11. 1992, BGBl. I S. 1926, wegen Unergiebigkeit und übermäßigem Verwaltungsaufwand aufgehoben worden ist, dürften Rechtsfragen hierzu allenfalls noch aus anderen Prüfungsbereichen oder aufgrund landesrechtlicher Sonderregelungen aktuell sein.[193]

93   Zulässig ist es auch, daß **formelle Nachweise** der Vor- oder Ausbildung verlangt werden (z.B. Bescheinigungen über die Studiendauer, Zeugnisse über frühere Prüfungen u.a.). Die Kontrolle der Zulassungsvoraussetzungen

---

[190] BVerwG, Beschl. v. 11. 2. 1987 – 7 B 10.87 – NVwZ 1987, 593 = Buchholz 421.0 Prüfungswesen Nr. 238 = SPE 990 Nr. 15; wegen der Zulassung zur mündlichen Prüfung in der ersten Juristischen Staatsprüfung ferner: Beschl. v. 6. 5. 1988 – 7 B 71.88 – NJW 1988, 2813 = Buchholz aaO Nr. 251 = DVBl 1988, 1120.
Weitere Rechtsprechung zur Frage, wieweit die Zulassung zur Prüfung von inhaltlichen Anforderungen abhängig gemacht werden darf: BVerwG, Beschl. v. 11. 5. 1983 – 7 B 85.82 – und v. 11. 8. 1980 – 7 CB 81.79 – Buchholz aaO Nr. 130 (mindestens ausreichende Leistungen in einem schriftlichen Prüfungsfach); Beschl. v. 30. 5. 1979 – 7 B 47.79 – DÖV 1979, 754 (Mindestmaß an ausreichenden schriftlichen Leistungen als Voraussetzung der Zulassung zur mündlichen Prüfung); Beschl. v. 24.3. 1976 – 7 B 65.75 – Buchholz aaO Nr. 73 (betr. Ablehnung der Zulassung zur mündlichen Prüfung aufgrund der schriftlichen Leistungen).
[191] BVerwG, Beschl. v. 3. 11. 1986 – 7 B 108.86 – NVwZ 1987, 593 = SPE 990 Nr. 14.
[192] BVerwG, Beschl. v. 29. 12. 1992 – 6 B 56.92 – Buchholz 421.0 Prüfungswesen Nr. 308.
[193] Vgl. dazu etwa: OVG Nds., Urt. v. 19. 5. 1992 – 10 L 5110/91. Für eine Abschaffung der studienbegleitenden Leistungskontrollen: Otte, NWVBL 1993, 319.

beschränkt sich dann in der Regel darauf, daß diese Nachweise gültig sind.[194] Verlangen die maßgeblichen Rechtsvorschriften als Voraussetzung für die Zulassung zur Prüfung nicht nur einen formellen Nachweis (Bescheinigung) der Teilnahme an einer Lehrveranstaltung etc., sondern die berechtigte Teilnahme, so ist die betr. Bescheinigung nur ein (widerlegbares) Indiz für das Vorliegen dieser Zulassungsvoraussetzung.[195]

Die an die Vor- oder Ausbildung gestellten Voraussetzungen für die Zulassung zur Prüfung dürfen nicht übermäßig sein, indem sie etwa den erst durch die Prüfung selbst zu erbringenden **Leistungsnachweis** praktisch **vorwegnehmen**. Auch darf nicht in jeder Weise ausgeschlossen sein, daß ein Prüfungsbewerber sich unter Inkaufnahme einer – zur Zeit nicht behebbaren – Beeinträchtigung seiner Prüfungschancen (z. B. im Falle eines körperlichen Leidens, dessen erhebliche Linderung zwar möglich, aber nicht hinreichend sicher zu bestimmen ist) der Prüfung unterzieht.[196] 94

Es ist nicht zu beanstanden, wenn die Zulassung zu einer weiteren **Wiederholungsprüfung** verweigert wird, weil der Prüfling durch sein bisheriges mehrfaches Versagen hinreichend kundgetan hat, daß seine Leistungsfähigkeit und/oder Eignung den Mindestanforderungen nicht entsprechen. Die Beschränkung der Wiederholungsmöglichkeiten erweist sich als eine subjektive Zulassungsbeschränkung, die den Prüfling nicht unverhältnismäßig trifft (im einzelnen unten Rdn. 305).[197] 95

Läßt die Prüfungsordnung einen **Freiversuch** (sogen. „Freischuß") zu, so kommt es regelmäßig darauf an, ob die Zulassung zur Prüfung innerhalb einer bestimmten Frist nach der Aufnahme des Studiums beantragt wird (z. B. innerhalb von vier Jahren gemäß § 15 Abs. 1 der Ausbildungs- und Prüfungsordnung für Juristen im Lande Berlin i.d.F. vom 26. 8. 1992, GVBl. S. 271). Dabei können außergewöhnliche Umstände, die zu einer Unterbrechung des Studiums geführt haben, die Meldefrist (in Berlin um 6 Monate) verlängern. Auch wenn dies in der Prüfungsordnung nicht ausdrücklich so geregelt ist, kann der Kandidat vom Prüfungsamt verlangen, daß im Rahmen der Zulas- 96

---

[194] VGH Bad.-Wttbg., Beschl. v. 5. 3. 1979 – IX 290/79 – SPE III B II, S. 111. Wegen des Nachweises, daß der in einem fachfremden Studiengang eingeschriebene Student tatsächlich an medizinischen Studienveranstaltungen teilgenommen hat: BVerwG, Urt. v. 21. 11. 1980 – 7 C 4.80 – Buchholz 421.0 Prüfungswesen Nr. 134. Im Falle ausländischer Studien: BVerwG, Urt. v. 21. 11. 1980 – 7 C 119.79 – Buchholz aaO Nr. 135.
[195] OVG NW, Beschl. v. 26. 4. 1982 – 15 D 949/82 – und – 15 B 796/82.
[196] BVerwG, Beschl. v. 27. 5. 1980 – 2 B 65.79 – Buchholz 421.0 Prüfungswesen Nr. 129; vgl. demgegenüber auch: Beschl. v. 3. 9. 1981 – 7 B 43.81 – Buchholz 421.0 Prüfungswesen Nr. 151 (betr. die Nichtzulassung zur ärztlichen Prüfung wegen körperlicher Gebrechen oder psychischer Leiden, die eine Berufsfähigkeit ausschließen).
[197] BVerwG, Urt. v. 27. 11. 1981 – 7 C 66.78 – NJW 1982, 1339 = Buchholz 421.0 Prüfungswesen Nr. 156 mit weiteren Hinweisen; Beschl. v. 27. 10. 1978 – 7 B 198.78 – Buchholz aaO Nr. 98, S. 121 (betr. die „günstige Prognose" als Voraussetzung für die Zulassung zu einer nochmaligen Wiederholung). Nicht zugelassen werden muß ein Schüler, der trotz Versetzung die Klassenstufe wiederholen möchte, um bessere Noten zu erlangen: OVG Berlin, Beschl. v. 20. 8. 1976 – V S 161.76 – RdJB 1977, 385.

sung zur Prüfung (auch) darüber befunden wird, ob seinem Begehren auf Ausnutzung der „Freischußregelung" trotz der Fristüberschreitung stattgegeben wird. Ihm muß die Gewißheit zuteil werden, unter welchen Bedingungen er die Prüfung ablegt.[198]

Schwerwiegende Gründe, die eine Unterbrechung des Studiums erforderlich machen und daher die **Verlängerung der Meldefrist** erlauben, sind insbesondere schwere Erkrankungen. Ob auch ein zeitweises Studium im Ausland oder die Mitgliedschaft in einem auf Gesetz beruhenden Hochschulgremium hierzu zählen, hängt von entsprechenden Sonderregelungen der Prüfungsordnung ab (vgl. auch dazu § 15 Abs. 1 berl. Ausbildung- u. Prüfungsordnung für Juristen aaO). In der Rechtsprechung sind insofern zu Recht strenge Anforderungen gestellt worden, da ansonsten der Freiversuch seinen Ausnahmecharakter verlieren würde. So hat z. B. der VGH Bad.-Wttbg.[199] entschieden, daß als zwingende Gründe für die Unterbrechung des Studiums nach baden-württembergischem Landesjustizprüfungsrecht (§ 22 Abs. 4 JAPrO) nur solche in Betracht kommen, die außerhalb der Beeinflussungsmöglichkeit des Kandidaten liegen oder die das ununterbrochene Weiterstudium als schlechthin unzumutbar erscheinen lassen. Die Übernahme eines Gemeinderatsmandats ist danach kein zwingender Grund für die Unterbrechung des Studiums; die darin liegende Benachteiligung gegenüber Tätigkeiten als Mitglied eines Hochschulgremiums verletzt weder den Gleichheitssatz noch das kommunale Benachteiligungsverbot.[200]

97 Die Zulassung zur Prüfung darf im allgemeinen nicht von Umständen abhängig gemacht werden, die erst der **späteren** – eventuell nach bestandener Prüfung zu beginnenden – **Berufsausübung** im Wege stehen können (so jedoch § 11 Nr. 4 ÄAppO für die Zulassung zur ärztlichen Vorprüfung).[201] Dies kann ausnahmsweise anders sein, wenn an den Prüfungserfolg unmittelbar eine Berechtigung geknüpft ist, die eine besondere persönliche Qualifikation voraussetzt, welche im eigentlichen Sinne nicht Gegenstand der Leistungsbewertung in der Prüfung ist, die aber dennoch zugleich mit dem äußeren Nachweis des Prüfungserfolges zum Beispiel durch ein Diplom oder die Berechtigung zum Führen eines akademischen Grades dokumentiert wird. Je nach dem Charakter der einzelnen Prüfung und im Hinblick auf das, was durch den Nachweis des Prüfungserfolges unmittelbar in der Öffentlichkeit dargestellt wird, können etwa ein Mindestmaß an **persönlicher Lebenser-**

---

[198] VGH Bad.-Wttbg., Beschl. v. 27. 2. 1992 – 9 S 505/92 – DVBl 1992, 1044.
[199] Beschl. v. 27. 2. 1992 aaO.
[200] VGH Bad.-Wttbg., Beschl. v. 27. 2. 1992 aaO.
[201] Nach Meinung des OVG Saarl. (Urt. v. 17. 12. 1991 – 8 R 32/91 – NVwZ 1992, 2979) ist § 11 Nr. 4 ÄAppO wegen Verstoßes gegen Art. 12 Abs. 1 GG nichtig. Das BVerwG (Urt. v. 15. 12. 1993 – 6 C 20.92 – Buchholz 421.0 Prüfungswesen Nr. 322) ist dem nicht gefolgt, sondern vertritt eine verfassungskonforme Auslegung dieser Vorschrift. Maßgeblich ist, ob der Einsatz des Studenten als Famulus dem Patienten zumutbar ist. Es kommt darauf an, ob der Student sich durch sein Verhalten speziell für diese Tätigkeit als unwürdig oder unzuverlässig erwiesen hat.

fahrung (Mindestalter), hinreichende **Gesundheit**[202] und persönliche **Unbescholtenheit** (keine erheblichen Vorstrafen) als Voraussetzungen für die Zulassung zur Prüfung gelten.[203] Freilich darf die Zulassung zur Prüfung in Fällen der vorbezeichneten Art nur dann versagt werden, wenn es für die Allgemeinheit unerträglich wäre, die durch den Prüfungserfolg nachgewiesene fachliche Qualifikation anzuerkennen, obwohl die sie notwendigerweise ergänzende **persönliche Qualifikation** nicht gegeben ist.[204] Beispielsweise ist es zulässig, einen Gerichtsreferendar mit erheblichen kriminellen Neigungen nicht zum zweiten juristischen Staatsexamen zuzulassen, weil die mit dem bestandenen Examen dokumentierte „Befähigung zum Richteramt" in Wahrheit nicht gegeben ist.[205]

Daß eine **Promotionsordnung** dem Promotionsausschuß bei der Entscheidung über die Zulassung eines Bewerbers zur Promotion hinsichtlich bestimmter Anforderungen, etwa der Frage nach der Eignung und Befähigung, einen pädagogisch-wissenschaftlichen Beurteilungsspielraum einräumt, galt nach der bisherigen Rechtsprechung des BVerwG[206] nicht als Verstoß gegen Bundesrecht. Diese Rechtsauffassung dürfte indes angesichts der neueren Rechtsprechung des BVerfG[207] jedenfalls in dieser Allgemeinheit nicht mehr zutreffen. Zwar ist die Promotion in der Regel keine Voraussetzung für den Zugang zu einem Beruf, so daß die Gewährleistungen des Art. 12 GG insofern zurückstehen (anders z.B. wenn der Beruf des Hochschullehrers angestrebt und nicht ohne Promotion erreicht werden kann). Es darf indes nicht unberücksichtigt bleiben, daß in manchen Bereichen der Wirtschaft die erfolgreiche Promotion immer noch einen hohen Rang hat und das berufliche Fortkommen wesentlich fördern kann. Im übrigen darf der Nachweis wissenschaftlicher Befähigung, der gerade durch wissenschaftliche Leistungen im Rahmen der Promotion zu erbringen ist, nicht schon im voraus durch zu enge Zulassungsvoraussetzungen verhindert werden. Wenn indes die mangelnde Befähigung offensichtlich und daher die Zulassung zur Promotion zu verweigern ist, bedarf es für eine solche Entscheidung nicht des Deckmantels eines **Beurteilungsspielraums**. Daß bei der (späteren) Bewertung der wissenschaftlichen Leistungen des Doktoranden auch ein „prüfungsspezifischer Be-

---

[202] Z.B. kann eine psychische Erkrankung die Zulassung zu einer ärztlichen Prüfung hindern: BVerwG, Beschl. v. 3. 9. 1981 – 7 B 43.81 – Buchholz 421.0 Prüfungswesen Nr. 151.
[203] VGH Bad.-Wttbg., Urt. v. 18. 3. 1981 – IX 1496/79 – JZ 1981, 661. Vgl. dazu auch: BVerwG, Beschl. v. 25. 8. 1992 – 6 B 31.91 – NVwZ 1992, 1201 (betr. die Entziehung eines akademischen Grades aufgrund schwerwiegenden persönlichen Fehlverhaltens).
[204] Vgl. dazu im einzelnen: Guhl, aaO S. 71 ff.
[205] Hinsichtlich der Nichtzulassung eines Schülers zur Reifeprüfung wegen mangelnder sittlicher Reife: BVerwG, Beschl. v. 11. 12. 1964 – 7 ER 435.63 – DÖV 1965, 638 = Buchholz 421.0 Prüfungswesen Nr. 29.
[206] Beschl. v. 23. 1. 1984 – 7 B 43.83 – Buchholz 421.0 Prüfungswesen Nr. 191.
[207] BVerfGE 84, 34 und 59 = NJW 1991, 2005 und 2008.

wertungsspielraum" im Sinne der Rechtsprechung des BVerfG (aaO) Platz greift, steht dem nicht entgegen.

99 Formelle Voraussetzungen für die Zulassung zur Prüfung (z. B. ein **schriftlicher Antrag** oder die Vorlage von **Zeugnissen**) sind statthaft, wenn sie der ordnungsgemäßen Durchführung des Prüfungsverfahrens dienen und nicht willkürlich sind. Ergänzend zu den prüfungsrechtlichen Vorschriften gelten insofern die Vorschriften des Verwaltungsverfahrensgesetzes.[208] Das Erfordernis der Beachtung von **Fristen** (z. B. für den Zulassungsantrag oder die rechtzeitige Ablegung von Vor- oder Zwischenprüfungen als Voraussetzung für die Zulassung zur abschließenden mündlichen Prüfung) steht mit Art. 12 Abs. 1 GG in Einklang, wenn der Verlust des Prüfungsanspruchs auf die Fälle beschränkt bleibt, in denen der Prüfling die Verzögerung zu vertreten hat.[209]

100 Die Entscheidung über die Zulassung zur Prüfung darf nicht offen bleiben, indem die Behörde diese unter einen allgemeinen Vorbehalt stellt; allenfalls sind konkrete **Auflagen oder Bedingungen** statthaft.[210] Das mit der Zulassung begründete Prüfungsrechtsverhältnis ist rechtlich selbständig und in seinem Bestand unabhängig von anderen Rechtsbeziehungen. So hat etwa eine **spätere Exmatrikulation** auf die Fortdauer des mit der Zulassung zur Prüfung einsetzenden Prüfungsrechtsverhältnisses keinen Einfluß. Auch dem Prüfling selbst erwachsen aus diesem Rechtsverhältnis besondere Bindungen. Er kann hiernach nicht mehr beliebig und **ohne Rechtsnachteile aussteigen**, sondern muß weitere Prüfungsabschnitte grundsätzlich auch dann fortsetzen, wenn er meint, den bisherigen Verlauf der Prüfung mit Recht beanstanden zu können.[211]

101 Ein Fehler, der dem Zulassungsverfahren zur Prüfung anhaftet, erstreckt sich nicht ohne weiteres auf das Prüfungsverfahren im engeren Sinne und die Prüfungsentscheidung selbst. Es ist vielmehr in jedem Einzelfall ein **ursächli-**

---

[208] Als Bundesrecht durch Gesetz vom 25. 5. 1976 (BGBl. I S. 1253); im übrigen vgl. die Verwaltungsverfahrensgesetze der Länder mit zumeist gleichlautenden Regelungen. Nach § 2 Abs. 3 Nr. 2 VwVfG gelten freilich nur die dort bezeichneten Vorschriften für das Prüfungsverfahren.

[209] Materielle Ausschlußfristen bedürfen einer Rechtsgrundlage; ansonsten handelt es sich um behördliche Fristsetzungen, die gemäß § 31 Abs. 7 VwVfG nach pflichtgemäßem Ermessen zu verlängern sind, wenn dafür wichtige Gründe vorgebracht werden (Stelkens, in: Stelkens/Bonk/Sachs, Verwaltungsverfahrensgesetz, 4. Aufl. 1993 § 31 Rdn. 6).
Wegen der Wiedereinsetzung in den vorigen Stand bei unverschuldeter Fristversäumung vgl. insbesondere § 32 VwVfG; dazu auch: BayVGH, Urt. v. 26. 11. 1976 – Nr. 280 III 76 – BayVBl 1977, 213; wegen des Vertrauens in die ordnungsgemäße Durchführung des Prüfungsverfahrens und die Folgen unzutreffender Auskünfte über das Bestehen eines Zulassungsanspruchs vgl.: BVerwG, Urt. v. 27. 11. 1981 – 7 C 66.78 – Buchholz 421.0 Prüfungswesen Nr. 156.

[210] VGH Bad.-Wttbg., Beschl. v. 29. 3. 1982 – 9 S 129/82 – VBl BW 1983, 43.

[211] Dazu insgesamt: OVG NW, Urt. v. 27. 1. 1993 – 22 A 992/91 – NWVBL 1993, 260 und OVG RhPf., Beschl. v. 20. 11. 1992 – 2 A 10863/92.

cher Zusammenhang nachzuweisen.²¹² Ist die Zulassung nicht schon wegen eines schweren und offensichtlichen Fehlers nichtig und erbringt der – somit zugelassene – Prüfling die vorgeschriebene Prüfungsleistung, so darf die Prüfung nicht etwa deshalb als nicht bestanden erklärt werden, weil eine Zulassungsvoraussetzung (z. B. die Vorlage eines studienbegleitenden Leistungsnachweises) nicht erfüllt war.²¹³ Insofern greift der **Vertrauensschutz** des Prüflings durch, zumal er mit der erfolgreich abgelegten Prüfung seine Befähigung der Sache nach bewiesen hat, so daß die Aussonderung durch die Anwendung von Zulassungsschranken in diesem Fall ihren Sinn verloren haben dürfte. Ist die Prüfung dagegen nicht bestanden worden, kann der Prüfling nicht etwa wegen der rechtsfehlerhaften Zulassung eine **erneute Prüfung** verlangen. Die Rüge von Fehlern des Zulassungsverfahrens ist vielmehr ausgeschlossen, wenn sich der Bewerber vorbehaltlos der Prüfung unterzogen hat.²¹⁴

Anders ist die Sach- und Rechtslage zu beurteilen, wenn die rechtsfehlerhafte Zulassung noch **vor der Prüfung zurückgenommen** wird. Dies ist nach § 48 Abs. 3 und 4 VwVfG bei Zahlung eines Ausgleichs für etwaige Vermögensnachteile innerhalb eines Jahres nach Kenntnis der zur Rücknahme berechtigenden Tatsachen generell nach pflichtgemäßem Ermessen zulässig.

Wer durch **vorläufigen Rechtsschutz** unter dem Vorbehalt der Entscheidung im Hauptverfahren zur Prüfung zugelassen worden ist, kann nicht schon aus dem Ergebnis der später bestandenen Prüfung die Rechtswidrigkeit der Nichtzulassung herleiten.²¹⁵

Die Zulassung zu einem **schulischen Bildungsgang** wird von den Gewährleistungen des Art. 12 GG nicht erfaßt. Regelungen schulorganisatorischer Art oder Anordnungen der Gestaltung des Bildungsgangs (z. B. das Verbot, eine Eingangsklasse zu überspringen)²¹⁶ können sich zwar auch wie objektive Zulassungsvoraussetzungen der genannten Art dem Einfluß des davon betroffenen Schülers entziehen. Dies stößt aber erst dann an verfassungsrechtliche Grenzen (Art. 2 Abs. 1 und Art. 3 GG), wenn dadurch die Teilhaberechte des Schülers beeinträchtigt werden (s. dazu 2. Aufl. Rdn. 206 ff.) Beispielsweise darf die Zulassung zu einer weiteren Stufe des schulischen Bildungsganges (etwa der Übergang in die Oberstufe des Gymnasiums) nur aus Grün-

---

[212] BVerwG, Urt. v. 3. 5. 1963 – 7 C 46.62 – RWS 1963, 248 = SPE III B I, S. 11.

[213] VGH Bad.-Wttbg., Urt. v. 8. 4. 1998 – 9 S 708/87 – NVwZ 1989, 382 = SPE 990 Nr. 16.

[214] BayVGH, Urt. v. 25. 9. 1985 – 7 B 82 A. 2336 – DÖV 1986, 478; nach Meinung des BayVGH (aaO) ist eine Ausnahme dann statthaft, wenn sich der Studierende die erforderliche Ausbildung nicht verschaffen und die Zulassungsvoraussetzungen nicht erfüllen konnte, jedoch eine Verschiebung der Prüfung nicht mehr möglich war. Zum Ausschluß der Rüge von Fehlern des Zulassungsverfahrens vgl. auch: VGH Bad.-Wttbg., Beschl. v. 29. 3. 1982 – 9 S 129/82 – VBl BW 1983, 43.

[215] BVerwG, Beschl. v. 22. 1. 1981 – 7 B 156.80 – Buchholz 421.0 Prüfungswesen Nr. 139.

[216] HessVGH, Urt. v. 23. 2. 1990 – 7 UE 311/87 – SPE 864 Nr. 1.

den beschränkt werden, die mit dem darauf bezogenen Bildungsauftrag der Schule in unmittelbarem sachlichem Zusammenhang stehen und die in ihren Anforderungen nicht übermäßig sind.[217] Soll der Schüler nach dem Willen der Eltern gegen die Empfehlungen der Schule das Gymnasium besuchen, steht bundesverfassungsrechtlich nichts im Wege, daß darüber durch eine **Aufnahmeprüfung** entschieden wird.[218]

4. Der Anspruch auf Information, Anhörung, Akteneinsicht

104 Im allgemeinen sind die Informationspflichten der Prüfungsbehörden und die Auskunftsansprüche der Prüflinge in den **Prüfungsordnungen** näher geregelt.[219] Ferner kann sich aus einer ständigen Informationspraxis – gegebenenfalls in Verbindung mit den dies regelnden Verwaltungsvorschriften – wegen der zu gewährleistenden Chancengleichheit (Art. 3 GG) für den einzelnen Prüfling ein dementsprechender Auskunftsanspruch ergeben.

Falls dies nicht in der Prüfungsordnung ausdrücklich anders geregelt ist, muß der Prüfer oder der Prüfungsausschuß nicht die von ihm beabsichtigte **Prüfungsentscheidung** dem Prüfling **vorher mitteilen** und ihn dazu **anhören**; die §§ 28, 66 VwVfG gelten nicht für das Verfahren bei Prüfungen und sonstigen Leistungsbewertungen (§ 2 Abs. 3 Nr. 2 VwVfG). Der Prüfling hat jedoch einen verfassungsrechtlich verankerten Anspruch auf „Überdenken" der getroffenen Prüfungsentscheidung (dazu im einzelnen unten Rdn. 312 ff.). Soweit im übrigen hinsichtlich der allgemeinen und besonderen Informationspflichten der Prüfungsbehörden ausdrückliche Regelungen oder selbst ständige Verwaltungspraktiken fehlen, ist auf die nachfolgend dargelegten allgemeinen prüfungsrechtlichen Grundsätze zurückzugreifen, die größtenteils im Verfassungsrecht verankert sind (Art. 3 und Art. 12 GG) und daher auch einen übergeordneten Maßstab für die Gültigkeit des „einfachen" Rechts liefern.

a) Bei Prüfungen allgemein

105 Jeder Prüfling kann verlangen, in angemessener Weise über die ihn betreffenden Vorgänge der Prüfung oder der sonstwie stattfindenden Leistungskontrolle informiert zu werden, soweit dies mit deren Sinn und Zweck vereinbar ist. Das folgt grundsätzlich aus dem verfassungsrechtlichen Persönlichkeitsschutz (Art. 2 Abs. 1 GG) und bei berufsbezogenen Prüfungen ferner aus Art. 12 GG. Es gehört zum Kern **grundrechtlicher Verfahrensgarantien**, daß die betroffenen Bürger ihren **Standpunkt wirksam vertreten** können.

---

[217] BayVerfGH, Entsch. v. 21. 7. 1981 – Vf 10 VII-79 – BayVBl 1981, 653.
[218] VGH Bad. Wttbg., Beschl. v. 8. 12. 1989 – 9 S 2707/89 – SPE 860 Nr. 29.
[219] Vgl. auch § 53 SchulGE.

Grundsätzlich müssen sie über den Verfahrensstand rechtzeitig informiert werden und die Möglichkeit haben, Einwände wirksam vorzubringen. Das hat das BVerfG in seinen Beschlüssen vom 17. 4. 1991[220] besonders hervorgehoben. Wegen der Einzelheiten kommt es auf die Ausgestaltung der Prüfung an. Solange die Leistungsbewertung noch nicht vollendet ist, sind Einwendungen des Prüflings verfrüht und (vorläufige) Informationen der Prüfer jedenfalls nicht rechtlich geboten. Das mag häufig (z.B. bei juristischen Staatsprüfungen) dazu führen, daß der Prüfling erst nach dem Erlaß des Prüfungsbescheids in ausreichendem Umfange erfährt, welche Erwägungen der Prüfer maßgeblich gewesen sind. In der Regel wird dann die Prüfung insgesamt abgeschlossen sein; werden indes – nach besonderer Regelung in der Prüfungsordnung oder gemäß ständiger Praxis – schon die vorher feststehenden Bewertungen einzelner Teile der Prüfung (z.B. der schriftlichen Arbeiten) bekanntgegeben, besteht kein Grund, dem Prüfling die notwendigen Informationen über das Zustandekommen dieser Bewertung (vorerst) zu verweigern. Ob der Prüfer in der mündlichen Prüfung auf einzelne Antworten wertend reagiert, liegt in seinem Ermessen. Es ist nicht zu beanstanden, wenn er sich vor dem Ende der Prüfung dazu nicht äußert, um etwa das Selbstvertrauen des Prüflings nicht zu sehr zu beeinträchtigen.

Das BVerfG (aaO) läßt es zu, daß bei der Verwirklichung der grundrechtlichen Verfahrensgarantien auf diese Besonderheiten des Ablaufs der Prüfung Rücksicht genommen wird. Soweit es danach ausgeschlossen ist, daß der Prüfling während der Prüfung seinen Standpunkt wirksam vertritt, muß umso mehr eine **nachträgliche Fehlerkontrolle** eröffnet sein. Der daraus herzuleitende Anspruch des Prüflings auf „Überdenken der Prüfungsentscheidung" und die diesem Anspruch im Einzelfall gemäßen Informationsrechte stehen in engem Zusammenhang mit den Einwendungen und Rechtsbehelfen (Widerspruch) des Prüflings gegen das Prüfungsergebnis. Diesen Fragen soll daher erst im Anschluß an die Erörterungen des Verfahrens bei der Ermittlung und Bewertung der Leistungen nachgegangen werden (s. unten Rdn. 312 ff.).

Auch schon **vor dem Abschluß der Prüfung** durch Bekanntgabe des Prüfungsergebnisses und der dafür maßgeblichen Erwägungen gelten zahlreiche Informationsrechte und -pflichten. Die Behörde hat den Prüfling auf die wesentlichen Modalitäten des Verfahrens so hinzuweisen, daß er davon in zumutbarer Weise Kenntnis nehmen kann. Das betrifft insbesondere **Anmeldefristen** und die Bekanntgabe von **Prüfungsterminen**. Deren Festlegung ist zwar (noch) kein förmlicher Verwaltungsakt, der strengen Bekanntgaberegeln unterliegt (§ 41 VwVfG), es ist jedoch darauf zu achten, daß alle Prüflinge, die es angeht, in der Lage sind, üblicherweise hiervon Kenntnis zu nehmen. Ob der Anschlag am „Schwarzen Brett" des Prüfungsamts dazu aus-

---

[220] BVerfGE 84, 34 = NJW 1991, 2005 und BVerfGE 84, 59 = NJW 1991, 2008.

reicht, kann nicht generell beantwortet werden.[221] Ist diese Art der Information die allseits geläufige Praxis, die jeder daran interessierte Prüfling kennt oder jedenfalls in einer solchen Situation kennen muß, so genügt sie grundsätzlich dem Gebot einer angemessenen Information.

Den Prüfling trifft eine **Mitwirkungspflicht**, durch die er gehalten ist, sich in für ihn zumutbarer Weise darum zu kümmern, welche Fristen und Termine für ihn gelten. Insbesondere wenn er im Verlauf des Prüfungsgeschehens mit für ihn wichtigen Bekanntmachungen der Prüfungsbehörde rechnen muß, hat er sich darum zu bemühen zu erfahren, ob an dem üblichen Ort in der üblichen Weise derzeit fällige Informationen stattfinden.

107 Die Ladung zur mündlichen Prüfung ist nur dann an eine bestimmte **Ladungsfrist** gebunden, wenn dies in der Prüfungsordnung ausdrücklich vorgesehen ist. Rückschlüsse aus der Pflicht zur Bekanntgabe des Ergebnisses der schriftlichen Prüfungsleistungen mindestens zwei Wochen vor der mündlichen Prüfung auf eine entsprechende Ladungsfrist sind nicht statthaft.[222] Deshalb wird ein Verfahrensfehler wegen zu kurzer Ladungsfrist – bei Fehlen einer gesetzlichen Regelung – allenfalls dann anzunehmen sein, wenn die Einhaltung der Frist objektiv unmöglich ist oder dem Prüfling nach Lage der Dinge verständlicherweise nicht zugemutet werden kann. Eine sachlich nicht gerechtfertigte, nicht von dem Prüfling selbst verursachte Ungleichbehandlung bei der Gewährung von Ladungsfristen mit entsprechenden Folgen für die Dauer der Vorbereitungszeit (z. B. bei der Vorbereitung des Aktenvortrags in der zweiten juristischen Staatsprüfung) ist ein Fehler des Prüfungsverfahrens. Freilich muß der Prüfling auch diesen Mangel rechtzeitig rügen und darf sich nicht in Kenntnis der zu kurzen Ladungsfrist ohne Beanstandung der Prüfung stellen.[223]

108 Informationen über die Leistungen des Prüflings und deren Bewertung sind grundsätzlich nur ihm – oder bei minderjährigen Schülern auch seinen Eltern – gegenüber abzugeben. Deshalb ist es nicht statthaft, eine Liste der **Klausurnoten** durch **Anschlag am „Schwarzen Brett"** bekannt zugeben und damit zugleich kundzutun, welche Kandidaten infolge der mißlungenen Klausur nicht zur mündlichen Prüfung zugelassen sind. Ein solches Vorgehen, das auch aus datenschutzrechtlichen Gründen bedenklich ist, ist nur in anonymer Ausgestaltung zulässig. Verstöße hiergegen berühren freilich nicht das Prüfungsergebnis; ihnen ist durch Dienstaufsichtsbeschwerde entgegenzutreten.[224]

Außer den Pflichten der Behörde zur ordnungsgemäßen Bekanntgabe von

---

[221] Wenige Bedenken hat insofern der BayVGH, Urt. v. 12. 3. 1984 – Nr. 7 B 83 A. 563 – BayVBl 1984, 629.
[222] OVG NW, Urt. v. 4. 12. 1991 – 22 A 962/91 – NVwZ 1992, 696 = DVBl 1992, 1051 = NWVBl 1992, 99.
[223] OVG NW, Urt. v. 4. 12. 1981 aaO.
[224] Hierzu insgesamt: BayVGH, Urt. v. 12. 3. 1984 – Nr. 7 B 83 A. 563 – BayVBl 1984, 629.

Fristen und Terminen sind **Beratungs- und Hinweispflichten** zu nennen, die sich entweder aus den einschlägigen Ausbildungs- oder Prüfungsvorschriften ergeben oder aber auch aus dem angeführten Grundrechtsschutz des Prüflings herzuleiten sind. Insbesondere ist es geboten, den Prüfling auf einen für ihn nicht erkennbaren atypischen Verlauf der Prüfung hinzuweisen, um ihm damit die Gelegenheit zu geben, sich darauf nach Möglichkeit einzustellen. Das gilt z. B. für ein nicht ohne weiteres zu erwartendes Verhalten der Prüfer, etwa wenn diese beabsichtigen, das permanente **Schweigen** des Prüflings als seine „**Abwesenheit**" zu werten, die nach der Prüfungsordnung mit der Folge „Nichtbestanden" sanktioniert wird.[225]

Eine mangelhafte Bekanntmachung oder ein pflichtwidrig unterbliebener Hinweis macht das Prüfungsverfahren fehlerhaft und kann zur **Aufhebung der Prüfungsentscheidung** und ferner zur **Wiederholung** dieser Prüfung führen, wenn nicht ausgeschlossen werden kann, daß das Ergebnis auf diesem Mangel beruht (im einzelnen Rdn. 284 ff.). Dagegen kann der Prüfling nicht verlangen, daß ihm wegen eines solchen Mangels Leistungen zuerkannt werden, die er in Wahrheit nicht erbracht hat, selbst wenn er diese bei zutreffender Information vermutlich erbracht hätte.[226] Ein etwa entstandener (**Verzögerungs-**) **Schaden** kann im Falle schuldhafter Amtspflichtverletzung (Art. 34 GG, § 839 BGB) allerdings zu Geldersatzansprüchen führen.[227]

Bei Informationen über den Prüfungsgegenstand ist besonders darauf zu achten, daß die **Chancengleichheit** gewahrt bleibt. Ein Verstoß gegen diesen Grundsatz liegt etwa dann vor, wenn Prüflinge aufgrund ihrer Kontakte zu dem Prüfer zu wesentlich früheren Zeiten von dem Schwerpunktgebiet erfahren, dem die Prüfungsaufgaben entnommen werden. Nicht anders ist es, wenn infolge eines organisatorischen Versehens die Aufgabenhefte des zweiten Prüfungstages in einzelnen Prüfungsräumen schon am ersten Prüfungstag ausliegen.[228] Es ist Aufgabe der Prüfungsbehörde, das Prüfungsverfahren so zu organisieren, daß alle Prüflinge im wesentlichen den **gleichen Informationsstand** hinsichtlich des Schwerpunktgebietes besitzen. Auf diese Weise sind annähernd gleiche Vorbereitungszeiten zu gewährleisten.[229] Mißlingt dies, liegt ein erheblicher Verfahrensfehler – der zur Wiederholung der Prüfung zwingt – dann vor, wenn Auswirkungen auf das Prüfungsergebnis nicht auszuschließen sind, ohne daß es dabei auf ein Verschulden der Behörde ankommt. Bei relativen Bewertungs- oder Bestehensgrenzen (vgl. § 14 ÄAppO

---

[225] BVerfG, Beschl. v. 13. 11. 1979 – 1 BvR 1022/78 – BVerfGE 52, 380 = NJW 1980, 1153.
[226] BVerwG, Beschl. v. 3. 1. 1992 – 6 B 20.91 – Buchholz 310 § 113 VwGO Nr. 240 = BayVBl 1992, 442.
[227] BVerwG, Urt. v. 27. 11. 1981 – 7 C 66.78 – Buchholz 421.0 Prüfungswesen Nr. 156.
[228] VGH Bad.-Wttbg., Beschl. v. 12. 8. 1988 – 9 S 2501/88 – NVwZ 1989, 891 = DVBl 1989, 104 = SPE 290 Nr. 15.
[229] OVG Bremen, Beschl. v. 12. 9. 1989 – OVG 1 B 70/89.

1987), die den Erfolg der Prüfung von den Leistungen anderer Prüflinge abhängig machen, ist ein solcher ursächlicher Zusammenhang stets vorhanden.[230] In anderen Fällen kann die Chancengleichheit dadurch verletzt sein, daß der nicht informierte Teil der Prüflinge angesichts des wesentlich besseren Informationsstandes eines anderen Teils erheblich verunsichert worden ist. Eine solche Verletzung liegt freilich nicht ohne weiteres schon dann vor, wenn einem Teil der Prüflinge vor dem Ablegen der mündlichen Prüfung das Ergebnis der schriftlichen Prüfung bekanntgegeben worden ist, die übrigen Prüflinge sich jedoch ohne Kenntnis der Bewertung ihrer bisherigen Leistungen der mündlichen Prüfung unterziehen müssen.[231] (vgl. dazu Rdn. 236.).

111 Die eingangs erwähnte Ausnahme der Prüfungen von dem allgemeinen verwaltungsverfahrensrechtlichen **Anhörungsgebot** gilt nicht, soweit die Prüfung nicht auf der Grundlage der angestrebten Leistungsbewertung, sondern aus anderen Gründen erfolglos beendet werden soll. Die Entscheidung, daß der Prüfling die Prüfung nicht bestanden habe, weil sein **Rücktritt nicht genehmigt** werden könne oder weil er sich ordnungswidrig verhalten habe (z. B. bei einem **Täuschungsversuch**) oder weil er **Prüfungsarbeiten nicht abgeliefert** oder **Prüfungstermine versäumt** habe, ist nicht zulässig, ohne daß dem Betroffenen zuvor Gelegenheit gegeben worden ist, sich dazu zu äußern.[232] Die Voraussetzungen, die es gemäß § 28 Abs. 2 VwVfG erlauben, von der grundsätzlich gebotenen Anhörung (s. Abs. 1) abzusehen, kommen in Prüfungsangelegenheiten regelmäßig nicht in Betracht. Soweit § 2 Abs. 3 Nr. 2 VwVfG das Anhörungsgebot für die Bewertungen von Leistungen und Eignungen ausnimmt, ist damit **nur der engere Wertungsbereich** gemeint, in dem eine Auseinandersetzung mit dem Prüfling in diesem Stadium nicht sachdienlich erscheint (wegen der nachträglichen Kontrolle im Verwaltungsverfahren s. unten Rdn. 312 ff.). Solche besonderen Gründe sind nicht gegeben, soweit es um die tatsächliche und rechtliche Würdigung des sonstigen Verhaltens des Prüflings in dem äußeren Ablauf des Prüfungsverfahrens geht.

112 Das Recht auf **Akteneinsicht**,[233] das bislang erst später in dem sich anschließenden Verwaltungsprozeß gegeben war (§§ 99, 100 VwGO), ist nunmehr auch für das Verwaltungsverfahren durch § 29 VwVfG vorgesehen. Diese Vorschrift gilt auch für das Prüfungsverfahren und sonstige hoheitliche Lei-

---

[230] VGH Bad.-Wttbg., Beschl. v. 12. 8. 1988 aaO.
[231] BVerwG, Urt. v. 14. 12. 1990 – 7 C 17.90 – BVerwGE 87, 258 = NVwZ 1991, 1084 = Buchholz 421.0 Prüfungswesen Nr. 281. Der Grundsatz der Chancengleichheit ist ferner nicht schon dann verletzt, wenn selbstverständliche Regeln der (juristischen) Fallbearbeitung, wie etwa die Fertigung eines Hilfsgutachtens im Falle der Unzulässigkeit der Klage, nicht gegenüber allen Prüflingen ausdrücklich bekräftigt werden: BVerwG, Beschl. v. 21. 12. 1993 – 6 B 65.92 – Buchholz aaO Nr. 325.
[232] OVG NW, Urt. v. 25. 11. 1992 – 22 A 2595/92.
[233] Vgl. dazu insbesondere: Guhl, Prüfungen im Rechtsstaat, S. 282; Rieger, Eigentumsrechte und Einsichtnahme bei Schülerarbeiten, Gutachten und Prüfungsunterlagen, RdJB 1976, 153.

stungskontrollen (§ 2 Abs. 3 Nr. 2 VwVfG).[234] Zunächst und wegen der Einzelheiten ist jedoch auch insofern auf etwaige Sondervorschriften in der maßgeblichen Prüfungsordnung abzustellen. Sie enthalten nicht selten die zulässige Regelung, daß die Einsichtnahme in die Prüfungsunterlagen erst nach dem Abschluß des Prüfungsverfahrens – aber damit immer noch vor Klageerhebung – stattfindet.[235]

Allgemeine rechtliche Voraussetzung des Einsichtsrechts ist, daß es zur Geltendmachung oder Verteidigung rechtlicher Interessen des Antragstellers beansprucht wird und daß ferner die Kenntnis der das Verwaltungsverfahren betreffenden Akten dazu erforderlich ist. **Entwürfe zu Entscheidungen und Arbeiten zu ihrer unmittelbaren Vorbereitung** sind nach § 29 Abs. 1 Satz 2 VwVfG von dem Einsichtsrecht nach Satz 1 nur solange ausgenommen, wie das Verwaltungsverfahren noch nicht abgeschlossen ist. Diese Regelung betrifft indes nur Entwürfe usw., die in einem unmittelbaren Zusammenhang mit der Entscheidung der Behörde stehen, etwa indem sie als ein vorläufiges Ergebnis des Verwaltungsverfahrens Bestandteil der Verwaltungsakten geworden sind.[236] **Persönliche Notizen, Skizzen oder Aufzeichnungen von Vorüberlegungen** bei der sich erst noch entwickelnden Meinungsbildung sind noch keine „Entscheidungsentwürfe" und auch keine Arbeiten zur „unmittelbaren" Vorbereitung der Entscheidung.[237] Ein Einsichtsrecht in die zu den Akten gelangten Prüfungsvermerke, die die abschließende Entscheidung erst noch vorbereiten sollen, ist demnach nicht gegeben.[238]

Im übrigen ist die Behörde zur Gestattung der Akteneinsicht nicht verpflichtet, soweit dadurch die **ordnungsgemäße Erfüllung ihrer Aufgaben beeinträchtigt** würde oder soweit die Vorgänge ihrem **Wesen nach geheimgehalten** werden müssen (§ 29 Abs. 2 VwVfG). Dieses Hindernis für eine Einsichtnahme der Prüfungsunterlagen ist freilich in aller Regel nur bis zum Abschluß des Prüfungsverfahrens gegeben. Wird um die Rechtmäßigkeit einer bereits getroffenen Prüfungsentscheidung gestritten, liegt ein besonderes Geheimhaltungsinteresse im allgemeinen nicht (mehr) vor. Das ist nicht erst dann anzunehmen, wenn in einem Verwaltungsprozeß die Prüfungsentscheidung angefochten ist und der Kläger die Einsicht in die von der Prüfungsbehörde vorzulegenden Unterlagen begehrt.[239] Das ist vielmehr in gleicher Weise schon im Vorstadium des Prozesses der Fall.

113

---

[234] Vgl. insbesondere: VG Berlin, Urt. v. 17. 11. 1981 – 12 A 1405/80 – NVwZ 1982, 576 (auch zum zeitlichen Geltungsbereich des Akteneinsichtsrechts).
[235] HessVGH, Beschl. v. 28. 9. 1988 – 6 TG 4081/87 – NVwZ 1989, 890.
[236] Bonk, in: Stelkens/Bonk/Sachs, Verwaltungsverfahrensgesetz, 4. Aufl. 1993 § 29 Rdn. 36 ff.
[237] Bonk, aaO Rdn. 37.
[238] BayVGH, Urt. v. 18. 6. 1986 – Nr. 3 B 85 A. 2750 – BayVBl 1987, 184, der freilich eine anderslautende Regelung in der Prüfungsordnung für zulässig hält.
[239] Dazu unten Rdn. 397.

114 Will die Behörde dennoch im Einzelfall die Akteneinsicht verweigern, muß sie dies mit Gründen rechtfertigen, die den gesetzlichen Anforderungen (§ 29 Abs. 2 VwVfG, § 99 Abs. 1 Satz 2 VwGO) entsprechen. Die ordnungsgemäße Erfüllung der Aufgaben der Behörde ist nur dann wirklich „beeinträchtigt", wenn durch die Bekanntgabe der durch die Prüfungsunterlagen dokumentierten Vorgänge ein **erheblicher Schaden** droht. An die Annahme dieser Voraussetzung sind strenge Anforderungen zu stellen; denn wenn schon die Bewertung der Prüfungsleistungen und damit die Prüfungsentscheidung in ihrem eigentlichen Kern nur einer beschränkten gerichtlichen Kontrolle unterliegt,[240] müssen zumindest der äußere Hergang des Prüfungsgeschehens überschaubar und auch der Bewertungsvorgang daraufhin kontrollierbar sein, ob er frei von Willkür ist.[241]

b) **Besonderheiten im schulischen Bereich**

115 Der aus Art. 6 Abs. 2 GG folgende **Auskunftsanspruch der Eltern**, auf dessen allgemeine verfassungsrechtliche Grundlagen und Gewährleistungen im Rahmen der Ausführungen zum Elternrecht eingegangen wurde,[242] bezieht sich insbesondere auf Informationen über die Leistungen und das leistungsbezogene Verhalten ihres Kindes in der Schule.[243] Gleichermaßen hat auch der betroffene **Schüler** – mangels spezialgesetzlicher Regelung gemäß Art. 2 Abs. 1 GG – ein Recht zu erfahren, wie seine Leistungen bewertet worden sind und wie der Lehrer seine Eignung für ein weiteres Fortkommen einschätzt.[244] Der Lehrer muß den Schüler jedoch nicht über die **beabsichtigte Leistungsbewertung** informieren und ihn dazu anhören (vgl. § 2 Abs. 3 Nr. 2 VwVfG i. V. m. § 28 VwVfG). Das alles ist im Grunde nicht umstritten und bedarf insofern keiner besonderen Rechtfertigung.

116 In welcher Weise die Schule ihrer Informationspflicht im einzelnen nachzukommen hat, unterliegt der **Gestaltungsfreiheit des Gesetz- und Verordnungsgebers**. Gegebenenfalls ist auf die im Gesetz oder in einer Rechtsverordnung bezeichneten Voraussetzungen und Formen der Information durch die Schule abzustellen (vgl. z. B. § 53 SchulGE). Eine gesetzliche Regelung darüber, wie die Eltern über die schulischen Leistungen ihres Kindes zu infor-

---

[240] Dazu unten Rdn. 406.
[241] Vgl. dazu ferner: Ossenbühl, Rechtliche Grundfragen der Erteilung von Schulzeugnissen, S. 24 ff. und Guhl, Prüfungen im Rechtsstaat, S. 291 ff.
[242] Im schulrechtlichen Teil: s. 2. Aufl. Rdn. 40.
[243] BVerfG, Beschl. v. 9. 2. 1982 – 1 BvR 845/79 – BVerfGE 59, 360 = NJW 1982, 1375 = JZ 1982, 325 mit Anm. v. Starck; OVG Koblenz, Urt. v. 10. 4.1963 – 2 A 6/63 – DÖV 1963, 553 = SPE III E X, S. 91; ferner: Ossenbühl, Das elterliche Erziehungsrecht im Sinne des Grundgesetzes, S. 150; ders., Rechtliche Grundfragen der Erteilung von Schulzeugnissen, S. 21 ff.; Fehnemann, Die Bedeutung des grundgesetzlichen Elternrechts für die elterliche Mitwirkung in der Schule, AöR Bd. 105 (1980),529 ff.(543).
[244] Vgl. Ossenbühl, Rechtliche Grundfragen ..., S. 23.

mieren sind, ist nicht aus rechtsstaatlichen Gründen geboten.[245] Fehlen besondere gesetzliche Regelungen oder bleiben sie hinter den vorbezeichneten verfassungsrechtlichen Gewährleistungen zurück, ist die Reichweite des Informationsanspruchs nach dem schutzwürdigen Auskunftsinteresse der Eltern oder Schüler einerseits und den ihnen etwa entgegenstehenden Geheimhaltungsinteressen der Schule oder der Mitschüler andererseits unter Berücksichtigung der konkreten Umstände des jeweiligen Einzelfalles zu bestimmen.[246] Schwerpunktmäßig ist dabei danach zu unterscheiden, ob es um die individuelle Information etwa durch das **Einzelgespräch** zwischen Eltern/Schüler und Fachlehrer oder um eine standardisierte **Regelbeurteilung** aller Schüler am Ende des (Schulhalb-)jahres geht.

In dem ersten Fall ist das persönliche Interesse einzelner Eltern oder des einzelnen Schülers an der konkreten Information, so wie sie gewünscht wird, die maßgebliche Richtschnur für die Form und den Inhalt der zu erteilenden Auskunft. Das bedeutet, daß die Information hier grundsätzlich so ausgestaltet sein muß, daß sie dieses persönliche Interesse zu befriedigen vermag. Allgemeine **Elternsprechtage** nach jedem Zeugnis, die für die meisten Eltern nur zeitlich sehr begrenzte Gesprächsmöglichkeiten mit dem Fachlehrer geben, reichen dazu häufig nicht aus. Der Lehrer muß auch für eine gründlichere und zeitaufwendige Aussprache in angemessener Weise erreichbar sein, z.B. eine Sprechstunde oder eine telefonische Kontaktmöglichkeit anbieten. Ein Anspruch auf **individuelle Information** über den Leistungsstand des Schülers und seine schulische Eignung ist nur dann nicht gegeben, wenn das Begehren übermäßig oder rechtsmißbräuchlich ist, den Persönlichkeitsschutz Dritter verletzen würde oder in der gewünschten Form oder in der aktuellen Situation für den Lehrer so nicht zumutbar ist.[247]

Diese Begrenzung des Informationsanspruchs rechtfertigt es freilich nicht, den Eltern eine individuelle Auskunft darüber zu versagen, wie sich der Leistungsstand ihres Kindes allgemein im **Verhältnis zu den Leistungen der Mitschüler** darstellt. Deshalb können Eltern auch beanspruchen, daß ihnen hinsichtlich der Bewertung der schriftlichen Klassenarbeiten gelegentlich ein – stets jedoch anonymer – **Notenspiegel** zugänglich gemacht wird. Art. 6 Abs. 2 GG gebietet es jedoch nicht, den Eltern generell nach jeder Klassenarbeit eine Übersicht über die in der gesamten Klasse erreichten Noten zu verschaffen.[248] Umgekehrt brauchen die Eltern sich nicht eine bestimmte

---

[245] BVerwG, Beschl. v. 3. 7. 1978 – 7 B 113.78 – DÖV 1978, 845 = Buchholz 421 Kultur- u. Schulwesen Nr. 57; zu der allgemeinen Gestaltungsbefugnis des Gesetzgebers in diesem Bereich: BVerfG, Beschl. v. 9. 2. 1982 – 1 BvR 845/79 – aaO.

[246] Ähnlich auch: Ossenbühl, aaO. Soweit hier mit dem BVerwG (Beschl. v. 3. 7. 1978, aaO) das pädagogische Ermessen des einzelnen Lehrers hervorgehoben wird, müssen andererseits auch die sich aus der dargestellten Rechtsposition der Eltern und Schüler ergebenden Ermessensbindungen beachtet werden. Vgl. hierzu ferner: VGH Bad.-Wttbg., Beschl. v. 14. 2. 1979 – XI 3912/78 – SPE II C II, S. 51.

[247] Vgl. ferner: Ossenbühl, Rechtliche Grundfragen ..., S. 28.

[248] BVerwG, Beschl. v. 3. 7. 1978 aaO.

Form der individuellen Information über die Leistungen ihres Kindes aufdrängen zu lassen, die sie nicht wünschen oder etwa wegen der Möglichkeit von Fehldeutungen gar für schädlich halten. Ihnen kann insofern auch ein Unterlassungsanspruch zustehen, der gerichtlich durchsetzbar ist.

119 Hinsichtlich der davon – in dem zweiten Fall – zu unterscheidenden **standardisierten Regelbewertungen** in der Schule besteht eine weitgehende Gestaltungsfreiheit in dem Rahmen des allgemeinen schulischen Bildungs- und Erziehungsauftrags. Insofern verlangt schon die Vielzahl der vorzunehmenden Bewertungen ein verallgemeinerndes Vorgehen, bei dem auf individuelle Wünsche einzelner Eltern und Schüler zumeist nicht eingegangen werden kann. Das Erfordernis der Vergleichbarkeit sogenannter Berechtigungszeugnisse[249] wirkt sich hier in zweierlei Richtung aus: Ist der Schüler darauf angewiesen, einen bestimmten Leistungsnachweis differenziert zu führen (z. B. wegen der Zulassung zum Hochschulstudium), muß das **Zeugnis** die betreffenden Leistungen entsprechend konkret (z. B. durch Punktzahlen oder Noten) ausweisen. Ist diese Folgewirkung nicht oder nur in unerheblichem Maße gegeben, weil es z. B. hinsichtlich der Versetzung darauf nicht entscheidend ankommt, erfordert das jedenfalls zu erreichende Minimum an Vergleichbarkeit der Bewertungen eine Vereinheitlichung nach einem Bewertungsschema, das den einen Eltern zusagen mag, den anderen dagegen nicht. Insofern rechtfertigt das **Prinzip einheitlicher Bewertungen**, Sonderinteressen von Schülern und Eltern zurückzudrängen.

120 Die äußersten Grenzen des Zulässigen sind bei standardisierten Regelbewertungen erst dann überschritten, wenn die Form oder die inhaltliche Ausgestaltung der Bewertung mit dem **Bildungs- und Erziehungsauftrag** der Schule nicht in Einklang zu bringen ist, wenn sie als eine Information über die Leistungen des Schülers schlechthin ungeeignet ist oder sich in ihren negativen Aussagen unverhältnismäßig hart oder gar verletzend auswirkt.[250] Ist der gegebene **Gestaltungsspielraum** nicht überschritten, müssen Einschränkungen nicht etwa deshalb vorgenommen werden, weil der Rechtsschutz einfacher durchzuführen wäre, wenn andere Formen der Bewertung gewählt würden. In der Rechtsprechung ist es daher zutreffend als rechtmäßig anerkannt worden, daß in den Zeugnissen der Grundschulklassen eins und zwei auch das Sozialverhalten des Schülers, und zwar in **textlicher Darstellung** ohne eine diesbezügliche Leistungsnote, bewertet wird.[251]

121 Die Frage, ob, wann und wie versetzungsgefährdende Leistungen den Eltern mitzuteilen sind (sogen. **Vorwarnung**) und welche Folgen eintreten,

---

[249] Dazu Ossenbühl, Rechtlicher Grundfragen ..., S. 29.
[250] Vgl. VGH Bad.-Wttbg., Urt. v. 23. 1. 1980 – XI 1881/79 – SPE II C II, S. 31.
[251] BVerwG, Beschl. v. 29. 5. 1981 – 7 B 170.80 – NJW 1982, 250, womit das grundsätzliche Urteil des OVG NW (v. 25. 4. 1980 – 5 A 2323/78 –) bestätigt worden ist. Anderer Auffassung insbesondere Ossenbühl, Rechtliche Grundfragen ..., S. 29 ff. und Das elterliche Erziehungsrecht ..., S. 152); vgl. auch § 55 Abs. 2 SchulGE (DJT-SchulGE S. 91, 272).

wenn eine ordnungsgemäße Vorwarnung unterblieben ist, hat nach zahlreichen Streitfällen zumeist in den inzwischen erlassenen Versetzungsordnungen eine spezifische, in den Ländern unterschiedliche Regelung gefunden, die auch als Verwaltungsvorschrift ohne gesetzliche Grundlage jedenfalls aufgrund der Transformationswirkung des Art. 3 GG nach außen hin allgemeinverbindlich ist. Im übrigen besteht nach Auffassung des BVerwG[252] kein allgemeiner Rechtsanspruch der Eltern auf besondere Mitteilung schlechter versetzungsgefährdender Leistungen oder besonderer Hinweise auf einen Leistungsabfall. Dieser Auffassung ist zuzustimmen, soweit den Eltern im Einzelfall entgegengehalten werden kann, sie hätten sich ohne Mühe selbst über den Leistungsabfall und die Gefährdung der Versetzung ihres Kindes informieren können. Soweit die Eltern jedoch ihr Recht auf Mitwirkung an der schulischen Ausbildung ihres Kindes – etwa durch **rechtzeitige Nachhilfe** oder ärztliche Betreuung – nur nach entsprechender Aufklärung durch die Schule verwirklichen können, besteht eine Informationspflicht der Schule als Partner bei der Erfüllung einer gemeinsamen, verfassungsrechtlich durch die Art. 6 Abs. 2 und Art. 7 Abs. 1 GG festgelegten Aufgabe. Im Falle eines so **nicht zu erwartenden, erheblichen Leistungsabfalls**, der in der persönlichen Situation des Schülers seine Ursache haben kann, muß die Schule von sich aus aktiv werden und die Eltern unverzüglich informieren.[253]

Eine Versetzungsbestimmung, welche die Abmahnung schlechter Leistungen vorschreibt, ist im letzten Schuljahr vor Erteilung des Abschlußzeugnisses nicht (mehr) anwendbar. Die Minderleistung ist hier in jedem Fall trotz fehlender Abmahnung in die Entscheidung über das Erreichen des Schulabschlusses einzubeziehen.[254]

Sieht die Schulordnung vor, daß die Erziehungsberechtigen über schlechte Leistungen des Schülers **schriftlich** zu benachrichtigen sind, so ist die Benachrichtigung ebenfalls in dieser Form an den inzwischen **volljährigen Schüler** selbst zu richten; es reicht in diesem Fall nicht aus, daß der Schüler mündlich benachrichtigt worden ist. Mündliche Bemerkungen haben nämlich regelmäßig nicht das Gewicht förmlicher schriftlicher Abmahnungen.[255]

Hat die Schule ihre Informationspflicht verletzt (z.B. eine notwendige Vorwarnung unterlassen oder die Eltern zu spät informiert, so daß deshalb eine Abhilfe nicht mehr möglich war), so ist die dennoch wegen der mangelhaften Leistungen in dem betreffenden Fach ausgesprochene **Nichtversetzung rechtswidrig**. Daraus folgt aber nicht ohne weiteres, daß der Schüler gleichsam automatisch – wenn auch ohne sein Verdienst – in die nächsthöhere Klasse aufsteigen muß. Für die Versetzung ist nämlich auch hier stets vorauszuset-

---

[252] Beschl. v. 31. 10. 1969 – 7 CB 41.69 – RdJB 1972, 53 und v. 12. 5. 1966 – 7 B 37.66 – RdJB 1967, 275; vgl. demgegenüber OVG NW, Urt. v. 15. 3. 1965 – V A 1206/64 – RdJB 1967, 275 = SPE II C IX, S. 11.
[253] Dazu: Ossenbühl, Das elterliche Erziehungsrecht..., S. 151.
[254] OVG NW, Urt. v. 17. 2. 1984 – 5 A 2556/81 – SPE II C IX, S. 15.
[255] OVG NW, Urt. v. 23. 2. 1984 – 16 A 476/83 – SPE II C IX, S. 41.

zen, daß der Schüler in der Lage ist, in der nächsthöheren Klasse erfolgversprechend mitzuarbeiten.[256] Darüber hat die Klassenkonferenz unter Berücksichtigung der Tatsache zu entscheiden, daß z. B. ein Nachhilfeunterricht, der bei rechtzeitiger Vorwarnung schon früher hätte einsetzen können, den Schüler möglicherweise in die Lage versetzen wird, den vorhandenen Rückstand aufzuholen. Hierbei muß im allgemeinen auch eine entsprechende Mitwirkung der Schule erfolgen, mit der sie die von ihr durch die unterbliebene Vorwarnung rechtswidrig verursachten Auswirkungen zu beseitigen hat. Kann auch das dem Schüler nicht helfen, sondern muß davon ausgegangen werden, daß er nicht in der Lage ist, im nächsten Schuljahr den Anschluß an die Klasse zu finden, rechtfertigt die ausgebliebene Vorwarnung nicht die Versetzung. Auch der Gesichtspunkt der „Überraschungsentscheidung", auf den in der ersten Auflage abgestellt wurde, rechtfertigt nur die Annahme der Rechtswidrigkeit der Nichtversetzung und nicht auch Ansprüche auf eine Versetzung im positiven Sinne. Die Folgen der Rechtswidrigkeit lassen sich nicht durch die Schaffung eines Zustands beseitigen, der von der Rechtsordnung ebenfalls nicht gebilligt wird, weil die (gesetzlichen) Voraussetzungen für eine Versetzung nicht gegeben sind. Unter diesen Umständen kommen für den betroffenen Schüler allenfalls **Schadensersatzansprüche** in Betracht, wobei freilich hinreichende Anhaltspunkte dafür gegeben sein müßten, daß der Schüler im Falle einer rechtzeitigen Vorwarnung etwa durch eine außerschulische Nachhilfe noch eine reale Chance gehabt hätte, das Klassenziel zu erreichen.[257]

5. Zuständigkeitsfragen/Besetzung des Prüfungsausschusses

124   Bei den hier zu erörternden Zuständigkeitsfragen geht es um die formelle Seite der Bestellung des Prüfers, insbesondere um das Verfahren, mit dem auf der Grundlage genereller normativer Vorgaben entschieden wird, **wer** in der einzelnen Prüfung **berechtigt** und **verpflichtet** ist, über die Leistungen und Befähigungen des Prüflings zu entscheiden. Andere Fragen, welche die Person des Prüfers, insbesondere seine Qualifikation, sein persönliches Verhalten (z. B. die Beachtung des Fairneßgebots) oder seine Befangenheit betreffen, sind Gegenstand der Ausführungen zu den Rdn. 184, 189. Ferner wird auf Einzelheiten dazu, wie sich der Prüfer an der Bewertung der Prüfungsleistungen und der Bestimmung des Prüfungsergebnisses zu beteiligen hat, unter Rdn. 251 ff. näher eingegangen.

125   Bei Zuständigkeitsfragen im Prüfungswesen ist regelmäßig zu unterschei-

---

[256] OVG Berlin, Beschl. v. 18. 8. 1981 – OVG 3 S 153.81; OVG NW, Beschl. v. 27. 5. 1975 – XV A 415/74 – und v. 19. 12. 1975 – XV B 1136/75.
[257] Jedenfalls dürfte es sehr schwer fallen, einen darauf beruhenden Schaden hinreichend konkret zu ermitteln, zumal dieser sich allenfalls erst viel später am Ende der schulischen Ausbildung erkennen ließe.

den zwischen den **Prüfungsämtern** bzw. **Schulleitungen** als Organen mit selbständigen, nach außen gerichteten Wahrnehmungskompetenzen und den **Prüfungsausschüssen** bzw. schulischen Versetzungskonferenzen, die ihnen intern zugeordnet sind und daher nicht in selbständiger Rechtsbeziehung zu Dritten – Schülern und Prüflingen – stehen.[258] Die Prüfungsausschüsse wiederum bestehen aus einem Vorsitzenden und mehreren Mitgliedern, die nach gewissen – zumeist in der Prüfungsordnung enthaltenen – Regeln zu bestimmen sind. Entsprechend der damit verbundenen Kompetenzverteilung haben die jeweiligen Stellen ihre Aufgaben selbständig wahrzunehmen. Ist der Rektor einer Hochschule etwa zugleich Mitglied eines Prüfungsausschusses, kommt es darauf an, in welcher Funktion er tätig wird.[259] Keinesfalls darf der **Vorsitzende** sich der eigenen Verantwortung entziehen. Zum Beispiel darf der Präsident des Justizprüfungsamtes, dem die Auswahl der Prüfungsaufgaben auferlegt ist, diese Entscheidung im Falle seiner Verhinderung nur auf seinen Vertreter im Amt, nicht aber auf andere Bedienstete des Justizprüfungsamtes übertragen.[260] Ebenso liegt ein schwerer Verfahrensmangel vor, wenn anstelle des zuständigen Prüfungsvorsitzenden etwa dessen Sekretärin ein Gesuch um Verlegung eines Prüfungstermins ablehnt.[261]

Zuständigkeitsregelungen sind durchweg in den einschlägigen gesetzlichen Vorschriften und den dazu erlassenen Rechtsverordnungen (Prüfungsordnungen) enthalten. Dies gebieten die aus dem verfassungsrechtlichen **Gesetzesvorbehalt** herzuleitenden Anforderungen (vgl. dazu oben Rdn. 25 ff.). Die normativen Regelungen bestimmen indes zumeist nicht auch die Voraussetzungen der **Bestellung bestimmter Personen** als Prüfer für eine bestimmte Prüfung, sondern betreffen nur generelle Fragen insbesondere der **Zusammensetzung des Prüfungsausschusses**, die Mindestzahl der Prüfer, das Zusammenwirken von Erst- und Zweitprüfern und zum Teil auch generelle (Mindest-) Anforderungen an die Qualifikation des zu beteiligenden Prüfers (vgl. § 15 Abs. 4 und 5 HRG). Deshalb ist neben den rechtlichen Anforderungen an die Zuständigkeitsregelungen in den Prüfungsordnungen, auf die hier zunächst eingegangen werden soll, das Augenmerk ferner auf die Rechtmäßigkeit der Bestellung des Prüfers im Einzelfall zu lenken (Rdn. 174 ff.).

Die Vorschriften in den Prüfungsordnungen, welche die Zuständigkeiten und Beteiligungen der Prüfer regeln, müssen inhaltlich den Anforderungen

---

[258] Vgl. hierzu insbesondere auch unten Rdn. 375 ff.; wegen der Rechtsstellung der Justizprüfungsämter vgl. Müller, Deutsche Richterzeitung 1978, S. 193.
[259] OVG NW, Beschl. v. 19. 4. 1993 – 22 B 398/93 – NWVBl 1993, 391, betr. die Kompetenzverteilung zwischen Prüfungsausschuß und Prüfern (Professoren) bei der Ausgabe eines Themas für eine Diplomarbeit. HessVGH, Beschl. v. 13. 8. 1987 – 6 TG 1700/87 – betr. die Auswahl von Bewerbern auf der Grundlage des Ergebnisses von Auswahlgesprächen.
[260] HessVGH, Urt. v. 5. 7. 1990 – 6 UE 2275/89. Entsprechendes gilt bei Entscheidungen über die Verkürzung der Vorbereitungszeit: BGH, Urt. v. 11. 7. 1985 – III ZR 62/84 – BGHZ 95, 238.
[261] VGH Bad.-Wttbg., Urt. v. 26. 8. 1968 – IV 813/67 – SPE III B II, S. 201.

höherrangigen Rechts, insbesondere dem **Grundsatz der Chancengleichheit** (Art. 3 Abs. 1 GG), entsprechen. Die Befugnis, **Hochschulprüfungen** abzunehmen, ist durch § 15 Abs. 4 Satz 1 HRG auf den dort genannten Personenkreis begrenzt, zu dem freilich nicht nur Professoren, sondern auch Lehrbeauftragte sowie Personen mit Erfahrung in der beruflichen Praxis und Ausbildung gehören. Dieser Kreis von Berechtigten darf durch das Landeshochschulrecht nicht noch mehr erweitert werden. Auch die einzelne Prüfungsordnung darf nicht hinter den Anforderungen zurückbleiben, die das Gesetz an die Anzahl der in bestimmter Weise qualifizierten Prüfer stellt.[262] Der **Kreis der berechtigten Prüfer** darf jedoch aus sachgerechten Erwägungen (weiter) begrenzt werden. Dies ist in unterschiedlicher Weise in den Landeshochschulgesetzen geschehen.[263]

Desweiteren bestimmt § 15 Abs. 5 HRG, daß Prüfungsleistungen in Hochschulabschlußprüfungen und in Prüfungen, deren Bestehen Voraussetzung für die Fortsetzung des Studiums ist, in der Regel von **mindestens zwei Prüfern** zu bewerten sind; mündliche Hochschulprüfungen der genannten Art sind von mehreren Prüfern oder von einem Prüfer in Gegenwart eines sachkundigen Beisitzers abzunehmen.[264] Das BVerwG hat entschieden, daß es nicht gegen § 15 Abs. 5, 1. Halbs. HRG verstößt, wenn ein Landesgesetzgeber von der Regel, daß die dort bezeichneten Prüfungsleistungen von mindestens zwei Prüfern zu bewerten sind, diejenigen schriftlichen Prüfungsleistungen ausnimmt, die studienbegleitend in Verbindung mit einzelnen Lehrveranstaltungen erbracht werden.[265] Ebensowenig verstößt es gegen Art. 5 Abs. 3 GG oder gegen das Hochschulrahmengesetz, wenn eine Promotionsordnung einen an einem integrierten Studiengang einer Gesamthochschule tätigen Professor, der nicht das **Anforderungsprofil der wissenschaftlichen Qualifikation** durch die **Habilitation** oder gleichwertige Leistungen erfüllt (vgl. § 44 Abs. 1 Nr. 4a, Abs. 2 HRG), von der Mitwirkung als Prüfer im Rahmen einer Promotion ausschließt.[266]

128 Soweit die Prüfungsordnung auch im Lichte höherrangiger Anforderungen des Gebotes der Chancengleichheit in zulässiger Weise für ergänzende Regelungen offen ist, kann auch eine **ständige Übung** rechtlich relevante Bindungen erzeugen. Dies bewirkt der Gleichheitssatz (Art. 3 GG). Sieht das Gesetz oder eine Prüfungsordnung vor, daß **Prüflinge bestimmte Prüfer vorschlagen** dürfen,

---

[262] OVG RhPf., Urt. v. 25. 8. 1992 – 6 A 12418/91 – betr. Unvereinbarkeit des § 10 Abs. 3 Satz 1 der Weiterbildungsordnung für Ärzte in RhPf. mit § 30 Abs. 2 Satz 2 i. V. mit Abs. 3 des Heilberufsgesetzes.

[263] Die Einzelheiten sind zusammengefaßt von Waldeyer, in: Hailbronner, Kommentar zum Hochschulrahmengesetz § 15 Rdn. 42, 43.

[264] Dazu im einzelnen: Waldeyer, aaO Rdn. 60ff.

[265] Beschl. v. 24. 8. 1988 – 7 B 113.88 – Buchholz 421.0 Prüfungswesen Nr. 256 = DVBl 1989, 98 = SPE 996 Nr. 10; ebenso OVG NW, Urt. v. 13. 3. 1991 – 22 A 871/90 – NJW 1991, 2586.

[266] BVerwG, Beschl. v. 8. 4. 1988 – 7 B 78.86 – Buchholz 421.2 HochschulR Nr. 118 = NVwZ 1988, 827.

und wird den Vorschlägen in der Regel entsprochen, so darf von dieser Übung nicht ohne besonderen Grund abgewichen und der Vorschlag nicht ohne Gründe abgelehnt werden, welche die Abweichung objektiv rechtfertigen.[267] Als Gründe hierfür kommen in Betracht: fehlende Qualifikation, Krankheit, längere Abwesenheit oder berechtigte Zweifel an der Neutralität und Unvoreingenommenheit des Prüfers. Räumt die Prüfungsordnung ein solches Vorschlagsrecht nicht ein, ist davon auszugehen, daß die Auswahl der einzelnen Prüfer ohne solche – sodann unzulässigen – Beeinflussungen stattzufinden hat.[268]

Die Bestellung einer bestimmten Person zum Prüfer in einer bestimmten Prüfung ist für das Prüfungsergebnis schon deshalb von erheblicher Bedeutung, weil die prüfungsspezifischen Bewertungen (dazu unten Rdn. 327 ff, 330) von seiner Einschätzung der Leistungen des Prüflings und ferner von seinen Erfahrungen hinsichtlich des für ein positives Prüfungsergebnis grundsätzlich vorauszusetzenden Leistungsniveaus abhängen. Das hat nicht nur Auswirkungen auf die von dem Prüfer zu verlangende Qualifikation (s. unten Rdn. 174), sondern auch auf die Anforderungen, die an seine **Bestellung im konkreten Einzelfall** zu stellen sind.[269] Zwar muß die Reihenfolge, in der Personen als Prüfer etwa nach einer dafür anzulegenden Liste bestellt werden, nicht vorher verbindlich festgelegt sein.[270] Die Bestellung muß aber in jedem Einzelfall ermessensgerecht sein, d. h. es dürfen insbesondere keine sachfremden Erwägungen zugrunde gelegt werden. In der Regel muß die Auswahl unter mehreren in Betracht kommenden Prüfern ohne Ansehen der Person schematisch vorgenommen werden. Sie darf nicht inhaltlich durch Überlegungen der Prüfungsbehörde gesteuert werden, die eine Beeinflussung der Leistungsanforderungen einschließen. Die Chancengleichheit ist insofern durch die **gleichmäßige Handhabung formaler Kriterien** und nicht durch das – zumeist untaugliche – Bemühen der Prüfungsbehörde zu gewährleisten, nach ihrer Meinung „ausgewogene" (etwa gleichermaßen strenge oder weniger strenge) Prüfungskommissionen zusammenzustellen. Wichtige sachliche Gründe rechtfertigen es, von der Regel eine Ausnahme zu machen: Im Falle der Verhinderung (Erkrankung) des bei gleichmäßiger Handhabung zu bestellenden Prüfers muß sorfältig abgewogen werden, ob ein anderer Prüfer nachrückt oder der Prüfungstermin verlegt wird. Für die Verlegung wird in aller Regel dann zu entscheiden sein, wenn es auf die Person des Prüfers ankommt, etwa weil er als Ausbilder oder Fachseminarleiter gewöhnlich sei-

129

---

[267] HessVGH, Beschl. v. 27. 7. 1989 – 6 TG 663/89. Waldeyer, in: Hailbronner, Kommentar zum Hochschulrahmengesetz § 15 Rdn. 50 mit weiteren Hinweisen.
[268] Waldeyer, aaO mit weiteren Hinweisen.
[269] Wegen der darauf bezogenen Anforderungen des Gesetzesvorbehalts s. oben Rdn. 25.
[270] Waldeyer, in: Hailbronner, Kommentar zum Hochschulrahmengesetz § 15 Rdn. 50 mit zutreffenden Hinweisen auf den Unterschied zu den Anforderungen, die gemäß Art. 101 Abs. 1 Satz 2 GG an den „gesetzlichen Richter" zu stellen sind.

ne Kenntnisse über die Fähigkeiten des Prüflings in die Bewertung einbringt. Dann dürfte ein anderer Fachseminarleiter allenfalls dann nachrücken, wenn die Verzögerung (etwa wegen der zu erwartenden Dauer der Erkrankung) nicht mehr angemessen ist.[271] Eine Ausnahme von der Regel einer gleichmäßigen Handhabung ist ferner dann zulässig, wenn – wie vorab dargelegt wurde – dem Prüfling durch die Prüfungsordnung ein besonderes Vorschlagsrecht eingeräumt worden ist.

130 Streitigkeiten wegen der **Teilnahme oder Nichtteilnahme von bestimmten Personen an der Prüfung** sind häufig Gegenstand gerichtlicher Auseinandersetzungen unter dem Aspekt der „richtigen Besetzung des Prüfungsausschusses". Soweit dabei Fragen der persönlichen Qualifikation des Prüfers oder etwa seiner Befangenheit im Mittelpunkt stehen, wird auf die Ausführungen zu den Rdn. 174 und 189 verwiesen. Desweiteren können in diesem Zusammenhang einzelne Ausführungen zum „Verlauf der Prüfung" (s. unten Rdn. 215 ff.) oder zum „Verfahren bei der Bewertung der Prüfungsleistungen" (s. unten Rdn. 251 ff.) einschlägig sein. In Ergänzung dazu sei hier auf einzelne Rechtsfragen hinwiesen, die in der Rechtsprechung der Verwaltungsgerichte bereits beantwortet worden sind:

131 Es ist nicht zulässig, daß der **Vorsitzende** eines Prüfungsausschusses **gleichzeitig mehrere Prüfungen** leitet.[272] Dagegen ist ein **Wechsel des Vorsitzes** selbst nach Beginn der Prüfung nicht in jedem Fall ausgeschlossen; ein solcher Wechsel kann statthaft sein, wenn die Prüfungsabschnitte (z.B. die Prüfung einzelner Fächer) trennbar sind und sichergestellt wird, daß die Beteiligung der jeweiligen Vorsitzenden an der Bewertung der Prüfungsleistungen ihrem Anteil an der Mitwirkung bei der Prüfung entspricht.[273]

132 Aus § 12 Abs. 1 Satz 1 i.V. mit § 27 JAG NW ergibt sich, daß in Nordrhein-Westfalen die mündliche Prüfung in dem juristischen Staatsexamen vor dem **Prüfungsausschuß** abzulegen ist, der die **Hausarbeit begutachtet und bewertet** hat. Ausnahmen sind statthaft in Fällen, in denen nach der Bewertung der Hausarbeit ein Prüfer etwa wegen Tod, Krankheit oder ähnlicher Verhinderung – auch wegen Beendigung der Mitgliedschaft im Justizprüfungsamt – gehindert ist, an der mündlichen Prüfung teilzunehmen. Nicht anders kann es sein, wenn die Kontinuität des Prüfungsausschusses nicht an einer Verhinderung auf Prüferseite, sondern aufgrund eines in der Sphäre des Prüflings liegenden Umstandes (z.B. an einer **krankheitsbedingten Verzögerung**) scheitert, so daß der bisherige Prüfungsausschuß nicht mehr zusammenzustellen ist.[274]

---

[271] Dazu im einzelnen: Waldeyer, aaO Rdn. 50.
[272] OVG NW, Urt. v. 21. 12. 1967 – V A 123/67 – OVGE 24, 1 = NJW 1968, 2312 = SPE III D IX, S. 1.
[273] HessVGH, Urt. v. 10. 12. 1969 – II OE 121/68 – SPE III F VII, S. 15; VGH Bad.-Wttbg., Urt. v. 25. 11. 1969 – IV 801/69 – SPE II A II, S. 51.
[274] Vgl. OVG NW, Urt. v. 4. 12. 1991 – 22 A 962/91 – NVwZ 1992, 696 = DVBl 1992, 1051 = NWVBL 1992, 99.

Es gibt für Prüfungen, die nicht Hochschulprüfungen sind (vgl. § 15 Abs. 5 HRG), keinen allgemeinen Rechtssatz, der verlangt, daß eine **bestimmte Anzahl von Prüfern** die Prüfung abnehmen muß.[275] Von rechtlicher Bedeutung ist indessen die Beteiligung oder Nichtbeteiligung bestimmter Personen im Prüfungsausschuß: Es ist ein wesentlicher Verfahrensmangel, wenn der Prüfungsauschuß eine ihm **nicht angehörende Person** – selbst wenn sie ebenfalls die Qualifikation zum Prüfer besitzt – zur Korrektur einer schriftlichen Aufsichtsarbeit heranzieht, obwohl die Prüfungsordnung dies nicht vorsieht.[276] Läßt die Prüfungsordnung es dagegen zu, daß der Vorsitzende des Justizprüfungsamts zum Zwecke der Erprobung oder wegen vermehrten Geschäftsanfalls qualifizierte Personen auch ohne förmliche Bestellung als Prüfer heranziehen kann, ist damit nur die Heranziehung von „beisitzenden", nicht auch von „vorsitzenden" Prüfern erlaubt.[277] Durch die Bestellung eines **ausländischen Hochschullehrers**, der einem deutschen Universitätsprofessor hochschul- und beamtenrechtlich gleichgestellt ist, zum Mitglied der Prüfungskommission oder zu deren Vorsitzenden, werden die Prüfungschancen eines Prüflings im Vergleich zu anderen Prüflingen, bei denen nur deutsche Universitätslehrer mit der Befähigung zum Richteramt prüfen, nicht erheblich geschmälert.[278] Soweit nach der Prüfungsordnung Hochschullehrer an der (ersten juristischen) Staatsprüfung beteiligt werden „sollen", darf hiervon nur aus schwerwiegenden Gründen abgewichen werden.[279]

133

Für die „**Prüfung am Patienten**" nach § 33 Abs. 2 ÄAppO reicht es aus, wenn einer der Prüfer den Patienten „kennt" und so die anderen Prüfer über ihn informieren kann.[280]

134

Bei der praktischen Lehrprobe im Rahmen der **Fahrlehrerprüfung** darf die Rolle des Fahrschülers auch von einem Fahrlehrer übernommen werden, der Mitglied des Prüfungsausschusses ist.[281]

Es bestehen keine rechtlichen Bedenken dagegen, daß der **Präsident des Verwaltungsgerichts**, das später möglicherweise über die Rechtmäßigkeit der Prüfungsentscheidung befinden wird, der Kommission einer juristischen Staatsprüfung vorsitzt.[282]

Die unrichtige – gegen die Prüfungsordnung verstoßende – Besetzung des Prüfungsausschusses ist ein **wesentlicher Verfahrensfehler**, der die Prüfungs-

135

---

[275] BVerwG, Beschl. v. 27. 3. 1992 – 6 B 6.92 – NVwZ 1992, 1199 = DÖV 1992, 884.
[276] VGH Bad.-Wttbg., Urt. v. 16. 1. 1990 – 9 S 3071/88 – SPE 470 Nr. 56.
[277] OVG NW, Urt. v. 9. 3. 1989 – 22 A 688/88 – NWVBl 1989, 376 = DVBl 1989, 1203.
[278] BVerwG, Beschl. v. 27. 3. 1992 – 6 B 6.92 – aaO.
[279] BVerwG, Urt. v. 8. 5. 1989 – 7 C 86.88 – Buchholz 421.0 Prüfungswesen Nr. 263.
[280] VGH Bad.-Wttbg., Beschl. v. 26. 9. 1988 – 9 S 2218/88 – SPE 432 Nr. 23.
[281] BVerwG, Beschl. v. 22. 2. 1991 – 7 CB 37.90 – Buchholz aaO Nr. 284.
[282] BVerwG, Beschl. v. 18. 1. 1983 – 7 CB 55.78 – DVBl 1983, 591; selbstverständlich darf der VG-Präsident nicht als Richter in dem Verfahren gegen eine von ihm mitentschiedene Prüfungsentscheidung mitwirken.

entscheidung rechtswidrig macht (vgl. unten Rdn. 284).²⁸³ Denn es läßt sich im allgemeinen nicht ausschließen, daß bei der Beteiligung der zuständigen Prüfer ein besseres Prüfungsergebnis erreicht worden wäre. Bei einem rein **rechnerisch zu ermittelnden Gesamtergebnis** mag dies anders sein, wenn es auf die Teilnote, die unter Beteiligung eines unzuständigen Prüfers in einem Prüfungsfach zustandegekommen ist, letztlich nicht ankommt. Ist indes für das weitere berufliche Fortkommen nicht nur die Gesamtnote, sondern auch die Punktzahl wichtig, bleibt der Fehler stets erheblich.

6. Die Durchführung der Prüfung im einzelnen

136 Wie bereits ausgeführt wurde, hat der Grundrechtsschutz (Art. 12 Abs. 1 und 3 Abs. 1 GG) nicht nur materiellrechtliche Bedeutung, sondern auch das Verfahren der Prüfungen ist an seinen Gewährleistungen zu messen (Rdn. 75). Demgemäß hat insbesondere der Grundsatz der (äußeren) **Chancengleichheit** wesentlichen Einfluß darauf, wie das **Prüfungsverfahren zu gestalten** und die Prüfung im einzelnen durchzuführen ist. Grundsätzlich ist danach der Ablauf der Prüfung so einzurichten, daß die Prüflinge ihren Leistungsnachweis unter gleichen Bedingungen erbringen können. Was dies für das konkrete Prüfungsgeschehen z. B. bei gesundheitlichen Beschwerden des Prüflings oder im Falle von Lärmstörungen während der Aufsichtsarbeit oder in anderen problematischen Prüfungssituationen rechtlich bedeutet, ist häufig umstritten. Eine kaum noch übersehbare Fülle gerichtlicher Entscheidungen ist das Resultat fortwährender Streitigkeiten um die rechtliche Bedeutung von Verfahrensabläufen oder sonstigen – auch unvorhersehbaren – Ereignissen, durch die je nach Lage der Dinge die Chancengleichheit erheblich verletzt sein mag.

a) Zur Person des Prüflings

137 Obwohl alle Prüflinge hinsichtlich der äußeren Prüfungsbedingungen ohne Ansehen der Person prinzipiell die gleichen Chancen haben müssen, darf nicht verkannt werden, daß es auch insofern **nicht die absolute Gerechtigkeit** geben kann. Bevorzugt ist ein Kandidat, der etwa in der Nähe der Prüfungsbehörde wohnt und daher nicht erst beschwerlich anreisen muß. Wer die Hausarbeit per Post schon um 7.00 Uhr zugestellt bekommt, hat nicht nur ein paar Stunden mehr an Bearbeitungszeit als der Kandidat mit der Nachmittagszustellung, sondern vielleicht auch den schnelleren Zugriff zu der

---

²⁸³ HessVGH, Urt. v. 4. 11. 1970 – II OE 55/68 – SPE III F VII, S. 21; vgl. hierzu ferner: Guhl, Prüfungen im Rechtsstaat, S. 184 ff.; wegen der Beteiligung an einem Verfahren auf Überweisung in eine Sonderschule: VGH Bad.-Wttbg., Urt. v. 25. 11. 1969 – IV 801/69 – SPE II A II, S. 51.

einschlägigen Literatur in der Bibliothek. Ferner mag die Plazierung in der mündlichen Prüfung gelegentlich Auswirkungen darauf haben, ob am Anfang leichte Frage zu beantworten sind oder am Ende vor allem die schweren Probleme übrigbleiben. Solche und ähnliche **Ungleichheiten** sind – wie persönliche Indispositionen infolge ungünstiger Wetterlage (Föhn, Gewitter) – als **unvermeidbar hinzunehmen**, weil das Prüfungsgeschehen nicht ohne Pauschalierungen in den Details organisiert werden kann.[284]

Die dabei zu beachtende, oft nur schwer zu bestimmende Grenze, ab der die Chancengleichheit verletzt ist, ist auch dann noch eingehalten, wenn ein Prüfling das Glück hat, die Prüfungsaufgabe besonders gut zu kennen oder ein Thema zu erhalten, auf das er sich aus eigenem Antrieb besonders vorbereitet hat. Sie ist jedoch eindeutig überschritten, wenn durch das Verhalten der Prüfer oder Prüfungsbehörden **nur einem Teil der Prüflinge Informationen** über den Gegenstand der Prüfung zugeflossen sind. Auf das Verschulden dieser Stellen kommt es dabei nicht an; entscheidend ist allein, ob die Chancen der Prüflinge dadurch unterschiedlich ausgestaltet worden sind. Erst recht nicht zu billigen ist es, wenn ein Prüfling oder ein Schüler dadurch bevorzugt wird, daß der Prüfer/Lehrer in der Prüfung Aufgaben stellt, auf deren Lösung er den Prüfling durch privaten Nachhilfeunterricht besonders vorbereitet hat.[285] 138

Solche Mängel im Prüfungsverfahren müssen stets zu einer Aufhebung der Prüfungsentscheidung führen, wenn bei der **Bewertung die Leistungen** eines Prüflings mit denen anderer Prüflinge **verglichen** und insoweit **relativiert** werden. Falls dies bei einer an objektiven Kriterien absolut zu messenden Prüfungsleistung nicht zulässig ist, darf jedoch nicht verkannt werden, daß die von den Prüfern in ihre Bewertungen eingebrachten Erfahrungen von einem **generellen Leistungsstand** ausgehen, der ein wichtiges Indiz für die „durchschnittliche" Leistung ist. Entspricht dieser nicht den wahren Verhältnissen, verändert sich der Maßstab zuungunsten der Prüflinge, die ohne Bevorteilung antreten müssen. Auch dann ist die Chancengleichheit nicht mehr in dem gebotenen Umfang gewährleistet.

Spezielle Prüfungsvergünstigungen zum **Ausgleich persönlicher Behinderungen** oder sonstiger Nachteile, die insbesondere bei körperlich behinderten 139

---

[284] Ebenso: Klenke, Rechtsfragen des Justizprüfungsrechts, NWVBL 1988, 199 (202). Vgl. auch BVerwG, Beschl. v. 23. 12. 1993 – 6 B 19.93 – Buchholz 421.0 Prüfungswesen Nr. 326, betr. die Zahl der Prüflinge in der mündlichen Prüfung, die Beteiligung ausschließlich von Wiederholern und den verspäteten Beginn der Prüfung.
[285] BVerwG, Beschl. v. 16. 1. 1984 – 7 B 169.83 – NVwZ 1984, 307 = DÖV 1984, 809 = SPE 588 Nr. 7. Einseitige oder unvollständige Informationen sind unschädlich, wenn mit ihnen nur selbstverständliche Regeln der Bearbeitung ausgedrückt werden: BVerwG, Beschl. v. 21. 12. 1993 – 6 B 65.92 – Buchholz aaO Nr. 325, betr. die Fertigung eines Hilfsgutachtens im Falle der Unzulässigkeit einer Klage. Vgl. ferner: Beschl. v. 11. 11. 1975 – 7 B 72.74 – JZ 1976, 179 und Urt. v. 17. 1. 1969 – 7 C 77.67 – BVerwGE 31, 150; OVG NW, Urt. v. 11. 3. 1982 – 15 A 10/81 – (betr. die Gewährung der üblichen Vorbereitungszeit).

Prüflingen sogar geboten sein können (dazu nachfolgend Rdn. 156), bevorzugen diese Prüflinge nicht vor anderen.[286] Anders ist es, wenn die erfolgreiche Prüfung für einen Beruf qualifiziert und nicht gewährleistet ist, daß die persönlichen Defizite auch dort hinreichend ausgeglichen werden können (z. B. bei erheblichen Unkenntnissen der deutschen Sprache).[287]

Für all diese Fälle ist von erheblicher Bedeutung, daß persönliche Umstände, die von den Prüfern oder Prüfungsbehörden bei der Organisation des Verfahrens oder bei der Prüfung selbst zu beachten und möglicherweise auszugleichen sind, von dem Prüfling **rechtzeitig** vor Beginn der Prüfung **mitzuteilen** sind.[288]

aa) *Die persönlich zu erbringende Leistung/Täuschungsversuch*

140   Grundvoraussetzung ist, daß der Prüfling oder der Schüler die für den Erfolg seiner Prüfung maßgeblichen Leistungen persönlich und unverfälscht erbringt. Nur so kann es gerechtfertigt sein, ihm diesen Erfolg in gleicher Weise persönlich zuzurechnen und ihn hinsichtlich der daran geknüpften Berechtigungen günstiger zu stellen als andere, weniger erfolgreiche Prüflinge. Ob in dem schriftlichen Prüfungsverfahren die Prüflinge dem Prüfer **von Person bekannt** sein dürfen oder **anonym** bleiben müssen, ergibt sich aus der Prüfungsordnung oder der ständigen Übung. Der verfassungsrechtliche Grundsatz der Chancengleichheit bietet dazu Raum für unterschiedliche Ausgestaltungen des Prüfungsablaufs im allgemeinen, nicht aber innerhalb einzelner Prüfungen.[289]

141   Die schriftliche Prüfungsarbeit muß einen persönlichen Leistungsnachweis speziell des Bearbeiters erbringen. Auch bei **Gruppenarbeiten**, bei denen es nicht nur um den Nachweis geht, daß der Prüfling kooperativ arbeiten kann, müssen die individuellen Leistungen deutlich abgrenzbar und bewertbar sein (vgl. § 15 Abs. 2 Satz 2 HRG). Daher kann ein Beitrag zu einer Gruppenarbeit nur dann als Prüfungsleistung einer einzelnen Person anerkannt werden, wenn er erkennbar ihr zuzurechnen ist (vgl. ferner unten Rdn. 231).[290] Keine echte Gruppenarbeit liegt vor, wenn **Akten zu Prüfungszwecken nacheinander**

---

[286] Zum Spannungsverhältnis der Gewährung von Prüfungsvergünstigungen für bestimmte Personen zum Wettbewerbsprinzip bei Prüfungen für öffentliche Ämter: BayVerfGH, Urt. v. 19. 3. 1986 – Vf 12-VII-84 – SPE 600 Nr. 15.

[287] BVerwG, Beschl. v. 8. 9. 1983 – 7 B 120.83 – Buchholz 421.0 Prüfungswesen Nr. 184, bekräftigt durch Beschl. v. 10. 12. 1993 – 6 B 40.92 – Buchholz aaO Nr. 321. Vgl. ferner BayVerfGH, Entsch. v. 12. 7. 1983 – Vf 1-VII-82 – BayVBl 1983, 589.

[288] BVerwG, Beschl. v. 12. 11. 1992 – 6 B 36.92 – Buchholz aaO Nr. 305 (betr. den Einwand unzureichender Ausbildung). BayVGH, Urt. v. 29. 1. 1992 – 3 B 91 1791 – (betr. eine Sehbehinderung).

[289] BVerwG, Beschl. v. 14. 9. 1981 – 7 B 33.81 – Buchholz aaO Nr. 152. OVG NW, Urt. v. 31. 3. 1978 – 6 A 1805/76 – SPE III F IX, S. 101; VG Berlin, Urt. v. 17. 8. 1982 – 12 A 1844.81 (betr. den Zeitpunkt der Aufhebung der Anonymität).

[290] Waldeyer, in: Hailbronner, Kommentar zum Hochschulrahmengesetz § 15 Rdn. 30, 31 auch zu den landesrechtlichen Sonderregelungen.

an verschiedene Prüflinge ausgegeben werden, ohne daß diese davon wissen sollen. Diese Praxis ist zwar wegen des Mangels an geeigneten Prüfungsfällen durchaus verbreitet; sie verstößt auch nicht gegen Bundesrecht,[291] bringt jedoch die davon betroffenen Prüflinge in hohem Maße in die Versuchung, sich untereinander abzustimmen. Geschieht dies und wird dadurch die individuelle Leistung des einzelnen Prüflings erheblich verschleiert, liegt ebenfalls keine bewertungsfähige, sondern eine auf Täuschung beruhende Leistung vor.

Die persönlich zu erbringende Leistung als Gegenstand der Bewertung 142 kann immer nur die **wirklich erbrachte Leistung** sein. Deshalb hat es für den Prüfling oft schmerzhafte Folgen, wenn seine Ausarbeitungen auf irgendeine Weise **verloren gegangen** und sodann seine Leistungen nicht mehr meßbar sind.[292] Das gilt auch im Falle von Störungen des **Heimcomputers**.[293] Auf ein Verschulden oder Nichtverschulden kommt es dabei nicht an; entscheidend ist, daß objektiv ein Leistungsnachweis nicht zu erbringen ist. Fiktive Leistungen können selbst dann nicht Gegenstand der Bewertung sein, wenn der Ausfall auf einer Fehlinformation der Prüfungsbehörde beruht.[294] Hier ist dem Prüfling allenfalls die Möglichkeit gegeben, einen etwa durch schuldhaftes Verhalten der Behörde oder der Prüfer verursachten **Schaden ersetzt** zu verlangen (s. oben Rdn. 84 ff.).

Das **Verbot der Anerkennung fiktiver Leistungen** gilt auch dann, wenn der Prüfling für ihn verbindliche **Gewissensgründe** vorbringt. Wendet sich etwa ein Student aus Gewissensgründen gegen das Töten von Tieren, so kann er nicht verlangen, daß er einen Schein über die erfolgreiche Teilnahme an einem Praktikum, in dem Tierpräparationen gefordert werden, erhält, ohne an diesem Praktikum teilgenommen zu haben.[295]

Aus dem Gebot der persönlich zu erbringenden Leistung und dem Zweck 143 der Prüfung, die wahre Leistungsfähigkeit des Prüflings zu ermitteln, folgt ferner, daß vorgetäuschte oder sonstwie erschlichene Leistungen in keiner Weise dazu beitragen können, den Prüfungserfolg zu rechtfertigen. Regelmäßig enthalten daher die Prüfungsordnungen eine Vorschrift, nach der **Täuschungshandlungen** zu sanktionieren sind. Eine solche normative Grundlage ist entsprechend den fortentwickelten rechtsstaatlichen Anforderungen erforderlich, um näher bezeichnete Sanktionen darauf stützen zu können (s. oben Rdn. 28). Umstritten ist freilich – zumal die gesetzlichen Regelungen zumeist sehr abstrakt gehalten sind –, unter welchen Voraussetzungen be-

---

[291] BVerwG, Beschl. v. 7. 9. 1990 – 7 B 116.90 – SPE 588 Nr. 13.
[292] BayVGH, Beschl. v. 28. 2. 1984 – 7 B 82 A/2896 – NVwZ 1985, 598.
[293] VG Frankfurt a.M., Urt. v. 5. 4. 1989 – V/3 E 2023/87 – NJW 1990, 340.
[294] BVerwG, Beschl. v. 3. 1. 1992 – 6 B 20.91 – Buchholz 310 § 113 VwGO Nr. 240 = BayVBl 1992, 442. VGH Bad.-Wttbg., Beschl. v. 30. 9. 1991 – 9 S 1529/91 – SPE 400 Nr. 36.
[295] BayVGH, Beschl. v. 18. 10. 1988 – Nr. 7 CE 88 2150 – DVBl 1989, 110 = BayVBl 1989, 114.

achtliche Täuschungshandlungen anzunehmen und welche Rechtsfolgen an sie zu knüpfen sind.

144 Auszugehen ist auch hier von dem Grundsatz der Chancengleichheit, der es verbietet, daß ein Prüfling sich durch die Verwendung von **Hilfsmitteln** gegenüber den anderen Prüflingen **nicht leistungsbedingte Vorteile** verschafft. Bei Aufsichtsarbeiten sind grundsätzlich nur die ausdrücklich zugelassenen oder die nach der Art der Aufgabenstellung selbstverständlich vorausgesetzten Hilfsmittel zu verwenden, so daß sich der Prüfling einen unberechtigten Vorteil verschafft, der darüberhinaus weitere Hilfen (z. B persönliche Aufzeichnungen oder Textsammlungen mit ergänzenden Bemerkungen) verwendet.[296] Das gleiche ist bei Hausarbeiten anzunehmen, wenn der Prüfling eine von einem anderen Prüfling bereits erstellte, gleiche oder **ähnliche Prüfungsarbeit unzulässigerweise benutzt**.[297] Hier kann auch die Verwendung generell zugelassener Hilfsmittel dennoch eine Täuschung sein, wenn der Prüfling die von ihm verwertete **Literatur nicht angibt**[298] oder gar **fremde Texte wörtlich übernimmt**, ohne kenntlich zu machen, daß es sich um ein Zitat handelt.[299]

145 Die unerlaubte Hilfe **ausschließlich zugunsten eines anderen Prüflings** oder eines schwächeren Mitschülers ist für den helfenden Prüfling/Schüler kein Täuschungsversuch im eigentlichen Sinne.[300] Es gibt keinen allgemeinen Grundsatz des Prüfungsrechts, nach dem bereits die Gestattung oder Duldung der Übernahme der eigenen Prüfungsleistung durch einen anderen Prüfungsteilnehmer („**Abschreibenlassen**") der auf eigene Vorteile abzielenden Täuschung gleichzusetzen ist.[301] Freilich ist diese unzulässige Hilfe ein ordnungswidriges Verhalten, das durch die – dafür vorauszusetzenden – Vorschriften der Prüfungsordnung angemessen sanktioniert werden kann.

146 Es wird gemeinhin unterschieden zwischen der **schweren arglistigen Täuschung**, der gelungenen **Vorteilsverschaffung** und dem bloßen **Täuschungsversuch**.[302] Diese Abstufung hat keine Bedeutung für die Annahme einer Täuschungshandlung, die in allen drei Fällen gegeben ist, sondern sie leitet lediglich hin zu entsprechend **abgestuften Sanktionen** (dazu nachfolgend Rdn. 150). Der Tatbestand einer Täuschungshandlung, um den es hier zunächst geht, ist freilich dann von vornherein nicht erfüllt, wenn das Verhalten des Prüflings

---

[296] BayVGH, Beschl. v. 6. 4. 1981 – Nr. 3 B 80 A 1519 – BayVBl 1981, 688.

[297] Wortmann, Entwicklungen und Tendenzen in der Rechtsprechung zum Prüfungsrecht, NWVBL 1992, 304 (310) mit Hinweisen auf Entscheidungen des OVG NW.

[298] OVG NW, Beschl. v. 12. 7. 1983 – 15 B 1097/83 – NJW 1983, 2278.

[299] HessVGH, Beschl. v. 20. 6. 1989 – 6 UE 2779/88 –, nach dessen Meinung eine Täuschungshandlung in dem von ihm entschiedenen Fall anzunehmen war, obwohl die Quelle Aufnahme in das Literaturverzeichnis gefunden hatte und an anderer Stelle in einem sachlichen Zusammenhang zitiert worden war.

[300] VGH Bad.-Wttbg., Urt. v. 21. 11. 1978 – IX 1112/78 – SPE III E II, S. 25.

[301] VGH Bad.-Wttbg., Beschl. v. 3. 7. 1986 – 9 S 1586/86 – NVwZ 1987, 1014 = VBl BW 1987, 302.

[302] Vgl. Wortmann, aaO S. 310.

nur als eine **Vorbereitung zu einem Täuschungsversuch** zu bewerten ist. Wer sich unzulässige Hilfsmittel für eine Aufsichtsarbeit beschafft oder selbst herrichtet (z. B. Spickzettel anfertigt), hat die Täuschung erst versucht, wenn er damit den Prüfungsraum betritt. Als eine bloße Vorbereitung der Täuschung und noch nicht als ein Täuschungsversuch ist der Anruf bei einer – zu Täuschungszwecken geführten – „**Vorbearbeiterkartei**" für Hausarbeiten zu bewerten, der auf die Übermittlung der Rufnummer des Vorbearbeiters abzielt.[303] Erst durch die Aufnahme des Kontakts mit dem Vorbearbeiter und die Empfangnahme der von diesem erstellten Prüfungsarbeit oder der darauf bezogenen Ausarbeitungen beginnt der Täuschungsversuch.

Es kommt für die Annahme einer Täuschungshandlung nicht darauf an, ob die **Täuschung** wirklich **gelungen** oder nur **versucht** worden ist. Schon der Besitz oder das Mitführen eines zu Täuschungszwecken generell geeigneten Hilfsmittels im Prüfungsraum (Buch unter dem Tisch, Spickzettel in der Tasche) reichen aus.[304] Es wird insbesondere nicht vorausgesetzt, daß die mitgeführten Hilfsmittel für die Bearbeitung der Prüfungsaufgabe überhaupt förderlich sein konnten oder ob sich das Verhalten des Prüflings als ein **untauglicher Versuch** darstellt. Zwar ist der untaugliche oder fehlgeschlagene Täuschungsversuch im allgemeinen nicht geeignet, das Prüfungsergebnis zu beeinflussen. Die dem Prüfling möglicherweise schon durch den Besitz unzulässiger Hilfsmittel gegenüber den ehrlichen Mitprüflingen erwachsenen psychologischen Vorteile[305] dürften – wenn sie überhaupt vorliegen – durch die verständliche Angst vor der Entdeckung kompensiert werden. Die Rechtfertigung dafür, daß auch der untaugliche Täuschungsversuch für den Prüfling nachteilige Folgen hat, folgt vielmehr daraus, daß er einen schweren **Verstoß gegen die Prüfungsordnung** darstellt. Daneben ist die generalpräventive Wirkung der Sanktion von Täuschungsversuchen ein zulässiges Mittel, der durchaus verbreiteten Neigung zu unberechtigter Vorteilsverschaffung entgegenzuwirken und so die Chancengleichheit zu fördern.

Auch ein Täuschungsversuch ist nur dann zu sanktionieren, wenn der Prüfling die hierfür **maßgeblichen Umstände kennt** und insbesondere weiß, daß er unzulässige Hilfsmittel mit sich führt, um davon bei Gelegenheit Gebrauch zu machen. In subjektiver Hinsicht vorausgesetzt ist nicht die unbedingte Täuschungsabsicht, sondern der **bedingte Vorsatz**, es unter Verwendung der unzulässigen Hilfsmittel zu einer Verfälschung seiner wahren Leistung kommen zu lassen.[306]

Die Prüfungsbehörde trägt die **materielle Beweislast** dafür, daß die von ihr

---

[303] Anderer Auffassung: OVG NW, Beschl. v. 12. 7. 1983 – 15 B 1097/83 – NJW 1983, 2278. Vgl. ferner: Klenke, NWVBL 1988, 199 (203) unter Hinweis auf die abweichende Meinung des OVG NW, Urt. v. 16. 1. 1987 – 22 A 810/85.
[304] Wortmann, aaO S. 310.
[305] So Klenke, NWVBL 1988, 199 (202/203).
[306] HessVGH, Beschl. v. 20. 6. 1989 – 6 UE 2779/88. OVG Berlin, Beschl. v. 14. 9. 1983 – OVG 7 S 315.83.

angenommenen Voraussetzungen einer Täuschung vorliegen (vgl. Rdn. 398). Das bedeutet, daß von der Annahme einer Täuschung abgesehen werden muß und die Leistungen in der üblichen Form bewertet werden müssen, wenn die Beweismittel für die Feststellung der Umstände nicht ausreichen, die mit hinreichender Gewißheit eine Täuschung oder deren Versuch ergeben.

Die Beweislage verschiebt sich jedoch dann zugunsten der Prüfungsbehörde, wenn einzelne Tatsachen bei verständiger Würdigung den Anschein erwecken, daß der Prüfling getäuscht hat. Auf diese Weise kann ein Täuschungsversuch durch den **„Beweis des ersten Anscheins"** bewiesen werden, etwa wenn die Prüfungsarbeit mit denen anderer Prüflinge oder mit einem – an sich nur den Prüfern zur Verfügung stehenden – Lösungsmuster teilweise wörtlich und im übrigen in der Gliederung und Gedankenführung übereinstimmt.[307] Auch wenn der Prüfling in der Prüfung ein unzulässiges Hilfsmittel mit sich führt, spricht schon der erste Anschein dafür, daß er sich damit unberechtigte Vorteile verschaffen will.[308] Die sich daran zu Lasten des Prüflings knüpfende Vermutung ist praktisch nur schwer durch Umstände zu entkräften, die für einen **atypischen Geschehensablauf** sprechen.[309] Nicht zulässig ist es jedoch, etwaigen Beweisschwierigkeiten mit der Annahme aus dem Wege zu gehen, der Prüfling habe jedenfalls fahrlässig gehandelt.[310] Denn der Täuschungsvorwurf setzt auf Seiten des Prüflings – wie bereits ausgeführt wurde – immer die Kenntnis der dazu maßgeblichen Umstände voraus.

150 Welche **Sanktionen aufgrund einer festgestellten Täuschungshandlung** in Betracht kommen, ist in erster Linie aus der Prüfungsordnung zu entnehmen. Da jedoch normative Regelungen die Rechtsfolgen der Täuschung meistens nur sehr abstrakt bezeichnen, ist generell nach dem Grundsatz der Verhältnismäßigkeit zu verfahren. Nennt die Prüfungsordnung etwa nur das „Nicht-

---

[307] BVerwG, Beschl. v. 20. 2. 1984 – 7 B 109.83 – NVwZ 1985, 191 = SPE 846 Nr. 14. Dagegen läßt eine weitgehende Übereinstimmung der standardisierten Antworten im Antwort-Wahl-Verfahren keinen nach der Lebenserfahrung typischen Geschehensablauf erkennen, der Voraussetzung für die Anwendung der Grundsätze über den Beweis des ersten Anscheins ist: HessVGH, Urt. v. 16. 2. 1989 – 6 UE 1654/87.
Zur Feststellung eines umstrittenen Täuschungsversuchs können sich Prüfungsbehörden oder Schulen nicht etwa auf den ihnen bei der Bewertung von Prüfungsleistungen zukommenden pädagogisch-wissenschaftlichen Bewertungsspielraum (dazu unten Rdn. 327ff., 330 und 399ff.) berufen: OVG NW, Urt. v. 30. 8. 1985 – 15 A 706/82 – NVwZ 1986, 851 = SPE 846 Nr. 11.
[308] Bedenklich ist jedoch die Annahme des VGH Bad.-Wttbg., Urt. v. 21. 11. 1978 – IX 1112/78 – SPE III E II, S. 25, daß im Falle von Bearbeitungsparallelen nebeneinandersitzender Prüflinge der Beweis des ersten Anscheins den Prüfling belaste, der die schwächere Arbeit abgeliefert habe.
[309] OVG NW, Urt. v. 15. 7. 1977 – V A 39/77; zum Mitführen unerlaubter Hilfsmittel ohne Täuschungsabsicht vgl. ferner: VGH Bad.-Wttbg., Urt. v. 9. 7. 1968 – IV 732/66 – SPE III E II, S. 11.
[310] So jedoch und zwar bezogen auf das Verbot, nicht zugelassene Hilfsmittel zu verwenden: BayVGH, Beschl. v. 6. 4. 1981 – Nr. 3 B 80 A 1519 – BayVBl 1981, 688.

bestehen der Prüfung" als eine Sanktion im Falle eines Täuschungsversuchs, schließt das nicht aus, unter Beachtung des verfassungsrechtlichen Verhältnismäßigkeitsgrundsatzes zu weiteren Differenzierungen zu gelangen, die hinter diesem schweren Eingriff zurückbleiben.[311]

Mäßstabe sind der Grad der Verletzung der „Spielregeln des Wettbewerbs" und das Maß der Beeinträchtigung der Chancengleichheit.[312] Für die danach **erforderliche Abstufung der Sanktionen** gibt es kein für alle erdenklichen Fälle brauchbares Schema. Bei leichteren Verstößen, z. B wenn ein kaum brauchbarer „Spickzettel" schon vor dem eigentlichen Beginn der Aufsichtsarbeitarbeit aus dem Verkehr gezogen wird, muß eine Verwarnung genügen.[313] Das gleiche gilt bei kürzeren mündlichen Wortwechseln zwischen einzelnen Prüflingen, es sei denn sie werden wiederholt vorgenommen. Bei solchen und ähnlichen Verstößen leichterer Art kann als allein angemessene Sanktion je nach Lage der Dinge auch in Betracht kommen, dem Prüfling die Wiederholung der Arbeit aufzuerlegen (z. B. wenn der Gebrauch eines Hilfsmittels nur einen kleineren Teil der im übrigen gelungenen Arbeit betrifft).

In den schwereren Fällen geht es darum, ob nur die betreffende Prüfungsarbeit nicht oder als „ungenügend" gewertet oder ob gar die gesamte Prüfung als nicht bestanden erklärt wird. Bei der festgestellten Verwendung unerlaubter Hilfsmittel während der Bearbeitung ist die Bewertung der Arbeit als **„ungenügend (0 Punkte)"** im allgemeinen nicht unverhältnismäßig.[314] Eine Wiederholung der Arbeit findet sodann nicht statt; sie geht mit dieser Teilnote in die Berechnung des Gesamtergebnisses ein.

In besonders schweren Fällen der Erschleichung einer Prüfungsleistung durch grobe Täuschungsmanöver (z. B. bei organisiertem Zusammenwirken mehrerer Personen, dem aufwendigen **Einsatz technischer Hilfsmittel**, insbesondere von **Funkgeräten**, oder wenn ohne erkennbaren eigenen geistigen Aufwand schlicht die Arbeit eines anderen abgeschrieben oder kopiert als die eigene ausgegeben wird) kann es gerechtfertigt sein, die gesamte Prüfung für nicht bestanden zu erklären, so daß sie – wenn das nach der Prüfungsordnung zugelassen ist – insgesamt zu wiederholen ist.[315] Bei der Bemessung der Sanktion darf mitberücksichtigt werden, daß nicht allein die Beseitigung der in dem Einzelfall erlangten unberechtigten Vorteile geboten ist, sondern daß die Maßnahme stets auch – und zwar im positiven wie im negativen

---

[311] BVerwG, Beschl. v. 12. 1. 1981 – 7 B 300 und 301.80 – (auch zur Frage der hinreichenden Bestimmtheit der gesetzlichen Grundlagen).
[312] BVerwG, Beschl. v. 7. 12. 1976 – 7 B 157.76 – Buchholz 421.0 Prüfungswesen Nr. 78 = SPE III E I, S. 61; BayVGH, Beschl. v. 6. 4. 1981 aaO.
[313] Vgl. BayVGH, Urt. v. 16. 3. 1988 – Nr. 3 B 87.02013 – BayVBl 1988, 434.
[314] So im wesentlichen übereinstimmend: OVG RhPf., Urt. v. 23. 3. 1988 – 2 A 63/87 – ZBR 1989, 19; OVG Hamburg, Beschl. v. 4. 6. 1986 – Bs IV 321/86 – SPE 400 Nr. 31; VGH Bad.-Wttbg., Beschl. v. 3. 11. 1992 – 9 S 2489/92.
[315] Ähnlich auch: Klenke, aaO S. 203.

Sinne – **generalpräventive Wirkung** hat. Zwar ist in erster Linie der Grundsatz der Verhältnismäßigkeit zu beachten. Jedoch kann in dem Rahmen der danach zulässigen Sanktionen durchaus berücksicht werden, daß die durch Täuschungen in Frage gestellte Chancengleichheit eine auch für andere erkennbare Abschreckung gebietet.[316]

Davon zu trennen ist die Frage, ob die Aufsichtsarbeit insgesamt von **allen Prüflingen zu wiederholen** ist, weil angenommen werden muß, daß auch andere Prüflinge von der Gelegenheit Gebrauch gemacht haben, die unerlaubten Hilfsmittel zu benutzen (z. B. wenn auf der Toilette eine Lösungsskizze vorgefunden worden ist). Eine solche Maßnahme ist jedoch nur zulässig, wenn die Täuschung auch der anderen nicht nur vermutet, sondern hinreichend nachzuweisen ist. Daran fehlt es zumeist in solchen Fällen.[317]

151 Grundsätzlich besteht kein Zusammenhang zwischen der (festgestellten) Täuschung eines Prüflings und den Bewertungen der Leistungen anderer Prüflinge. Das Prüfungsergebnis der anderen wird dadurch, daß ein Mitprüfling eine ihm nicht zustehende Note erschlichen hat nicht unrichtig. Deshalb besteht auch kein Anspruch auf eine erneute Prüfung, weil **andere Prüflinge eine bessere Examensnote erschlichen** haben.[318] Dies ist jedoch anders, wenn die Leistungen einer größeren Anzahl von Prüfungsarbeiten nicht nur einzeln und jeweils nach einem absoluten Maßstab, sondern zumindest teilweise auch relativ etwa im Hinblick auf ein durchschnittliches Leistungsprofil bewertet werden. Sollte in diesen Fällen nicht auszuschließen sein, daß eine gewisse Anzahl unechter erschlichener Leistungen das Bild zuungunsten der ehrlichen Mitprüflinge verfälscht, muß die Arbeit auf deren Wunsch für sie wiederholt werden.[319]

152 Ist vorerst ungeklärt, ob eine Täuschung hinreichend nachzuweisen ist, muß das Prüfungsverfahren im übrigen fortgesetzt werden.[320] Nach der sodann bestandenen Prüfung, die aber weiter unter dem Vorbehalt des Täuschungsverdachts steht, ist dem Prüfling anstelle des üblichen Prüfungszeug-

---

[316] BVerwG, Beschl. v. 7. 12. 1976 – 7 B 157.76 – Buchholz 421.0 Prüfungswesen Nr. 78 und Beschl. v. 12. 1. 1981 – 7 B 300 u. 301.80; a. A.: Guhl, Prüfungen im Rechtsstaat, S. 225, der mehr als die Note „ungenügend" für den täuschungsbehafteten Prüfungsteil für übermäßig hält. Diese Einschränkung trägt jedoch dem vom BVerwG hervorgehobenen weiteren Sanktionszweck der Maßnahme nicht hinreichend Rechnung.

[317] VG Köln, Beschl. v. 4. 12. 1987 – 6 L 2072/87 – NJW 1988, 2634.

[318] BVerwG, Beschl. v. 6. 4. 1984 – 7 C 26.84 – KMK HSchR 1984, 907, und v. 30. 10. 1984 – 7 B 111.84 – KMK HSchR 1985, 745.

[319] Dazu im einzelnen: Wortmann, Entwicklungen und Tendenzen in der Rechtsprechung zum Prüfungsrecht, NWVBL 1992, 304 (310). OVG NW, Urt. v. 29. 6. 1983 – 15 A 1696/82 – NJW 1983, 2278.

[320] Vgl. dazu: OVG NW, Beschl. v. 27. 11. 1987 – 22 B 3064/87 – NVwZ 1988, 455 = DÖV 1988, 743. Vorläufiger Rechtsschutz kann durch eine auf Fortsetzung der Prüfung gerichtete einstweilige Anordnung (§ 123 VwGO) erreicht werden: OVG NW, Beschl. v. 17. 12. 1984 – 15 B 2662/84 – NVwZ 1985, 593 = DÖV 1985, 493. (s. unten Rdn. 414 ff.).

nisses eine **vorläufige Bescheinigung** über das Ergebnis der Prüfung auszustellen.[321]

Gelegentlich stellt sich erst nach abgeschlossener Prüfung heraus, daß die für ihren Erfolg maßgeblichen Leistungen in Wahrheit nicht erbracht, sondern von dem Prüfling als eigene Leistungen vorgetäuscht worden sind. Dann kann die Prüfungsentscheidung **nachträglich widerrufen** werden (vgl. § 48 Abs. 1 und § 2 Abs. 3 Nr. 2 VwVfG).[322] Hierbei sind Sonderregelungen in den Prüfungsordnungen zu beachten, die z. B. eine Befristung der Widerrufsmöglichkeit vorsehen.[323]

bb) Die gesundheitliche Beeinträchtigung

(1) Merkmale der Prüfungsunfähigkeit

Gesundheitliche Beeinträchtigungen des Prüflings, die seine Leistungsfähigkeit während der Prüfung erheblich vermindern, verringern zugleich seine Chancen auf einen leistungsgerechten Prüfungserfolg. Dadurch ist er gegenüber anderen Prüflingen benachteiligt, die ohne solche Beeinträchtigungen mit dieser Prüfung den Nachweis einer beruflichen Qualifikation anstreben. Deshalb besteht im Falle der „**Prüfungsunfähigkeit**"[324] für den erkrankten Prüfling die rechtlich abgesicherte – zumeist in der Prüfungsordnung vorgesehene – Möglichkeit, von der Prüfung zurückzutreten und diese ohne Anrechnung auf die Wiederholungsmöglichkeit neu zu beginnen.

Die Möglichkeit des Neubeginns der Prüfung ist in den genannten Fällen allein dazu gegeben, die Chancengleichheit wiederherzustellen. Sie darf nicht dazu mißbraucht werden, sich etwa durch Vortäuschen einer Krankheit Vorteile gegenüber anderen Prüflingen zu verschaffen und sich eine **zusätzliche Prüfungsmöglichkeit erschleichen**. Der Anreiz dazu ist nicht zu verkennen, zumal die in der Prüfungssituation gegebenen Belastungen häufig als „Störungen des körperlichen oder geistigen Wohlbefindens" empfunden werden, wobei der Krankheitswert dieses Zustands oft schwer bestimmbar und ein Gefälligkeitsattest schon aufgrund der subjektiven Darstellungen des Prüf-

153

---

[321] VG Koblenz, Beschl. v. 11. 7. 1986 – 7 L 51/86 – SPE 846 Nr. 13.

[322] OVG NW, Urt. v. 13. 10. 1987 – 22 A 699/87 – NVwZ 1988, 462 = SPE 846 Nr. 17.

[323] Klenke, aaO unter Hinweis auf die Fünfjahresfrist nach dem Bestehen der mündlichen Prüfung gemäß § 17 Abs. 4 JAG NW.

[324] Dieser Begriff wird in Fällen der gesundheitlichen Beeinträchtigung des Prüflings gemeinhin verwendet, wenngleich er das Mißverständnis erzeugen kann, es gehe um den totalen Verlust der Prüfungsfähigkeit. Gemeint sind in Wahrheit schon erhebliche Beeinträchtigungen der Prüfungsfähigkeit durch krankhafte Störungen. Dazu und zu den nachfolgenden Rechtsfragen generell: Haas, Probleme des Rücktritts von der Prüfung aus gerichtlicher Sicht, VBl BW 1985, 162 (165). Zu den Rechtsproblemen ferner: Bernd Wortmann, Entwicklungen und Tendenzen in der Rechtsprechung zum Prüfungsrecht, NWVBL 1992, 304 (307); Wagner, Das Prüfungsrecht in der aktuellen Rechtsprechung, DVBl 1990, 183 (184) und Klenke, Rechtsfragen des Justizprüfungsrechts, NWVBL 1988, 199 (200).

lings leider keine Seltenheit ist. Um dem vorzubeugen, werden in der Praxis strenge Anforderungen an die Voraussetzungen und den Nachweis der Prüfungsunfähigkeit gestellt, die von der Rechtsprechung durchweg gebilligt worden sind.[325]

154 Liegen die Ursachen, welche die Prüfungsbedingungen für den Prüfling ungleich erschweren, in seiner Person,[326] so ist abzugrenzen, ob es sich um eine erhebliche Minderung der allgemeinen Startchancen oder nur um ein Defizit persönlicher Leistungsbereitschaft handelt, die für den Prüfungserfolg gerade vorausgesetzt wird. Insbesondere die **Fähigkeit**, auch dann eine „normale" Leistung zu erbringen, wenn die aktuelle „Tagesform" schlecht ist, gehört zu den Erfolgsvoraussetzungen einer jeden Prüfung. Unter Hinweis auf die Chancengleichheit der Prüflinge können keine idealen Vorbedingungen für den Leistungsnachweis derart gefordert werden, daß alle Prüflinge am Tage der Prüfung absolut gleich disponiert sind.[327] Erst recht muß die Prüfungsbehörde nicht auf **Indispositionen des Prüflings** Rücksicht nehmen, für die er selbst verantwortlich ist. So trägt der Prüfling z. B. das Risiko dafür, daß die von ihm etwa in zu hoher Dosis eingenommenen Beruhigungstabletten eine zu starke Wirkung entfalten.[328] Ein nikotinabhängiger Prüfling, dessen Denk- und Konzentrationsvermögen wesentlich vom Rauchen abhängt, ist nicht etwa als „prüfungsunfähig" anzuerkennen, wenn er darunter leidet, daß er während der Klausuren nicht rauchen darf.[329] Auch **Prüfungsstreß** und **Examensängste**, die zumeist nicht hinreichend meßbar sind, gehören im allgemeinen zum Risikobereich des Prüflings, es sei denn, daß sie den Grad einer psychischen Erkrankung erreichen (z. B. im Falle einer depressiv-hysterischen Neurose mit Arbeitsstörungen auf dem Boden einer Identitätskrise).[330] Daß die mit der Prüfungssituation verbundenen Anspannungen und Belastungen zu Konzentrationsstörungen führen können, ist in der Regel hinzunehmen und nicht als eine krankhafte Verminderung der Leistungsfähigkeit zu bewerten.[331]

---

[325] Dazu insbesondere: BVerwG, Beschl. v. 17. 1. 1984 – 7 B 29.83 – DÖV 1984, 810 = BayVBl 1984, 247 = SPE 596 Nr. 36.

[326] Wegen der Chancengleichheit im Bereich der äußeren Prüfungsbedingungen s. nachstehend Rdn. 215 ff. (238).

[327] BVerwG, Beschl. v. 14. 6. 1983 – 7 B 107.82 – Buchholz 421.0 Prüfungswesen Nr. 176 und Urt. v. 30. 8. 1977 – 7 C 50.76 – Buchholz aaO Nr. 85.

[328] Vgl. BayVGH, Beschl. v. 23. 10. 1989 – 3 B 88 01445 – ZBR 1991, 379.

[329] So auch Klenke, NWVBl 1988, 201, der ferner klarstellt, daß ebensowenig ein Anspruch auf einen besonderen Rauchersaal besteht.

[330] So z. B.: HessVGH, Beschl. v. 31. 10. 1988 – 6 TG 2490/88. Vgl. ferner: Becker, Prüfungsrecht, S. 162, der jedoch zu Unrecht rügt, daß in der Vorauflage der Prüfungsstreß „ohne weiteres" dem Risikobereich des Prüflings zugewiesen worden sei; genannt sind dort Zustände, die nicht den Grad einer Erkrankung erreichen.

[331] BVerwG, Urt. v. 28. 11. 1980 – 7 C 54.78 – BVerwGE 61, 211 = DVBl 1981, 581 = DÖV 1981, 578 = Buchholz 421.0 Prüfungswesen Nr. 136 und Beschl. v. 26. 11. 1980 – 7 B 190.80 – (betr. psychische Belastung durch die Verzögerung des Prüfungsbeginns); Beschl. v. 10. 7. 1979 – 7 B 152.79 – (betr. Belastungen durch lange Wartezei-

Durchführung der Prüfung im einzelnen 85

Falls die Konzentration des Prüflings durch äußere Einwirkungen (z. B. Baulärm) erheblich gestört wird, ist er deshalb nicht etwa „prüfungsunfähig" mit den sich daraus ergebenden Rechtsfolgen; vielmehr geht es in einem solchen Fall darum, die Chancengleichheit generell durch die Schaffung und Erhaltung angemessener Prüfungsbedingungen zu gewährleisten (vgl. dazu nachfolgend Rdn. 215 ff., 238).

Nur wenn wegen der **gesundheitlichen Beeinträchtigungen** der Aussagewert einer Prüfungsleistung für die **wirklichen Fähigkeiten und Kenntnisse des Prüflings** erheblich eingeschränkt ist und die Prüfung damit ihren Zweck verliert, Aufschluß über seine Befähigung für einen bestimmten Beruf oder für eine bestimmte Ausbildung zu geben, ist es gerechtfertigt, die Prüfung abzubrechen oder das Prüfungsergebnis unberücksichtigt zu lassen und den Prüfling noch einmal zu prüfen.[332] Dies gilt für alle Erkrankungen, die den Prüfling daran hindern, seine wirkliche Befähigung nachzuweisen.[333]

155

Eine solche aktuelle Behinderung ist indessen eine unverzichtbare Voraussetzung. Dagegen ist eine zum Rücktritt von der Prüfung berechtigende Prüfungsunfähigkeit dann nicht anzunehmen, wenn die Umstände, die als Gründe für den Mißerfolg in der Prüfung in Betracht kommen, eine in der Person des Prüflings begründete, **persönlichkeitsbedingte generelle Einschränkung seiner Leistungsfähigkeit** darstellen; denn wenn sich solche Einschränkungen im Prüfungsergebnis negativ ausdrücken, wird dessen Aussagewert nicht verfälscht, sondern in besonderer Weise bekräftigt. Deshalb gebietet und rechtfertigt der prüfungsrechtliche Grundsatz der Chancengleichheit die **Rücksichtnahme auf außergewöhnliche Belastungen** des Prüflings **nicht**, wenn der Prüfling (auch) erweisen soll, daß er mit solchen Schwierigkeiten fertig wird und mithin die Grundvoraussetzungen der durch die Prüfung zu ermittelnden Eignung für einen bestimmten Beruf oder eine bestimmte Ausbildung besitzt. Das gilt insbesondere auch für konstitutionelle oder sonst auf unab-

---

ten für den Toilettenbesuch während der Aufsichtsarbeit) und Urt. v. 6. 7. 1979 – 7 C 26.76 – Buchholz aaO Nr. 116 = DVBl 1980, 482 = DÖV 1980, 140. Wegen der psychischen Belastung des Prüflinge durch einen weinenden Mitprüfling: BVerwG, Beschl. v. 14. 9. 1981 – 7 B 33.81 –; Wegen der Befürchtung unmittelbar bevorstehender Obdachlosigkeit des Prüflings: VGH Bad.-Wttbg., Urt. v. 18. 6. 1980 – 9 S 588/80 – SPE III E II, S. 101; Wegen der persönlichen Hemmnisse durch Sprachschwierigkeiten: OVG NW, Urt. v. 22. 4. 1983 – 15 A 1651/82 – (betr. Ausländer in der juristischen Staatsprüfung); OVG Lbg., Urt. v. 26. 8. 1981 – 13 OVG A 71/81 – (betr. die Bewertung der Leistungen eines ausländischen Schülers im Deutschunterricht); wegen der Verwirrung des Prüflings durch unfaires Verhalten der Prüfer: BVerwG, Urt. v. 28. 4. 1978 – 7 C 50.75 – BVerwGE 55, 355.

[332] Und zwar als ersten Prüfungsversuch ohne Anrechnung auf die Wiederholungsmöglichkeiten, die nach der Prüfungsordnung generell gegeben sind.

[333] Ausgenommen sind Erkrankungen, die keine erheblichen Leistungsausfälle verursachen oder die mit Medikamenten zu kompensieren sind (z. B. Stoffwechselstörungen oder erhöhter Blutdruck). Weitere Beispiele: Haas, VBl BW 1985, 162 (165), und Bachmann, Gesundheitliche Beeinträchtigung als Grund von Prüfungsunfähigkeit, Das öffentliche Gesundheitswesen 1984, 507.

sehbare Zeit andauernde Leiden (z.B. **chronische Erkrankungen**) sowie hinsichtlich der in der **Person des Prüflings wurzelnden Anlagen**. Denn persönliche konstitutionelle Leistungsschwächen dieser Art sind für die Befähigung des Prüflings generell von Bedeutung und daher letztlich auch Gegenstand der Bewertung. Ein nicht in absehbarer Zeit heilbares Dauerleiden z.B. psychischer Art prägt im Gegensatz zu den akuten krankheitsbedingten Leistungsminderungen das „normale" Leistungsbild des Prüflings. Demgemäß ist es mit dem Sinn und Zweck der Leistungskontrolle und Eignungsprüfung nicht zu vereinbaren, daß die darauf beruhende Minderung der Leistungsfähigkeit unberücksichtigt bleibt. Dabei kommt es nicht darauf an, ob der Prüfling dies selbst erkennt.[334]

156   Handelt es sich dagegen um Behinderungen, die nur den **Nachweis** der möglicherweise durchaus **vorhandenen Befähigung erschweren** und die in dem mit der Prüfung angestrebten Beruf oder der (weiteren) Berufsausbildung durch **Hilfsmittel ausgeglichen** werden können (z.B. Behinderungen beim Schreiben), ist dies in der Prüfung angemessen zu berücksichtigen. Beispielsweise stellt die Beeinträchtigung der rein mechanischen Darstellungsfähigkeit – auch wenn sie auf einem dauernden Defekt beruht oder sonstwie konstitutionell ist – eine rechtserhebliche Ungleichheit der Chancen dar und ist durch die Einräumung besonderer Prüfungsbedingungen auszugleichen.[335]

157   Wenn **mehrere Ursachen** vorhanden sind, welche die Leistungsfähigkeit des Prüflings mindern, ist zu prüfen, ob die Ursache, die zum Rücktritt wegen Prüfungsunfähigkeit berechtigen kann, für die gesundheitliche Verfassung des Prüflings wesentlich ist. Die Rechtsprechung des BVerwG stellt in diesem Zusammenhang darauf ab, welche Ursache dominant ist. Maßgeblich ist, daß

---

[334] BVerwG, Beschl. v. 13.12.1985 – 7 B 210.85 – NVwZ 1986, 377 = DÖV 1986, 477 = BayVBl 1986, 760; BayVGH, Urt. v. 18.9.1985 – Nr. 7 B 84 A 3179 – SPE 596 Nr. 23 = BayVBl 1986, 118. OVG RhPf., Urt. v. 16.1.1980 – 2 A 49/79 – DVBl 1981, 591 (betr. Nervosität und Konzentrationsschwäche, die auf einer Schilddrüsenerkrankung beruhen); a.A: Guhl, Prüfungen im Rechtsstaat, S. 214 ff.; zur prüfungsrechtlichen Relevanz eines Dauerleidens ferner: BVerwG, Urt. v. 6.7.1979 – 7 C 26.76 – Buchholz 421.0 Prüfungswesen Nr. 116 = DVBl 1980, 482 = DÖV 1980, 140; OVG NW, Beschl. v. 30.9.1982 – 15 B 739/82 – (betr. Behinderung durch ein Rückenleiden in der sportpraktischen Prüfung).

[335] BVerwG, Urt. v. 30.8.1977 – 7 C 50.76 – Buchholz 421.0 Prüfungswesen Nr. 85; VGH Bad.-Wttbg. Beschl. v. 26.8.1993 – 9 S 2023/93 – DVBl 1993, 1315 = VBl BW 1994, 31: voller Ausgleich, kein Ermessens- oder Beurteilungsspielraum der Prüfungsbehörde; BayVGH, Urt. v. 29.1.1992 – 3 B 91 1791 (betr. 20%-tige Verlängerung der Arbeitszeit wegen erheblicher Sehbehinderung). OVG RhPf., Urt. v. 16.1.1980 aaO. BayVGH, Beschl. v. 2.4.1976 – Nr. 96 III 76 – BayVBl 1976, 656 = SPE III C III, S. 1 (betr. Arbeitszeitverlängerung wegen eines Augenleidens). Wegen der Ausgleichsmaßnahmen für Behinderte: Tiemann, Die Rechtsstellung Behinderter im Prüfungsverfahren, BayVBl 1976, 650; wegen Ausgleichsmaßnahmen für schwangere Frauen: BVerwG, Urt. v. 15.3.1968 – 7 C 46.67 – RdJB 1968, 309 = SPE III C I, S. 1 (mit Anm. von Lübke) und VGH Bad.-Wttbg., Urt. v. 26.9.1966 – III 814/65 – RdJ 1967, 328; für Schülerinnen mit Menstruationsbeschwerden: OVG Berlin, Urt. v. 5.10.1960 – Ia B 49 – SPE III C IV, S. 1.

die Ursache wegen ihrer besonderen Beziehung zu dem eingetretenen Erfolg bei natürlicher Betrachtung an dessen Eintritt wesentlich mitgewirkt und den in Frage stehenden Vorgang damit entscheidend geprägt hat.[336] So ist z. B. die **krankheitsbedingte Medikamenteneinnahme** mit der Folge einer speziell auf **ihr beruhenden**, verborgen gebliebenen **Prüfungsunfähigkeit** nicht als ein selbständiger Rücktrittsgrund angesehen worden; tritt der Prüfling nicht wegen der ihm bekannten Erkrankung zurück, kann er später nicht damit durchdringen, er habe auf den Erfolg dieser Medikamente gehofft und deren Nebenwirkungen unterschätzt.[337] Bewirkt etwa eine gesundheitliche Beeinträchtigung des Prüflings, die zu einer psychogenen Reaktion hinzutritt, daß die Minderung der Leistungsfähigkeit die Schwelle der Unerheblichkeit überschreitet, so wird man ihr die wesentliche Ursächlichkeit für die Prüfungsunfähigkeit nicht absprechen können. Ist hingegen die Leistungsfähigkeit nicht über die Beeinträchtigung durch eine nach Lage der Dinge irrelevante psychogene Reaktion hinaus negativ beeinflußt worden, so wird die – in solchen Fällen zumeist chronische – Krankheit als prüfungsrechtlich „wesentliche" Ursache für die Leistungsminderung ausscheiden müssen.

Nicht entscheidend ist das **auslösende Merkmal**. So wird bei einem schweren Magenleiden, das infolge der – im allgemeinen zu bewältigenden – **Streßsituation** der Prüfung starke Magenkrämpfe auslöst, nicht die psychogene Reaktion, sondern das **organische Leiden als wesentliche Ursache** der Beschwerden anzusehen sein.[338] Im übrigen ist bei der Abschichtung relevanter Beeinträchtigungen von denen irrelevanter Art ein hohes Maß an Zurückhaltung geboten.[339] Sind einzelne Ursachen nicht eindeutig als dominant zu erkennen, so daß nicht schon allein wegen ihrer Irrelevanz ein Rücktritt wegen Prüfungsunfähigkeit ausscheiden muß, so bleiben die Ursachen insgesamt wesentlich für die irreguläre – den Rücktritt rechtfertigende – Leistungsminderung.[340]

---

[336] BVerwG, Urt. v. 2. 11. 1984 – 7 C 27.84 – Buchholz 421.0 Prüfungswesen Nr. 207.

[337] OVG Nds., Urt. v. 21. 7. 1992 – 10 L 193/89. Vgl. dazu auch BVerwG, Beschl. v. 19. 5. 1993 – 6 B 73.92.

[338] BVerwG, Urt. v. 2. 11. 1984 aaO.

[339] Die von Haas (VBl BW 1985, 167/168) vorgeschlagenen erheblichen Differenzierungen dürften zu weit gehen und der Lebenswirklichkeit wenig nahe kommen.

[340] Grundsätzlich hat freilich der Prüfling die materielle Beweislast dafür zu tragen, daß die Umstände, aus denen sich seine Prüfungsunfähigkeit ergeben soll, tatsächlich gegeben sind. Dazu: BVerwG, Urt. v. 22.10. 1982 – 7 C 119.81 – BVerwGE 66, 213 (215); BayVGH, Urt. v. 18. 9. 1985 – Nr. 7 B 84 A. 3179 – SPE 596 Nr. 23 = BayVBl 1986, 118; OVG NW, Urt. v. 28. 9. 1984 – 15 A 259/82 – SPE 596 Nr. 22, nach dessen Auffassung dem Prüfling die materielle Beweislast dafür zukommt, ob extreme psychische Reaktionen die alleinige Folge leistungsfremder Einflüsse sind. Vgl. dazu ferner unten Rdn. 398.

(2) Rügepflicht und Nachweis der Prüfungsunfähigkeit

158 Grundsätzlich wird von jedem Prüfling, der erkennbar unter Gesundheitsstörungen leidet und daher den Prüfungsversuch annulliert wissen möchte, verlangt, daß er die entsprechenden Konsequenzen zieht und von der **Prüfung zurücktritt**, und zwar **unverzüglich**, sobald es ihm nach Lage der Dinge zumutbar ist.[341] Dies ist im Grundsatz anerkannt und in vielen Prüfungsordnungen so oder ähnlich geregelt.

Es ist aus höherrangigem (Bundes-)Recht nicht zu beanstanden, daß landesrechtliche Regelungen (z.B. in den Justizausbildungs- und Prüfungsordnungen) an die Geltendmachung krankheitsbedingter Prüfungsunfähigkeit sowohl hinsichtlich des zeitlichen Rahmens („Unverzüglichkeit") als auch hinsichtlich der Formalisierung des Nachweises strenge Anforderungen stellen.[342] Dennoch ist es immer wieder strittig, wie der Prüfling sich im einzelnen zu verhalten hat, was ihm speziell in seiner konkreten Situation zugemutet werden konnte und ob er rechtzeitig einen ausreichender **Nachweis der mangelnden Prüfungsfähigkeit** erbracht hat.[343] Es geht hierbei – kurz gefaßt – um folgendes:

159 Der erkrankte Prüfling muß erstens **eindeutig und ohne Vorbehalt unverzüglich erklären, daß er von der Prüfung zurücktritt**. Die schlichte Übersendung einer ärztlichen Bescheinigung reicht dazu im allgemeinen nicht aus,[344] kann aber im Falle ihrer fernmündlichen Ankündigung und Angabe des damit verbundenen Zweckes als Rücktrittserklärung gewertet werden. Die Erklärungspflicht gilt grundsätzlich unabhängig von der Art und Weise, wie der Prüfling die Prüfung abbricht, z.B. den Prüfungstermin versäumt, die Hausarbeit zurückgibt, während der Klausur „aussteigt" oder die nächste Klausur nicht mehr mitschreibt. Besonderheiten können sich indes aus der jeweiligen Situation dann ergeben, wenn das Verhalten des Prüflings (z.B. sein Fernbleiben) offensichtlich den Abbruch der Prüfung oder eines selbständigen Teils der Prüfung erkennen läßt, so daß sogleich ein Antrag zu stellen ist, das Vorliegen eines wichtigen Grundes anzuerkennen (vgl. § 19 ÄAppO).

---

[341] BVerwG, Beschl. v. 27.1.1994 – 6 B 12.93 – Buchholz 421.0 Prüfungswesen Nr. 328 und Urt. v. 22.10.1982 – 7 C 119.81 – BVerwGE 66, 213 = NJW 1983, 2101 (auch wegen der Mitteilung der Rücktrittsgründe); Beschl. v. 3.1.1994 – 6 B 57.93 – aaO Nr. 327 (Rücktritt nach der Bekanntgabe der Prüfungsentscheidung); OVG NW, Urt. v. 18.9.1981 – 15 A 44/80 – NJW 1982, 1344; BayVGH, Beschl. v. 19.1.1982 – Nr. 3 B 81 A 741 – BayVBl 1982, 368 (auch zur Frage der Wiedereinsetzung); OVG RhPf., Beschl. v. 18.9.1979 – 2 A 84/79 – SPE III C X, S. 3.

[342] BVerwG, Beschl. v. 21.12.1993 – 6 B 61.92 – Buchholz 421.0 Prüfungswesen Nr. 324 und v. 10.4.1990 – 7 B 48.90 – DVBl 1990, 939 = BayVBl 1990, 411.

[343] Die reichhaltige Rechtsprechung dazu, auf die im folgenden eingegangen wird, ist durch eine schwer überschaubare Kasuistik gekennzeichnet. Aus dem Schrifttum sind zu diesem Thema insbesondere die bereits zitierten Beiträge von Wortmann (NWVBL 1992, 304 (308)), Wagner (DVBl 1990, 183 (184)), Klenke (NWVBL 1988, 199 (201)) und Haas (VBl BW 1985, 161) zu erwähnen.

[344] HessVGH, Urt. v. 10.1.1991 – 6 UE 1426/90 – HessVRspr 1991, 81 = SPE 596 Nr. 39.

Besteht die Prüfung aus mehreren Abschnitten oder Teilen, so muß in der Rücktrittserklärung zum Ausdruck kommen, wieweit der Prüfling zurücktritt (wegen der Wiederholbarkeit einzelner Teile s. Rdn. 172).

Der Prüfling muß zweitens unverzüglich die **Gründe für seinen Rücktritt** 160 **bezeichnen,** d. h. seine körperlichen oder geistigen Beschwerden nennen, so wie er sie zu erkennen vermag (z. B. Kopfschmerzen, Erbrechen, Fieber). Die Prüfungsordnung verlangt im allgemeinen einen fachkundigen Nachweis, daß die genannten Beschwerden eine krankheitsbedingte Leistungsminderung bewirkt haben, und zwar regelmäßig durch (**amts-**)**ärztliches Attest**. Weitere Erklärungen sind nach ausdrücklicher Aufforderung der Prüfungsbehörde abzugeben, soweit sie ebenfalls von seiner generellen Mitwirkungspflicht erfaßt werden (z. B. die Angabe der Gründe für die angebliche Nichterkennbarkeit der Prüfungsunfähigkeit während der Prüfung).[345] Auch ohne besondere Aufforderung muß der Prüfling sich um die Klärung des Rücktrittsgrundes kümmern und Unklarheiten hinsichtlich der damit zusammenhängenden Rechts- und Verfahrensfragen etwa durch Rückfragen beim Prüfungsamt klären.[346] Mißachtet oder verletzt der Prüfling diese Mitwirkungspflichten, so führt dies in aller Regel dazu, daß er sich auf die gesundheitliche Beeinträchtigung während der Prüfung später nicht mehr berufen kann.[347] Das gilt insbesondere dann, wenn er eine zeitnahe Überprüfung eines privatärztlichen Attestes durch eine amtsärztliche Untersuchung unterläßt.[348]

Der Prüfling muß drittens **rechtzeitig die förmliche Genehmigung des Rück-** 161 **tritts beantragen,** wenn die Prüfungsordnung ein solches Verfahren vorsieht (dazu nachfolgend Rdn. 171 ff).

Im einzelnen ist dazu insbesondere im Hinblick auf die vorliegende Rechtsprechung folgendes zu bemerken:

Der Nachweis, daß der Abbruch der Prüfung wegen erheblicher Vermin- 162 derung der Leistungsfähigkeit des Prüflings aufgrund einer gesundheitlichen Beeinträchtigung gerechtfertigt ist,[349] ist im allgemeinen nur mit ärztlicher Hilfe möglich. Inhalt des Nachweises muß die **Beschreibung der gesundheitli-**

---

[345] BVerwG, Urt. v. 22. 10. 1982 – 7 C 119.81 – BVerwGE 66, 213 = Buchholz aaO Nr. 167, auch wegen der Folgen des Ausbleibens einer solchen (angeforderten) Erklärung.

[346] BVerwG, Beschl. v. 15. 10. 1984 – 7 B 198.84 – Buchholz 421.0 Prüfungswesn Nr. 206.

[347] St. Rspr, vgl. z. B. BVerwG, Beschl. v. 14. 3. 1989 – 7 B 39.89 – Buchholz aaO Nr. 260 = SPE 596 Nr. 37 und Urt. v. 22. 10. 1982 – 7 C 119.81 – BVerwGE 66, 213. Vgl. ferner HessVGH, Urt. v. 10. 1. 1991 – 6 UE 1426/90 – SPE 596 Nr. 39 = HessVRspr 1991, 81.

[348] VGH Bad.-Wttbg., Urt. v. 26. 6. 1984 – 4 S 2642/83 – SPE 596 Nr. 21.

[349] Zur diesbezgl. Mitwirkungspflicht des Prüflings: BVerwG, Beschl. v. 27. 8. 1980 – 7 B 191.80 – Buchholz 421.0 Prüfungswesen Nr. 131 und Beschl. v. 27. 5. 1980 – 2 B 65. 79 – Buchholz aaO Nr. 129; Beschl. v. 15. 6. 1979 – 7 B 232.78 – Buchholz aaO Nr. 113 und Urt. v. 9. 8. 1978 – 7 C 36.77– Buchholz aaO Nr. 95 = DÖV 1979, 412; VGH Bad.-Wttbg., Urt. v. 25. 2. 1992 – 9 S 937/91 – und Beschl. v. 29. 3. 1982 – 9 S 129/82 – VBl BW 1983, 43 (betr. Mitwirkungspflicht des Prüflings, der Bedenken

chen Beeinträchtigung sein (etwa der Hinweis auf bestimmte Schmerzen) und insbesondere die Angabe der sich daraus ergebenden **Behinderung in der Prüfung** (z. B. Störung der Konzentrationsfähigkeit). Die genaue Bezeichnung der Krankheit ist zweckmäßig, aber nicht entscheidend. Allerdings kann nach Lage der Dinge schon durch sie offensichtlich gemacht werden, daß die Leistungsfähigkeit des Prüflings erheblich beeinträchtigt ist (z. B. bei fiebriger Grippe). Der schlichte, nicht weiter begründete Hinweis, daß der Prüfling „prüfungsunfähig" sei, entspricht diesen Anforderungen nicht. Die Beantwortung der Rechtsfrage, ob die nachgewiesene gesundheitliche Beeinträchtigung den Abbruch der Prüfung rechtfertigen kann, ist grundsätzlich nicht Aufgabe des Arztes; dies ist vielmehr letztlich und in eigener Verantwortung von der Prüfungsbehörde zu entscheiden. Bescheinigt der Arzt **konkrete körperliche oder geistige Beeinträchtigungen mit der Folge der „Prüfungsunfähigkeit" am Prüfungstage**,[350] so muß die Prüfungsbehörde freilich hiervon ausgehen und darf nur dann anders entscheiden, wenn der Arzt die Auswirkungen der Erkrankung auf die Leistungsfähigkeit des Prüflings offensichtlich falsch eingeschätzt hat. Solche anderslautenden Erkenntnisse wird die Prüfungsbehörde in der Regel nur mit Hilfe anderweitiger sachverständiger Hilfe erlangen können.[351]

163 Die Prüfungsordnung kann den Nachweis durch **amtsärztliches Attest** vorsehen.[352] Stellt die Prüfungsordnung hinsichtlich der Form des Nachweises der Prüfungsunfähigkeit keine besonderen Anforderungen, kann im Einzelfall dennoch aus sachlichem Grund – etwa wenn der ärztliche Befund unklar ist oder wenn einem allgemeinen Mißbrauch begegnet werden soll – ein amtsärztliches Attest, nicht aber auschließlich ein Zeugnis einer (Universitäts-)Klinik,[353] verlangt werden.[354] Ein solches Verlangen kann auch schon

---

gegen die fachgerechte Beurteilung seiner Krankheit hat). Vgl. ferner: BayVGH, Urt. v. 8. 4. 1981 – Nr. 3 B 81 A 277 – BayVBl 1981, 689.

[350] Häufig wird die Prüfungsunfähigkeit vom Arzt nur „befürwortet". Diese scheinbare Unsicherheit soll nicht die ärztliche Diagnose und die darauf fußende Beurteilung der Leistungsstörungen in Frage stellen, sondern ist als ein Zeichen dafür zu sehen, daß der Arzt die Letztentscheidungsbefugnis der Prüfungsbehörde nicht verkennt.

[351] BVerwG, Beschl. v. 22. 6. 1993 – 6 B 9.93 – Buchholz aaO Nr. 316; z. B. kann daraus, daß der Prüfling in dem betr. Teil der Prüfung Leistungen erbracht hat, die seinem allgemeinen Leistungsstand entsprechen oder teilweise sogar darüber liegen, mit Recht gefolgert werden, daß die gesundheitlichen Beeinträchtigungen keine „Prüfungsunfähigkeit" bewirkt haben: OVG Nds., Urt. v. 21. 7. 1992 – 10 L 193/89, bestätigt durch BVerwG, Beschl. v. 19. 5. 1993 – 6 B 73.92.

[352] BVerwG, Beschl. v. 10. 4. 1990 – 7 B 48.90 – DVBl 1990, 939 = BayVBl 1990, 411.
Einem vertrauensärztlichen Attest kommt ebenfalls Vorrang gegenüber einem anderslautenden privatärztlichen Attest zu: BVerwG, Beschl. v. 27. 8. 1992 – 6 B 33.92 – DVBl 1993, 51 = BayVBl 1992, 762.

[353] BayVGH, Urt. v. 1. 4. 1992 – 7 B 91 3037 – BayVBl 1993, 149.

[354] Bei dieser Aufforderung handelt es sich um eine unselbständige Verfahrenshandlung i. S. v. § 44a VwGO und nicht um einen selbständig anfechtbaren Verwaltungsakt: BVerwG, Beschl. v. 27. 8. 1992 aaO.

vorsorglich bei der Zulassung zur Prüfung rechtsverbindlich ausgesprochen werden.[355]

In der Rechtsprechung wird für diesen Fall teilweise angenommen, daß **andere Beweismittel** sodann ausgeschlossen seien.[356] Es sollte indes statthaft sein, unklare, lückenhafte oder für weitere Feststellungen offene amtsärztliche Zeugnisse durch andere Beweismittel zu ergänzen. Hat zum Beispiel der (private) Notarzt unmittelbare Eindrücke während oder kurz nach der Prüfung festgehalten, so kann die spätere Untersuchung durch den Amtsarzt, bei der die Krankheitserscheinungen möglicherweise bereits abgeklungen sind, weniger beweiskräftig sein als die ursprünglichen **Bekundungen des Notarztes**, die der Amtsarzt sodann nur noch auf ihre Plausibilität begutachten kann. Dies darf aber nicht zu Lasten des Prüflings gehen, der sich in der für ihn zumutbaren Weise um den Nachweis seiner Prüfungsunfähigkeit bemüht hat. Im übrigen reicht es grundsätzlich aus, wenn der Amtsarzt feststellt, daß die ihm vorliegenden Angaben über die (abgeklungenen) Beschwerden nach dem gegenwärtigen Befund glaubhaft sind.[357] Kann der Amtsarzt die privatärztliche Diagnose zwar nicht durch einen immer noch gegenwärtigen („Rest"-)Befund hinreichend stützen, aber deren Richtigkeit auch nicht in Frage stellen, müssen die privatärztlichen Erkenntnisse ergänzend herangezogen werden, wenn die Verzögerung der Begutachtung durch den Amtsarzt dem Prüfling nicht angelastet werden kann.

Um die Chancengleichheit zu wahren und zu vermeiden, daß einzelne Prüflinge sich den unberechtigten Vorteil zusätzlicher Prüfungsversuche verschaffen, werden gesundheitlich bedingte Verminderungen der Leistungsfähigkeit, auch wenn sie den Prüfling objektiv benachteiligen mögen, dann nicht als ein Rücktrittsgrund anerkannt, wenn er sich diesen Nachteil durch sein Verhalten zurechnen lassen muß. Dies ist ohne weiteres der Fall, wenn der Prüfling seine **gesundheitliche Beeinträchtigung kennt und das Risiko eines Mißerfolgs auf sich nimmt**. Wer etwa mit **Schmerzmitteln** versucht, seine Beschwerden zu betäuben, kann sich nachher nicht auf seine Krankheit berufen. Es widerspräche nämlich dem Grundsatz der Chancengleichheit, einen Prüfling, der sich der Prüfung in der Hoffnung stellt, trotz seiner für ihn erkennbar fehlenden oder erheblich eingeschränkten Prüfungsfähigkeit das Examen zu bestehen, im Falle des Mißlingens zusätzlich zu prüfen.[358] So trifft z.B. auch ein Prüfling, der nach ärztlicher Behandlung etwa einer psychischen Erkrankung (z.B. einer Zwangsneurose) gegen den ausdrücklichen ärztlichen

164

---

[355] VGH Bad.-Wttbg., Urt. v. 25. 2. 1992 – 9 S 937/91.
[356] BayVGH, Beschl. v. 8. 11. 1984 – Nr. 3 B 84 A 2024 – BayVBl 1986, 118 und v. 2. 10. 1991 – 3 B 90 1655.
[357] BayVGH, Urt. v. 1. 4. 1992 aaO.
[358] BVerwG, Beschl. v. 28. 2. 1980 – 7 B 232.79 – Buchholz 421.0 Prüfungswesen Nr. 125; Urt. v. 22. 3. 1963 – 7 C 141.61 – Buchholz aaO Nr. 17 = DVBl 1964, 318 = DÖV 1963, 475 und v. 3. 5. 1963 – 7 C 46.62 – Buchholz aaO Nr. 19, S. 51ff. Vgl. ferner: OVG Nds., Urt. v. 21. 7. 1992 – 10 L 193/89.

Rat sich gleichwohl der Prüfung unterzieht, eine **ihm zurechenbare Risikoentscheidung**. Er kann demgegenüber nicht mit Erfolg geltend machen, daß er aufgrund einer später eingetretenen Verschlimmerung der Krankheit keine freie Entscheidung über die weitere Teilnahme an der Prüfung habe treffen können.[359]

165 Der positiven Kenntnis ist die **grobfahrlässige Unkenntnis** gleichzusetzen, und zwar nicht nur wenn die Prüfungsordnung dies ausdrücklich so regelt, sondern auch ohne besondere Regelung auf der Grundlage eines allgemeinen prüfungsrechtlichen Rechtsgrundsatzes.[360] Denn wenn der Prüfling in grober Weise seine Pflicht zur Mitwirkung an der eindeutigen Feststellung seines gesundheitlichen Zustandes trotz bestehender Anhaltspunkte einer Erkrankung verletzt, ist ihm der daraus erwachsene Nachteil ebenfalls selbst zuzurechnen. Grobe Fahrlässigkeit ist freilich nicht schon mit jeglicher Risikobereitschaft gleichzusetzen. Zwar geht der als untauglich erkennbare Versuch des erkrankten Prüflings, ohne ärztliche Beratung mit Hilfe „**selbstverordneter**" Schmerz- oder Beruhigungstabletten, deren Wirkung er selbst nicht hinreichend abschätzen kann, auf sein Risiko.[361] Anders ist es jedoch, wenn der Prüfling nach dem Abklingen der Krankheitserscheinungen (z. B. von Fieber, Husten und Schnupfen bei einem grippalen Infekt) **annehmen darf, prüfungsfähig zu sein**, jedoch durch die Belastungen der Prüfung erfahren muß, daß er wegen der noch nicht überwundenen Schwächung durch die Krankheit nach wie vor erheblich behindert ist. Gerade das muß er dann aber noch während der Prüfung anzeigen und darf nicht abwarten, ob ihm dennoch ein Prüfungserfolg gelingt.

166 Das Gebot, den **Rücktritt** in jedem Fall **unverzüglich zu erklären** und die Rücktrittsgründe ebenso unverzüglich mitzuteilen, rechtfertigt sich aus dem berechtigten Anliegen, einer mißbräuchlichen Vorteilnahme vorzubeugen. Ein Prüfling, der durch sein zögerliches Verhalten versucht, sich die Chance eines zusätzlichen Prüfungsversuchs zu verschaffen, oder der dadurch gar die Feststellung seiner Prüfungsunfähigkeit behindert, muß sich den Nachteil seiner möglichen gesundheitlichen Behinderung zurechnen lassen.[362] Die damit angesprochene (äußerste) zeitliche Grenze des Rücktritts ist eindeutig überschritten, wenn eine in der Prüfungsordnung enthaltene, rechtlich zulässige **Ausschlußfrist** versäumt worden ist.[363] Darüberhinaus ist ein Prüfungsrücktritt nicht mehr „unverzüglich", wenn der Prüfling die Rücktrittserklä-

---

[359] VGH Bad.-Wttbg., Urt. v. 15. 9. 1987 – 9 S 2825/86 – SPE 596 Nr. 30.

[360] Haas, VBl BW 1985, 161 (168/169). Wenn die Prüfungsordnung ausdrücklich nur auf die positive Kenntnis abstellt, ist allein danach zu entscheiden.

[361] BayVGH, Beschl. v. 23. 10. 1989 – 3 B 88 01445 – ZBR 1991, 379.

[362] BVerwG, Urt. v. 22. 10. 1982 – 7 C 119.81 – BVerwGE 66, 213 = Buchholz 421.0 Prüfungswesen Nr. 167. Dazu insgesamt: Wortmann, aaO S. 308; Wagner, aaO S. 184; Klenke, aaO S. 201 und Haas, aaO S. 168.

[363] BVerwG, Beschl. v. 21. 12. 1993 – 6 B 61.92 – Buchholz 421.0 Prüfungswesen Nr. 324, Urt. v. 17. 1. 1984 – 7 B 29.83 – Buchholz aaO Nr. 190 = DÖV 1984, 810 = BayVBl 1984, 247.

rung nicht zu dem **frühestmöglichen Zeitpunkt** abgegeben hat, zu dem sie von ihm in **zumutbarer Weise** hätte erwartet werden können.[364] Unter welchen Voraussetzungen danach ein schuldhaftes Zögern anzunehmen ist und welche Anforderungen an die Zumutbarkeit einer sofortigen Rücktrittserklärung zu stellen sind, ist nicht generell zu beantworten, sondern hängt weitgehend von den Umständen des Einzelfalls ab. Die dazu vorliegenden Gerichtsentscheidungen, mit denen die Unverzüglichkeit des Rücktritts nach der jeweiligen Sachlage bejaht oder verneint worden ist, haben durchweg keine grundsätzliche Bedeutung im Sinne einer generellen Abgrenzung; diese Rechtserkenntnisse sind daher kaum verallgemeinerungsfähig.[365]

Bei alledem ist ferner zu berücksichtigen, daß die **Zumutbarkeit der Rücktrittserklärung** zu einem bestimmten (frühen) Zeitpunkt nicht selten auch von den Besonderheiten der Prüfungssituation abhängig ist. Bemerkt der Prüfling etwa während der Aufsichtsarbeit Zahn- oder Kopfschmerzen, Abgeschlagenheit oder ähnliche Erscheinungen, so darf er durchaus abwarten, ob sich diese als anhaltende Gesundheitsstörungen entwickeln oder nach gewisser Zeit etwa mit dem Nachlassen der Prüfungsanspannungen vorübergehen. Wer in der Belastung der konkreten Prüfungssituation versucht, mit seinen dort auftretenden Beschwerden fertig zu werden, darf nicht allein deswegen benachteiligt werden, weil ihm dies wider Erwarten nicht gelingt. In dem letzteren Fall muß der Prüfling sodann jedoch entweder bei der Abgabe der betreffenden Aufsichtsarbeit den Rücktritt erklären und dabei seine gesundheitlichen Beschwerden angeben oder mindestens sogleich nach der Beendigung der Aufsichtsarbeit einen Arzt aufsuchen, um mit dessen Hilfe den wahren Charakter der Beschwerden zu ermitteln, und im Falle einer festgestellten Erkrankung unmittelbar anschließend den Rücktritt erklären.

---

[364] BVerwG, Beschl. v. 18. 5. 1989 – 7 B 71.89 – Buchholz 421.0 Prüfungswesen Nr. 264 und Urt. v. 7. 10. 1988 – 7 C 8.88 – BVerwGE 80, 282 = Buchholz aaO Nr. 259 = NJW 1989, 2340. Die gleichen Maßstäbe gelten auch bei Prüfungen der Hochschule der Bundeswehr: BVerwG, Beschl. v. 14. 10. 1992 – 6 B 2.92 – DVBl 1993, 52.

[365] Vgl. z. B.: BVerwG, Urt. v. 7. 10. 1988 aaO, betr. Beschwerden, die nach Beginn der schriftlichen Prüfung aufgetreten sind, und der Prüfling noch am selben Tag sofort nach der Prüfung einen Arzt konsultiert und alsbald danach, noch vor der Bekanntgabe des Prüfungsergebnisses, die Rücktrittserklärung abgibt. Dieser fast idealtypische Fall eines unverzüglichen Rücktritts setzt aber keine rechtlich verbindlichen Maßstäbe für andersgeartete Fälle. Kommt es z. B. zu Verzögerungen, weil die Schwere der Erkrankung ein so schnelles Reagieren verhindert, mag der Rücktritt auch noch später „unverzüglich" sein (vgl. Schl.-H. OVG, Urt. v. 17. 12. 1992 – 3 L 139/92). Auch dürfen Verzögerungen, die der Prüfling nicht zu vertreten hat, ihm nicht angelastet werden (z. B. bei der Beförderung durch die Post: HessVGH, Beschl. v. 31. 10. 1988 – 6 TG 2490/88 –). Dagegen muß der Prüfling sich Verzögerungen anrechnen lassen, die dadurch entstehen, daß er unsachgemäßen ärztlichen Ratschlägen zum Verhalten gegenüber dem Prüfungsamt vertraut oder sich nicht hinreichend darum bemüht hat, von einem Arzt rechtzeitig ein Attest zu erhalten (VGH Bad.-Wttbg., Urt. v. 17. 2. 1992 – 9 S 1524/90 – SPE 436 Nr. 12).

In der **mündlichen Prüfung** sind die Anforderungen an die Zumutbarkeit des Rücktritts in der Regel weiter abgemildert, weil der Prüfling sich hier unter Zeitdruck auf das Prüfungsgeschehen zu konzentrieren hat und es ihm daher an hinreichender Gelegenheit fehlt, die einschneidenden Konsequenzen eines Rücktritts zu überdenken. Auch sonst kann es nach Lage der Dinge geboten sein, dem Prüfling selbst im Falle der Kenntnis seiner plötzlichen Erkrankung eine **angemessene Überlegungsfrist** einzuräumen, etwa wenn die konkrete Prüfungssituation (z. B. wenn bereits mehrere Aufsichtsarbeiten erstellt worden sind, die im Falle des Rücktritts nicht angerechnet würden,) es objektiv sinnvoll erscheinen läßt, eine (weitere) ärztliche Aufklärung darüber zu erlangen, welche Bedeutung die Beschwerden in Wahrheit haben, wielange sie voraussichtlich andauern werden und ob sie zumindest für die restliche Zeit der Prüfung mit Medikamenten hinreichend auszuschalten sind. Wenn erst in Kenntnis solcher erheblichen Umstände eine **sorfältige Abwägung aller Belange** stattfinden kann, die für oder gegen den Rücktritt sprechen, muß die dafür notwendige Zeit dem Prüfling gewährt werden.[366] Welcher Zeitraum dafür anzusetzen ist, kann nicht generell, sondern nur nach den Umständen des Einzelfalls beantwortet werden. Wesentlich ist in aller Regel, wie schnell der Prüfling angesichts der von ihm selbst nicht hinreichend sicher zu würdigenden gesundheitlichen Beschwerden einen Arzt seines Vertrauens zu konsultieren vermag. Das kann etwa an einem Wochenende ausnahmsweise erst nach (wenigen) Tagen der Fall sein. Zu berücksichtigen ist dabei auch der objektive Aufklärungsbedarf; ist die Situation bei verständiger Würdigung nahezu eindeutig, kann die Überlegungsfrist nur kurz sein und etwa nur wenige Stunden umfassen.[367]

168 Da die Unverzüglichkeit des Rücktritts daran zu messen ist, ab welchem Zeitpunkt der Prüfling die (krankhafte) Verminderung seiner körperlichen oder geistigen Leistungsfähigkeit erkannt hat oder bei der generell zu erwartenden Sorgfalt zumindest hätte erkennen müssen, macht es regelmäßig Schwierigkeiten, die **„unerkannte" Prüfungsunfähigkeit** den genannten Anforderungen entsprechend angemessen zu berücksichtigen. Zunächst ist klarzustellen, daß von einer „Unkenntnis" in diesem Sinne nicht schon dann die Rede sein kann, wenn der Prüfling nicht in der Lage ist, seinen Zustand medizinisch als eine bestimmte Krankheit zu diagnostizieren oder rechtlich als „Prüfungsunfähigkeit" zu würdigen. Kenntnis von seiner Prüfungsunfähigkeit hat der Prüfling vielmehr schon dann, wenn ihm sein gesundheitlicher Zustand (speziell seine gesundheitlichen Beschwerden) in den wesentlichen Merkmalen bewußt ist und er die Auswirkungen der Erkrankung auf seine Leistungsfähigkeit im Sinne einer „Parallelwertung in der Laiensphäre" er-

---

[366] Vgl. dazu insgesamt: BVerwG, Urt. v. 7. 10. 1988 – 7 C 8.88 – BVerwGE 80, 282 = Buchholz 421.0 Prüfungswesen Nr. 259 = NJW 1989, 2340 und ferner Wortmann, NWVBL 1992, 304 (308).

[367] So auch Wortmann aaO.

faßt.[368] Dazu wird von dem erkrankten Prüfling erwartet, daß er den ihn behandelnden Arzt ausdrücklich danach fragt, ob dieser die Prüfung bzw. deren Fortsetzung aus ärztlicher Sicht für vertretbar hält. Bejaht der Arzt die Prüfungsfähigkeit trotz der von ihm erkannten – aber falsch eingeschätzten – gesundheitlichen Beeinträchtigungen, so darf der Prüfling darauf vertrauen und ist nicht etwa gehalten, angesichts der in der Prüfung auftretenden Beschwerden sogleich den Rücktritt zu erklären. Stellt sich anschließend aufgrund der sodann gebotenen weiteren Untersuchungen heraus, daß eine bislang nicht erkannte krankheitsbedingte Leistungsminderung vorlag, so muß der Prüfling nunmehr sogleich den Rücktritt erklären.[369] Bei nervlichen oder psychischen Beschwerden ist für das die „Unkenntnis" ausschließende „Kennenmüssen" (s. Rdn. 165) maßgebend, ob der Prüfling – nötigenfalls nach ärztlicher Information – weiß, ob diese Beschwerden über schlichte Examenspsychosen hinaus einen echten Krankheitswert haben und wieweit es ihm möglich war, seine Krankheit und das damit vorhandene Examensrisiko einzuschätzen.[370]

169 Zwischen dem Erkennen seiner krankheitsbedingten Einschränkung der Leistungsfähigkeit, welche die Rügepflicht auslöst, und dem Bestehen einer wirklichen „Prüfungsunfähigkeit" sind innere Zusammenhänge gegeben. Wer **keine erhebliche Verminderung der Leistungsfähigkeit bemerkt**, ist in der Regel auch **nicht prüfungsunfähig**.[371] Es ist dann zu vermuten, daß die zunächst unerkannte, aber später festgestellte Krankheit – sofern sie überhaupt erheblichen Einfluß auf die Leistungsfähigkeit in der Prüfung haben kann – sich in dem konkreten Fall nicht leistungsmindernd bemerkbar gemacht hat. Freilich ist zu beachten, daß dies alles nur als eine Regel, nicht dagegen als ein absoluter Maßstab gelten darf. Es ist keineswegs ausgeschlossen, daß der Prüfling in der Anspannung der Prüfungssituation gewisse Beeinträchtigungen (z. B Kopfschmerzen oder Konzentrationsmängel) verkannt oder als Begleiterscheinungen seiner Prüfungsangst gewertet hat. Wenn später eine die Leistungsfähigkeit typischerweise mindernde Erkrankung festgestellt wird, ist unter diesen Umständen anzunehmen, daß die Leistungsfähigkeit auch schon während der Prüfung – wenngleich unerkannt – aus gesundheitlichen Gründen vermindert war.[372]

170 Die Prüfungsunfähigkeit ist im übrigen dann ausnahmsweise **nachträglich**

---

[368] BVerwG, Beschl. v. 22. 9. 1993 – 6 B 36.93 – Buchholz 421.0 Prüfungswesen Nr. 318 und v. 2. 8. 1984 – 7 B 129.84 – Buchholz aaO Nr. 200 und v. 17. 1. 1984 – 7 B 29.83 – Buchholz aaO Nr. 190 = DÖV 1984, 810.

[369] BVerwG, Urt. v. 15. 12. 1993 – 6 C 28.92 – Buchholz 421.0 Prüfungswesen Nr. 323.

[370] BVerwG, Urt. v. 15. 12. 1993 aaO.

[371] BVerwG, Beschl. v. 17. 1. 1984 – 7 B 29.83 – aaO mit zust. Anm. von Weber, BayVBl 1984, 373. Vgl. ferner: Beschl. v. 22. 9. 1993 – 6 B 36.93 – Buchholz aaO Nr. 318 und v. 14. 6. 1983 – 7 B 107.82 – Buchholz aaO Nr. 176.

[372] BVerwG, Urt. v. 15. 12. 1993 – 6 B 28.92 – aaO. Ebenso: Wortmann, aaO S. 307 und Klenke, aaO S. 201.

zu berücksichtigen, wenn der Prüfling sich trotz seiner Krankheit **ohne eigenes Verschulden** – insbesondere in Unkenntnis oder krankheitsbedingter Fehleinschätzung seiner wahren gesundheitlichen Verfassung – der Prüfungssituation ausgesetzt hat und er diesen Nachteil nicht etwa durch Rücktritt oder Verschiebung der Prüfung abwenden konnte.[373] Das gilt auch dann, wenn eine bekannte – die Prüfungsfähigkeit jedoch bislang nicht ausschließende – Krankheit sich während der Prüfung wesentlich verschlimmert hat, ohne daß dies für den Prüfling vorhersehbar oder in seiner Tragweite überschaubar war.

Auch in diesen Fällen ist jedoch die Prüfungsunfähigkeit, sobald sie erkannt worden ist, **unverzüglich anzuzeigen** und der **Rücktritt** in der genannten Weise zu **erklären**. Ist eine (amts-)ärztliche Untersuchung aus Gründen, die der Prüfling nicht zu vertreten hat, erst gewisse Zeit nach dem Prüfungstermin möglich und sind die **Krankheitserscheinungen** dann schon wieder **abgeklungen**, so genügt die ärztliche Feststellung, daß die Angaben des Prüflings über die Erkrankung auch nach dem gegenwärtigen Befund glaubhaft sind.[374] Die Prüfung darf in solchen Fällen nur dann für nicht bestanden erklärt werden, wenn die Gesundung von der betreffenden Krankheit in der kurzen Zeit mit an Sicherheit grenzender Wahrscheinlichkeit ausgeschlossen ist, so daß die Krankheit offensichtlich nicht vorgelegen hat.

(3) Genehmigung des Rücktritts

171 Das Verfahren zur Anerkennung der Prüfungsunfähigkeit und Zulassung einer erneuten Prüfung ist in den Prüfungsordnungen häufig dahin geregelt, daß der Prüfling gehalten ist, die **Genehmigung des Rücktritts** bei der Prüfungsbehörde **förmlich zu beantragen**, und zwar regelmäßig mit einer **zeitlichen Begrenzung** (z.B. bis zur Bekanntgabe des Prüfungsergebnisses oder „unverzüglich" oder gar unter Festsetzung einer Ausschlußfrist[375]) und dabei zugleich mit gewissen **förmlichen Anforderungen** an den Nachweis der gesundheitlichen Beeinträchtigung etwa durch ein amtsärztliches Zeug-

---

[373] BVerwG, Beschl. v. 3. 1. 1994 – 6 B 57.93 – Buchholz 421.0 Prüfungswesen Nr. 327 und v. 25. 11. 1992 – 6 B 27.92 – Buchholz aaO Nr. 306 und v. 19. 5. 1987 – 7 B 107.87 – Buchholz aaO Nr. 241 und v. 28. 2. 1980 – 7 B 232.79 – Buchholz aaO Nr. 125. BayVGH, Urt. v. 6. 7. 1987 – M3 K 85 6648 – SPE 596 Nr. 27. Zum Ausschluß der Rüge der Prüfungsunfähigkeit nach dem Mißerfolg der Prüfung, wenn die Zulassung zur Prüfung durch eine unrichtige Bescheinigung über die Prüfungsfähigkeit erreicht worden ist: VGH Bad.-Wttbg., Urt. v. 8. 6. 1978 – IX 1024/78 – SPE III E II, S. 13.

[374] Nach Auffassung des OVG NW kann eine nachträglich ausgestellte ärztliche Bescheinigung berücksichtigt werden, wenn sie tragfähige Aussagen über die Art der Erkrankung am Tage der Prüfung und deren Auswirkungen auf die Leistungsfähigkeit des Prüflings enthält: OVG NW, Beschl. v. 27. 3. 1992 – 22 A 2304/91.

[375] Auch diese ist aus höherrangigem Recht nicht zu beanstanden: BVerwG, Beschl. v. 17. 4. 1984 – 7 B 29.83 – Buchholz 421.0 Prüfungswesen Nr. 190 = DÖV 1984, 810 = BayVBl 1984, 247.

nis (vgl. § 18 ÄAppO). Eine solche Verselbständigung eines Teils des Prüfungsverfahrens ist generell zulässig.[376]

Ist in der Prüfungsordnung ein **förmliches Genehmigungsverfahren** nicht vorgesehen, hat die Prüfungsbehörde dem Prüfling auf seine Rücktrittserklärung gleichermaßen alsbald mitzuteilen, ob sie die Prüfungsunfähigkeit anerkennt und deshalb den Prüfungsversuch annulliert. Bedeutung können die vorbezeichneten Unterschiede des Verfahrens dafür haben, wie der Prüfling sich in dem Fall zu verhalten hat, daß die Behörde ihm nicht zustimmt. Bei der Ablehnung eines Genehmigungsantrags bedarf es des förmlichen Widerspruchs gegen diesen Bescheid (vgl. §§ 68 ff. VwGO), da er sonst bestandskräftig würde und die Prüfungsunfähigkeit bei der späteren Anfechtung des (negativen) Prüfungsbescheids nicht mehr geltend gemacht werden könnte.[377] Daneben muß die (negative) Prüfungsentscheidung vorsorglich angefochten werden, da sie sonst bestandskräftig würde.[378] Ist dagegen ein förmliches Genehmigungsverfahren nicht vorgesehen, kann die Prüfungsunfähigkeit nur als ein **Mangel des Prüfungsverfahrens** mit der **Anfechtung der Prüfungsentscheidung** geltend gemacht und weiterverfolgt werden. Falls das Vorbringen begründet ist, führt der Weg hier über die Aufhebung der Prüfungsentscheidung zu einer erneuten Prüfung.

Im allgemeinen ist **nur der** (abtrennbare) **Teil der Prüfung** ein weiteres Mal zu durchlaufen, also die Hausarbeit, der Klausurensatz oder die mündliche Prüfung **zu wiederholen**. Sachlich begründete weitere Abtrennungen sind statthaft, wenn dadurch die Chancengleichheit nicht verletzt wird. Soweit die Prüfung ein einheitlicher Vorgang ist, in dem die Leistungen der Mitprüflinge nach einheitlichen Maßstäben zu bewerten sind, ist eine **separate Wiederholung** nicht zulässig. Das hindert in diesem Fall, daß der inzwischen gesunde Prüfling lediglich einzeln eine einzige Klausur nachschreibt oder sich der mündlichen Prüfung ohne Mitprüflinge in einem einzelnen Fach unterzieht. Hiervon mag dann eine Ausnahme zulässig sein, wenn nach Art der Prüfung eine solche Trennung für die Chancengleichheit keine Bedeutung hat oder wenn eine Nachholung anders nicht möglich ist. Schließlich kann auch von Bedeutung sein, daß die Prüfung wegen der Erkrankung des Prüflings **längere**

---

[376] BVerwG, Beschl. v. 14. 3. 1989 aaO und v. 10. 4. 1990 – 7 B 48.90 – DVBl 1990, 939 = BayVBl 1990, 411.

[377] Die Lösung des OVG NW (Beschl. v. 27. 3. 1992 – 22 A 2304/91 – und v. 4. 3. 1992 – 22 A 445/91 –; verteidigt von Wortmann, aaO S. 308), wonach auch in diesen Fällen die Prüfungsunfähigkeit als ein Mangel des Prüfungsverfahrens stets auf die Rechtmäßigkeit des Prüfungsbescheids durchschlage, dessen Anfechtung auch hier genüge, mag zwar eine „sehr einfache Linie" sein (so Wortmann aaO), sie erscheint aber prozeßrechtlich kaum haltbar.

[378] Der Umweg über den Anspuch auf Wiederaufgreifen des Verfahrens (§ 51 VwVfG) im Falle der späteren Genehmigung des Rücktritts ist gangbar, jedoch weniger empfehlenswert. Greift der Prüfling die Prüfungsentscheidung ferner aus anderen Gründen an, muß er auch deshalb den Prüfungsbescheid anfechten. Eine Abstufung der Klageanträge dürfte im Einzelfall sinnvoll sein.

Zeit unterbrochen oder der Fortgang sonstwie unverschuldet erheblich verzögert worden ist. Wenn dadurch der Zweck der zunächst begonnenen Prüfung unerreichbar geworden ist, weil der etwa erforderliche Zusammenhang zwischen den einzelnen für das Bestehen der Prüfung geforderten Leistungen nicht mehr gewahrt ist, kann der Prüfling die Genehmigung des Rücktritts von der gesamten Prüfung verlangen.[379]

Die Genehmigung des Rücktritts von einem (abtrennbaren) Teil der – nur insoweit zu wiederholenden – Prüfung bewirkt auch ohne besondere gesetzliche Regelung nach einem allgemeinen prüfungsrechtlichen Grundsatz, daß die nicht betroffenen anderen Teile Bestand haben, einschließlich der dort erteilten Bewertungen, und zwar ohne Rücksicht darauf, ob dies für den Prüfling günstig ist oder nicht. Gelegentlich enthalten Prüfungsordnungen eine zeitliche Begrenzung der Möglichkeit, die in den anderen Prüfungsteilen erbrachten positiven Bewertungen „stehen zu lassen", um mit ihrer Hilfe und dem nachzuholenden Prüfungsteil zu einem positiven Gesamtergebnis zu gelangen. Bei ärztlichen Prüfungen regelt § 19 Abs. 1 Satz 3 ÄAppO für diesen Fall, daß die (teilbare) Prüfung bzw. der (teilbare) Prüfungsabschnitt insgesamt als nicht unternommen gilt, wenn der Prüfling sich nicht spätestens im übernächsten Zeitraum der Prüfung in dem Prüfungsteil unterzieht, für den ein wichtiger Grund des Versäumnisses anerkannt worden ist. Diese Zeitschranke für das „Stehenlassen positiver Teilleistungen" gilt nach dem Wortlaut des Gesetzes nur für den in § 19 ÄAppO geregelten Fall der Säumnis, nicht aber auch für den in § 18 ÄAppO geregelten Fall des Rücktritts. Da jedoch die Art und Weise, wie die Prüfung unterbrochen worden ist, für die daraus herzuleitenden Rechtsfolgen unerheblich ist (vgl. Rdn. 159), ist ein sachlicher Grund für die einseitige Belastung der Säumnisfälle nicht erkennbar. Die Zeitschranke des § 19 Abs. 1 Satz 3 ÄAppO hält den Anforderungen des Art. 3 GG nicht stand und ist daher insgesamt ungültig.

173 Aus gesundheitlichen Gründen **nicht erbrachte Leistungen** dürfen grundsätzlich auch dann nicht als erbracht angesehen werden, wenn der Prüfling den Ausfall nicht zu vertreten hat. Eine nach allgemeinen Maßstäben „mangelhafte" Leistung darf nicht deshalb als „ausreichend" bewertet werden, weil der Prüfling in Anbetracht seiner gesundheitlichen Beeinträchtigung relativ viel geleistet hat. In Frage kommt lediglich die **Wiederholung** der Prüfung oder von Teilen der Prüfung, wenn der durch die Erkrankung gestörte Prüfungsteil ohne Einfluß auf die Bewertung anderer Prüfungsteile nachzuholen und mit einer (Teil-)Note selbständig zu bewerten ist (z. B. die Aufsichtsarbeiten oder die mündliche Prüfung).[380]

Bei **Wiederholungsprüfungen**, die allein auf eine **Verbesserung der Note** der

---

[379] OVG NW, Urt. v. 23. 10. 1986 – 22 A 2737/85 – NVwZ 1988, 461.
[380] BVerwG, Beschl. v. 8. 5. 1991 – 7 B 43.91 – DVBl 1991, 759 = SPE 980 Nr. 40. Solange der Rücktritt noch nicht genehmigt worden ist, kann dem Prüfling zugemutet werden, weitere Aufsichtsarbeiten mitzuschreiben: BVerwG, Beschl. v. 16. 2. 1984 – 7 CB 27.83 – Buchholz 421.0 Prüfungswesen Nr. 194.

bestandenen Prüfung abzielen, erlaubt auch der genehmigte krankheitsbedingte Rücktritt von einer solchen Prüfung nicht, den in der Prüfungsordnung abschließend für alle Prüfungsversuche festgelegten Zeitrahmen (z. B. bis zum übernächsten Prüfungstermin) zu überschreiten.

b) Zur Person des Prüfers[381]

aa) Fachliche Qualifikation

Es folgt schon aus dem Wesen einer Prüfung und ist auch wegen der Einhaltung der Chancengleichheit geboten, daß die Beurteilung von Prüfungsleistungen nur Personen übertragen werden darf, die nach ihrer **fachlichen Qualifikation** in der Lage sind, den Wert der erbrachten Leistung eigenverantwortlich zu beurteilen und zu ermitteln, ob der Prüfling die geforderten Fähigkeiten besitzt, deren Feststellung die Prüfung dient.[382] Die Entscheidung über den Wert einer Prüfungsleistung, bei der es um eine bestimmte berufliche oder akademische Berechtigung geht, darf grundsätzlich nur demjenigen anvertraut werden, der auch selbst im Sinne dieser Berechtigung qualifiziert ist.[383]   174

Für **Hochschulprüfungen** verlangt § 15 Abs. 4 Satz 2 HRG ausdrücklich, daß Prüfungsleistungen nur von Personen bewertet werden dürfen, die selbst mindestens die durch die Prüfung festzustellende oder eine gleichwertige Qualifikation besitzen. Das Gesetz hat damit einen allgemeinen Rechtsgrundsatz des Prüfungsrechts zum Ausdruck gebracht, der auch in anderen Bereichen des Prüfungswesens gilt. Bei **berufsbezogenen Prüfungen** wäre es zudem mit Art. 12 Abs. 1 GG nicht zu vereinbaren, wenn der Mißerfolg der Prüfung auf einer Beurteilung beruhte, für die der Beurteilende selbst nicht zumindest gleichwertig qualifiziert ist.[384] Das bedeutet freilich nicht, daß jeder, der eine Prüfung ablegen muß, nur von Prüfern geprüft werden darf, welche die gleiche Prüfung selbst abgelegt haben. Vielmehr kann die „gleichwertige" Qualifikation des Prüfers auch aus anderen Gründen gegeben sein,   175

---

[381] Wegen der Zuständigkeit und der Verfahrensregeln betreffend die Bestellung von Personen zu Prüfern sowie der Besetzung des Prüfungsausschusses vgl. oben Rdn. 124 ff.

[382] BVerwG, Beschl. v. 18. 6. 1981 – 7 CB 22.81 – Buchholz 421.0 Prüfungswesen Nr. 149 und v. 2. 4. 1979 – 7 B 61.79 – Buchholz aaO Nr. 107 = DÖV 1979, 753 und Urt. v. 22. 2. 1974 – 7 C 9/71 – BVerwGE 45, 39 = JR 1974, 437.

[383] BVerwG, Urt. v. 22. 2. 1974 aaO und Beschl. v. 2. 4. 1979 aaO.

[384] Ein Studienrat mit dem Fach Französisch ist nicht qualifiziert für die Abnahme und Beurteilung von Leistungen in einer Dolmetscherprüfung in Französisch: OVG Berlin, Urt. v. 10. 6. 1981 – OVG 1 B 158.79 – SPE III D IV, S. 11. Zulässig ist dagegen die Mitwirkung nichthabilitierter Mitglieder des Fachbereichsrats (nur) an der Beratung über die Bewertung von Habilitationsleistungen: OVG RhPf., Urt. v. 6. 2. 1985 – 2 A 64/84 – DVBl 1985, 1089.

mit denen er seine in diesem Fachgebiet umfassenden Kenntnisse kundgetan hat. Ist dies im Falle einer juristischen Staatsprüfung etwa bei einem Universitätprofessor mit entsprechender Lehrbefugnis gegeben, kommt es nicht weiter darauf an, daß er nicht auch die „Befähigung zum Richteramt" besitzt.[385]

Zur Abnahme von **Hochschulprüfungen** ist nur der in § 15 Abs. 4 Satz 1 **HRG genannte Personenkreis** berechtigt, der von den Professoren über die Dozenten, wissenschaftlichen und künstlerischen Assistenten und Mitarbeiter bis zu den in der beruflichen Praxis und Ausbildung erfahrenen Personen reicht. Dieser Kreis ist damit rahmenrechtlich sehr weit gefaßt, aber durch die meisten Landeshochschulgesetze in zulässiger Weise weiter eingeschränkt worden.[386] Dagegen sind die Länder durch diese Vorschrift rahmenrechtlich gehindert, den nach ihrem Wortlaut geschlossenen Katalog von berechtigten Prüfern zu erweitern, selbst wenn dies nach den Umständen des Einzelfalls sinnvoll erscheint.[387] Daher verstoßen landesrechtliche Regelungen gegen § 15 Abs. 4 Satz 1 HRG, die für die Bestellung „erfahrener Personen" als Prüfer entgegen dem Wortlaut dieser Vorschrift lediglich eine berufliche Erfahrung und nicht auch eine Ausbildungserfahrung als Voraussetzung für die Verleihung der Prüfungsbefugnis verlangen.[388]

176 Es ist nicht zwingend geboten, daß der Prüfer gerade in dem Fach, dem die Prüfungsaufgabe entstammt, beruflich tätig oder gar besonders spezialisiert sein muß.[389] Maßgeblich ist die **allgemeine fachliche Qualifikation**, die etwa bei juristischen Prüfungen dann ohne weiteres anzunehmen ist, wenn der Prüfer die „Befähigung zum Richteramt" besitzt.[390] Auch § 15 Abs. 4 HRG knüpft die Prüfungsbefugnis nicht gegenständlich an ein bestimmtes Niveau von Fachkenntnissen, sondern geht davon aus, daß der in einem Fachgebiet zur

---

[385] Die Anforderungen sind auch dann erfüllt, wenn in einer juristischen Staatsprüfung ein ausländischer Hochschullehrer beteiligt wird, der einem deutschen Universitätprofessor hochschul- und beamtenrechtlich gleichgestellt ist: BVerwG, Beschl. v. 27. 3. 1992 – 6 B 6.92 – NVwZ 1992, 1199 = DÖV 1992, 884.

[386] BVerfG, Beschl. v. 3. 3. 1993 – 1 BvR 757/88 – NVwZ 1993, 663 = DÖD 1993, 107. BVerwG, Beschl. v. 8. 4. 1988 – 7 B 78.86 – NVwZ 1988, 827 = Buchholz 421.2 HochschulR Nr. 118, betr. den Ausschluß von wissenschaftlich nicht hinreichend qualifizierten (Gesamthochschul-) Professoren von der Mitwirkung als Prüfer im Rahmen einer Promotion. Vgl. dazu ferner: Waldeyer, aaO Rdn. 39–43.

[387] Die Bemühungen Waldeyers (aaO Rdn. 39) um eine sinnvolle Erweiterung des Katalogs scheitern am Wortlaut der Vorschrift. Freilich sollte es möglich sein, den Honorarprofessor entweder nach Landesrecht als „Professor" im Sinne dieser Vorschrift zu definieren oder aber als Lehrbeauftragten einzubeziehen, wenn er einen entsprechenden Auftrag erhalten hat.

[388] Zutreffend Waldeyer, aaO Rdn. 40.

[389] BVerwG, Beschl. v. 18. 1. 1983 – 7 CB 55.78 – DVBl 1983, 591; vgl. ferner Beschl. v. 2. 4. 1979 aaO und v. 24. 8. 1979 – 7 B 183.79.

[390] Ohne diese Befähigung erlangt zu haben, können auch Hochschullehrer an der Prüfung mitwirken, die wegen ihrer wissenschaftlichen Qualifikation in dem Fachgebiet, das den Gegenstand der Prüfung bildet, eingestellt worden sind: BVerwG, Beschl. v. 27. 3. 1992 – 6 B 6.92 – aaO.

Lehre Berufene dafür qualifiziert ist, den Erfolg seiner Bemühungen zu überprüfen.[391]

Die fachliche Qualifikation des Prüfers ist grundsätzlich nach den **formalen und objektiven Leistungsnachweisen** (Prüfungen, Promotionen etc.) zu bestimmen, die er seinerseits erbracht hat. Die Prüfungsbehörde darf mangels entgegenstehender Anhaltspunke davon ausgehen, daß die urkundlich belegten Abschlüsse und Befähigungen inhaltlich zutreffen. Sie wird in aller Regel auch gar nicht in der Lage sein, den Prüfer selbst auf seine Befähigung zu prüfen. Die Vermutung der Richtigkeit der formalen Leistungsnachweise kann jedoch durch ein persönliches Verhalten des Bewerbers für das Amt des Prüfers, z.B. durch seine Veröffentlichungen, erschüttert werden und sogar dazu führen, daß die Berechtigung zur Prüfung entzogen wird.[392] Umgekehrt darf ebenfalls nur ausnahmsweise, d. h. wenn hinreichende Anhaltspunkte für eine entsprechende Qualifikation auch ohne förmlichen Leistungsnachweis offensichtlich vorhanden sind, von diesem Grundsatz abgewichen und die Berechtigung zur Prüfung erteilt werden.[393]

177

Außer der fachlichen Qualifikation muß selbstverständlich auch die **allgemeine persönliche** (z.B. gesundheitliche) **Qualifikation** des Prüfers als eine Grundvoraussetzung für die Erfüllung der ihm gestellten Aufgaben vorhanden sein. Nicht nur der Prüfling, sondern auch der Prüfer muß zum Zeitpunkt der Prüfung „prüfungsfähig" sein (vgl. vorstehend Rdn. 153). Dies ist nicht der Fall, wenn er etwa nach einen Verkehrsunfall unter schockartigen Behinderungen leidet oder wegen einer fiebrigen Erkrankung geschwächt ist.[394] Akustische Verständigungsschwierigkeiten, die durch eine Sprachbehinderung des Prüfers entstehen können, sind nur dann hinzunehmen, wenn der Prüfling sich hierauf ohne besondere Belastung in zumutbarer Weise einstellen kann. Die Prüfungsfähigkeit des Prüfers ist nicht immer schon dann gegeben, wenn er sich nach seiner eigenen Einschätzung für prüfungsfähig hält.[395] Im Falle begründeter Zweifel muß auch insofern eine ärztliche Untersuchung durchgeführt werden. Die Prüfung darf nur dann unter der Beteiligung dieses Prüfers stattfinden oder fortgeführt werden, wenn ärztlicherseits geklärt ist, daß etwa gewisse äußere Erscheinungen, die zu **Zweifeln an der Prüfungsfähigkeit des Prüfers** berechtigten Anlaß geben, in Wahrheit keine wesentliche Verminderung seiner Konzentrationsfähigkeit ergeben.

178

---

[391] Waldeyer, aaO Rdn. 41.

[392] VGH Bad.-Wttbg., Urt. v. 30. 9. 1986 – 4 S 2947/85 – SPE 530 Nr. 4 (betr. eine Abberufung des Prüfers wegen Nichteinhaltung eines Lehrplans). Der Prüfer ist insofern nicht durch Art. 5 Abs. 3 GG geschützt: OVG Berlin, Urt. v. 13. 9. 1984 – OVG 3 B 60.82 – DVBl 1985, 1088.

[393] So dürfte z.B. ein Lehrer, der fachfremden Unterricht ordnungsgemäß erteilt, in der Regel befähigt sein, die Leistungen der Schüler in diesem Fach zu bewerten.

[394] Ebenso: Klenke, Rechtsfragen des Justizprüfungsrechts, NWVBL 1988, 199 (204/205).

[395] Anderer Ansicht Klenke, aaO S. 205, der dem Prüfer insofern eine Beurteilungsermächtigung zubilligt.

bb) Eigenverantwortlichkeit und Unabhängigkeit

179 Die erforderliche eigenverantwortliche Entscheidung des Prüfers ist nur dann möglich, wenn er die Leistungen des Prüflings **selbst, unmittelbar und vollständig** zur Kenntnis nimmt und aus eigener Sicht **selbständig** beurteilt. Dazu ist er grundsätzlich verpflichtet.[396] Seinen Bewertungsspielraum kann er nur dann rechtmäßig wahrnehmen, wenn er zuvor die von dem Prüfling erbrachten Leistungen tatsächlich erfaßt hat. Bei der Begutachtung schriftlicher Prüfungsarbeiten ist erforderlich, daß der Prüfer die Gedanken des Verfassers auf sich einwirken läßt, sie nachzuvollziehen sucht und ihre Richtigkeit oder Vertretbarkeit nötigenfalls anhand der angegebenen Quellen und Hinweise überprüft.[397] Dieser Aufgabe muß sich jeder Prüfer selbständig unterziehen. Randnotizen und Voten von **Korrekturassistenten** oder **anderen Prüfern**, die bereits vorher mit der Arbeit befaßt waren, können zwar eine zulässige Hilfe sein,[398] sie entheben den Prüfer aber nicht der Pflicht, sich unabhängig von anderen ein eigenes Urteil über den Inhalt der Arbeit zu machen. In keinem Fall darf der Prüfer in Kenntnis der Sachkunde und Zuverlässigkeit Dritter sich schlicht auf deren Beurteilung verlassen oder sich nur von der Schlüssigkeit der Darlegungen eines Beraters überzeugen.[399]

Diese Grundsätze gelten für **studentische Übungsarbeiten** entsprechend deren Übungscharakter nur in abgeschwächter Form. Wegen der großen Zahl der Übungsteilnehmer ist eine stärkere Einschaltung von Korrekturassistenten hier unvermeidlich.

---

[396] BVerwG, Urt. v. 20. 9. 1984 – 7 C 57.83 – BVerwGE 70, 143 = NVwZ 1985, 187 = DÖV 1985, 488 = DVBl 1985, 61. Abweichungen bei Habilitationen: BVerwG, Urt. v. 16. 3. 1994 – 6 C 1.93. Für die Prüfung „am Patienten" nach § 33 Abs. 2 ÄAppO reicht es aus, wenn einer der Prüfer den Patienten und kennt und so die anderen Mitgliedern der Prüfungskommission über den Patienten informieren kann: VGH Bad.-Wttbg., Beschl. v. 26. 9. 1988 – 9 S 2218/88 – SPE 432 Nr. 23.
Zur Kompetenzverteilung zwischen Prüfungsausschuß und Prüfern bei der Ausgabe eines Themas für eine Diplomarbeit: OVG NW, Beschl. v. 19. 4. 1993 – 22 B 398/93 – NWVBL 1993, 391.

[397] OVG NW, Urt. v. 18. 10. 1974 – XV A 47/74 – OVGE 30, 123 (auch zur Frage des dabei erforderlichen Aufwandes).

[398] BVerwG, Beschl. v. 31. 7. 1989 – 7 B 104.89 – Buchholz 421.0 Prüfungswesen Nr. 265 = NVwZ 1990, 65 = DVBl 1989, 1195. Vgl. ferner: Waldeyer, in: Hailbronner, Kommentar zum Hochschulrahmengesetz § 15 Rdn. 55 mit weiteren Hinweisen. Wegen der Art der Verwertung solcher Hinweise und wegen des Zusammenwirkens von Prüfern bei der Feststellung des Prüfungsergebnisses vgl. unten Rdn. 251 ff., 265, 270.

[399] BVerwG, Beschl. v. 31. 7. 1989 – 7 B 104.89 – aaO (auch zur Beweislast des Prüflings) und v. 27. 4. 1977 – 7 B 48.77 – Buchholz 421.0 Prüfungswesen Nr. 82; BayVGH, Urt. v. 10. 8. 1981 – Nr. 7 B 80 A 1521 – BayVBl 1981, 721; VGH Bad.-Wttbg., Beschl. v. 19. 5. 1980 – 9 S 12/80 – DÖV 1980, 612 = SPE III D II, S. 51; Urt. v. 27. 1. 1977 – IX 2142/76 – SPE III D IX, S. 51 und Urt. v. 22. 10. 1974 – IV 794/73 – DÖV 1975, 361 = SPE III D II, S. 11; OVG Hamburg, Urt. v. 19. 1. 1968 – Bf 43/66 – SPE III F VI, S. 1 (betr. die Vorprüfung der schriftlichen Prüfungsarbeit durch einen Sachverständigen).

Grundsätzlich sind die **Noten**, mit denen eine Leistung zu bewerten ist, von 180
denjenigen Prüfern abschließend festzulegen, denen die Einschätzung dieser
Leistungen obliegt.[400] Das schließt es freilich nicht aus, daß Noten für selbständige Teile der Prüfung (etwa für die Aufsichtsarbeiten) oder Vorzensuren
für Ausbildungsabschnitte, die von anderen Prüfern festgelegt worden sind,
von der über das Gesamtergebnis der Prüfung entscheidenden Prüfungskommission als „feststehende Größen" zu übernehmen sind (vgl. unten Rdn.
267).

Der Prüfer muß bei der eigenverantwortlichen Bewertung der schriftlichen 181
Leistungen nicht auch (schon) den Prüfling persönlich kennen. Umgekehrt
gilt der Grundsatz der **Anonymität**, der entsprechende Kenntnisse ausschließt, wenn die Prüfungsordnung dies vorsieht oder eine ständige Übung
dieser Art besteht.[401] Nur im Falle entsprechender Sonderregelungen ist es
unzulässig, daß der (Zweit-)Prüfer die Randbemerkungen oder Bewertungen
des anderen Prüfers zur Kenntnis nimmt. Denn es gibt keinen allgemeinen
prüfungsrechtlichen Grundsatz, der dies generell verbietet.[402] Schreibt eine
Prüfungsordnung indes die „**persönliche, voneinander unabhängige Bewertung**" schriftlicher Prüfungsarbeiten durch mehrere Prüfer vor, so sind wertende Randbemerkungen oder ähnliche Hinweise des Erstprüfers unzulässig.
Untersagt ist jede wechselseitige Beeinflussung der Prüfer bei ihren Bewertungen der Prüfungsleistung.[403] Wird die Anonymität im Einzelfall nicht gewahrt, führt dies nur dann zur Aufhebung der Prüfungsentscheidung, wenn
konkrete Anhaltspunkte dafür bestehen, daß das Prüfungsergebnis dadurch
negativ beeinflußt worden ist oder wenn daraus nach den Umständen des
Einzelfalls Gründe für eine Befangenheit des Prüfers herzuleiten sind (vgl.
nachfolgend Rdn. 189 sowie unten Rdn. 284 ff.).

Der Prüfer bewertet die Leistungen des Prüflings und entscheidet über das 182
Prüfungsergebnis **zwar eigenverantwortlich, aber nicht unkontrolliert**. Dies ist
jedoch nur im Prinzip eindeutig; dagegen macht es vielfach große Schwierigkeiten, im Einzelfall zu bestimmen, ob bestimmte Bewertungen als eigenständige und letztverantwortliche Einschätzungen des Prüfers hinzunehmen oder

---

[400] OVG NW, Urt. v. 30. 11. 1977 – 15 A 1531/77 – (Aufteilung der mündlichen
Prüfung in getrennte Termine mit unterschiedlichen Prüfern ist unzulässig); VGH
Bad.-Wttbg., Urt. v. 1. 7. 1975 – IV 951/73 – SPE III F II, S. 61; vgl. ferner BVerwG,
Beschl. v. 17. 3. 1972 – 7 B 59.70 – SPE III A II, S. 11 (betr. die Prüfung von schulfremden Schülern in der Reifeprüfung durch für sie fremde Fachlehrer).
[401] Zum Grundsatz der Prüfungsanonymität und seiner Anwendung: BVerwG, Urt.
v. 25. 3. 1981 – 7 C 8.79 – DVBl 1981, 1149 = DÖV 1981, 679 und v. 26. 11. 1976 – 7 C
6.76 – BVerwGE 51, 331; OVG NW, Urt. v. 31. 3. 1978 – 6 A 1805/76 – SPE III F IX,
S. 101.
[402] OVG Bremen, Urt. v. 3. 6. 1986 – OVG 1 BA 6/85 – SPE 530 Nr. 2 und
HessVGH, Urt. v. 13. 10. 1981 – IX OE 28/80- SPE III F VII, S. 81.
[403] VGH Bad.-Wttbg., Urt. v. 19. 10. 1984 – 9 S 2282/84 – VBl BW 1985, 261, (auch
zur Abgrenzung unzulässiger Randbemerkungen von zulässigen Lesehilfen) und
Beschl. v. 27. 1. 1984 – 9 S 3066/83 – DÖV 1984, 816 = VBl BW 1984, 384.

einer **Kontrolle durch Dritte** – insbesondere durch die **Aufsichtsbehörden** – zugänglich sind. Begrenzt sein kann die „Zugänglichkeit" der Kontrolle aus rechtlichen Gründen, etwa weil Verfassung oder Gesetz ausdrücklich oder sinngemäß nur eingeschränkte Einwirkungsmöglichkeiten der Aufsichtsbehörden zulassen, oder aus tatsächlichen Gründen, soweit es zum Beispiel nicht möglich ist, die Prüfungssituation in einer mündlichen Prüfung nachträglich zu würdigen.

Die seit längerem anhaltende Auseinandersetzung um die „**Freiheit und Unabhängigkeit der Prüfer**"[404] muß nunmehr berücksichtigen, daß nach der neueren Rechtsprechung des BVerfG[405] eine verwaltungsinterne Kontrolle von berufsbezogenen Prüfungsentscheidungen durch Art. 12 Abs. 1 GG verfassungsrechtlich geboten ist. Auf die Einzelheiten dazu wird später eingegangen (s. unten Rdn. 312). Schon hier ist jedoch darauf hinzuweisen, daß das verwaltungsinterne Kontrollverfahren vor allem dazu dient, unvermeidbare Defizite der gerichtlichen Kontrolle zu kompensieren. Die Überprüfung muß daher – wie das BVerfG (aaO) gefordert hat – rechtzeitig und wirkungsvoll sein.

183 Die Ausgestaltung des **verwaltungsinternen Kontrollverfahrens** hat der **Gesetzgeber** näher zu regeln. Er hat dabei die genannten Vorgaben zu beachten.[406] Die Eröffnung einer zweiten Verwaltungsinstanz mit einer vollständigen Neubewertung der umstrittenen Prüfungsleistung ist verfassungsrechtlich nicht geboten (BVerfG aaO). In der Praxis wird, soweit nicht gesetzliche Sonderregelungen bestehen, zumeist § 68 VwGO die erforderliche gesetzliche Regelung enthalten und daher auch hier zu beachten sein. Danach sind – als Voraussetzung für die Zulässigkeit der Klage, jedoch zugleich auch zur verwaltungsinternen Kontrolle – sowohl die **Rechtmäßigkeit** als auch die „**Zweckmäßigkeit**" des Verwaltungsaktes (hier: die sach- und fachgerechte Bewertung bei der abschließenden Prüfungsentscheidung) in einem **Vorverfahren** nachzuprüfen. Soweit es dabei um das „Überdenken" der prüfungsspezifischen Wertungen geht, ist eine erneute **Einschaltung der Prüfer**, deren Bewertungen substantiiert angegriffen worden sind, in aller Regel unumgänglich. Die Widerspruchsbehörde kann und darf dies nicht aus eigener Sicht ersetzen, soweit nicht offensichtlich willkürliche Bewertungen zu korrigieren sind. Im übrigen stößt die Kontrolle der Widerspruchsbehörde in Prüfungsangelegenheiten nicht selten an unüberwindliche faktische Grenzen, soweit die zu bewertende Leistung nur den unmittelbar

---

[404] Vgl. dazu die Hinweise in der 2. Aufl. Rdn. 395 und ferner die Zusammenstellung der Rechtsmeinungen im Jahre 1990 durch Waldeyer, in: Hailbronner, Kommentar zum Hochschulrahmengesetz § 15 Rdn. 52 bis 54.
[405] Beschl. v. 17. 4. 1991 – 1 BvR 419/81 u. 213/83 – BVerfGE 84, 34 = NJW 1991, 2005 und – 1 B 1529/84, 138/87 – BVerfGE 84, 59 = NJW 1991, 2008. Im Anschluß daran: BVerwG, Urt. v. 24. 2. 1993 – 6 C 35.92 – Buchholz 421.O Prüfungswesen Nr. 313 = NVwZ 1993, 681.
[406] BVerwG, Urt. v. 24. 2. 1993 – 6 C 35.92 – aaO.

prüfungsbeteiligten Personen und nicht auch den Aufsichtsbeamten zugänglich ist. Ein typisches Beispiel dafür ist die nicht rekonstruierbare Prüfungssituation in der mündlichen Prüfung oder etwa in dem praktischen Teil einer Jägerprüfung.

cc) Die Gebote der Fairneß und der Sachlichkeit

Zu den Grundpflichten eines jeden Prüfers gehören Fairneß und Sachlichkeit. Angesprochen sind damit nicht nur Fragen des „gepflegten" persönlichen Umgangs, sondern letztlich auch Rechtsfragen betreffend das Prüfungsverfahren. Die Gebote der **Fairneß** und der **Sachlichkeit** werden insbesondere bei den berufsbezogenen Prüfungen als verfassungsrechtliche Anforderungen an das Prüfungsverfahren aus dem Grundrechtsschutz der **Berufsfreiheit** (Art. 12 Abs. GG)[407] und darüberhinaus auch aus dem Grundsatz der **Chancengleichheit** (Art. 3 Abs. 1 GG) und dem **Rechtsstaatsprinzip** hergeleitet.[408]

184

Während das **Fairneßgebot** auf einen einwandfreien, den Prüfling nicht unnötig belastenden Prüfungsverlauf abzielt und dabei insbesondere den **Stil und die Umgangsformen der Prüfer** bei der **Ermittlung** der Leistungen in der mündlichen Prüfung bindet, betrifft das **Sachlichkeitsgebot die Bewertung der Leistungen** des Prüflings durch den einzelnen Prüfer oder den Prüfungsausschuß. Letzteres steht in engem Zusammenhang mit dem materiell-rechtlichen Verbot sachfremder Erwägungen, dessen Nichtbeachtung einen inhaltlichen Bewertungsfehler erzeugt (s. unten Rdn. 352). Die selbständige und auch praktische Bedeutung des (auch) für das Prüfungsverfahren geltenden Sachlichkeitsgebots liegt darin, daß hier schon die **äußere Form der Darstellung** ausschlaggebend sein kann, etwa wenn Randbemerkungen nach ihrem Wortlaut unsachlich, aggressiv oder gar beleidigend sind. Auf Interpretationen, was der Prüfer inhaltlich gemeint haben kann, ob er vielleicht nur verbal überzogen oder damit in der Tat sachfremde Erwägungen verbunden hat, kommt es sodann nicht mehr an.

Hinzukommt die in § 25 VwVfG normierte **Betreuungspflicht** der Prüfungsbehörden und Prüfer, die eine **Aufklärungs- Hinweis- und Belehrungspflicht** insbesondere für den Fall umfaßt, daß der Prüfling offensichtlich nur versehentlich falsche Wege geht oder sonstwie Mißverständnisse auszuräumen sind.[409] Häufig sind auch in den einzelnen Prüfungsordnungen speziell

---

[407] BVerfGE 84, 34 ff. und 59 ff.; BVerwGE 52, 390.
[408] BVerwG, Urt. v. 20. 9. 1984 – 7 C 57.83 – BVerwGE 70, 143 = NVwZ 1985, 187 und v. 28. 4. 1978 – 7 C 50.75 – BVerwGE 55, 355 = NJW 1978, 2408. Wegen weiterer Einzelheiten vgl. Beschl. v. 9. 10. 1984 – 7 B 100.84 – Buchholz 421.0 Prüfungswesen Nr. 204 und v. 11. 5. 1983 – 7 B 85.82 – Buchholz aaO Nr. 174 = DÖV 1983, 817 und v. 29. 2. 1980 – 7 B 12.80 – Buchholz aaO Nr. 126 und v. 20. 6. 1978 – 7 C 38.78 – Buchholz aaO Nr. 94.
[409] Waldeyer, aaO Rdn. 58; Berkemann, JR 1989, 224.

die Leit- und Fürsorgepflichten des Vorsitzenden der Prüfungskommission besonders aufgeführt.[410]

185 Weil der Prüfer die mündliche Prüfung gestaltet, den Prüfungsstoff auswählt und die einzelnen Fragen stellt, hat er gegenüber dem gewöhnlich durch Streß und Prüfungsangst belasteten Prüfling eine überlegene Position, die er nicht mißbrauchen darf. Es ist unzulässig, den Prüfling durch ihn persönlich herabwürdigende Bemerkungen (weiter) zu verunsichern, und damit seine Chancen gegenüber anderen – fair behandelten – Prüflingen zu vermindern. Ein Prüfer, der die Antworten des Prüflings **sarkastisch, spöttisch, höhnisch, verärgert** oder in ähnlich herabsetzender oder den Prüfling erheblich verunsichernder Weise kommentiert, verletzt das **Gebot der Fairneß**. Kein Prüfling braucht ein Prüferverhalten zu dulden, daß ihn der Lächerlichkeit preisgibt, mögen seine Leistungen noch so unzulänglich sein. Selbst „bodenloser Unsinn" einer Antwort und die Verärgerung des Prüfers darüber geben ihm nicht das Recht, dem Prüfling mit Spott und Hohn zu begegnen.[411]

186 Dagegen ist das Gebot des fairen Prüfungsverfahrens nicht auch dann schon verletzt, wenn der Prüfer dem Prüfling schlechte Leistungen in sachlicher Weise vorhält oder ihn in ruhigem Ton auffordert, sich nicht zu wiederholen und weniger langatmige Ausführungen zu machen.[412] Auch gegen eine kurze Unterbrechung des Prüfungsvortrags (z.B. des Aktenvortrags in der juristischen Staatsprüfung) durch eine Zwischenfrage (z.B. nach einer konkreten Gerichtsentscheidung) ist im allgemeinen nichts einzuwenden.[413] Selbst eine **harte Kritik der Leistungen und Arbeitsmethoden** des Prüflings ist hinzunehmen, wenn sie in sachlicher Form und ohne erhebliche Entgleisungen im Stil vorgenommen wird.[414] Bloße Ungeschicklichkeiten oder beiläufige Äußerungen des Prüfers, die nicht gerade von hohem Einfühlungsvermögen in die besondere psychische Situation des Prüflings zeugen, müssen noch

---

[410] Dazu insbesondere: OVG NW, Urt. v. 5. 12. 1986 – 22 A 780/85 – NVwZ 1988, 458.

[411] BVerwG, Urt. v. 28. 4. 1978 aaO. Beispiele einer Verletzung des Fairneßgebots: „Reden Sie nicht wie Ihr Landsmann Jürgen von Manger, reden Sie anständig mit mir!" oder „Blödsinn – Sie können nicht einmal das Einmaleins, wie wollen Sie Physiologie verstehen?" (Urt. v. 28. 4. 1978 aaO). Die Bemerkung des Ausschußvorsitzenden zum Abschluß des Vorgesprächs, der Kandidat werde „hier auf dem Zahnfleisch wieder herausgehen" (OVG NW, Urt. v. 5. 12. 1986 – 22 A 780/85 – NVwZ 1988, 458). Die erregte und gereizte Bemerkung des Prüfers zu einem gebräuchlichen Lehrbuch: „Das ist kein Buch" (HessVGH, Verw.-Rechtspr. Bd. 31, 279). Vgl. ferner: Wagner, Das Prüfungsrecht in der aktuellen Rechtsprechung, DVBl 1990, 183 (185).

[412] HessVGH, Urt. v. 7. 1. 1988 – 3 UE 2283/84.

[413] BVerwG, Beschl. v. 9. 10. 1984 – 7 B 100.84 – Buchholz 421.0 Prüfungswesn Nr. 204.

[414] Wagner, aaO S. 185.

nicht das Gebot der Fairneß verletzten.⁴¹⁵ Die Abgrenzung mag im Einzelfall schwierig sein; maßgeblich ist letztlich, ob die Prüfungsatmosphäre beinträchtigt und der Prüfling dadurch verwirrt oder verunsichert worden ist, so daß eine Verfälschung des Leistungsbildes und damit eine Verletzung der Chancengleichheit angenommen werden muß.⁴¹⁶

Das Gebaren eines die Gebote der Fairneß mißachtenden Prüfers führt dennoch nicht zu einer Verletzung der Rechte des Prüflings und zur Aufhebung der Prüfungsentscheidung, wenn auszuschließen ist, daß sich ein solches Fehlverhalten als „leistungsverfälschende psychische Belastung" (BVerwGE 55, 355 (362)) auf den Prüfling und seine Leistungen **negativ ausgewirkt** hat.⁴¹⁷ Diesen Nachweis wird die Prüfungsbehörde jedoch selbst bei außerordentlich schlechten Leistungen des betroffenen Prüflings in der mündlichen Prüfung kaum führen können, da selten ausgeschlossen werden kann, daß diese auf der dortigen unfairen Behandlung beruhen. Das mag ausnahmsweise anders sein, wenn die Entgleisung des Prüfers erst am Ende der mündlichen Prüfung zu einem Zeitpunkt stattgefunden hat, als der Mißerfolg der Prüfung offensichtlich feststand. Die **Beweislast** trifft die Prüfungsbehörde.⁴¹⁸ Dagegen kann der Prüfling durch unfaire oder unsachliche Randbemerkungen an einer schriftlichen Prüfungsarbeit, die er allenfalls nach der Prüfung zur Kenntnis erhält, nicht in leistungsverfälschender Weise psychisch belastet sein.⁴¹⁹ Diese Bemerkungen lassen aber im allgemeinen Rückschlüsse auf die Befangenheit des Prüfers zu (vgl. nachstehend Rdn. 189) oder sie verletzen möglicherweise das – anschließend behandelte – Gebot der Sachlichkeit.

Die Beurteilung der Prüfungsleistungen ist nicht nur materiell an allgemein anerkannte Bewertungsregeln und das Verbot sachfremder Erwägungen gebunden (vgl. dazu unten Rdn. 339ff., 352), sondern es gilt **auch für das Verfahren bei der Bewertung der Prüfungsleistungen** das Gebot der Sachlichkeit.⁴²⁰ Der Prüfer muß die Leistungen des Prüflings unbefangen zur Kenntnis nehmen, sich nach Kräften um ihr richtiges Verständnis bemühen, auf die Gedankengänge eingehen und gegenüber abweichenden wissenschaftlichen Auf-

187

---

⁴¹⁵ BVerwG, Urt. v. 20. 9. 1984 – 7 C 57.83 – BVerwGE 70, 143 (152) unter Hinweis auf BVerwGE 55, 355 (359f.), wonach auch bei der mündlichen Prüfung gelegentliche „Ausrutscher" und „Entgleisungen" des Prüfers hinzunehmen sind. Dies können freilich nur Vorgänge sein, die bei verständiger Würdigung als geringfügig und daher als unerheblich zu bewerten sind.
⁴¹⁶ BVerwG, Urt. v. 17. 7. 1987 – 7 C 118.86 – BVerwGE 78, 55 (59) = Buchholz 421.0 Prüfungswesen Nr. 242 = NVwZ 1987, 977 sowie Urt. v. 20. 9. 1984 aaO und v. 28. 4. 1978 aaO.
⁴¹⁷ BVerwG, Beschl. v. 29. 2. 1980 – 7 B 12.80 – Buchholz aaO Nr. 126 mit weiteren Hinweisen.
⁴¹⁸ BVerwGE 70, 143 (147/148) mit weiteren Hinweisen.
⁴¹⁹ BVerwG, Beschl. v. 29. 2. 1980 aaO S. 208.
⁴²⁰ Wegen dieser Zusammenhänge s. insbesondere Waldeyer, aaO § 15 HRG Rdn. 59.

fassungen, auch wenn er sie nicht billigen kann, zumindest Toleranz aufbringen.[421] Ob er diese Anforderungen eingehalten hat, ergibt sich – wie bereits erwähnt wurde – bei den schriftlichen Prüfungsarbeiten im wesentlichen aus der **äußeren Form und dem Stil** seiner **Randbemerkungen** und **Bewertungsvermerke**. Da hier anders als in der mündlichen Prüfung keine Rücksichtnahme auf psychische Belastungen des Prüflings während der Prüfung geboten ist, sind auch harte Ausdrücke selbst dann nicht unbedingt zurückzuhalten, wenn sie ansonsten den Prüfling verunsichern oder gar entmutigen würden.[422] Insoweit können selbst „Grobheiten", die bei einer mündlichen Prüfung unzulässig wären, als schriftliche Korrekturbemerkung unschädlich sein.[423] Unsachlich wird die Bewertung aber z.B. dann, wenn der Prüfer mit seinen Bemerkungen seiner Verärgerung über die schlechten Prüfungsleistungen erkennbar freien Lauf gibt. Er zeigt damit schon durch die äußere Form seines Vorgehens etwa durch offensichtlich überzogene aggressive Formulierungen an, daß er die Gelassenheit und emotionale Distanz verloren hat, ohne die eine gerechte Beurteilung nicht gelingen kann.[424] Ist offen, ob die verbalen Entgleisungen sich auf das Prüfungsergebnis ausgewirkt haben, so trifft die **materielle Beweislast** die Prüfungsbehörde.[425]

188 Auf einen Verstoß gegen das Fairneßgebot oder das Gebot der Sachlichkeit kann der Prüfling sich nur berufen, wenn er ihn **rechtzeitig gerügt** hat. Es kommt hierfür auf die Umstände des Einzelfalles an, die dafür maßgeblich sind, ob es dem Prüfling in der konkreten Situation **zumutbar** war, den Prüfer auf sein verletzendes Verhalten aufmerksam zu machen und dies zu beanstanden. Das wird in der angespannten Situation einer mündlichen Prüfung häufig nicht der Fall sein (vgl. dazu auch die nachstehenden Ausführungen zur Rügepflicht bei Befangenheit des Prüfers zu Rdn. 195 ff.). Wird jedoch die angebliche Verunsicherung durch Bemerkungen des Prüfers erst geraume Zeit später geltend gemacht, ist dies nicht nur wenig glaubhaft, sondern auch die Rügefrist in aller Regel verstrichen. Der Prüfling darf sich die Geltendmachung eines solchen Verstoßes nicht mit dem Ziel der Chance eines weiteren Prüfungsversuches aufsparen, bis er das Prüfungsergebnis erfahren hat. Es kommt dabei freilich stets auf die Kenntnis der Sachumstände durch den Prüfling und die Zumutbarkeit seines Vorgehens im Einzelfall an, es sei denn,

---

[421] BVerwG, Urt. v. 20. 9. 1984 aaO S. 152.
[422] BVerwG, Urt. v. 24. 2. 1993 – 6 C 35.92 – Buchholz 421.0 Prüfungswesen Nr. 313 = NVwZ 1993, 681 (betr. die Bemerkung, der Prüfling beherrsche die deutsche Sprache nur „außerordentlich dürftig"). Vgl. ferner Klenke, Rechtsfragen des Justizprüfungsrechts, NWVBL 1988, 199 (205).
[423] BVerwGE 70, 143 (152), wonach es nicht ausgeschlossen ist, abwegige Ausführungen mit dem Begriff „Unsinn" oder inhaltsleere Äußerungen als „Phrasen" zu kennzeichnen. Dies dürfte freilich nur dann hinzunehmen sein, wenn es sich dabei – wie das BVerwG im folgenden bemerkt – um (singuläre) Ausrutscher handelt. Vgl. ferner BayVGH, Urt. v. 29. 1. 1992 – 3 B 91 1791.
[424] BVerwGE 70, 143 (152).
[425] BVerwGE 70, 143 (147/148, 154).

daß die Prüfungsordnung auch insofern eine bestimmte – generell angemessene – **Rügefrist** festlegt.[426]

dd) Ausschluß von der Prüfung/Befangenheit

Auch wenn ein Prüfer **ausgeschlossen** oder **befangen** ist, ist das mit seiner Beteiligung durchgeführte Prüfungsverfahren fehlerhaft, weil die Chancengleichheit (Art. 3 Abs. 1 GG) und das Rechtsstaatsprinzip (Art. 20 Abs. 3 GG) verletzt sind.[427] Bei der rechtlichen Würdigung im Einzelfall ist auf die **gesetzlichen Vorschriften** abzustellen, die das Gebot der Unbefangenheit und Unvoreingenommenheit konkretisieren. Das sind mangels einer speziellen Regelung in der einschlägigen Prüfungsordnung insbesondere die §§ 20 und 21 VwVfG, die gemäß § 2 Abs. 3 Nr. 2 VwVfG auch für Prüfungen gelten.[428] 189

Gemäß § 20 VwVfG sind Prüfer, die zu dem dort genannten Personenkreis gehören (z. B. **Angehörige**, s. Abs. 5) kraft Gesetzes von einer Prüfung **ausgeschlossen**, in der es um die Bewertungen von Leistungen einer Person geht, die in der dort genannten Weise in einem persönlichen oder sonstwie besonders nahen Verhältnis zu dem Prüfer steht.[429] Die Befangenheit der ausgeschlossenen Person wird unwiderleglich vermutet; hingegen ist die **Kausalität** zwischen einer unzulässigen Betätigung in einem Verwaltungsverfahren und der Verwaltungsentscheidung zwar generell widerlegbar;[430] dennoch dürfte 190

---

[426] Nach der dagegen auf eine generelle feste Grenze abstellenden Meinung des OVG NW (Urt. v. 4. 12. 1991 – 22 A 962/91 – NWVBL 1992, 99 (101) und v. 9. 3. 1989 – 22 A 688/88 – DVBl 1989, 1203 (1205) = NWVBL 1989, 376) ist die Rüge des Verstoßes gegen das Fairneßgebot nur dann rechtzeitig, wenn sie spätestens innerhalb der Klagefrist erhoben worden ist.

[427] BVerwG, Urt. v. 20. 9. 1984 – 7 C 57.83 – BVerwGE 70, 143; Beschl. v. 28. 11. 1978 – 7 B 114.76 – Buchholz 421.0 Prüfungswesen Nr. 100; Urt. v. 26. 1. 1968 – 7 C 6.66 – BVerwGE 29, 70 = Buchholz aaO Nr. 32; Waldeyer, in: Hailbronner, Kommentar zum Hochschulrahmengesetz § 15 Rdn. 56 ff.; Guhl, Prüfungen im Rechtsstaat, S. 200; Besche, Die Besorgnis der Befangenheit im Verwaltungsverfahren, insbesondere im Prüfungswesen, DÖV 1972, 636.

[428] BVerwG, Urt. v. 20. 9. 1984 aaO S. 144. Soweit für Prüfungen Landesrecht anzuwenden ist, gelten die gleichlautenden Vorschriften des jeweiligen Landesverwaltungsverfahrensgesetzes.

[429] Die Ausschlußregelung des § 20 VwVfG kann durch prüfungsrechtliche Sonderregelungen erweitert oder sonstwie modifizert sein (vgl. Art. 50 BayHSchG), worauf Waldeyer (aaO Rdn. 56) näher eingeht.
Ein Richter ist wegen „Mitwirkung an einem Verwaltungsverfahren" gem. § 54 Abs. 2 VwGO von der Beteiligung an einem Verwaltungsstreitverfahren ausgeschlossen, in dem eine Prüfungsentscheidung angefochten wird, bei der er als Prüfer mitgewirkt hat; das gilt nicht, wenn er den Kläger im Vorbereitungsdienst als Leiter einer Arbeitsgemeinschaft ausgebildet hat: BVerwG, Beschl. v. 18. 1. 1983 – 7 CB 55.78 – Buchholz 421.0 Prüfungswesen Nr. 170 = DVBl 1983, 591. Eine an der Ausbildung beteiligte (Lehr-)Person ist auch nicht von vornherein als Prüfer ausgeschlossen: BVerwG, Beschl. v. 17. 9. 1987- 7 B 160.87 – Buchholz 421.0 aaO Nr. 244 = SPE 162 Nr. 19.

[430] BVerwG, Urt. v. 30. 5. 1984 – 4 C 58.81 – BVerwGE 69, 256 (269).

dies im Falle der Beteiligung des ausgeschlossenen Prüfers an der Beratung und Bewertung der Prüfungsleistungen nur sehr schwer möglich sein. Die Beweislast trifft insofern die Prüfungsbehörde.

191 Gemäß § 21 VwVfG ist – auch bei den nicht schon kraft Gesetzes ausgeschlossenen Personen – die **Besorgnis der Befangenheit** berechtigt, wenn nach den Umständen des Einzelfalls ein Grund vorliegt, der geeignet ist, Mißtrauen gegen eine unparteiliche Amtsausübung zu rechtfertigen. Dies ist objektiv, wenngleich aus dem **Gesichtswinkel eines Prüflings zu beurteilen**,[431] d. h. wie ein „verständiger Prüfling" in der gegebenen Situation das Verhalten oder die Bemerkung des Prüfers verstehen darf. Damit ist jedenfalls nicht die bloß subjektive Besorgnis der Befangenheit gemeint, die den Prüfling aufgrund seiner persönlichen Vorstellungen, Ängste oder Mutmaßungen ohne vernünftigen und objektiv faßbaren Grund überkommen hat.[432] Es müssen vielmehr Tatsachen vorliegen, die ohne Rücksicht auf individuelle Empfindlichkeiten den Schluß rechtfertigen, daß dieser Prüfer nicht die notwendige Distanz und sachliche Neutralität aufbringen wird bzw. in der Prüfung aufgebracht hat.

192 Solche Befangenheitsgründe können z. B. aus den **persönlichen und wirtschaftlichen Beziehungen** zwischen Prüfling und Prüfenden – wenn sie nicht schon Ausschlußgründe darstellen –[433] oder aus dem Verhalten des Prüfers, insbesondere seinen **Äußerungen gegenüber dem Prüfling**, hergeleitet werden. Ergibt sich daraus, daß der Prüfer nicht mehr offen ist für eine (nur) an der wirklichen Leistung des Prüflings orientierten Bewertung, sondern daß er durch Vorurteile gegenüber dem Prüfling oder seiner abweichenden Meinung von vornherein – ohne deren Vertretbarkeit zu würdigen – auf eine bestimmte (negative) Bewertung festgelegt ist, muß er als befangen gelten. Etwa damit einhergehende Verstöße des Prüfers gegen das Fairneßgebot oder gegen das Gebot der Sachlichkeit (dazu vorstehend Rdn. 184) rechtfertigen ebenfalls die Annahme der Befangenheit, so daß das Prüfungsverfahren damit auch aus diesem Grunde zu beanstanden ist.

Die Annahme, daß der Prüfer von vornherein auf eine bestimmte Lösung festgelegt und daher für eine hinreichend objektive Bewertung nicht mehr offen sei, ist nicht allein dadurch gerechtfertigt, daß er etwa bei **wissenschaftlichen Auseinandersetzungen** diese – von der des Prüflings abweichende – Meinung nachdrücklich vertreten hat und weiterhin vertritt. Ebensowenig kann ein wissenschaftlicher Meinungsstreit zwischen Erst- und Zweitgutachter für

---

[431] BVerwG, Beschl. v. 2. 3. 1976 – 7 B 22.76 – Buchholz 421.0 Prüfungswesen Nr. 72 und Urt. v. 26. 1. 1968 – 7 C 6.66 – BVerwGE 29, 70, und v. 14. 6. 1963 – 7 C 44.62 – Buchholz 421.0 aaO Nr. 22, S. 57ff; VGH Bad.-Wttbg., Urt. v. 10. 3. 1988 – 9 S 1141/86 – DVBl 1988, 1122 = SPE 162 Nr. 20.
[432] BVerwG, Beschl. v. 2. 3. 1976 aaO. Waldeyer aaO. Wagner, Das Prüfungsrecht in der aktuellen Rechtsprechung, DVBl 1990, 183 (185).
[433] BVerwG, Beschl. v. 28. 11. 1978 – 7 B 114.76 – Buchholz aaO Nr. 100; Urt. v. 14. 6. 1963 – 7 C 44.62 – BVerwGE 16, 150 = NJW 1963, 1640.

sich allein die Besorgnis der Befangenheit rechtfertigen.[434] Dies ist erst dann der Fall, wenn weitere Gesichtspunkte hinzukommen, die erkennen lassen, daß der Prüfer etwa mit persönlicher Empfindlichkeit reagiert oder sein Prestige ins Spiel bringt.[435] Solche Kennzeichen einer nicht vorhandenen inneren Distanz zu den eigenen Interessen ergeben sich freilich nicht schon aus der Härte der Kritik, insbesondere den **kritischen Randbemerkungen**, solange damit die Sachlichkeit der abwertenden Bemerkungen gewahrt bleibt (zum Gebot der Sachlichkeit vorstehend Rdn. 184).[436] Ebensowenig begründet der Umstand, daß bei einem bestimmten Prüfungsvorsitzenden die Mißerfolgsquote signifikant höher liegt als bei anderen Prüfern, für sich allein ein Indiz für einen rechtserheblichen Mangel des Prüfungsverfahrens.[437]

Die im Einzelfall häufig nicht leichte Abgrenzung zwischen hinzunehmenden subjektiven Wertungen des Prüfers und dessen möglicher Voreingenommenheit ist besonders schwierig, wenn es darum geht, eine von dem Gericht oder der Aufsichtsbehörde **beanstandete Bewertung erneut vorzunehmen**. Es ist jedenfalls nicht abwegig zu befürchten, daß der Prüfer in diesem Fall versucht ist, seine frühere Benotung durch andere Gründe zu bestätigen. Trotzdem kann nicht ohne weiteres davon ausgegangen werden, daß solche Versuchungen die Korrekturfähigkeit der Prüfer generell in erheblicher Weise einschränken. Ein allgemeiner Erfahrungssatz, daß ein Prüfer, dem ein Verfahrens- oder Bewertungsfehler angelastet wird, schon deshalb grundsätzlich seine innere Distanz zu dem Prüfungsvorgang verliert, besteht nicht. Im Einzelfall kann freilich der spezielle Bewertungsfehler einen solchen Mangel zum Ausdruck bringen oder es können die Umstände des Verfahrensverstoßes (etwa bei Verletzung des Fairneßgebots, s. vorstehend Rdn. 184) die Annahme der Befangenheit rechtfertigen. Besondere Bedeutung kann insofern auch haben, daß die vom Gericht oder von der Aufsichtsbehörde beanstandete Bewertung von dem Prüfer mit seinen nicht haltbaren Gründen bereits **mehrfach zuvor bekräftigt** worden ist. Ist daraus herzuleiten, daß er auf seine ursprüngliche Bewertung in jedem Fall festgelegt ist, muß er als befangen gelten und darf mit der erneuten Bewertung nicht ein weiteres Mal betraut werden.

Zu berücksichtigen ist in diesem Zusammenhang ferner, daß auch bei der **Neubewertung** einer Prüfungsleistung die **Chancengleichheit** im Verhältnis zu

---

[434] VGH Bad.-Wttbg., Urt. v. 10. 3. 1988 – 9 S 1141/86 – DVBl 1988, 1122 = SPE 162 Nr. 20. Vgl. ferner: Waldeyer, aaO Rd. Nr. 57 mit weiteren Hinweisen.

[435] Insoweit zutreffend: Kopp, Die Neubewertung fehlerhaft bewerteter Prüfungsaufgaben, BayVBl 1990, 684.

[436] VGH Bad.-Wttbg., Beschl. v. 31. 1. 1986 – 9 S 1112/83 – SPE 162 Nr. 18. Abfällige Äußerungen von Personen, die nicht unmittelbar an der Bewertung der Leistungen des Prüflings beteiligt sind (z.B. Aufsichtspersonen, nicht beteiligte Lehrer einer Abiturprüfung), geben keinen Anlaß zur Annahme eines Verfahrensfehlers aus Gründen der Befangenheit: BayVGH, Urt. v. 19. 2. 1986 – 7 B 85 A. 2036 – SPE 528 Nr. 4.

[437] BVerwG, Beschl. v. 6. 11. 1987 – 7 B 198.87 – NVwZ 1988, 439 = Buchholz 421.0 Prüfungswesen Nr. 245 = SPE 528 Nr. 3.

den anderen Prüflingen gewahrt bleiben muß. Es ist daher prinzipiell zu gewährleisten, daß mit denselben Prüfern die **gleichen Bewertungsmaßstäbe erhalten** bleiben, mit denen in Vergleich zu anderen Prüfungsleistungen entschieden wird, ob die Leistungen etwa den „durchschnittlichen" Anforderungen gerecht werden oder nicht. Dies gebietet es, an die Annahme der Befangenheit mit dem daraus folgenden Prüferwechsel nicht nur geringe Anforderungen zu stellen.[438]

194 Ein Prüfer, der den (die Prüfung wiederholenden) Prüfling bereits bei dessen erstem Prüfungsversuch geprüft hat, ist nicht ohne weiteres – es sei denn, daß die Prüfungsordnung dies vorsieht, – als **Prüfer in der Wiederholungsprüfung** wegen Befangenheit ausgeschlossen. Denn es besteht kein allgemeiner Erfahrungssatz, daß ein solcher Prüfer bei einer späteren Prüfung regelmäßig befangen ist.[439] Liegen indes im Einzelfall etwa wegen persönlicher Kontroversen besondere Umstände vor, welche objektiv die Besorgnis rechtfertigen, daß dieser Prüfer die Leistungen des Prüflings in der Wiederholungsprüfung nicht mit der gebotenen Distanz und Unvoreingenommenheit bewerten wird, darf er an der Wiederholungsprüfung nicht mitwirken.

195 Aus dem das Prüfungsrecht beherrschenden Grundsatz der Chancengleichheit und den Mitwirkungspflichten des Prüflings folgt, daß er Mängel im Prüfungsverfahren **unverzüglich rügen** muß, so daß nach Möglichkeit noch eine rechtzeitige Abhilfe (z. B. durch die Auswechselung des befangenen Prüfers) geschaffen werden kann. In aller Regel darf er nicht erst das Prüfungsergebnis abwarten, um sich so im Falle eines Mißerfolgs eine weitere Prüfungschance zu beschaffen.

Unverzüglich ist die Rüge dann nicht, wenn dem Prüfling ein „**schuldhaftes Zögern**" (vgl. § 121 Abs. 1 BGB) anzulasten ist. Es kommt dabei darauf an, ob dem Prüfling eine Rüge schon vorher zuzumuten war. In der Regel wird es für ihn etwa in einer kritischen Situation, in der er sich auf das **Prüfungsgespräch konzentrieren** muß, unzumutbar sein, die Befangenheit des Prüfers zu

---

[438] Dazu insgesamt: BVerwG, Urt. v. 24. 2. 1993 – 6 C 38.92 – Buchholz 421.0 Prüfungswesen Nr. 314 = NVwZ 1993, 686; Urt. v. 9. 12. 1992 – 6 C 3.92 – Buchholz aaO Nr. 307 = NVwZ 1993, 677; Beschl. v. 29. 1. 1985 – 7 B 4.85 – NVwZ 1985, 576 = SPE 162 Nr. 16 (auch zur Selbstablehnung des Prüfers) und Beschl. v. 3. 3. 1983 – 7 B 33.82 – Buchholz aaO Nr. 172 – und Urt. v. 9. 7. 1982 – 7 C 51.79 – Buchholz aaO Nr. 161 = DVBl 1983, 90. OVG NW, Urt. v. 16. 7. 1992 – 22 A 2549/91 – NVwZ 1993, 95 = DVBl 1993, 63 = NWVBl 1992, 429. VGH Bad.-Wttbg., Beschl. v. 3. 3. 1982 – 9 S 2509/81 – NJW 1983, 134.
Aus dem Schrifttum: Kopp, BayVBl 1990, 684, der im Gegensatz zu der bisherigen Rechtsprechung – allerdings wenig praktikabel – eine Befangenheit immer schon dann annimmt, wenn der Fehler nicht ein „entschuldbares Versehen" oder ein „menschlicher Irrtum" gewesen ist. Dagegen verlangt Waldeyer (aaO Rdn. 57) mit der vorherrschenden Rechtsprechung das Vorliegen „außergewöhnlicher Umstände". Anderer Meinung: Stüer, DÖV 1974, 263 und Pietzcker, Verfassungsrechtliche Anforderungen an die Ausgestaltung staatlicher Prüfungen, Schr. z. ÖR Bd. 260, S. 135.

[439] OVG NW, Urt. v. 4. 12. 1980 – 17 A 2507/79 – DÖV 1981, 587. HessVGH, Beschl. v. 23. 11. 1971 – II OE 38/71 – SPE III D VII, S. 21

rügen. Dazu bedarf es angemessener Zeit und Ruhe, um auch die Konsequenzen eines solches Vorgehens zu bedenken. Der Prüfling muß sich auch nicht der Gefahr aussetzen, mit einer Befangenheitsrüge das Verhältnis zu den Prüfern zu belasten, was die nervliche Anspannung in der mündlichen Prüfung unangemessen erhöhen würde, ohne daß er den Erfolg seines Vorgehens hinreichend abschätzen kann.[440] Dagegen muß von einem Prüfling, der schon **vor der Prüfung** Anlaß hat, eine Befangenheit des Prüfers zu besorgen, erwartet werden, daß er dies geltend macht, bevor er sich der Prüfung stellt. Dadurch wird von ihm nichts Unzumutbares verlangt, denn es ist ihm unbenommen, sich der Prüfung unter dem Vorbehalt zu stellen, daß seinem Befangenheitsantrag nicht entsprochen wird. Unterzieht er sich der Prüfung ohne einen solchen Vorbehalt, so verbietet es die Pflicht zur Gleichbehandlung aller Prüflinge, ihm auf die erst nachträglich erhobene Befangenheitsrüge eine zusätzliche Prüfungschance einzuräumen.[441]

Erfährt der Prüfling erst **nach der Prüfung** etwa durch die Angaben eines Dritten über Äußerungen des Prüfers, aus denen sich dessen Voreingenommenheit ergibt, kann das auch später noch ein Grund für die erfolgreiche Anfechtung der Prüfung sein, wenn die Rechtsmittelfrist noch läuft oder damit die Wiedereinsetzung in den vorigen Stand zu rechtfertigen ist (vgl. § 51 VwVfG und § 60 VwGO). Materiellrechtlich ausgeschlossen ist diese Rüge erst dann, wenn der Prüfling sie durch sein Verhalten verwirkt hat.[442]

Lehnt ein **Prüfer sich selbst als befangen** ab, entscheidet die Prüfungsbehörde, ob die Voraussetzungen dafür vorliegen (§ 21 VwVfG), es sei denn, daß nach der Prüfungsordnung der Prüfungsausschuß zu einer solchen Entscheidung ausdrücklich berufen ist.[443]

196

Die etwa in der Prüfungsordnung vorgesehene Möglichkeit der **Abwahl** eines bestimmten Prüfers schließt es aus, ihn nachträglich aus Gründen abzulehnen, die dem Prüfling eine Abwahl dieses Prüfers hätten nahelegen müssen.[444]

Das allgemeine Verwaltungsverfahrensrecht enthält **generell kein förmliches Ablehnungsrecht** eines Beteiligten mit einem sich anschließenden (Zwischen-)Verfahren, in dem über die Berechtigung der Ablehnung zu befinden wäre. Die Ausnahme des § 71 Abs. 3 VwVfG, der ein Ablehnungsrecht gegenüber Ausschußmitgliedern für den Fall besonderer förmlicher Verwaltungsverfahren vor Ausschüssen vorsieht, gilt nicht für Prüfungen (vgl. § 2 Abs. 3 Nr. 2

197

---

[440] OVG NW, Urt. v. 5. 12. 1986 – 22 A 780/85 – NVwZ 1988, 458; vgl. ferner: VGH Bad.-Wttbg., Urt. v. 10. 3. 1988 – 9 S 1141/86 – DVBl 1988, 1122 = SPE 162 Nr. 20 und OVG RhPf., Urt. v. 18. 9. 1985 – 2 A 40/84 – NVwZ 1986, 398 = SPE 162 Nr. 17.
[441] OVG NW, Urt. v. 23. 2. 1993 – 15 A 1163/91 – NWVBL 1993, 293.
[442] BVerwG, Beschl. v. 12. 7. 1979 – 7 B 235.78 – Buchholz 421.0 Nr. 117; VGH Bad.-Wttbg., Urt. v. 22. 5. 1973 – IV 101/73 – SPE III E II, S. 21.
[443] OVG NW, Urt. v. 22. 9. 1981 – 18 A 360/80 – SPE III D IX, S. 31.
[444] OVG NW, Beschl. v. 13. 4. 1983 – 15 A 2169/81.

VwVfG). § 21 Abs. 1 VwVfG verpflichtet nur den – möglicherweise befangenen – Prüfer zur Unterrichtung der Prüfungsbehörde. Ein förmliches Ablehnungsverfahren – etwa auf Antrag des Betroffenen – ist dort bewußt generell nicht eingeführt worden, weil die mißbräuchliche Ausnutzung eine dem schnellen Abschluß des Verwaltungsverfahrens abträgliche Verschleppung befürchten lasse.[445] Deshalb ist die – unverzüglich gerügte – Befangenheit des Prüfers erst mit dem **Rechtsbehelf gegen die Prüfungsentscheidung** selbst als ein rechtlicher Mangel des Prüfungsverfahrens geltend zu machen.

198 Die vorbezeichneten Rechtsgrundsätze über Ausschluß und Befangenheit gelten für das **Schulverhältnis** nur teilweise. Der Schulunterricht selbst ist kein Verwaltungsverfahren im Sinne des § 9 VwVfG, so daß die Ausschluß- und Befangenheitsregelungen in den §§ 20 und 21 VwVfG insoweit nicht anzuwenden sind. Das schließt es freilich nicht aus, daß Schüler oder Eltern materiellrechtlich **Unterlassungsansprüche** gegen den „befangenen" Lehrer geltend machen. Soweit indes die Leistungskontrolle einschließlich der Leistungsbewertung und damit die Versetzungsentscheidung oder das Abitur (Punktzahl) in Frage stehen, gelten – mangels spezialgesetzlicher Sonderregelung – die genannten Vorschriften des Verwaltungsverfahrensgesetzes. Da diese kein förmliches Ablehnungsrecht gewähren, steht es danach dem **Schulleiter** zu, geeignete Maßnahmen zu treffen. Dieser muß auch die Interessen der anderen Schüler berücksichtigen. Daher kann die Abwägung im Einzelfall dazu führen, daß der Schulleiter dem die Befangenheit des Lehrers nicht zu Unrecht rügenden Schüler den **Besuch einer Parallelklasse** anheimgibt. Desweiteren kann der Schüler die Prüfungs- oder Versetzungsentscheidung mit der Begründung vor Gericht anfechten, der Lehrer sei befangen oder habe das Fairneßgebot mißachtet.

Zur Befangenheit eines Lehrers hat die Rechtsprechung bislang entschieden, daß die **Änderung eines Notenvorschlags** durch den Fachlehrer aufgrund eines pädagogischen Meinungsaustausches in der Fachkonferenz keinen Anlaß zu der Annahme gibt, der Lehrer sei voreingenommen oder bewerte die Leistungen unsachlich.[446] Ferner wurde verlangt, daß der Prüfungsplan über die mündliche Abiturprüfung auch den **Namen des jeweiligen Fachausschußvorsitzenden** enthält, damit Fragen der Befangenheit nachgegangen werden kann.[447]

---

[445] Bonk, in: Stelkens/Bonk/Sachs, Verwaltungsverfahrensgesetz 4. Aufl. 1993 § 21 Rdn. 4. Demgegenüber sind die Ablehnungsvorschriften des Prozeßrechts hier auch nicht entsprechend anwendbar: BVerwGE 29, 70.
[446] OVG Berlin, Urt. v. 10. 10. 1985 – 3 B 54.84 – SPE 400 Nr. 30
[447] HessVGH, Urt. v. 13. 12. 1991 – 7 UE 3113/88.

ee) Das Zusammenwirken der Prüfer/Verfahrensgestaltung[448]

Es gibt zwar keinen ungeschriebenen allgemeinen Rechtsgrundsatz des Bundesrechts, daß Prüfungsleistungen kollegial von mindestens zwei Prüfern zu bewerten sind.[449] Spezielle gesetzliche Regelungen sehen jedoch häufig die **Beteiligung mehrerer Prüfer** in unterschiedlicher Weise vor. Für Hochschulabschlußprüfungen und in Prüfungen, deren Bestehen Voraussetzung für die Fortsetzung des Studiums ist, bestimmt § 15 Abs. 5 Satz 1 HRG, daß die Prüfungsleistungen in der Regel von mindestens zwei Prüfern zu bewerten sind. Freilich gilt das Prinzip der Kollegialprüfung auch hier nur „in der Regel", so daß aus berechtigtem Anlaß Ausnahmen zulässig sind, etwa wenn die Leistungen mit Hilfe technischer Verfahren (z. B. beim Antwort-Wahl-Verfahren) gemessen werden oder wenn ein weiterer qualifizierter Prüfer nicht zur Verfügung steht.[450]

199

Für den **mündlichen Teil der Prüfung** und die **Beratung über das Prüfungsergebnis** gelten vielfach spezielle Vorschriften, die damit nicht selten auch die Besetzung des Prüfungsausschusses regeln (vgl. dazu oben Rdn. 124 ff.). So bestimmt § 15 Abs. 5 Satz 2 HRG, daß mündliche Hochschulabschlußprüfungen und mündliche Prüfungen, deren Bestehen eine Voraussetzung für die Fortsetzung des Studiums ist, von **mehreren Prüfern** oder von **einem Prüfer in Gegenwart eines sachkundigen Beisitzers** abzunehmen sind. Der Beisitzer, der ausdrücklich nicht ein zweiter Prüfer ist, sondern etwa das Amt des Protokollführers wahrnimmt, darf das Ergebnis der Prüfung nicht beeinflussen. Der Landesgesetzgeber darf zwischen den beiden Alternativen des Abs. 5 Satz 2 wählen. Da die bundesrahmenrechtlichen Anforderungen in Satz 1 nicht nur – wie die in Satz 1 – „in der Regel", sondern uneingeschränkt gelten, darf das Landeshochschulrecht den damit bezweckten Schutz der Prüflinge nicht verringern und weniger strenge Anforderungen stellen.

200

Grundsätzlich gilt für alle mündlichen Prüfungen die **Anwesenheits- und Beteiligungspflicht** aller, die als Mitglieder des Prüfungsausschusses zur Bewertung dieser Prüfungsleistungen berufen sind.[451] Diese Pflicht ist nicht etwa schon durch die physische Anwesenheit des Prüfers im Prüfungsraum erfüllt; vorauszusetzen ist vielmehr, daß jeder Prüfer in der Lage ist, dem Prüfungsgespräch uneingeschränkt zu folgen. Der Prüfer hat auch tatsächlich dem Prüfungsgeschehen seine **ungeteilte Aufmerksamkeit** zu widmen und darf sich insbesondere nicht durch die Beschäftigung mit prüfungsfremder Litera-

201

---

[448] Einzelheiten darüber, wie bei der Bewertung der Prüfungsleistungen zu verfahren ist, sind ferner unten Rdn. 251 ff. dargelegt.
[449] BVerwG, Beschl. v. 24. 8. 1988 – 7 B 113.88 – Buchholz aaO Nr. 256 = DVBl 1989, 98.
[450] Wegen weiterer Einzelheiten und insbesondere zur Frage, ob in diesen Fällen ein fachfremder Zweitprüfer hinzugezogen werden muß: Waldeyer, aaO Rdn. 66, 67.
[451] BVerwG, Urt. v. 6. 7. 1979 – 7 C 26.76 – Buchholz 421.0 Prüfungswesen Nr. 116 = DVBl 1980, 482 = DÖV 1980, 140.

tur ablenken lassen.⁴⁵² Der Vorsitzende des Prüfungsausschusses verletzt seine Anwesenheitspflicht, wenn er sich von dem Prüfungsgeschehen – indem er sich z.B. einer anderen Prüfung zuwendet – so weit entfernt, daß er nicht mehr beurteilen kann, ob das Prüfungsgespräch korrekt verläuft.⁴⁵³ Auch die **zehnminütige Abwesenheit** des Prüfungsvorsitzenden während einer „Unterrichtsbesichtigung" im Rahmen einer Lehramtsprüfung stellt einen Verfahrensfehler dar. Dieser Fehler kann unter besonderen Umständen unerheblich sein, wenn anzunehmen ist, daß die Abwesenheit des Prüfers auf die Bewertung der Leistungen ohne Einfluß ist (z.B. wenn in dem vorbezeichneten Fall während der Abwesenheit des Vorsitzenden eine sogen. Stillarbeitsphase durchgeführt worden ist).⁴⁵⁴

202 Die **Abwesenheit eines Prüfers** stellt ausnahmsweise dann keinen Verfahrensverstoß dar, wenn der Prüfer – etwa wegen Krankheit – verhindert ist und eine Verschiebung der Prüfung nicht möglich, von noch größerem Nachteil oder wegen Geringfügigkeit unnötig ist.⁴⁵⁵ Demgemäß ist in manchen Prüfungsordnungen die Anwesenheitspflicht der Prüfern eingeschränkt worden, „soweit dringende andere Verpflichtungen bestehen" (vgl. z.B. § 25 Abs. 2 der bayerischen Ausbildungs- und Prüfungsordnung für Juristen). In solchen Fällen sind an die „Dringlichkeit" der Verpflichtung strenge Anforderungen zu stellen. Ersatzlos verzichtet werden darf auf den verhinderten Prüfer jedenfalls nur dann, wenn angesichts der verbleibenden Zahl von Prüfern und deren fachlicher Befähigung auch ohne ihn eine wirksame und dem Gebot der Chancengleichheit entsprechende Leistungskontrolle stattfinden kann.⁴⁵⁶ Ist dies nicht unbedenklich gewährleistet, muß die Prüfung im Falle der dringlichen Verhinderung eines Prüfers vertagt werden.

Die als ein Verfahrensverstoß zu bewertende Abwesenheit eines Prüfers bei

---

⁴⁵² OVG NW, Urt. v. 18. 9. 1991 – 22 A 1239/89 – NVwZ 1992, 397 = NWVBL 1992, 63, m. Anm. v. Krüger, und v. 4. 4. 1986 – 15 A 2304/83 – NJW 1987, 972 = DÖV 1987, 401.

⁴⁵³ BVerwG, Urt. v. 6. 7. 1979 – 7 C 26.76 – aaO. OVG NW, Urt. v. 21. 12. 1967 – V A 123/67 – OVGE 24, 1 = NJW 1968, 2312 (2313). Verneint worden ist ein Verstoß im Falle eines Abstands von drei bis vier Metern vom Prüfungstisch trotz gewisser Sichtbehinderungen: Hamb. OVG, Urt. v. 16. 11. 1992 – OVG Bf. III 10/91.

⁴⁵⁴ 274 OVG NW, Urt. v. 6. 5. 1977 – 5 A 562/75.

⁴⁵⁵ OVG NW, Urt. v. 17. 7. 1961 – V A 315/61 – RWS 1962, 80; Urt. v. 9. 9. 1963 – V A 215/63 – SPE II C IX, S. 3 (betr. den krankheitsbedingten Ausfall des Deutschlehrers in der Versetzungskonferenz); zur Anwesenheitspflicht des Ausschußvorsitzenden: OVG NW, Urt. v. 21. 12. 1967 – V A 123/67 – OVGE 24, 1 = NJW 1968, 2312, und HessVGH, Urt. v. 10. 12. 1969 – II OE 121/68 – SPE III F VII, S. 15; zur Frage der geringfügigen Abwesenheit: BVerwG, Urt. v. 14. 6. 1963 – 7 C 68.62 – BVerwGE 16, 154 = DVBl 1964, 320 = Buchholz 421.0 Nr. 23 (betr. die zeitweise Abwesenheit des Musiklehrers) und OVG NW, Urt. v. 15. 12. 1969 – V A 509/69 – SPE III D IX, S. 3 (betr. die 7-minütige Abwesenheit eines Prüfers während der jur. Staatsprüfung).

⁴⁵⁶ Dies ist von der Rechtsprechung in einem Fall bejaht worden, in dem von vier Prüfern jedenfalls drei ständig anwesend waren; der nicht ständig anwesende Prüfer darf nicht bei der Bildung der Gesamtnote mitbestimmen: BVerwG, Beschl. v. 27. 3. 1992 – 6 B 6.92 – NVwZ 1992, 1199 = DÖV 1992, 884.

der Beratung des Prüfungsergebnisses kann ausnahmsweise durch seine **Anwesenheit bei der Beratung über den Widerspruch** des Klägers geheilt werden, wenn nicht besondere Gründe vorliegen, die zu der Annahme Anlaß geben, daß für ihn eine Korrektur der ersten Entscheidung von vornherein ausscheidet.[457]

c) Der Prüfungsstoff[458]

Den Prüfungsstoff zu bestimmen, ist primär nicht Sache des einzelnen Prüfers, sondern – jedenfalls bei berufsbezogenen Prüfungen – verfassungsrechtlich gebotene **Aufgabe des Gesetzgebers** (Art. 12 Abs. 1 und 20 Abs. 3 GG). Er muß freilich nicht in den Einzelheiten regeln, welche Themen und Inhalte in bestimmten Prüfungen zugelassen sind, sondern kann das Ziel und den Zweck der Leistungskontrolle angeben und deren Ausfüllung einer als Rechtsverordnung (Art. 80 GG) auszugestaltenden Prüfungsordnung überlassen (vgl. dazu oben Rdn. 30 ff.) In dem damit vorgegebenen Rahmen steht es im Ermessen der zuständigen **Prüfungsbehörde, des Prüfungsausschusses** oder des einzelnen **Prüfers**, die Prüfungsthemen zu bestimmen, Prüfungsaufgaben zu stellen und das Prüfungsgespräch in eine bestimmte Richtung zu lenken.[459] Bei alledem macht es keinen prinzipiellen Unterschied, ob die Ermittlung der Leistungen in konventioneller Form durch schriftliche Prüfungsarbeiten und mündliche Befragungen oder – wie es nunmehr insbesondere bei den ärztlichen und pharmazeutischen Prüfungen gesetzlich geregelt ist – in einem sogenannten „Antwort-Wahl-Verfahren" stattfindet, in welchem den Prüflingen mit einer Reihe von Fragen zugleich richtige und falsche Antworten vorgelegt werden, wobei sie die Antwort anzukreuzen haben, die sie für richtig halten.[460]

203

---

[457] BVerwG, Urt. v. 24. 2. 1993 – 6 C 38.92 – Buchholz 421.0 Prüfungswesen Nr. 314 = NVwZ 1993, 686. Zur Frage der Neubewertung durch dieselben Prüfer vgl. ferner: BVerwG, Urt. v. 9. 12. 1992 – 6 C 3.92 – Buchholz aaO Nr. 307 = NVwZ 1993, 677.
[458] Es geht hier um die Frage, welcher Prüfungsstoff überhaupt zugelassen ist. Inhaltliche Bewertungsfehler des einzelnen Prüfungsvorgangs, welche die Grundlagen oder den Gegenstand der vorzunehmenden Leistungsbewertung verkennen, werden unter Rdn. 331 ff. erörtert.
[459] BVerwG, Beschl. v. 13. 3. 1990 – 7 B 172 u. 176.89 – DVBl 1990, 938 = SPE 568 Nr. 18 (Einschränkung des Ermessens durch die Verpflichtung des Prüfungsausschusses, ausgewählte Prüfungsaufgaben zu übernehmen) und v. 30. 8. 1978 – 7 B 27.77 – Buchholz 421.0 Prüfungswesen Nr. 96 = SPE III F I, S. 91 (betr. die Ausgabe von Prüfungsakten in der juristischen Staatsprüfung); Urt. v. 26. 11. 1976 – 7 C 6.76 – BVerwGE 51, 331 und vom 26.10. 1973 – 7 C 73.70 – Buchholz aaO Nr. 57 und v. 1. 10. 1971 – 7 C 5.71 – Buchholz aaO Nr. 44. Zur Kompetenzverteilung zwischen Prüfungsausschuß und Prüfern bei der Ausgabe eines Themas für eine Diplomarbeit: OVG NW, Beschl. v. 19. 4. 1993 – 22 B 398/93 – NWVBL 1993, 391.
[460] Wegen der Zulässigkeit des Antwort-Wahl-Verfahrens s. insbesondere: BVerfG, Beschl. v. 14. 3. 1989 – 1 BvR 1033/82 – BVerfGE 80, 1 = NVwZ 1989, 850 = DVBl 1989, 814. Zu den Besonderheiten dieses Verfahrens vgl. oben Rdn. 34 ff. (betr. den

Ein Rechtsverstoß, der durchweg für das Prüfungsergebnis erheblich ist und daher zur Aufhebung der Prüfungsentscheidung führt (vgl. unten Rdn. 284 ff.), ist erstens dann anzunehmenn, wenn der durch Gesetz oder Rechtsverordnung vorgegebene Rahmen des zugelassenen Prüfungsstoffes verlassen worden ist, und zweitens auch dann, wenn die Auswahl einzelner Themen oder Prüfungsinhalte den Zweck der Prüfung verfehlt, die Chancengleichheit verletzt oder aus anderen Gründen rechtlich nicht zulässig ist. Dies kann auf mannigfache Weise geschehen:

204 Grundsätzlich rechtswidrig sind Anforderungen, die inhaltlich oder nach den konkreten Umständen ihrer (beabsichtigten) Erfüllung gegen höherrangiges Recht, insbesondere **gegen Grundrechte des Prüflings** oder anderer Personen, gegen **rechtsstaatliche Grundsätze** oder das **Verhältnismäßigkeitsprinzip** verstoßen. Von einem Prüfling darf nicht verlangt werden, daß er sich mit unmöglichen oder rechtlich unzulässigen Inhalten auseinandersetzt.[461] Auch wenn er sich – etwa ohne dies sofort zu erkennen – auf solche Inhalte eingelassen hat, liegt darin im allgemeinen kein Verzicht auf eine entsprechende Rüge. Eine Prüfung, die diese fundamentalen Anforderungen mißachtet, ist rechtswidrig und muß wiederholt werden.

205 Grundvoraussetzung ist ferner, daß der Prüfungsstoff so aufbereitet ist, daß der Prüfling bei verständiger Würdigung und aufgrund einfacher Auslegung der Prüfungsfragen erkennen kann, welche Leistung von ihm verlangt wird. **Mehrdeutige Fragen** sind unzulässig, es sei denn, daß es erkennbar darum geht, alternative Lösungswege aufzuzeigen.[462] Die hinreichende Eindeutigkeit der Prüfungsfrage ist speziell bei dem Antwort-Wahl-Verfahren häufig Gegenstand von gerichtlichen Auseinandersetzungen (vgl. dazu nachfolgend Rdn. 219)

206 Soweit die Prüfung auf eine bestimmte Ausbildung bezogen ist und deren Erfolg ermitteln soll, muß der **Prüfungsstoff dem Lehrstoff folgen**. Es darf in diesem Fall von einem Prüfling grundsätzlich nichts verlangt werden, was er in der Ausbildung oder im Unterricht nicht gelernt haben kann. Denn die Prüfung soll nicht zufällige Lichtblicke, sondern den wahren Erfolg der Ausbildung aufzeigen. Das gilt insbesondere auch für schulische Leistungsbewertungen: Die Note im Fach Musik bezweckt nicht, die Tüchtigkeit des privaten Klavierlehrers zu dokumentieren.

Diese Regel gilt freilich nicht ausnahmslos. Soweit insbesondere wissen-

---

Gesetzesvorbehalt) sowie unten Rdn. 219 ff. (betr. Einzelheiten des Verfahrensablaufs) und Rdn. 259 ff. (betr. die Zulässigkeit absoluter/relativer Bestehensgrenzen)

[461] Vgl dazu: BayVGH, Beschl. v. 18. 10. 1988 – Nr. 7 CE 88 2150 – DVBl 1989, 110 = BayVBl 1989, 114 (betr. die inhaltliche und methodische Ausgestaltung eines Praktikums mit Präparierübungen an Körpern zuvor getöteter Tiere). VG Schleswig, Urt. v. 7. 1. 1972 – 5 A 267/70 – DÖD 1972, 148.

[462] BVerwG, Urt. v. 26. 11. 1976 – 7 C 6.76 – BVerwGE 51, 331. Vgl. ferner: BVerwG, Beschl. v. 21. 12. 1993 – 6 B 65.52 – Buchholz 421.0 Prüfungswesen Nr. 325, betr. Hinweise zur Anfertigung einer Hausarbeit.

schaftliche Studien in nicht geringem Umfang auf die eigene Initiative setzen, sind weder das konkrete Lehrangebot noch gar die Qualität der einzelnen Lehrveranstaltung eine Voraussetzung für die Zulässigkeit eines bestimmten Prüfungsstoffs. Auf die Erörterung einzelner Sach- oder Rechtsfragen in den Vorlesungen oder Seminaren kommt es grundsätzlich nicht an. Wieweit dennoch wenigstens die Grundlagen für ein erfolgversprechendes **Selbststudium** geschaffen sein müssen, um ein bestimmtes Sachgebiet als zulässigen Gegenstand der Prüfung anzuerkennen, läßt sich nicht generell beantworten. Es kommt dafür entscheidend darauf an, wie stark Ausbildung und Prüfung gemäß den Regelungen der jeweiligen Prüfungsordnung miteinander verzahnt sind.[463]

Auch umgekehrt muß nicht jeder Lehr- und Unterichtsstoff zwingend ein gleichrangiger Prüfungsstoff sein. Eine Prüfung kann in aller Regel schon aus Kapazitätsgründen nicht alle einschlägigen Fächer abdecken. Die Prüfungsordnungen dürfen daher generell und die **Prüfer im Einzelfall Schwerpunkte bilden**, was in rechtlich zulässiger Weise dazu führen kann, daß z.B. ein Rechtskandidat seine besonderen rechtsgeschichtlichen Kenntnisse nicht als prüfungsrelevant einzubringen in der Lage ist.

Im **schulischen Bereich** gelten alle Unterrichtsfächer im allgemeinen als versetzungserheblich. Letztlich kommt es aber auch insofern auf die normativen Regelungen in der jeweiligen Versetzungsordnung an.[464] Das Landesschulrecht muß nicht jede Fremdsprache, die in der Schule angeboten wird (z.B. auch Italienisch oder Niederländisch) als versetzungserheblich oder als Prüfungsfach in der Reifeprüfung vorsehen.[465]

Auch das Fach **Religionslehre** kann versetzungserheblich sein,[466] aber nur soweit der Unterricht auf Wissensvermittlung ausgerichtet und nicht, soweit er – in Ergänzung dazu – auf der Grundlage religiöser Offenbarung bekenntnisgebunden ist.[467] Denn der Glaube an eine religiöse Offenbarung und sein Bekenntnis entziehen sich einer wirklichen Leistungskontrolle. Das BVerwG[468] räumt den Ländern die Möglichkeit ein, die Versetzungserheblichkeit des Religionsunterrichts insbesondere dann auszuschließen, wenn in dem Fach ausschließlich kirchliche Verkündigung betrieben wird, was freilich unzulässig wäre.[469] Daraus ergibt sich, daß der wissenschaftliche Bereich

---

[463] Dazu aus der Rechtsprechung: BVerwG, Beschl. v. 14.11.1986 – 2 CB 37.86 – Buchholz 232.1 § 20 BLV Nr. 1 und v. 18.5.1982 – 1 WB 148.78 – BVerwGE 73, 376. VGH Bad.-Wttbg., Urt. v. 27.3.1990 – 9 S 2059/89 – DVBl 1990, 943 = SPE 580 Nr. 14. BayVGH, Urt. v. 19.2.1986 – 7 B 85 A. 2036 – SPE 528 Nr. 4.
[464] Vgl. z.B. § 56 Abs. 2 SchulGE.
[465] BVerwG, Beschl. v. 18.2.1981 – 7 B 10 und 13.81 – Buchholz 421.0 Prüfungswesen Nr. 141.
[466] BVerwG, Urt. v. 6.7.1973 – 7 C 36.71 – NJW 1973, 1815 mit abl. Anm. von Obermayer, dagegen: Scheuner, NJW 1973, 2315.
[467] Dazu im einzelnen: 2. Auflage Rdn. 322ff.
[468] Urt. v. 6.7.1973, aaO.
[469] Vgl. 2. Auflage Rdn. 324.

des Religionsunterrichts den eigentlichen Gegenstand der Leistungsbewertung ausmacht, die ihrerseits die Versetzungserheblichkeit der dafür erteilten Einzelnote rechtfertigt.[470]

Höchstrichterlich geklärt ist inzwischen auch, daß die Schule das **Sozialverhalten des Schülers**, welches Gegenstand des staatlichen Erziehungsauftrags ist, bewerten darf.[471]

209 Auch wenn das Ziel der Leistungskontrolle im engeren Sinne auf den Nachweis fachlicher Befähigungen ausgerichtet ist, dürfen damit zugleich auch **allgemeine Grundkenntnisse und Fähigkeiten** (zum Beispiel das Beherrschen der deutschen Sprache) abverlangt werden, die als eine Grundvoraussetzung der Berechtigung gelten, welche mit der erfolgreich bestandenen Prüfung erlangt wird. Der Prüfling muß in der Lage sein, seine Gedanken und Lösungsvorschläge – wenn auch nicht unbedingt elegant und stilvollendet – so doch hinreichend klar und verständlich auszudrücken. Zum Beherrschen der **deutschen Sprache** gehören dabei auch Kenntnisse der **Rechtschreibung** und der **Zeichensetzung** als Voraussetzungen einer allgemeinen Befähigung zur Darlegung schriftlicher Äußerungen (vgl. Rdn. 139).[472] Einzelne Schreibversehen müssen freilich für das Ergebnis der Prüfungsleistung unberücksichtigt bleiben, wenn sie offensichtlich auf einem Versehen beruhen oder sonstwie für das Ziel der Leistungskontrolle nicht wesentlich sind.[473]

Wegen erheblicher Rechtschreibmängel darf eine fachlich ausreichende Leistung nur dann ausnahmsweise als unzulänglich oder mangelhaft bewertet werden, wenn die Rechtschreibfehler so zahlreich und gravierend sind, daß es dem Zweck der Prüfung widerspräche, eine solche Arbeit als erfolgreich anzuerkennen. Allerdings kann eine gute oder sehr gute Note schon durch zahlreiche Rechtschreibfehler ausgeschlossen werden.

210 Die **äußere Form der Arbeit** ist zwar im allgemeinen nicht Gegenstand der Leistungskontrolle, kann aber die Bewertung der ihrem Niveau entsprechenden Prüfungsleistungen bekräftigen. Auf die Äußerlichkeiten darf es aber letztlich nicht entscheidend ankommen. Ist eine schriftliche Prüfungsarbeit bei zumutbarer Anstrengung gerade noch lesbar, darf sich die schlechte Schrift nicht nachteilig auf das Prüfungsergebnis, insbesondere nicht auf das

---

[470] Dazu ferner: OVG NW, Beschl. v. 19. 12. 1975 – 15 1136/75.
[471] BVerwG, Beschl. v. 29. 5. 1981 – 7 B 170.80 – NJW 1982, 250; OVG NW, Urt. v. 25. 4. 1980 – 5 A 2323/78 – (auch zur Form der Beurteilung des Sozialverhaltens); demgegenüber: Ossenbühl, Rechtliche Grundfragen der Erteilung von Schulzeugnissen, Schr. z. ÖR, Bd. 351.
[472] Wegen der Besonderheiten für Ausländer vgl. BVerwG, Beschl. v. 10. 12. 1993 – 6 B 40.92 – Buchholz aaO Nr. 321; OVG NW, Urt. v. 13. 3. 1991 – 22 A 871/90 – NJW 1991, 2586 = DVBl 1991, 774 = NWVBL 1991, 384 sowie v. 22. 4. 1983 – 15 A 1651/82.
[473] BVerwG, Urt. v. 28. 11. 1980 – 7 C 54.78 – BVerwGE 61, 211 = Buchholz 421.0 Prüfungswesen Nr. 136 = DVBl 1981, 581 = DÖV 1981, 578 (betr. ein Schreibversehen bei der Übertragung von Antworten durch Überspringen eines Lösungsfeldes im Antwortbogen des Antwort-Wahl-Verfahrens).

Bestehen einer Prüfung auswirken, nach deren Ziel es auf das Schriftbild nicht ankommt.⁴⁷⁴

211 Der **Prüfungsstoff** muß für den Prüfling in seiner prüfungsrelevanten Bedeutung **erkennbar** sein.⁴⁷⁵ Ist dies objektiv nicht der Fall, muß dieser Teil der Prüfung unberücksichtigt bleiben und – wenn die Chancengleichheit dies verlangt – wiederholt werden. Zu berücksichtigen ist jedoch, daß bestimmte Äußerungen und Fragen des Prüfers schon nach den äußeren Umständen oder dem inhaltlichen Zusammenhang offensichtlich nicht dazu bestimmt sind, die Leistungen und Fähigkeiten des Prüflings zu ermitteln. So ist etwa der Inhalt eines einleitenden Gesprächs zur Vorbereitung der Prüfung, bei dem auch nicht etwa Zusagen eines bestimmten Prüfungsstoffes stattfinden dürfen,⁴⁷⁶ weder Bestandteil der eigentlichen Prüfung noch Gegenstand der Bewertung der Prüfungsleistungen. Auch ist nicht jede im Verlauf der mündlichen Prüfung gestellte Frage eine Prüfungsfrage. Beiläufige Fragen können zur Einstimmung in ein neues Prüfungsgebiet dienen oder der Auflockerung der Prüfungsatmosphäre. Die Grenze des rechtlich Zulässigen ist insofern erst dann überschritten, wenn solche Fragen und Bemerkungen objektiv geeignet sind, den Prüfling nachhaltig zu verunsichern und damit seine Leistungfähigkeit zu mindern.

212 Gleiches gilt für Fragen, die nicht nur beiläufig die Prüfungsatmosphäre verbessern, sondern dazu dienen sollen, **Hintergrundwissen oder Allgemeinwissen** des Prüflings zu erkunden. Solche Fragen sind nicht schlechterdings unzulässig. Es kommt vielmehr darauf an, ob sie von dem eigentlichen Zweck der Prüfung noch gerechtfertigt werden. Insbesondere bei vielen akademischen Berufen (z. B. bei Lehrern, Ärzten, Ingenieuren oder Rechtsanwälten/ Richtern) und auch in anderen Berufen wird das Berufsbild mehr denn je dadurch beeinflußt, daß nicht nur Fachwissen im engeren Sinne vorhanden ist, sondern daß weitere Zusammenhänge erkannt werden, die mit der beruflichen Tätigkeit – z. B. für die Erhaltung der Umwelt – typischerweise verbunden sind. Da der Prüfling nach den einschlägigen Vorschriften des Justizausbildungsrechts zeigen soll, daß er das Recht mit Verständnis erfassen und anwenden kann und über die hierzu erforderlichen Rechtskenntnisse in den Prüfungsfächern mit ihren geschichtlichen, gesellschaftlichen, wirtschaftlichen, politischen und rechtsphilosophischen Bezügen verfügt (vgl. § 2 Abs. 2 JAG NW), sind solche Zusammenhänge in den juristischen Prüfungen prin-

---

[474] BVerwG, Beschl. v. 19. 8. 1975 – 7 B 24.75 – Buchholz 421.0 Prüfungswesen Nr. 65 = SPE III E I, S. 51 (betr. eine Hausarbeit im juristischen Staatsexamen); vgl. ferner: OVG NW, Urt. v. 28. 4. 1982 – 15 A 969/81 – DÖV 1983, 299 (betr. die äußere Form einer Diplomarbeit).

[475] Das gilt auch für die Bedeutung der Leistungen in einem Schulhalbjahr für den Übergang in eine weiterführende Schule: KreisG Gera-Stadt, Beschl. v. 16. 7. 1991 – 1 D 153/91.

[476] VGH Bad.-Wttbg., Beschl. v. 3. 4. 1986 – 9 S 151/86 – NVwZ 1987, 1013 = VBl BW 1987, 71 (auch zur Frage, ob dadurch Rechte des begünstigten Prüflings verletzt worden sind).

zipiell ein zulässiger Prüfungsstoff. Die Grenze des rechtlich Zulässigen ist insofern aber schon dann überschritten, wenn die darauf gerichteten Fragen zu sehr in die Einzelheiten gehen, so daß ihre Beantwortung für die **Erfüllung des Prüfungszwecks**, z. B. die „Befähigung zum Richteramt" zu ermitteln, offensichtlich ungeeignet ist.[477] Der anteilig übermäßige Zeitraum, in dem ein angebliches „Hintergrundwissen" abgefragt worden ist, und die damit zusammenhängenden, objektiv festzustellenden Verunsicherungen des Prüflings sind weitere Kriterien, aus denen sich ergeben kann, daß hierbei ein nicht zulässiger Prüfungsstoff herangezogen wurde. Läßt sich nicht ausschließen, daß dadurch das Prüfungsergebnis nachteilig beeinflußt worden ist, muß die mündliche Prüfung wiederholt werden.[478]

Um das Verständnis oder die Gewandtheit des Prüflings zu ermitteln, dürfen teilweise auch Aufgaben gestellt werden, die **außerhalb des Pflichtstoffbereichs** liegen.[479] Voraussetzung dafür ist jedoch, daß alle dazu nötigen Hilfsmittel und Materialien von dem Prüfer selbst angegeben oder zur Verfügung gestellt werden. Der Prüfling darf nicht dadurch beachteiligt sein, daß er sich auf dieses Sachgebiet nicht vorbereitet hat.

213 Die Prüfungsaufgaben und die Fragen der Prüfer bestimmen zugleich den Schwierigkeitsgrad der Leistungskontrolle. Dies im einzelnen zu gestalten, liegt grundsätzlich im **pflichtgemäßen Ermessen des Prüfers**. Daß Prüfer unterschiedlich schwere oder leichtere Aufgaben stellen, ist rechtlich nicht zu beanstanden. Bei Prüfungen, von deren Bestehen die Zulassung zu einem Beruf abhängt und bei denen die Leistungsanforderungen sich nach denen des betreffenden Berufs richten, fließen mit den individuellen Vorstellungen des Prüfers von dem jeweiligen Berufsbild regelmäßig unterschiedlich strenge Anforderungen in die Leistungskontrolle ein. Das ist normativ nicht zu steuern und kann auch nicht rechtlich beanstandet werden, solange das Berufsbild nicht einseitig verzerrt oder eindeutig verkannt wird.[480] Verlangt werden muß jedoch, daß der Prüfer oder der Prüfungsausschuß erkennt, ob eine Aufgabe eher leicht, mittelmäßig oder besonders schwierig ist. Der Grundsatz der Chancengleichheit verlangt, daß die Bewertung bei wesentlichen **Abweichungen vom „normalen" Schwierigkeitsgrad** hiervon beeinflußt wird. Andernfalls wäre anzunehmen, daß die Prüfungsentscheidung – auch unter Berücksichti-

---

[477] BVerwG, Urt. v. 17. 7. 1987 – 7 C 118.86 – BVerwGE 78, 55 = NVwZ 1987, 977 = Buchholz 421.0 Prüfungswesen Nr. 242 = DVBl 1987, 1223 (betr. Fragen zum Staat Mali und dessen Hauptstadt in einer juristischen Prüfung).
[478] BVerwG, Urt. v. 17. 7. 1987 aaO.
[479] VGH Bad.-Wttbg., Urt. v. 8. 3. 1989 – 9 S 3264/88 in Fortbildung seines Urteils vom 11. 12. 1985, ESVGH 36, 144.
[480] Vgl. dazu auch: BVerwG, Beschl. v. 16. 10. 1985 – 7 B 189.85 – Buchholz 421.0 Prüfungswesen Nr. 219, Urt. v. 7. 10. 1983 – 7 C 54.82 – BVerwGE 68, 69 (74) und v. 18. 5. 1982 – 7 C 24.81 – BVerwGE 65, 323 (326).
Zur Bindung der Mitglieder des Prüfungsausschusses an die dem Präsidenten des Justizprüfungsamts (persönlich) obliegende Auswahl der Prüfungsaufgaben: HessVGH, Urt. v. 5. 7. 1990 – 6 UE 2275/89.

gung des Bewertungsspielraums der Prüfer – rechtsfehlerhaft ist, weil sie sodann offenbar auf einem Bewertungsdefizit beruht (vgl. dazu unten Rdn. 326 ff. und ferner auch Rdn. 339).[481]

Steht es dem Prüfling zu, für die mündliche Prüfung in einem Fach ein **Schwerpunktgebiet auszuwählen**, haben die Prüfer dies bei der Gestaltung der Prüfung angemessen zu berücksichtigen. Auch dabei haben sie prinzipiell einen Gestaltungsspielraum, der jedoch nicht mehr eingehalten ist, wenn das Schwerpunktgebiet nur kurze Zeit eher am Rande behandelt worden ist.[482]

Durch Art. 12 Abs. 1 GG sind auch strenge fachliche Anforderungen an den Qualifikationsnachweis gedeckt, wenn damit ein besonders wichtiges Gemeinschaftsgut geschützt werden soll. Insbesondere rechtfertigt der **Schutz der Gesundheit der Bevölkerung** bei Ärzten strenge fachliche Maßstäbe und sogar einen gewissen „Überschuß" an Ausbildungs- und Prüfungsanforderungen.[483] Diese Anforderungen dürfen aber zu diesem Zweck nicht außer Verhältnis stehen und müssen somit dafür geeignet, erforderlich und für die Betroffenen zumutbar sein.[484] Ungeeignet können Anforderungen sein, die sich einseitig etwa nur auf **theoretisches Wissen** erstrecken und die für den angestrebten Beruf unverzichtbaren **praktischen Fähigkeiten** nicht erfassen, so daß der mehr praktisch befähigte Prüfling von vorherein und ohne sachlichen Grund erheblich benachteiligt ist. Um dies zu beurteilen, muß indes das gesamte Spektrum der betreffenden Leistungskontrolle einschließlich der sonst noch dazu vorausgesetzten Leistungsnachweise ins Auge gefaßt werden. Bei der **ärztlichen Ausbildung** und den dazu insgesamt abzulegenden Prüfungen gibt das geltende Recht nach der Meinung des BVerfG[485] keine Veranlassung zur Beanstandung aus verfassungsrechtlichen Gründen.

214

---

[481] Eine Verletzung des Grundsatzes der Chancengleichheit ist nicht schon dann anzunehmen, wenn bei der Zuteilung der Hausarbeiten in der Weise verfahren wird, daß den nach ihrer Ausbildungsnote als besonders befähigt einzustufenden Prüflingen eine im oberen Bereich durchschnittlicher Schwierigkeit liegende Arbeit, den schwächeren Prüflingen eine im mittleren oder unteren Bereich liegende Arbeit zugewiesen wird: BVerwG, Beschl. v. 18. 9. 1984 – 7 B 110.84 – Buchholz 421.0 Prüfungswesen Nr. 201.
Hat der Prüfer einen Prüfling gegenüber den anderen bevorzugt, etwa indem er ihn auf die Lösung der Prüfungsaufgabe durch privaten Nachhilfeunterricht individuell vorbereitet hat, ist die Chancengleichheit in grober Weise verletzt: BVerwG, Beschl. v. 16. 1. 1984 – 7 B 169.83 – NVwZ 1984, 307 = DÖV 1984, 809.

[482] OVG NW, Urt. v. 4. 12. 1991 – 22 A 1090/90 – NVwZ 1992, 694 = DVBl 1992, 1050 = NWVBL 1992, 101: Der Prüfling habe die „deutliche Schieflage des Prüfungsgesprächs" darzulegen (hier bejaht bei 4 Minuten im Verh. zu 30 Minuten).

[483] BVerfG, Beschl. v. 14. 3. 1989 – 1 BvR 1033/82 – BVerfGE 80, 1 = NVwZ 1989, 850 = DVBl 1989, 814.

[484] BVerfG, Beschl. v. 14. 3. 1989 aaO mit weiteren Hinweisen.

[485] Beschl. v. 14. 3. 1989 aaO.

d) Form und Verlauf der Prüfung

aa) Das Verfahren zur Ermittlung der Leistungen und Fähigkeiten des Prüflings

(1) Allgemeine Grundsätze

215 Der verfassungsrechtliche Gleichheitssatz (Art. 3 Abs. 1 GG), speziell geprägt durch das Grundrecht der Berufsfreiheit (Art. 12 Abs. 1 GG) als das Gebot der **Chancengleichheit bei berufsbezogenen Prüfungen**, beeinflußt in besonderem Maße das Verfahren und die äußere Form des Prüfungsgeschehens. **Form und Verlauf der Prüfung** müssen sich daran messen lassen, ob sie den Zweck erfüllen, die Leistungen und Fähigkeiten des Prüflings oder des Schülers auf geeignete Weise zu ermitteln und dabei die äußere Chancengleichheit wahren (dazu oben Rdn. 75 ff.). Der verfahrensmäßige Ablauf der Prüfung ist in den Grundzügen durch die jeweilige **Prüfungsordnung** geregelt. Auch soweit diese in einigen wenigen Bereichen noch nicht als Gesetz oder aufgrund eines Gesetzes als Rechtsverordnung, sondern als Verwaltungsvorschrift erlassen worden ist, kann der Prüfling verlangen, daß die ihr entsprechende Verfahrenspraxis zu seinen Gunsten vorerst beibehalten wird (vgl. Rdn. 48, 56 ff.). Unabhängig von dem Rechtscharakter der Prüfungsordnung müssen die darin enthaltenen Regelungen des Ablaufs der Prüfung inhaltlich den Anforderungen höherrangigen Rechts, insbesondere denen der Grundrechte, entsprechen.

216 Es verstößt nicht gegen Bundesverfassungsrecht (Art. 12 Abs. 1 GG), wenn eine landesrechtliche Prüfungsordnung eine **Unterbrechung der Prüfung** nicht vorsieht, sondern darauf abzielt, das Prüfungsverfahren in angemessener Zeit zu einem Abschluß durch eine – positive oder negative – Prüfungsentscheidung zu bringen.[486]

Die zeitweise Unterbrechung der Prüfung durch den Vorsitzenden des Prüfungsausschusses kann aus sachlichen Gründen (z.B. um dem Prüfling Gelegenheit zu einer Beruhigung zu geben) ohne ausdrückliche Regelung in der Prüfungsordnung gerechtfertigt sein.[487]

Von einer nachträglichen **Änderung des Prüfungsverlaufs** (z.B. von einer Änderung der Zahl der Klausuren oder Klassenarbeiten) sind im Rahmen der Übergangsregelungen solche Prüflinge auszunehmen, die sich auf den bisherigen Prüfungsmodus eingerichtet haben und sich nicht mehr in zuzumutbarer Weise umstellen können (dazu im einzelnen: oben Rdn. 56 ff.).

---

[486] BVerwG, Urt. v. 14. 6. 1982 – 7 C 74.78 – Buchholz 421.0 Nr. 162 = DVBl 1983, 89.
[487] OVG NW, Urt. v. 26. 3. 1982 – 15 A 2536/80.

(2) Unterschiedliche Formen der Leistungsermittlung

Für die Ermittlung der Leistungen und Fähigkeiten des Prüflings kommen 217 grundsätzlich unterschiedliche Formen in Betracht, insbesondere die schriftliche Darlegung seiner Kenntnisse, das mündliche Prüfungsgespräch oder die Vorführung einer bestimmten praktischen Befähigung. Welche dieser Formen sinnvoller ist, ist hier nicht zu erörtern. Aus rechtlicher Sicht gibt es insofern keine prinzipiellen Einschränkungen. Das gilt auch für die üblichen **Kombinationen von mündlichen und schriftlichen Prüfungen** mit Haus- und/ oder Aufsichtsarbeiten.[488] Für Hochschulabschlußprüfungen läßt § 15 Abs. 3 HRG es ausdrücklich zu, daß diese je nach Art des Studiengangs in Abschnitte geteilt sowie durch eine Zwischenprüfung entlastet werden.

Wird auf eine Form der Prüfung, etwa auf eine mündliche Prüfung, in der 218 Prüfungsordnung generell verzichtet, ist auch dies in aller Regel hinzunehmen, es sei denn, daß die **ausschließlich schriftliche Prüfung** nicht hinreichend geeignet ist, dem Zweck der Prüfung entsprechende Aussagen über die Befähigung des Prüflings zu machen (z. B. bei der Fahrlehrer- oder bei der Jägerprüfung). Ergänzen sich **mehrere (Zwischen-)Prüfungen** bei der Ermittlung der für einen bestimmten Abschluß insgesamt erforderlichen beruflichen Qualifikation (z. B. bei den meisten naturwissenschaftlichen Prüfungen), so ist hinsichtlich der Geeignetheit der Prüfungsform nicht auf die einzelne Teil- oder Zwischenprüfung, sondern auf die gesamte Leistungs- und Befähigungskontrolle abzustellen.

Eine besondere Form der Prüfung ist das bereits mehrfach angesprochene 219 „**Antwort-Wahl-Verfahren**" (multiple-choice-Verfahren), das zum Beispiel in den medizinischen und pharmazeutischen Prüfungen vorgesehen ist (vgl. § 14 ÄAppO).[489] Es dient in besonderem Maße der Chancengleichheit, weil der Schwierigkeitsgrad der Prüfungsanforderungen auf diese Weise für alle Prüflinge gleich ist. Trotz gewisser Nachteile (betr. insbesondere die Auswahl der Fragen und deren Eindeutigkeit) wird dieses Verfahren daher als grundsätzlich geeignet und rechtlich zulässig angesehen.[490]

Geht es hier darum, von mehreren Antworten auf eine Frage die richtige

---

[488] Wegen der Verfassungsmäßigkeit studienbegleitender Leistungskontrollen: OVG NW, Urt. v. 13. 3. 1991 – 22 A 871/90 – NJW 1991, 2586 = DVBl 1991, 774 = NWVBL 1991, 384; a. A.: Neumann, DVBl 1987, 339.

[489] Zu dem Erfordernis einer gesetzlichen Regelung s. oben Rdn. 34; im Zusammenhang mit der Auswahl des Prüfungsstoffs s. vorst. Rdn. 203; wegen der relativen und absoluten Bestehensgrenzen: Rdn. 259 ff. und wegen der gerichtlichen Kontrolldichte s. unten Rdn. 407.

[490] Dazu insgesamt: BVerfG, Beschl. v. 14. 3. 1989 – 1 BvR 1033/82 u. a. – BVerfGE 80, 1 = NVwZ 1989, 850. BVerwG, Urt. v. 20. 11. 1987 – 7 C 3.87 – BVerwGE 78, 280 = Buchholz 421.0 Prüfungswesen Nr. 246 = NVwZ 1988, 433; Beschl. v. 23. 3. 1984 – 7 B 32.84 – Buchholz aaO Nr. 197; Urt. v. 7. 10. 1983 – 7 C 54.82 – BVerwGE 68, 69 = DVBl 1984, 269; Beschl. v. 18. 5. 1982 – 7 C 24.81 – BVerwGE 65, 323 = NJW 1983, 354 = DVBl 1982, 894; Urt. v. 30. 8. 1977 – 7 C 50.76 – Buchholz aaO Nr. 85; Urt. v. 28. 1. 1977 – 7 C 14.76 – BVerwGE 52, 42 = NJW 1977, 1115; kritisch dazu insbeson-

anzugeben, so setzt dies voraus, daß sich Richtiges von Falschem hinreichend klar trennen läßt. Daraus ergeben sich besondere Anforderungen an die **Auswahl und den Wortlaut der Fragen** bei allen Prüfungen im **Antwort-Wahl-Verfahren**. Demgemäß bestimmt § 14 Abs. 2 ÄAppO für ärztliche Prüfungen, daß die Prüfungsfragen zuverlässige Prüfungsergebnisse ermöglichen müssen. Für den einzelnen Prüfling muß bei verständiger Würdigung und aufgrund einfacher Auslegung der Prüfungsfragen erkennbar sein, welche Leistung von ihm verlangt wird.[491] **Mehrdeutige Fragen** sind unstatthaft und rechtsfehlerhaft.[492] Ein solcher Fehler des Prüfungsverfahrens führt aber nur dann zur Aufhebung der Prüfungsentscheidung, wenn sein Einfluß auf das Prüfungsergebnis nicht auszuschließen ist.[493] Kann die richtige Beantwortung dieser Frage unterstellt werden, ohne daß damit die für den Prüfungserfolg notwendige Zahl richtiger Antworten erreicht wird, so ändert sich nichts an dem negativen Prüfungsergebnis (zur Erheblichkeit von Prüfungsmängeln s. unten Rdn. 284 ff.; zur gerichtlichen Kontrolle der Eindeutigkeit einer Frage und der Richtigkeit der Antwort s. unten Rdn. 407).

(3) Die Gestaltung der Prüfung in den Einzelheiten

220 Die zuvor erörterten Formen einer Prüfung lassen jeweils ein hohes Maß an Gestaltungsmöglichkeiten für den Ablauf des Prüfungsgeschehens, insbesondere für die äußere Gestaltung der Prüfungsbedingungen, im Einzelfall offen (wegen der Auswahl des Prüfungsstoffs s. Rdn. 203 ff.). Der den Prüfern und Prüfungsbehörden kraft ihrer Organisationsbefugnis zukommende **Gestaltungsspielraum** ist jedoch auch ohne ausdrückliche Regelungen des Verfahrens in der Prüfungsordnung nicht unbegrenzt. Vielmehr muß sich auch die Einzelmaßnahme daran messen lassen, ob sie den betroffenen Prüflingen gleiche Chancen gewährt oder etwa die verfassungsrechtlichen Gebote der Art. 3 Abs. 1 und Art. 12 Abs. 1 GG verletzt, indem sie bei einem Teil der Prüflinge etwa schon deren Startchancen vermindert.

221 Diese Anforderungen setzen bereits geraume Zeit vor dem Prüfungstermin und der dort stattfindenden Leistungskontrolle ein. Zu den **äußeren Vorbedingungen** für den Prüfungserfolg gehört zunächst, daß dem Prüfling eine angemessene **Zeit** sowohl für die **Vorbereitung** zur Prüfung als auch für die **Lösung der Prüfungsaufgaben** zur Verfügung gestellt wird.[494] Es gehört zwar zu den

---

dere: Becker/Kuni, Rechtsstaatliche Anforderungen an die Multiple-Choice-Prüfungen im ärztlichen Ausbildungsrecht, DVBl 1981, 425.

[491] Dabei muß freilich nicht auf die mangelhafte Beherrschung der deutschen Sprache Rücksicht genommen werden (s. Rdn. 139).

[492] BVerwG, Urt. v. 20. 11. 1987 – 7 C 3.87 – aaO. OVG NW, Urt. v. 21. 2. 1986 – 15 2211/84 – SPE 436 Nr. 8.

[493] BVerwG, Urt. v. 20. 11. 1987 – 7 C 3.87 – aaO. Vgl. ferner: Theuersbacher, BayVBl 1984, 129 und 166.

[494] BVerwG, Beschl. v. 26. 4. 1978 – 7 B 32.78 – und Urt. v. 2. 7. 1965 – 7 C 171.64 – DVBl 1966, 35; OVG NW, Urt. v. 11. 3. 1982 – 15 A 10/81 – und Urt. v. 26. 7. 1974 – 15 A 167/74 – und v. 12. 2. 1970 – 5 A 855.69 – Recht im Amt 1970, 154.

allgemeinen Leistungsanforderungen, daß der Prüfling sich diese Zeit richtig einteilt und am Ende jedenfalls zu dem Ergebnis kommt, das in der angebotenen Zeit zu erreichen war. Er ist jedoch nicht gehalten, vorsorglich eine Zeitreserve für unvorhergesehene Ereignisse einzuplanen.[495] Bei nachträglichen Ergänzungen der Aufgaben oder Zeitverlust durch Textergänzungen oder notwendige Rückfragen können zum Ausgleich entsprechende **Zeitverlängerungen** beansprucht werden. Unterschiedliche Prüfungszeiten beeinflussen in aller Regel auch die Chancen der Prüflinge im Verhältnis untereinander. Der auf diese Weise wesentlich benachteiligte Prüfling kann deshalb einen Verstoß gegen Art. 3 GG geltend machen, wenn anzunehmen ist, daß diese Benachteiligung für seinen (negativen) Prüfungserfolg mitursächlich ist.[496] Dies ist jedoch bei nur kleineren Unterschieden in der Zeitzuteilung nicht ohne weiteres der Fall.[497] Auch Zeitverluste, mit denen von vornherein zu rechnen ist und die alle Prüflinge in der gegebenen Situation ähnlich belasten, sind grundsätzlich hinzunehmen. Zum Beispiel muß der Prüfling sich im Normalfall darauf einrichten, daß er den Prüfungsraum während der Klausur nicht zu jeder beliebigen Zeit verlassen kann und daß etwa für den Toilettenbesuch auch Wartezeiten entstehen können.[498]

Auch die **Verzögerung des Prüfungsbeginns** um 35 Minuten könnte sich allenfalls bei einem gegenüber psychischen Belastungen der Prüfung besonders anfälligen Prüfling leistungsmindernd auswirken. Da eine solche persönliche Indisposition zu Lasten des Prüflings geht (vgl. oben Rdn. 154), wird sein Recht auf ein die Chancengleichheit wahrendes Prüfungsverfahren dadurch nicht verletzt.[499]

Versäumt ein Prüfling einen Prüfungstermin ohne wichtigen Grund (s. Rdn. 160, 171 ff.) oder gibt er eine Prüfungsarbeit **nicht rechtzeitig** ab (vgl.

222

---

[495] BVerwG, Urt. v. 28. 11. 1980 – 7 C 54.78 – BVerwGE 61, 211 = Buchholz 421.0 Prüfungswesen Nr. 136 = DVBl 1981, 581 = DÖV 1981, 578.

[496] OVG NW, Urt. v. 16. 12. 1977 – 16 A 933/76 – (Verfahrensfehler, wenn der Prüfer in der mündlichen Prüfung die Richtzeit unterschreitet oder die meiste Zeit nur monologisiert) und Urt. v. 13. 10. 1976 – 3 A 614/75 – (Verfahrensfehler bei unterschiedlicher Bearbeitungszeit für mehrere Prüfungsgruppen).
Hinsichtlich etwaiger Schadensersatzansprüche wegen einer Verkürzung der dem Prüfling zur Vorbereitung zur Verfügung zu stellenden Zeit: BGH, Urt. v. 11. 7. 1985 – III ZR 62/84 – BGHZ 95, 238.

[497] BVerwG, Urt. v. 28. 11. 1980 – 7 C 54.78 – aaO und Beschl. v. 20. 4. 1978 – 7 B 122.77 – Buchholz 421.0 Prüfungswesen Nr. 89 = BayVBl 1978, 736.

[498] BVerwG, Beschl. v. 10. 7. 1979 – 7 B 152.79 – (anders ist es bei echten gesundheitlichen Störungen, denen im allgemeinen Rechnung zu tragen ist; dazu im einzelnen Rdn. 155).

[499] BVerwG, Beschl. v. 26. 11. 1980 – 7 B 190.80. Vgl. dazu ferner: HambOVG, Urt. v. 16. 11. 1992 – OVG BfIII 10/91.

Rdn. 159),⁵⁰⁰ etwa weil in Orten ohne Nachtschalter der Post der Abgabetag nicht voll bis 24.00 Uhr ausgenutzt werden kann,⁵⁰¹ so wird seine Leistung als „ungenügend" bewertet, was die Folge haben kann, daß die Prüfung als „nicht bestanden" gilt (vgl. § 19 ÄAppO). Freilich setzt eine solche Sanktion wegen einer angeblich nicht gerechtfertigten Versäumung eines Prüfungstermins eine **ordnungsgemäße Ladung** voraus, welche die Prüfungsbehörde nachzuweisen hat.⁵⁰² Hinsichtlich der Form und der Fristen der Ladung zur Prüfung gibt es keine generell verbindlichen rechtlichen Maßgaben.⁵⁰³ Soweit nicht Sonderregelungen für einzelne Prüfungen bestehen,⁵⁰⁴ ist jedenfalls grundsätzlich darauf zu achten, daß der Prüfling in angemessener Frist von dem Prüfungstermin erfährt. Die Gleichbehandlung aller Prüflinge etwa entsprechend der ständigen Praxis ist zu gewährleisten.

223 Soweit es schließlich um die **Form und den Verlauf der eigentlichen Leistungskontrolle** bei der Anfertigung von Haus- oder Aufsichtsarbeiten oder der mündlichen Prüfung geht, ist der Gestaltungsspielraum der Prüfer, Ausschüsse und Prüfungsbehörden zwar groß, jedoch ebenfalls nicht unbegrenzt; er ermächtigt grundsätzlich nur zu **sachgerechten**, d.h. an den Zielen der jeweiligen Leistungskontrolle orientierten **Verfahrensregelungen und Organisationsmaßnahmen**.⁵⁰⁵ Das Gebot, die Chancengleichheit der Prüflinge zu beachten, hat in diesem Kernbereich der Prüfung besonderes Gewicht. Ist eine bestimmte Verfahrensweise in der Prüfungsordnung nicht zwingend, sondern nur „in der Regel" vorgeschrieben, rechtfertigen schon sachlich vertretbare und nicht erst zwingende Gründe ein Abweichen von der Regel, insbesondere wenn eine atypische Situation gegeben ist.⁵⁰⁶

---

⁵⁰⁰ VG Düsseldorf, Beschl. v. 10.1.1990 – 15 L 3/90 – NJW 1991, 940: Keine Fristwahrung durch Abgabe der Hausarbeit bei der Deutschen Bundesbahn als Expreßgut.

⁵⁰¹ BVerwG, Beschl. v. 6.7.1979 – 7 B 147.79 – Buchholz aaO Nr. 115 = SPE III A I, S. 71.

⁵⁰² VGH Bad.-Wttbg., Urt. v. 29.11.1988 – 9 S 748/88 – SPE 980 Nr. 36. OVG NW, Beschl. v. 10.8.1993 – 22 E 403/93 – und v. 27.11.1987 – 22 B 3064/87 – DÖV 1988, 743: Keine Pflicht des Prüflings, zu einem Prüfungstermin zu erscheinen, wenn die Prüfung etwa wegen verspäteter Bekanntgabe des Prüfungstermins nicht rechtmäßig durchgeführt werden könnte.

⁵⁰³ OVG NW, Urt. v. 4.12.1991 – 22 A 962/91 – NVwZ 1992, 696 = DVBl 1992, 1051. Wegen der Ladung zu einer mündlichen Abiturprüfung durch Aushang: VG Berlin, Beschl. v. 31.7.1987 – VG 3 A 489.87. Wegen der Berechnung einer Wochenfrist entspr. § 31 VwVfG: OVG NW, Beschl. v. 10.8.1993 – 22 E 403/93.

⁵⁰⁴ Vgl. z.B. § 17 ÄAppO, wonach die Ladung zur schriftlichen Prüfung dem Prüfling spätestens sieben, die Ladung zur mündlichen Prüfung spätestens fünf Kalendertage vor dem Prüfungstermin zuzustellen ist. Wegen der Zustellung der Ladung an den Prozeßbevollmächtigten des Prüflings: VG Stuttgart, Beschl. v. 29.8.1990 – 10 K 2280/90 – (keine Heilung durch telefonische Information).

⁵⁰⁵ VGH Bad.-Wttbg., Urt. v. 8.4.1975 – IV 1088/73 – SPE III F II, S. 51; HessVGH, Urt. v. 2.12.1974 – VI OE 107/73 – SPE III F VII, S. 45.

⁵⁰⁶ OVG NW, Urt. v. 12.10.1977 – 16 A 844/76 – (betr. die regelmäßige Zahl der Prüflinge in jeweils einer Prüfung); vgl. ferner: BVerwG, Beschl. v. 17.3.1972 – 7 B

Von diesen rechtlichen Grundsätzen ausgehend, ist im Hinblick auf die verwaltungsgerichtliche Rechtsprechung zur Rechtmäßigkeit von Maßnahmen der vorgenannten Art im einzelnen folgendes zu bemerken:

Der **völlige Ausfall** eines in der Prüfungsordnung vorgeschriebenen schriftlichen Prüfungsteils stellt einen Verfahrensfehler dar, der nicht schon deshalb als unwesentlich angesehen werden kann, weil dem Prüfer ein Ermessen bei der Auswahl des Prüfungsstoffes zusteht.[507] 224

Die einzelne **Hausarbeit** darf nacheinander auch an **mehrere Prüflinge** ausgegeben werden,[508] und es darf bei der Zuteilung einer schwierigen oder weniger schwierigen Hausarbeit nach der Ausbildungsnote des Prüflings unterschieden werden, wenn der jeweilige Schwierigkeitsgrad bei der Leistungsbewertung berücksichtigt wird.[509]

Die Verpflichtung, Klausuren oder Klassenarbeiten gleichmäßig auf das Semester oder das Schuljahr zu verteilen, läßt dem Prüfer/Lehrer einen **Spielraum für die Gestaltung des Klausurenplans**, den er nach pädagogischen Gesichtspunkten ohne starre Bindung an bestimmte Zeitabstände ausfüllen darf.[510]

Art. 6 Abs. 1 GG gebietet nicht, bei der Bearbeitungszeit zwischen Prüflingen mit und ohne Familie zu differenzieren.[511] 225

Schreibzeitverlängerungen sind für **Hausarbeiten** nur aus wichtigem Grunde gerechtfertigt, wenn das Prüfungsergebnis dadurch nicht verfälscht wird.[512] Sie sind für **Klausuren** dann sogar geboten, wenn zeitweise erhebliche Störungen durch äußere Einwirkungen (z.B. Baulärm) aufgetreten sind[513] (dazu nachfolgend Rdn. 239, 241) oder etwa ein nicht nur unerheblicher Zeitverlust dadurch entstanden ist, daß ein zunächst unvollständig zur Verfügung gestellter Klausurtext im Verlauf der Bearbeitung ergänzt wird.[514]

Die Prüfungsbehörde muß für die Anfertigung der Aufsichtsarbeiten in mehreren Gruppen **Räume zur Verfügung stellen**, die im wesentlichen die **gleichen Vorbedingungen** für eine konzentrierte Arbeit ermöglichen. Werden 226

59.70 – SPE III A II, S. 11 (betr. Reifeprüfung schulfremder Schüler durch einen ihnen fremden Fachlehrer).
[507] VGH Bad. Wttbg., Beschl. v. 13. 10. 1992 – 9 S 2332/92 – VBl BW 1993, 115.
[508] BVerwG, Beschl. v. 7. 9. 1990 – 7 B 116.90 – SPE 588 Nr. 13. Freilich ist der Prüfungsausschuß gegenüber dem Prüfer berechtigt, dies wegen der Täuschungsgefahr zu untersagen: OVG NW, Beschl. v. 19. 4. 1993 – 22 B 398/93 – NWVBL 1993, 391.
[509] BVerwG, Beschl. v. 18. 9. 1984 – 7 B 110.84 – Buchholz 421.0 Prüfungswesen Nr. 201. Wegen einzelner Bearbeitungshinweise: BVerwG, Beschl. v. 21. 12. 1993 – 6 B 65.92 – Buchholz aaO Nr. 325.
[510] VGH Bad.-Wttbg., Beschl. v. 12. 10. 1992 – 9 S 2272/92.
[511] BVerwG, Beschl. v. 6. 4. 1984 – 7 B 62.84.
[512] OVG NW, Beschl. v. 26. 2. 1992 – 22 B 650/92 – NVwZ 1993, 93 = NWVBL 1992, 170 (Berechnung der Schreibzeitverlängerung bei Hausarbeiten).
[513] Diese Kompensationspflicht ist insbesondere durch den Beschl. des BVerfG v. 21. 12. 1992 – 1 BvR 1295/90 – NJW 1993, 917 bekräftigt worden.
[514] BVerwG, Beschl. v. 20. 1. 1981 – 7 B 4.81 – Buchholz aaO Nr. 138.

die Leistungen relativ in einem Verhältnis zu einander bewertet, so darf nicht die eine Gruppe durch optimale Einrichtungen (z. B. schallisoliert und klimatisiert) wesentlich bevorteilt und die andere durch deutlich schlechtere Arbeitsbedingungen (beengte räumliche Verhältnisse, keine Lüftungsmöglichkeiten) benachteiligt werden. Das widerspräche dem Gebot der Chancengleichheit.[515] Dagegen muß nicht auch jeglichen individuellen Befindlichkeiten einzelner Prüflinge durch die Bereitstellung von Räumlichkeiten entsprochen werden. Prüflinge, die während der Aufsichtsarbeiten auf Nikotin oder ähnliche Mittel nicht verzichten können, müssen sich damit begnügen, daß sie den Prüfungsraum zu diesem Zweck kurzzeitig verlassen.[516]

227 Die Forderung, daß der Prüfling die Hausarbeit als ein Schriftstück und nicht etwa **in Form einer Diskette** abliefert, überschreitet nicht die Befugnis der Prüfungsbehörde zur Gestaltung der äußeren Prüfungsbedingungen. Versagt indes die **häusliche Computeranlage**, so daß die vorhandene Arbeit nicht rechtzeitig ausgedruckt werden kann, so kann das ein Grund für ein Wiederaufgreifen des Verfahrens sein (§ 51 Abs. 1 Nr. 3 und § 2 Abs. 3 Nr. 2 VwVfG i. V. m. § 580 ZPO). Dessen Erfolgsaussichten können dadurch wesentlich vermehrt werden, daß der Prüfling die Diskette mit der fertigen – aber noch nicht ausgedruckten – Hausarbeit dem Prüfungsamt rechtzeitig zuleitet.[517]

228 Die Organisation und äußere Gestaltung der **mündlichen Prüfung** ist stets gerechtfertigt, soweit damit ihrem Ziel gedient wird, die wahren Leistungen und Befähigungen des Prüflings zu ermitteln. Für das Ausmaß der Zeit, mit der sich ein Prüfer einzelnen Prüflingen zuwendet, legen manche Prüfungsordnungen eine **Höchst- oder Mindestdauer** fest. Deren Überschreitung ist aber nur dann ein wesentlicher Verfahrensfehler, wenn damit ein Einfluß auf das Prüfungsergebnis verbunden sein kann. Dies ist bei geringfügigen Abweichungen nicht der Fall und im übrigen auch dann nicht zu beanstanden, wenn der Prüfling damit einverstanden ist.[518] Ohne ausdrückliche Festlegungen

---

[515] Anders: VGH Bad.-Wttbg., Urt. v. 7. 5. 1987 – 9 S 31/86 – SPE 290 Nr. 14. Wegen des Anspruchs der Prüflinge auf vorherige Besichtigung der Prüfungsräume allzu sehr zurückhaltend: BayVGH, Urt. v. 14. 1. 1987 – Nr. 3 B 86 01252 – BayVBl 1987, 182; insofern sollte es drauf ankommen, ob ein sachlich vertretbarer Grund für das Verlangen des Prüflings nach Information vorgebracht wird.

[516] BVerwG, Beschl. v. 6. 5. 1988 – 7 B 71/88 – Buchholz 421.0 Prüfungswesen Nr. 251 = NJW 1988, 2813. OVG NW, Urt. v. 9. 2. 1988 – 22 A 1903/87 – SPE 610 Nr. 8 = NWVBL 1988, 239. Anderer Auffasung: Wegmann, BayVBl 1990, 673, der meint, daß auch die Nichtraucher auf die Raucher „einwirken" und daß daher die gegenseitige Einwirkung im Sinne der Chancengleichheit auszubalancieren sei.

[517] Vgl. dazu auch: VG Frankfurt a. M., Urt. v. 5. 4. 1989 – V/3 E 2023/87 – NJW 1990, 340, das jedoch in dem dort entschiedenen Fall von einer nicht vollständigen Hausarbeit ausgegangen ist.

[518] Dazu im einzelnen: BVerwG, Beschl. v. 23. 12. 1993 – 6 B 19.93 – Buchholz 421.0 Prüfungswesen Nr. 326 (betr. den um 30 Min. verzögerten Beginn der Prüfung). OVG NW, Urt. v. 17. 7. 1991 – 22 A 1533/89 – NVwZ-RR 1992, 246 = NWVBL 1992, 66,

kommt es darauf an, in welcher Zeit der Prüfer sich ein hinreichend sicheres Bild von den Leistungen und der Befähigung des Prüflings machen kann. Dazu sind keine absoluten Maßstäbe rechtlich vorgegeben, maßgeblich sind vielmehr die Umstände des Einzelfalls.[519]

Es ist grundsätzlich Sache des Prüfers, wie er seine Fragen ordnet und welche **Reihenfolge** er dabei einhält. Geht es etwa um das Verständnis für Zusammenhänge, besteht kein Grund zu beanstanden, daß der Prüfer eine bereits richtig beantwortete Frage nach mehreren Zwischenfragen in gleicher oder ähnlicher Form neu stellt.[520] Schweigt der Prüfling anhaltend auf diese oder andere Fragen und will der Prüfungsausschuß dieses Verhalten wie eine „**Abwesenheit**" von der Prüfung sanktionieren, so muß er den Prüfling darüber zuvor informieren.[521]

229

Die Gestaltungsfreiheit des Prüfers umfaßt nicht auch die Befugnis, sich beiläufig mit prüfungsfremder Literatur zu beschäftigen[522] oder den Prüfling auf sonstige Weise zu verunsichern oder gar zu verletzen. Auch wenn dies in der Prüfungsordnung nicht ausdrücklich hervorgehoben ist, muß das Verfahren auch hinsichtlich des Prüfungsstils von **Sachlichkeit** und **Fairneß** bestimmt sein (vgl. Rdn. 184). Verstöße gegen das Recht des Prüflings auf ein faires Verfahren machen eine Wiederholung der Prüfung erforderlich, wenn der Prüfling dies begehrt. Schließlich kann es sogar zur **Nichtigkeit** einer **Prüfung** führen, wenn aufgrund des verfahrensmäßigen Ablaufs eine echte Leistungskontrolle der einzelnen Prüflinge nicht angenommen werden kann, sondern die Prüfung zu einer Farce entartet ist.[523]

Auch die Durchführung der Prüfung als **Gruppen- oder Einzelprüfung** und die **Zahl der Prüfungskandidaten** in den jeweiligen Gruppen der mündlichen Prüfung[524] können auf die Chancengleichheit von Einfluß sein. „Soll" nach

230

---

und VGH Bad.-Wttbg., Urt. v. 12. 7. 1991 – 9 S 1538/91 – VBl BW 1992, 149 = NVwZ 1992, 83 (L).
Ein „abschichtendes" Prüfungsverfahren belastet den einzelnen Prüfling nicht gleichheitswidrig: VGH Bad.-Wttbg., Urt. v. 25. 2. 1992 – 9 S 1818/90.
[519] Vgl. z. B. HambOVG, Urt. v. 16. 11. 1992 – OVG Bf. III 10/91, nach dessen Auffassung eine Prüfungszeit von 15 Minuten ausreichend ist.
[520] OVG NW, Urt. v. 14. 11. 1975 – 15 A 261/74.
[521] BVerfG, Beschl. v. 13. 11. 1979 – 1 BvR 1022/78 – BVerfGE 52, 380 = NJW 1980, 1153.
[522] OVG NW, Urt. v. 18. 9. 1991 – 22 A 1239/89 – NVwZ 1992, 397 (bestätigt durch Beschl. des BVerwG v. 11. 5. 1992 – 6 B 10.92 – Buchholz 421.0 Prüfungswesen Nr. 295) und Urt. v. 4. 4. 1986 – 15 A 2304/83 – NJW 1987, 972 = DÖV 1987, 401.
[523] OVG Berlin, Urt. v. 17. 8. 1978 – OVG III B 35.78 – DVBl 1979, 355 = SPE III E IV, S. 1.
[524] Dazu: BVerwG, Beschl. v. 13. 4. 1983 – 7 B 25.82 – Buchholz 421.0 Prüfungswesen Nr. 173 – (Kollegialprüfung verfassungsrechtlich nicht geboten); OVG NW, Urt. v. 12. 2. 1970 – V A 855/69 – Recht im Amt 1970, 154 und v. 21. 12. 1967 – V A 123/67 – OVGE 24, 1 = NJW 1968, 2312; Hess VGH, Urt. v. 24. 3. 1970 – I OE 22/69 – SPE III F VII, S. 31 – VG Ansbach, Urt. v. 21. 1. 1975 – Nr. AN 3883 – II/74 – BayVBl 1975, 455 (keine Verletzung der Chancengleichheit durch Simultanprüfung von Prüf-

der Prüfungsordnung eine bestimmte Zahl von Prüflingen in einer mündlichen Prüfung geprüft werden, so darf von dieser Regel nur dann – nach oben oder unten – abgewichen werden, wenn nach den besonderen Umständen des Einzelfalls gewichtige Gründe diese Ausnahme rechtfertigen (z.B. wenn ein Prüfling wegen Krankheit ausscheidet). Bei einer nur geringfügigen Überschreitung (z.B. bei 5 statt der im Regelfall 4 Prüflingen) ist jedoch nicht ohne weiteres anzunehmen, daß das Prüfungsergebnis hiervon beeinflußt worden ist (vgl. auch Rdn. 284ff.). Eine gemeinsame (mündliche) Prüfung von Prüflingen mit verschiedenen Wahlfachgruppen ist rechtlich zulässig, wenn der jeweilige Prüfungsgegenstand diesen Wahlfachgruppen gemeinsam zuzuordnen ist.[525]

231 **Gruppenarbeiten** kommen insbesondere bei Diplomarbeiten, bei künstlerischen oder handwerklichen Arbeiten oder allgemein bei schriftlichen Hausarbeiten, aber auch in der mündlichen Prüfung (z.B. in der Form eines Planspiels) in Betracht. Voraussetzung ist allerdings, daß sich der **Einzelbeitrag des Prüflings** bei der gemeinsamen Bearbeitung eines Themas oder Themenbereichs **eindeutig abgrenzen und zuverlässig bewerten läßt**. Die Möglichkeit, daß weniger qualifizierte Prüflinge ohne selbständige Leistung „durchgeschleust" werden, muß ausgeschlossen sein.[526] Bei wissenschaftlichen Arbeiten genügt dazu nicht die äußerliche Aufteilung nach Abschnitten oder Seitenzahlen; vielmehr muß der sachliche Gehalt der selbständigen Leistung meßbar sein, was wegen der gedanklichen Zusammenhänge und Wechselwirkungen hier regelmäßig große Schwierigkeiten bereitet.[527]

232 Diese allgemeinen prüfungsrechtlichen Grundsätze sind für die **Hochschulprüfungen** durch § 15 Abs. 2 Satz 2 HRG ausdrücklich normiert worden; danach müssen auch bei Gruppenarbeiten die individuellen Leistungen deutlich abgrenzbar und bewertbar sein. Maßstab dafür ist, ob es trotz der gemeinsamen Leistung möglich ist, hinreichend sicher zu beurteilen, ob der einzelne Prüfling das Ziel des Studiums oder des Studienabschnitts erreicht hat (vgl. den Zusammenhang mit Satz 1 der genannten Vorschrift). Werden diese Anforderungen eingehalten, so daß die Chancengleichheit auch im Verhältnis zu den anderen Prüflingen gewahrt bleibt, bestehen keine verfassungsrechtliche Bedenken gegen Gruppenarbeiten.[528] Zu beachten ist noch, daß

---

lingen mit unterschiedlichen Vorbereitungszeiten) und VG Berlin, Urt. v. 30. 4. 1970 – XII A 126/70 – DVBl 1970, 940; Pietzcker, Schr. z. ÖR Bd. 260, S. 184.
Wegen der Überschreitung der Regelzahl der Prüflinge: BVerwG, Beschl. v. 23. 12. 1993 – 6 B 19.93 – Buchholz aaO Nr. 326.

[525] OVG NW, Urt. v. 18. 3. 1992 – 22 A 370/91 – NVwZ 1993, 94.

[526] BVerwG, Beschl. v. 29. 3. 1979 – 7 B 27.78 – Buchholz 421.0 Prüfungswesen Nr. 106 = JZ 1979, 469 und v. 25. 5. 1978 – 7 B 124.77 – Buchholz aaO Nr. 91. VGH Bad.-Wttbg., Urt. v. 15. 3. 1977 – IV 101/77 – NJW 1977, 1842. Wegen der Hinweispflicht des Gerichts, wenn es die Bewertungsfähigkeit einer Gemeinschaftsarbeit in Frage stellt: BVerwG, Urt. v. 9. 8. 1978 – 7 C 79–82.77.

[527] OVG NW, Urt. v. 25. 7. 1975 – XV A 1135/74.

[528] So auch Waldeyer, in: Hailbronner, Hochschulrahmengesetz § 15 Rdn. 30 mit weiteren Hinweisen.

§ 15 Abs. 2 Satz 2 HRG die Mindestanforderungen für die Zulässigkeit von Gruppenarbeiten nur sehr weitläufig festlegt. Die Hochschulgesetze der Länder haben die Voraussetzungen dazu vielfach näher umschrieben und damit zum Teil auch enger gefaßt. Das ist nach höherrangigem Bundesrecht nicht zu beanstanden.[529]

Auch andere Detailregelungen des äußeren Ablaufs der Prüfung (z.B. die Sitzverteilung[530] oder die Wahrung der **Anonymität** durch ein **Kennziffernsystem**)[531] unterliegen grundsätzlich dem gestalterischen Ermessen des Prüfungsamts. Die Maßnahmen müssen am Zweck der Prüfung orientiert sein. Sie sind rechtlich unzulässig, wenn sie zu Behinderungen des Prüflings führen, die danach nicht notwendig sind oder mit ihren Auswirkungen den Prüfling übermäßig belasten. 233

Die äußere Chancengleichheit im Prüfungsverfahren ist ferner dann beeinträchtigt, wenn wichtige **Hilfsmittel** für die Anfertigung der Prüfungsarbeiten ungleichmäßig verteilt sind.[532] Das ist z.B. der Fall, wenn in einer (zweiten) juristischen Staatsprüfung bei der Festsetzung des Prüfungstermins nicht die Möglichkeit geboten wird, auch am 2. Werktag vor der Prüfung zur Vorbereitung des Vortrages die Gerichtsbücherei zu benutzen.[533] Es verstößt ferner gegen das Gebot der Gleichbehandlung aller Prüflinge, wenn bei den Aufsichtsarbeiten in der zweiten juristischen Staatsprüfung ein Teil der Prüflinge die zu benutzenden Bücher aufgrund einer entsprechenden Aufforderung[534] selbst mitbringen darf, die anderen Prüflinge die vom Prüfungsamt zur Verfügung gestellten Bücher benutzen müssen und nicht sichergestellt ist, daß die mitgebrachten Bücher bezüglich Auflage, Randbemerkungen u.ä. den zur Verfügung gestellten Büchern entsprechen.[535] Gleiches gilt, wenn an Prüflinge, die eine von ihnen selbst zu stellende Gesetzessammlung nicht zur Aufsichtsarbeit mitgebracht haben, Amtsexemplare nach der Reihenfolge der 234

---

[529] Waldeyer, aaO Rdn. 31 mit Hinweisen auf einschlägige landesrechtliche Sonderregelungen.

[530] OVG NW, Urt. v. 28. 4. 1982 – 15 A 569/81.

[531] VG Berlin, Urt. v. 17. 8. 1982 – 12 A 1844/81.

[532] Dazu: BVerwG, Beschl. v. 19. 9. 1978 – 7 B 19.78 – Buchholz 421.0 Prüfungswesen Nr. 97; VGH Bad.-Wttbg., Urt. v. 23. 3. 1982 – IV 605/79 – VBl BW 1983, 215; wegen der Rechtsfolgen des Besitzes unzulässiger Hilfsmittel: BayVGH, Beschl. v. 6. 4. 1981 – Nr. 3 B 80 1519 – BayVBl 1981, 688. Vgl. ferner: Guhl, aaO S. 120; Pietzcker, aaO S. 185.
Hinweise zur Fallbearbeitung sind keine Hilfsmittel für die Lösung eines Falles: BVerwG, Beschl. v. 21. 12. 1993 – 6 B 65.92 – Buchholz aaO Nr. 325.

[533] BVerwG, Urt. v. 23. 7. 1965 – 7 C 196.64 – DVBl 1966, 860 = DÖV 1965, 771 = Buchholz 421.0 Prüfungswesen Nr. 28.

[534] Aus der Art der mitzubringenden Texte sind keine rechtsverbindlichen Folgerungen darauf statthaft, welcher Prüfungsstoff geprüft werden wird: BVerwG, Urt. v. 24. 2. 1993 – 6 C 35.92 – Buchholz 421.0 Prüfungswesen Nr. 313 = NVwZ 1993, 681.

[535] BVerwG, Urt. v. 13. 10. 1972 – 7 C 17.71 – BVerwGE 41, 34 = DVBl 1973, 150. BayVGH, Beschl. v. 26. 7. 1979 – Nr. 3 B-324/79 – SPE III F III, S. 41.

Anforderung durch die Prüflinge verteilt werden und ein Teil der Prüflinge leer ausgeht.[536]

Eine erhebliche Beeinträchtigung liegt dagegen nicht vor, wenn bei einer (juristischen) Aufsichtsarbeit eine Seite in der zur Verfügung gestellten Gesetzessammlung fehlt und dem Prüfling auf seine Beanstandung hin sofort ein vollständiges Exemplar ausgegeben wird.[537] Ebensowenig ist die Chancengleichheit im Bereich der äußeren Prüfungsbedingungen verletzt, wenn **schreibbehinderten Prüflingen** – je nach Art und Schwere ihrer Behinderung – Arbeitszeitverlängerungen oder Schreibhilfen zur Verfügung gestellt werden, und zwar ohne Rücksicht darauf, ob der Prüfling als Schwerbehinderter anerkannt ist (s. Rdn. 156).[538]

235 Dem Ziel des Prüfungsverfahrens entsprechend, die wahren Leistungen und Befähigungen des Prüflings nachzuweisen, sind sämtliche Verfahrensweisen unstatthaft, die diesem Ziel entgegenwirken. Deshalb muß das Prüfungsverfahren (insbesondere bei den Aufsichtsarbeiten) so ausgestaltet sein, daß Leistungen nicht bloß zum Schein erbracht werden. Dazu ist eine genaue **Aufsicht** erforderlich, durch welche ausgeschlossen wird, daß der selbständig arbeitende und unzulässige Hilfsmittel vermeidende Prüfling von vornherein gegenüber anderen – weniger ehrlichen – Prüflingen benachteiligt ist. Welche Folgen ein Verstoß gegen diese Aufsichtspflicht hat, hängt von seinen Auswirkungen ab. Im allgemeinen kann der „ehrliche" Prüfling für sich keine rechtlichen Ansprüche daraus herleiten, daß ein anderer Prüfling etwa die unzulängliche Aufsicht ausgenutzt und sich dadurch oder auf andere Weise einen Vorteil erschlichen hat.[539] Die Qualität seiner Leistungen ändert sich dadurch generell nicht. Dies ist jedoch anders, wenn die Leistungen der Prüflinge des betreffenden Prüfungstermins relativ nach dem Ausfall der Arbeiten bewertet werden (wegen der Täuschungen und deren Folgen vgl. oben Rdn. 143 ff.).

236 Es gehört zu den Aufgaben der Prüfungsbehörde, das Prüfungsverfahren auch in den Einzelheiten so zu organisieren, daß alle Prüflinge **gleichmäßig** darüber **informiert** werde, welche Aufgaben gestellt werden oder welcher

---

[536] BVerwG, Beschl. v. 19. 9. 1978 aaO. Ein Verbot der Prüfungsbehörde, als Hilfsmittel bei einer Aufsichtsarbeit Texte zu benutzen, die zum Prüfungstermin mitzubringen waren und die auch benötigt wurden, ist rechtswidrig: VGH Bad.-Wttbg., Urt. v. 25. 2. 1982 – 9 S 2532/81 – NVwZ 1983, 565.
Der Prüfling genießt keinen rechtserheblichen Vertrauensschutz, wenn er annimmt, daß mit der Angabe der mitzubringenden Texte zugleich auch ein Hinweis auf den zu erwartenden Prüfungsstoff gegeben sei: BVerwG, Urt. v. 24. 2. 1993 – 6 C 35.92 – Buchholz 421.0 Prüfungswesen Nr. 313 = NJW 1993, 681.
[537] OVG NW, Urt. v. 25. 3. 1977 – 5 A 279/76.
[538] BVerwG, Urt. v. 30. 8. 1977 – 7 C 50.76 – Buchholz aaO Nr. 85; BayVGH, Beschl. v. 2. 4. 1976 – Nr. 96 III 76 – BayVBl 1976, 656 = SPE III C III, S. 1.; Tiemann, Zur Rechtsstellung Behinderter im Prüfungsverfahren, BayVBl 1976, 650.
[539] BVerwG, Beschl. v. 6. 4. 1984 – 7 C 26.84 – KMK-HSchR 1984, 907.

Prüfungsstoff ein Schwerpunkt der Prüfung sein wird.[540] Die Chancengleichheit ist verletzt, wenn durch **einseitige Informationen** (Indiskretionen) über Prüfungsthemen bei einem Teil der Prüflinge der Leistungsnachweis erleichtert wird. Dagegen kann eine solche Verletzung nicht ohne weiteres angenommen werden, wenn die Ergebnisse der schriftlichen Prüfung einem Teil der Prüflinge bei der mündlichen Prüfung bekannt waren, einem anderen Teil dagegen nicht.[541] Besteht für alle Prüflinge die Möglichkeit, sich über **Vorzensuren oder das Ergebnis des schriftlichen Teils der Prüfung** zu informieren, trägt jeder selbst das Risiko der Ungewißheit oder vorzeitigen Minderung des Selbstbewußtseins, wenn er schlechte Leistungen noch vor dem Abschluß der Prüfung erfährt. Auf die einseitige – rechtswidrige – Begünstigung anderer Prüflinge kann er sich nur dann berufen, wenn er selbst dadurch Nachteile hat, z.B. weil seine Prüfungsleistungen im Vergleich mit denen der anderen bewertet werden.[542] Er kann jedenfalls nicht beanspruchen, daß eine unzulässige Verfahrensweise in seinem Fall fortgesetzt oder gar ebenso rechtswidrig wiederholt wird.[543] Ein Nachteil kann freilich auch darin liegen, daß der Prüfling durch die **einseitige Information anderer Prüflinge erheblich verunsichert** worden ist. Dafür kommt es auf das Ausmaß und die inhaltliche Bedeutung der Informationen und ferner darauf an, ob das Wissen über solche einseitigen Begünstigungen objektiv geeignet ist, den Prüfling über den normalen Prüfungsstreß hinaus wesentlich zu belasten.

Nicht allein die Prüfer und Prüfungsbehörden, sondern auch der **einzelne Prüfling** ist gehalten, das Seine zu einem ordnungsgemäßen Prüfungsablauf beizutragen.[544] Dazu gehört insbesondere, daß er auf ihn belastende **Unregelmäßigkeiten** oder Verstöße gegen die Chancengleichheit **hinweist**, sobald ihm dies nach Lage der Dinge zumutbar ist.[545] Hat er es in der Hand, selbst noch rechtzeitig auf einen ordnungsgemäßen Ablauf des Prüfungsgeschehens hinzuwirken (z.B. um die Überlassung des fehlenden Textes oder Kommentars zu bitten), so kann er nicht nachträglich geltend machen, ihm seien durch eine unzureichende Ausstattung mit Hilfsmitteln geringere Chancen eingeräumt worden. Dagegen wird es dem Prüfling in aller Regel **nicht zumutbar** sein,

237

---

[540] OVG Bremen, Beschl. v. 12.9.1989 – OVG 1 B 70/89.
[541] BVerwG, Urt. v. 14.12.1990 – 7 C 17.90 – BVerwGE 87, 258 = NVwZ 1991, 1084 = Buchholz aaO Nr. 281.
[542] VGH Bad.-Wttbg., Beschl. v. 12.8.1988 – 9 S 2501/88 – NVwZ 1989, 891 = DVBl 1989, 104 (betr. die relative Bestehensgrenze bei einer ärztlichen Prüfung).
[543] BVerwG, Beschl. v. 7.8.1979 – 7 B 19.79 – Buchholz aaO Nr. 119. BayVerfGH, Entsch. v. 25.7.1979 – Vf 6 – VII – 76 – BayVBl 1978, 699; OVG NW, Urt. v. 24.6.1977 – V A 1185/74 –; VGH Bad.-Wttbg., Urt. v. 22.12.1976 – IX 782/74 – SPE III A II, S. 7.
[544] BVerwG, Beschl. v. 15.1.1993 – 6 B 45.92 – Buchholz aaO Nr. 310.
[545] BVerwG, Beschl. v. 20.1.1981 – 7 B 284.80 – und Beschl. v. 11.11.1975 – 7 B 72.74 – JZ 1976, 179 (betr. die Grenzen der Mitwirkungspflicht) und Urt. v. 17.1.1969 – 7 C 77.67 – BVerwGE 31, 190. VGH Bad.-Wttbg., Urt. v. 15.7.1969 – IV 267/68 – SPE III F II, S. 21.

noch während der **mündlichen Prüfung** Verletzungen des Fairneßgebots durch einzelne Prüfer zu begegnen. Dies ist im wesentlichen Aufgabe des Vorsitzenden der Prüfungskommission (zur Rügepflicht des Prüflings vgl. ferner Rdn. 158, 287 sowie nachfolgend Rdn. 242 ff.).

bb) Störungen durch äußere Einwirkungen

238 Prüfungen finden nicht isoliert von ihrer Umgebung gleichsam in sterilen Räumen statt. Das entspricht dem Zweck der Prüfung. Denn die beruflichen Befähigungen, deren Nachweis durch die Prüfung erbracht werden soll, setzen voraus, daß sie unter „normalen" Bedingungen vorhanden sind. Welche Einwirkungen von daher noch als normal gelten oder jedoch schon als erhebliche Störungen zu bewerten sind, läßt sich zwar nicht abschließend definieren. Die zahlreichen Äußerungen und Abgrenzungen in Rechtsprechung und Schrifttum geben jedoch Anhaltspunkte dafür, wie im Einzelfall zu entscheiden ist.[546] Danach muß der Prüfling **Belästigungen selbst verkraften**, die etwa wettermäßig bedingt sind (Föhn) und sich in den Grenzen der üblichen – für gesunde Menschen erträglichen – Temperaturschwankungen halten. Das gleiche gilt für die bei Prüfungen üblichen „betriebsbedingten" Vorgänge, etwa wenn Mitprüflinge kurze Zeit mit dem Aufsichtführenden sprechen, zur Toilette gehen oder die Bearbeitung abbrechen.

239 **Ungewöhnliche äußere Einwirkungen**, welche geeignet sind, die Konzentration eines Prüflings nicht nur unerheblich zu erschweren und ihn dadurch abzuhalten, seine wahre Befähigung nachzuweisen, sind zu vermeiden und – wenn sie unvermittelt auftreten – sogleich zu beheben.[547] Dazu kommen insbesondere in Betracht: übergroße **Hitze/Kälte**, nicht nur geringfügiger **Lärm**[548], Defekte der **Klimaanlage**, beißender **Farbgeruch**[549] oder anhaltende **Unruhe im Prüfungsraum**[550] oder rauchende oder gar weinende **Mitprüflinge**

---

[546] Vgl. insbesondere jeweils mit Rechtsprechungshinweisen: Wortmann, Entwicklungen und Tendenzen in der Rechtsprechung zum Prüfungsrecht, NWVBL 1992, 304 (309); Wagner, Das Prüfungsrecht in der aktuellen Rechtsprechung, DVBl 1990, 183 und Klenke, Rechtsfragen des Justizprüfungsrechts, NWVBL 1988, 199 (202).

[547] Das BVerfG (Beschl. v. 21. 12. 1992 – 1 BVR 1295/90 – NJW 1993, 917) zieht die verfassungsrechtliche Verpflichtung der Prüfungsbehörde in Betracht, ihre Möglichkeiten zur vorbeugenden Vermeidung von Prüfungsstörungen zu nutzen, wenn vorhersehbar ist, daß eine Lärmquelle das Prüfungsgeschehen häufiger unterbrechen wird. Zu den störenden Einwirkungen insgesamt: Guhl, aaO S. 116 ff.; Pietzcker, aaO S. 182.

[548] BVerwG, Beschlüsse v. 15. 1. 1993 – 6 B 11.92 – und – 6 B 45.92 – Buchholz 421.0 Prüfungswesen Nr. 309 und 310; Urt. v. 29. 8. 1990 – 7 C 9.90 – BVerwGE 85, 323 = NJW 1991, 442 (insoweit durch den Beschl. des BVerfG v. 21. 12. 1992 aaO nicht beanstandet); Beschl. v. 8. 8. 1979 – 7 B 11.79 – Buchholz aaO Nr. 120. Vgl. ferner: Schöbel, Die Geltendmachung lärmbedingter Prüfungsmängel nach Bekanntgabe des Prüfungsergebnisses, BayVBl 1977, 172.

[549] OVG RhPf., Urt. v. 26. 2. 1986 – 2 A 71/85 – NVwZ 1988, 457.

[550] Etwa wegen fehlender Aufsicht bei schriftlichen Arbeiten: OVG NW, Urt. v. 15. 3. 1965 – V A 1206/64 – RdJ 1967, 275 = SPE II C IX, S. 11.

oder gegen den Willen des Prüflings zugelassene, ihn störende **Zuhörer**[551] (wegen der Minderung der Leistungsfähigkeit aus Gründen, die wie etwa Krankheiten in der Person des Prüflings liegen, vgl. oben Rdn. 153 ff.). Ob solche und ähnliche Vorfälle als **erhebliche** Störungen zu bewerten sind oder noch in den Grenzen des üblicherweise Hinzunehmenden liegen, läßt sich nur nach den Umständen des Einzelfalles beantworten. Es kommt dabei neben der Intensität der Einwirkungen auch auf deren Dauer und möglicherweise darauf an, ob nach der Art der Prüfung (z. B. bei einer musikalischen Vorführung) auch schon eine kurze Störung nachhaltige Folgen haben kann.[552] Bei Einwirkungen, deren störender Charakter nicht ohne weiteres zu Tage tritt, sondern im wesentlichen **subjektiv geprägt** ist – manche Prüflinge belästigt der Sonnenschein, andere stört die Verschlechterung der Lichtverhältnisse bei Gebrauch der Sonnenblenden –, ist ohne einen entsprechenden **Hinweis des davon betroffenen Prüflings** eine erhebliche Störung nicht anzunehmen. Dies kommt insbesondere in Betracht, wenn es darum geht, ob die **Beleuchtung** und **Belüftung** ausreichend oder umgekehrt gar störend ist (Zugluft).[553]

Die Prüfungsbehörde ist aufgrund des verfassungsrechtlich verbürgten Anspruchs jedes Prüflings auf gleiche Prüfungschancen gehalten, **von vornherein organisatorische Maßnahmen** zu treffen, die ausreichen, um die Chancengleichheit durch im wesentlichen störungsfreie Prüfungsbedingungen zu erreichen. Wenn voraussehbar ist, daß das Prüfungsgeschehen durch bestimmte Störungen (z. B. durch Baulärm in einem bestimmten Raum) häufiger unterbrochen und damit die Prüfungschancen der Prüflinge regelmäßig und nachhaltig beeinträchtigt werden, so hat die Prüfungsbehörde die Grundrechte der Prüflinge durch eine **generell geänderte Gestaltung des Prüfungsverfahrens** (z. B. durch den Umzug in einen anderen Raum) zu schützen.[554] Einzelne Abhilfemaßnahmen für den Fall, daß Prüflinge sich beschweren, reichen unter diesen Umständen nicht aus. Es ist dann schon ein Verfahrensfehler darin zu sehen, daß das Prüfungsamt etwa einen ständig oder für längere Zeit lärmbelasteten Raum weiterhin zu Prüfungszwecken nutzt. Diesen Mangel kann der Prüfling nachträglich auch dann geltend machen, wenn er ihn nicht zuvor schon während der Prüfung gerügt hat. 240

Besteht zwar kein hinreichender Grund, der eine gänzlich andere organisatorische Gestaltung des Prüfungsverlaufs erforderlich macht, so bleibt die 241

---

[551] VG Schleswig, Urt. v. 24. 10. 1973 – 9 A 78/73 – SPE III F XII, S. 1.
[552] VGH Bad.-Wttbg., Urt. v. 28. 11. 1989 – 9 S 2405/89 – VBl BW 1990, 268 und v. 7. 12. 1983 – 9 S 2082/83 – DÖV 1984, 814.
[553] VGH Bad.-Wttbg., Beschl. v. 26. 8. 1985 – 9 S 1239 – SPE 538 Nr. 12.
[554] BVerfG, Beschl. v. 21. 12. 1992 – 1 BvR 1295/90 – NJW 1993, 917 = VBl BW 1993, 216 unter Bezugnahme auf seine Rechtsprechung zum „Grundrechtsschutz durch Verfahren" und zur vorbeugenden Fehlervermeidung durch eine entsprechende Ausgestaltung des Verfahrens (dazu BVerfGE 84, 59 (73)). Vgl. dazu ferner: BVerwG, Urt. v. 11. 8. 1993 – 6 C 2.93 – Buchholz 421.0 Prüfungswesen Nr. 317.

Prüfungsbehörde jedoch verpflichtet, **Zeitverluste,** die infolge einer erheblichen Störung des Prüfungsablaufs eingetreten sind, **auszugleichen.** Bei der Frage, welche Ausgleichsmaßnahmen zur Wiederherstellung der Chancengleichheit geeignet und geboten sind, steht ihr kein Ermessensspielraum zu. Es kommt darauf an, ob der Ausgleich angesichts der tatsächlich festzustellenden Dauer und Intensität der Störungen gelungen ist. Dies ist gerichtlich voll zu kontrollieren.[555]

Bei unvorhergesehenen kurzfristigen, jedoch nicht nur unerheblichen[556] Lärmbelästigungen dürfte ein Ausgleich durch **Schreibzeitverlängerung** in aller Regel die geeignete Maßnahme sein. Ein starres Schema, nach welchem die Verlängerungszeit zu bemessen wäre, ist ungeeignet, um den unterschiedlichen Störungsfällen angemessen Rechnung zu tragen. Für eine kürzere Verlängerungszeit mag sprechen, daß die Bearbeitung während der Störung regelmäßig nicht vollends ausgeschlossen ist. Andererseits sollte auch berücksichtigt werden, daß nach einer Unterbrechung vielfach ein neuer Ansatz oder ein Übergang nötig wird, der zusätzliche Zeit beansprucht. Diese Vor- und Nachteile mögen sich in der Regel ausgleichen, so daß es gerechtfertigt erscheint, die Schreibzeitverlängerung nach der Störungsdauer zu bemessen. Abweichungen von dieser Regel sind zulässig, wenn dafür besondere Gründe vorliegen.[557]

242 Der durch äußere Einwirkungen der genannten Art gestörte Prüfling kann sich auf die Störung im allgemeinen nur dann berufen, wenn er sie **rechtzeitig gerügt** hat.[558] Wie dies im einzelnen zu geschehen hat, ist häufig unklar und

---

[555] BVerfG, Beschl. v. 21. 12. 1992 – 1 BvR 1295/90 – NJW 1993, 917, das die entgegenstehende Auffasung des BVerwG als Verletzung des Art. 19 Abs. 4 GG erachtet und daher dessen Urt. v. 29. 8. 1990 (– 7 C 9.90 – aaO) aufgehoben hat. Dazu auch: Scherzberg, Behördliche Entscheidungsprärogativen im Prüfungsverfahren, NVwZ 1992, 31. Durch die Entscheidung des BVerfG ist auch das Urt. des BFH v. 10. 3. 1992 – VII R 87/90 – BayVBl 1993, 315, überholt (dazu zutreffend Rozek, BayVBl 1993, 505).

[556] Wann die Erheblichkeitsschwelle überschritten ist, läßt sich nicht generell beurteilen. Die berufliche Qualifikation, die mit der Prüfung angestrebt wird, dürfte im allgemeinen voraussetzen, daß kurze oder nicht besonders laute Lärmeinwirkungen ertragen werden. Kurzzeitige Fluggeräusche, ein Gewitterdonner, ein gelegentliches Hundebellen und ähnliche alltägliche Vorkommnisse sind grundsätzlich hinzunehmen, so daß die damit einhergehenden Beeinträchtigungen nicht besonders auszugleichen sind. Andererseits können ständig wiederkehrende lästige Einzelgeräusche (z. B. ein über dem Ort kreisender Hubschrauber) durchaus geeignet sein, die Konzentration der Prüflinge erheblich zu stören.

[557] BVerwG, Urt. v. 11. 8. 1993 – 6 C 2.93 – aaO. Abzulehnen ist dagegen eine starre Normierung der Schreibzeitverlängerung und deren automatische Halbierung im Hinblick auf die sogen. Restnutzung, die der VGH Bad.-Wttbg. (Urt. v. 28. 11. 1989 – 9 S 2405/89 – VBl BW 1990, 268) befürwortet hatte.

[558] BVerwG, Beschl. v. 15. 1. 1993 – 6 B 11.92 – Buchholz aaO Nr. 309; Urt. v. 29. 8. 1990 – 7 C 9.90 – BVerwGE 85, 323 = NJW 1991, 442 (insoweit vom BVerfG, Beschl. v. 21. 12. 1992 – 1 BvR 1295/90 – NJW 1993, 917, nicht beanstandet); Urt. v. 17. 2. 1984 – 7 C 67.82 – BVerwGE 69, 46 = NJW 1985, 447. OVG RhPf., Urt. v. 26. 2. 1986

gibt immer wieder Anlaß zu zahlreichen Rechtsstreitigkeiten. Dazu ist zu bemerken: Störungen der **schriftlichen (Aufsichts-)Arbeiten** sind **sofort** zu rügen, damit möglichst sofort Abhilfe geschaffen werden kann. Ist die Abhilfe nach Meinung des Prüflings unzureichend, wird in der Regel eine weitere Rüge erforderlich sein, wenn die **Unzulänglickeit der Abhilfe** nicht offensichtlich ist.[559] Wirkt die Abhilfe zwar zunächst, tritt aber die gleiche Störung während der Klausur gleichsam in Fortsetzungszusammenhang ein weiteres Mal auf, ist auch ohne erneute Rüge von der Aufsicht für Abhilfe zu sorgen.[560]

Auch wenn eine **mündliche Prüfung** durch äußere Einwirkungen (z. B. durch schlechte Belüftung des Prüfungsraums) gestört wird, muß der Prüfling dies im allgemeinen **sogleich rügen**, damit etwa durch Öffnen des Fensters Abhilfe geschaffen wird. Insofern ist jedoch zu berücksichtigen, daß dem Prüfling in der mündlichen Prüfung oft nicht zugemutet werden kann, sich mit solchen Fragen auseinanderzusetzen.[561]

Die **Form der Störungsrüge** kann in der Prüfungsordnung vorgeschrieben sein (z. B. daß sie zu Protokoll des Aufsichtführenden zu geben ist); jedenfalls ist zu ihrer Wirksamkeit ein klarer Hinweis an die zuständige – zur Abhilfe befähigte – Person erforderlich, mit dem der Prüfling eindeutig zum Ausdruck bringt, daß seine Leistungsfähigkeit durch bestimmte äußere Einwirkungen erheblich gemindert wird bzw. gemindert worden ist.[562]

Inhaltlich geht es um die **Erfüllung der Mitwirkungspflicht des Prüflings** in mehrfacher Hinsicht: Er muß seine **persönliche Beschwernis** offen legen, so daß dem Prüfer oder dem Aufsichtführenden erkennbar wird, daß die (Lärm-)Einwirkungen als erheblich empfunden werden. Ferner hat er durch seine Störungsrüge den **Anstoß zu Abhilfemaßnahmen** zu geben, die sonst möglicherweise unterbleiben würden, weil sie ihrerseits oft nicht ohne gewisse Störungen des Prüfungsablaufs zu bewältigen sind.[563] Sind solche Gründe für eine Mitwirkung nicht gegeben, etwa weil andere Prüflinge dieselbe Störung bereits erfolgreich gerügt haben oder weil der Aufsichtführende bereits Abhilfemaßnahmen eingeleitet hat, kann die Mitwirkungspflicht des Prüflings nicht verletzt sein.

Zwar muß der Prüfling grundsätzlich individuell reagieren; es genügt nicht,

---

– 2 A 71/85 – NVwZ 1988, 457; OVG NW, Urt. v. 5. 12. 1986 – 22 A 2790/84 – SPE 568 Nr. 14.
[559] Vgl. dazu BVerwG, Beschl. v. 15. 1. 1993 – 6 B 11.92 – aaO.
[560] BVerwG, Urt. v. 11. 8. 1993 – 6 C 2.93 – aaO.
[561] BVerwG, Urt. v. 17. 2. 1984 – 7 C 67.82 – aaO. Vgl. ferner: HessVGH, Urt. v. 6. 4. 1984 – 6 OE 29/83 – SPE III F VII, S. 71: Während einer 30-minütigen Vorbereitungszeit auf eine mündliche Abiturprüfung kann es dem Schüler zumutbar sein, rügend auf eine Beeinträchtigung durch den Betrieb eines Diaprojektors sowie durch das Hinein- und Hinausgehen von Personen hinzuweisen.
[562] Vgl. dazu auch VGH Bad.-Wttbg., Urt. v. 19. 1. 1993 – 9 S 2590/92.
[563] Dazu im einzelnen: OVG RhP., Urt. v. 26. 2. 1986 – 2 A 71/85 – NVwZ 1988, 457.

daß er sich dem von Unmut getragenen „Murmeln" zahlreicher Prüflinge anschließt.[564] Jedoch muß er eine **ausdrückliche (weitere) Rüge** dann nicht noch zusätzlich selbst erheben, wenn die Störung (auch nach versuchter Abhilfe) von anderen Prüflingen bereits in der gehörigen Form gerügt worden ist oder wenn der Aufsichtführende die Störung erkannt und von sich aus Abhilfemaßnahmen eingeleitet hat[565] oder wenn seine Abhilfemaßnahmen nur vorübergehend gewirkt haben, weil die bereits (erfolgreich) gerügte Störung erneut auftritt. Ist in dem Fall einer erheblichen Störung eine Schreibverlängerung gewährt worden, darf sie dem gleichermaßen betroffenen Prüfling nicht mit der Begründung verwehrt werden, er habe die Störung selbst nicht ausdrücklich gerügt. Hat der Prüfling auf einen äußeren Mangel der Prüfungsbedingungen in der rechten Weise hingewiesen, so kann er zunächst die Reaktion der Prüfungsbehörde abwarten und später einen Verfahrensfehler geltend machen, wenn eine ausreichende Abhilfe nicht erfolgt ist.[566]

245   Ob der gestörte Prüfling außer dem Hinweis auf die Störung und seine Betroffenheit (Rüge) in dem Fall, daß der Mangel nicht oder nicht hinreichend behoben bzw. ausgeglichen worden ist, ferner noch **unverzüglich die Annullierung und Wiederholung der Prüfung oder des betroffenen Prüfungsteils** verlangen muß, ist umstritten. Es ist durchaus verständlich und rechtlich nicht zu beanstanden, daß manche Prüflinge eher die nicht hinreichend ausgeglichene Störung hinnehmen wollen, als an Stelle der ihnen leicht erscheinenden Prüfungsaufgabe in der Wiederholung möglicherweise eine schwierigere Aufgabe bewältigen zu müssen. Das darf aber **nicht** zu einer **Wahlmöglichkeit** führen, die es dem Prüfling eröffnet, die gestörte Aufsichtsarbeit jeweils nach ihrem Ergebnis gelten zu lassen oder zu wiederholen. Während der Prüfungsarbeit und in der mündlichen Prüfung muß er sich auf die Prüfungssituation und die ihm unmittelbar gestellten Leistungsanforderungen konzentrieren; er muß sich daher hier noch nicht entscheiden, ob und welche Konsequenzen er aus dem Mangel des Verfahrens ziehen will.[567] Ob er aber zumindest im Anschluß daran innerhalb einer bestimmten Frist oder jedenfalls bis zur **Bekanntgabe des Prüfungsergebnisses** – ähnlich wie der zu einer ausdrücklichen Rücktrittserklärung verpflichtete kranke Prüfling (vgl. Rdn. 158) – die Ungültigkeit der Prüfungsarbeit geltend machen muß, hängt in erster Linie davon ab, ob die Prüfungsordnung dies vorsieht.[568] Ist dies nicht

---

[564] So zutreffend: Klenke, NWVBL 1988, 202.
[565] BVerwG, Beschl. v. 15. 1. 1993 – 6 B 11.92 – aaO. Vgl. ferner: VGH Bad.-Wttbg., Urt. v. 19. 1. 1993 – 9 S 2590/92.
[566] OVG NW, Urt. v. 14. 4. 1987 – 22 A 908/86 – NVwZ 1988, 459. Wortmann, aaO S. 309.
[567] BVerwG, Urt. v. 29. 8. 1990 – 7 C 9.90 – BVerwGE 85, 323 = NJW 1991, 442 und v. 17. 2. 1984 – 7 C 67.82 – BVerwGE 69, 46 = NJW 1985, 447.
[568] Verfassungsrechtlich ist nach dem Gesetzesvorbehalt eine solche Regelung zur Wahrung der Chancengleichheit geboten (s. oben Rdn. 28). Wegen der Zulässigkeit einer solchen Regelung: BVerwG, Urt. v. 17. 2. 1984 – 7 C 67.82 – aaO.
Als ein Beispiel mag § 8 Abs. 5 Satz 2 JAO NW gelten, wonach die Berufung auf die

der Fall, darf die Störungsrüge nach der bisherigen Rechtsprechung auch noch nach Bekanntgabe des Prüfungsergebnisses geltend gemacht und die Wiederholung der Prüfung bzw. einzelner Prüfungsteile verlangt werden.[569] Diese Rechtsauffassung ist jedoch bedenklich. Sie nimmt in Kauf, daß der Prüfling sich durch sein Abwarten die Wahlmöglichkeit verschafft, etwa eine Aufsichtsarbeit je nach ihrer Bewertung durch den Prüfer gelten zu lassen oder nicht. Das verschafft ihm einen unberechtigten Vorteil gegenüber anderen Prüflingen, die im allgemeinen solche Wahlmöglichkeiten nicht haben. Daran ändert nichts, daß der gestörte Prüfling in der Prüfung auf den Mangel hingewiesen hat – oder ausnahmsweise nicht einmal hinweisen mußte (s. vorstehend) – und daß es an sich der **Prüfungsbehörde obliegt**, durch eine Annullierung und Wiederholung der verfahrensfehlerhaft erbrachten Prüfungsleistung die Chancengleichheit wiederherzustellen. Bleibt dies aus, wird die Benachteiligung der Mitbewerber nicht etwa dadurch behoben, daß die Prüfungsbehörde insofern rechtswidrig handelt. Die **Chancengleichheit unter allen Mitbewerbern**, insbesondere im Verhältnis zu den nicht an der gestörten Aufsichtsarbeit beteiligten,[570] kann nur dadurch gewährleistet werden, daß den etwa in einem bestimmten Raum (lärm-)gestörten Prüflingen keine Wahlmöglichkeit gelassen, sondern auch ihnen abverlangt wird, etwaige Konsequenzen aus der Störung der Prüfung unverzüglich und jedenfalls noch vor der Bekanntgabe des Prüfungsergebnisses zu ziehen.

e) Das Prüfungsprotokoll

Das Prüfungsprotokoll ist eine **öffentliche Urkunde** im Sinne der §§ 415 Abs. 1, 417 ZPO. Es soll den Gang des Prüfungsverfahrens darstellen, um im Bedarfsfall **Beweiszwecken** dienen zu können.[571] Der Beweis der Unrichtigkeit der im Prüfungsprotokoll angegebenen Vorgänge ist zulässig.[572]

Ob ein Prüfungsprotokoll zu führen ist und welchen Mindestinhalt es

---

Störung ausgeschlossen ist, wenn seit ihrem Eintritt mehr als ein Monat verstrichen ist. Innerhalb dieses Monats dürfte das Ergebnis der (gestörten) Aufsichtsarbeit in aller Regel noch unbekannt sein.

[569] BVerwG, Beschl. v. 11. 11. 1975 – 7 B 72.74 – NJW 1976, 905. OVG RhPf., Urt. v. 26. 2. 1986 – 2 A 71/85 – NVwZ 1988, 457.

[570] Es genügt zur Wahrung der Chancengleichheit nicht, daß innerhalb der Prüfungsgruppe alle Prüflingen die gleichen Bedingungen haben. Die Chancengleichheit muß vielmehr auch im Verhältnis zu den Prüflingen anderer, nicht durch Lärm gestörter Prüfungsgruppen bestehen: BVerwG, Beschl. v. 11. 11. 1975 – 7 B 72.74 – NJW 1976, 905.

[571] OVG NW, Urt. v. 14. 8. 1991 – 2 A 502/90 – DVBl 1992, 1049 = NWVBL 1992, 67; VGH Bad.-Wttbg., Urt. v. 27. 3. 1990 – 9 S 2059/89 – DVBl 1990, 943 = SPE 580 Nr. 14.

[572] BVerwG, Beschl. v. 25. 3. 1981 – 7 B 143.80 – und Urt. v. 28. 11. 1957 – 2 C 50.57 – Buchholz 421.0 Prüfungswesen Nr. 2.

haben muß, ergibt sich aus der jeweiligen **Prüfungsordnung**[573] und **allgemeinen prüfungsrechtlichen Grundsätzen**. Danach sind im allgemeinen anzugeben: Die teilnehmenden Prüfer, der Prüfungsstoff oder die Prüfungsaufgaben, die Dauer und der wesentliche Verlauf der Prüfung. Die Angaben betreffen den **äußeren Ablauf** des Prüfungsgeschehens. Besondere Vorgänge wie etwa Unterbrechungen wegen Lärmstörungen oder das Auftreten gesundheitlicher Beschwernisse müssen protokollarisch festgehalten werden müssen. Sollen **Inhalte des Prüfungsgesprächs** aufgezeichnet werden, muß die Prüfungsordnung dies ausdrücklich vorschreiben.[574]

248 Weitergehende verfassungsrechtliche Anforderungen sind in der Rechtsprechung des BVerwG[575] bisher verneint worden. Danach gebietet Art. 12 Abs. 1 GG nicht die ausführliche Protokollierung der mündlichen Prüfung; ebensowenig erfordert die Effektivität des gerichtlichen Rechtsschutzes (Art. 19 Abs. 4 GG) eine **Niederschrift mit Fragen und Antworten**. Gestützt worden ist diese Rechtsauffassung unter anderem darauf, daß eine solche Protokollierung zu Beweiszwecken ins Leere ginge, weil sich die fachlich-pädagogischen Bewertungen der Antworten des Prüflings ohnehin der gerichtlichen Kontrolle entzögen.[576] Diese Begründung ist nicht mehr haltbar, nachdem das BVerfG den Verwaltungsgerichten aufgetragen hat, notfalls mit Hilfe von Sachverständigen zu kontrollieren, ob die – als falsch bezeichnete – Antwort des Prüflings auf eine Fachfrage etwa doch vertretbar ist (vgl. dazu im einzelnen Rdn. 399ff., 407).[577] Wenn der Prüfling nunmehr ein „Überdenken" der von ihm als falsch erachteten Prüfungsentscheidung von dem Prüfer verlangen kann, muß er jedenfalls in den wesentlichen Punkten erfahren können, was dieser „gedacht" hat.

Diese verfassungsrechtlichen Anforderungen sind jedoch nicht zwingend durch eine Verschärfung der Protokollierungspflicht zu erfüllen. Viele Elemente der Bewertung wie etwa das schnelle Erfassen des Wesentlichen, das „Mitgehen" im Prüfungsgespräch oder die Sicherheit der Darlegungen des Prüflings entziehen sich einer Protokollierung und könnten auch mit technischen Hilfsmitteln (z.B. **Tonband- oder Videoaufzeichnungen**) nicht so zuverlässig erfaßt werden, daß auf diese Weise alle maßgeblichen Grundlagen des Bewertungsvorgangs unverfälscht zu Tage träten.[578] Abgesehen von seltenen Fällen, in denen etwa die Annahme eines falschen Sachverhalts gerügt wird,

---

[573] BayVGH, Urt. v. 8. 3. 1982 – Nr. 22 B 81 A. 2570 – NJW 1982, 2685 = BayVBl 1982, 404.

[574] VGH Bad.-Wttbg., Urt. v. 27. 3. 1990 aaO.

[575] Beschl. v. 23. 12. 1993 – 6 B 19.93 – Buchholz 421.0 Prüfungswesen Nr. 326; Urt. v. 7. 5. 1971 – 7 C 51.70 – BVerwGE 38, 105 (117) und v. 1. 10. 1971 – 7 C 5.71 – BVerwGE 38, 322 (325). Ebenso Herzog, NJW 1992, 2601 (2602); a.A. Becker, NVwZ 1993, 1129 (1134) mit weit. Hinweisen.

[576] BVerwG, aaO S. 325. So auch VGH Bad.-Wttbg., Urt. v. 27. 3. 1990 aaO.

[577] Dazu auch: Niehues, Stärkere gerichtliche Kontrolle von Prüfungsentscheidungen, NJW 1991, 3001 (3003).

[578] BVerwG, Urt. v. 1. 10. 1971 aaO S. 325. So insbesondere auch Herzog aaO.

geht es nicht um die perfekte Rekonstruktion des Prüfungsgeschehens, sondern darum, ob der Prüfer eine bestimmte Leistung (Antwort) des Prüflings rechtsfehlerhaft bewertet hat, d.h. um den Bewertungsvorgang. Angesprochen ist damit in erster Linie die **Begründung der Prüfungsentscheidung**, die mangels ausdrücklicher Regelung nicht im Protokoll erscheint. Demgemäß sind nunmehr an die Begründungen der Prüfer strengere Anforderungen zu stellen, damit die vom BVerfG geforderte Kontrolle von Prüfungsentscheidungen wirkungsvoll sein kann.[579]

Freilich wird durch die Offenlegung der wesentlichen Begründungselemente des Bewertungsvorgangs nicht auch dokumentiert, welche **Fragen der Prüfer** gestellt und welche **Antworten der Prüfling** in der mündlichen Prüfung **tatsächlich** gegeben hat. Besteht nicht über die Vertretbarkeit einer bestimmten Antwort, sondern etwa darüber Streit, welche Frage gestellt worden ist oder wie die Antwort gelautet hat, könnte möglichen Beweisschwierigkeiten durch eine Niederschrift der einzelnen Antworten, durch ein **Tonbandprotokoll** oder gar mit Hilfe eines **Videogeräts** vorgebeugt werden.[580] Verfassungsrechtlich geboten wäre ein solches Verfahren aber nur dann, wenn dies die einzig effektive Möglichkeit wäre, beweiskräftig nachzuweisen, daß der Prüfer diese und nicht eine andere Frage gestellt und daß der Prüfling eine bestimmte Antwort gegeben hat. Das ist jedoch nicht der Fall. Zum Nachweis tatsächlicher Vorgänge stehen dem Prüfling die im Prozeß üblichen Beweismittel (**Zeugen und Parteivernehmung**) zur Verfügung. In Betracht kommen nicht nur die Mitprüfer oder Protokollführer; an vielen Prüfungen nehmen auch Zuhörer teil, die als Zeugen zur Verfügung stehen (wegen der notwendigen Beteiligung mindestens eines sachkundigen Beisitzers s. Rdn. 200). Der Anspruch des Prüflings auf effektiven Rechtsschutz läßt sich damit in aller Regel hinreichend erfüllen; er gewährleistet **nicht** darüberhinaus für alle Fälle die **Schaffung** möglichst **perfekter Beweislagen** durch eine Technisierung des Prüfungsablaufs. Wenn der Gesetzgeber hiervon absieht, weil er etwa eine Beeinträchtigung des Prüfungsgesprächs befürchtet,[581] macht er von seiner abwägenden Gestaltungsfreiheit Gebrauch, ohne damit gegen verfassungsrechtliche Anforderungen zu verstoßen.

Mängel des Prüfungsprotokolls haben durchweg keinen selbständigen **Einfluß auf das Prüfungsergebnis**, weil die Bewertung der Prüfungsleistungen auf der Grundlage des tatsächlichen Prüfungsgeschehens und nicht anhand des Prüfungsprotokolls erfolgt. Sie machen daher das Ergebnis der Prüfung nicht

---

[579] Dazu Rdn. 280 ff. und insbesondere: BVerwG, Urt. v. 9. 12. 1992 – 6 C 3.92 – Buchholz 421.0 Prüfungswesen Nr. 307 = NVwZ 1993, 677.
[580] Dies fordern insbesondere Becker aaO und Brehm, Rechtsstaatliche Prüfungen?, RdJB 1992, 87 (91).
[581] Vgl. dazu: BVerwG, Urt. v. 1. 10. 1971 aaO S. 325. Bei einer Gruppenprüfung ist ferner Rücksicht zu nehmen, wenn ein Teil der Prüflinge mit einer Installierung von Tonbändern oder Videogeräten berechtigterweise nicht einverstanden ist.

fehlerhaft, sondern beeinträchtigen nur den Beweis des Prüfungshergangs.[582] Im Rahmen der Beweiswürdigung können sich indessen aus einem unvollständigen Prüfungsprotokoll erhebliche Konsequenzen ergeben: Ist der Prüfungsausschuß bei seiner Entscheidung von dem in der Prüfungsordnung genannten Regelfall abgewichen, so ist der Nachweis, daß Ausnahmegründe vorlagen, ohne Hinweise im Prüfungsprotokoll wesentlich erschwert.[583] Enthält das Protokoll einer mündlichen Prüfung deutlich überwiegend positive Einzelnoten über die Leistungen des Prüflings, so erscheint eine trotzdem erteilte schlechte Gesamtnote als nicht begründet und daher unzulässig.[584] Auch für den späteren Nachweis, daß die Prüfung wegen eines **Täuschungsversuchs** abgebrochen worden ist, besitzt das Prüfungsprotokoll erhebliche Bedeutung. Insgesamt ist zur Vermeidung von Beweisnachteilen dringend anzuraten, jedenfalls alle atypischen Vorfälle und Abweichungen von dem normalen Prüfungsverlauf in das Protokoll aufzunehmen, da sonst die Vermutung gilt, daß von dem **Regelverlauf** nicht abgewichen worden ist.

f) Das Verfahren bei der Bewertung der Prüfungsleistungen und das Prüfungsergebnis

251 Nicht nur die Ermittlung der Fähigkeiten und Leistungen des Prüflings, sondern auch die **Bewertung** des Leistungsbildes unterliegt gewissen **Verfahrensregeln**, die dazu dienen, eine richtige und ausgewogene – die Leistungen möglichst gleichmäßig erfassende – Prüfungsentscheidung zu treffen. Mit diesen Verfahrensregeln werden die formellen Grenzen für den eigentlichen Bewertungsvorgang abgesteckt, dem allerdings seinerseits spezifische – inhaltliche – Bewertungsmängel anhaften können (dazu unten Rdn. 331 ff.).

252 Die jeweiligen Bewertungsverfahren können **stark formalisiert** sein, um eine möglichst einheitliche Bewertung zu erreichen (z.B. im Antwort-Wahl-Verfahren); sie können aber auch mehr die **persönliche Einschätzungskraft** des Prüfenden zur Geltung bringen, so daß der Prüfer/Lehrer aufgrund seiner unmittelbaren Anschauung in der mündlichen Prüfung bzw. im Schulunterricht stärker differenzierend individuelle Leistungen zu bewerten hat. Die Regelungen des Bewertungsverfahrens können nicht zugleich die Einheitlichkeit und die individuelle Gerechtigkeit der einzelnen Bewertung optimal ge-

---

[582] BVerwG, Urt. v. 28. 11. 1957 – 2 C 50.57 – Buchholz 421.0 Prüfungswesen Nr. 2 (betr. das Fehlen der Unterschrift); OVG NW, Urt. v. 14. 8. 1991 – 22 A 502/90 – DVBl 1992, 1049 = NWVBl 1992, 67. VGH Bad.-Wttbg., Urt. v. 27. 3. 1990 – 9 S 2059/89 – DVBl 1990, 943 = SPE 580 Nr. 14. HessVGH, Urt. v. 7. 1. 1988 – 3 UE 2283/84; anders: OVG Saarlouis, Urt. v. 26. 11. 1970 – I R 59/70 – DVBl 1971, 557 und auch Guhl, Prüfungen im Rechtsstaat, S. 273, der entscheidend auf die Warn- und Garantiefunktion des Protokolls abstellt, jedoch nicht darlegt, inwiefern förmliche Mängel bei der Protokollierung auf das Prüfungsergebnis von Einfluß sein können.

[583] OVG NW, Urt. v. 21. 8. 1961 – 5 A 773/61 – JZ 1962, 322.

[584] HessVGH, Urt. v. 2. 10. 1973 – II OE 63/73 – SPE III F VII, S. 101.

währleisten. Es ist dem **Gesetz- oder Verordnungsgeber** überlassen, unter Berücksichtigung des besonderen Charakters der jeweiligen Leistungskontrolle eine Gesamtlösung zu finden, bei der das Verfahren der Leistungsbewertung zu sachgerechten Ergebnissen führt. Dazu hat er einen weiten Gestaltungsspielraum.[585] Sofern das Verfahren bei der Bewertung der Prüfungsleistungen durch die **Prüfungsordnung** näher geregelt ist, sind diese Regelungen vorrangig gegenüber allgemeinen Verfahrensgrundsätzen. Ausdrückliche normative Regelungen sind für das Bewertungsverfahren umso mehr geboten, als hiervon das Prüfungsergebnis in aller Regel wesentlich abhängt (vgl. dazu oben Rdn. 30 ff.).

Es ist rechtlich zulässig, daß die oberhalb der Bestehensgrenze liegenden **Punktzahlen** auf vier Noten und die unterhalb dieser Grenze liegenden Punktzahlen auf nur zwei Noten verteilt werden. Sind Leistungspunkten Rangpunkte zugeordnet, so ist es nicht erforderlich, daß für jeden Rangpunkt die gleiche Zahl von Leistungspunkten angesetzt wird; für jede **Notenstufe** braucht auch nicht die gleiche Zahl von Rangpunkten vorgesehen zu sein.[586] 253

Von erheblicher Bedeutung für das Prüfungsergebnis ist, wie die **Gesamtnote** zu bilden ist, wenn unterschiedliche Teilnoten oder unterschiedliche Punktzahlen in mehreren Prüfungsfächern vorliegen oder wenn mehrere Prüfer in der Bewertung einer bestimmten Leistung voneinander abweichen. Vorgeschrieben sind für diese Fälle unterschiedliche Lösungen: Manche Prüfungsordnungen regeln ein Einigungsverfahren mit einem **Stichentscheid**. In anderen ist beispielsweise angeordnet, daß die Gesamtnote aufgrund vorher festzulegender Einzelnoten oder Punktzahlen, manchmal auch Einzelnoten aufgrund von Teilnoten, auf näher bestimmte Weise, insbesondere nach dem **arithmetischen Mittel**, rechnerisch zu ermitteln sind. Dies alles steht nicht im Widerspruch zu höherrangigem Recht[587] und verletzt den Gleichheitssatz auch dann nicht, wenn eine Einzelnote durch schlechte Teilnoten auf diese Weise selbst zu einer schlechten Note wird und als solche zudem noch das Gesamtergebnis bei dessen Berechnung negativ beeinflußt.[588] 254

Das zwecks Bildung einer Gesamtnote schematisierte Bewertungsverfahren setzt allerdings voraus, daß die zu einem bestimmten Anteil (rechnerisch) einzusetzende Teilnote oder Punktzahl zu diesem Zeitpunkt feststeht und 255

---

[585] Zwingend geboten sind z.B. weder eine Musterlösung für schriftliche Prüfungsarbeiten noch ein nach Bewertungskriterien gegliedertes Bewertungsschema: BVerwG, Urt. v. 20. 7. 1984 – 7 C 31.83 – DVBl 1985, 60 = SPE 400 Nr. 26 und Beschl. v. 18. 5. 1982 – 1 WB 148.78 – BVerwGE 73, 376.
[586] OVG Bremen, Urt. v. 3. 6. 1986 – OVG 1 BA 7/85 – SPE 470 Nr. 44.
[587] BVerwG, Beschl. v. 15. 12. 1987 – 7 B 216.87 – NVwZ 1988, 437 = Buchholz 421.0 Prüfungswesen Nr. 247; Beschl. v. 9. 1. 1978 – B 91.76 – Buchholz aaO Nr. 88; BayVGH, Urt. v. 10. 1. 1985 – Nr. 3 N 84 A. 2456 – BayVBl 1985, 240. OVG NW, Urt. v. 25. 1. 1985 – 15 A 2461/82 – NVwZ 1985, 595 = SPE 470 Nr. 45 (arithmetisches Mittel nur bei ausdrücklicher Zulassung in der Prüfungsordnung).
[588] BVerwG, Beschl. v. 31. 5. 1978 – 7 B 21.77.

nicht mehr geändert werden darf.⁵⁸⁹ Wenn eine **Durchschnittspunktzahl** als Voraussetzung für eine bestimmte Note oder ein Prüfungsergebnis gefordert wird, muß sie voll erreicht werden; eine Aufrundung ist dann nicht zulässig.⁵⁹⁰ Anders ist die Rechtslage, wenn die Prüfungsordnung eine Zwischenpunktzahl (z. B. 3, 5) einer Note (z. B. ausreichend) ausdrücklich zuordnet; dagegen ist aus höherrangigem Recht nichts einzuwenden.⁵⁹¹ Legt eine Prüfungsordnung die Bildung des Gesamturteils aus dem arithmetischen Mittel der Einzelbewertungen ohne weitere Angaben über die zu berücksichtigenden **Dezimalstellen** durch die Darstellung nur einer Dezimalstelle nach dem Komma fest (z. B. „über 1, 5 bis 2, 5"), so ist es nicht zulässig, zur Feststellung, ob der Grenzwert zur nächsten Notenstufe überschritten ist, weitere Dezimalstellen zu berücksichtigen.⁵⁹² Die Einstellung des exakten Zahlenwertes, d. h. der Bruchteilsnote des Prüfungsabschnitts, in die Berechnung der Gesamtnote nach § 34 ÄAppO entspricht dem Grundsatz der Chancengleichheit und der materiellen Prüfungsgerechtigkeit. Wenn eine bestimmte Gesamtnote nur bis zu einem bestimmten Zahlenwert (z. B. bis 1,5 die Note sehr gut) zu erteilen ist, hindert jede weitere Dezimalstelle über Null (z. B. 1,51) die Erteilung dieser Note.⁵⁹³

256 Die rein rechnerische Ermittlung des Gesamtergebnisses kann nicht hinreichend berücksichtigen, daß im Einzelfall Umstände vorliegen mögen, die ein solches Ergebnis als ungerechtfertigt erscheinen lassen. Daher sehen die Prüfungsordnungen durchweg die **Möglichkeit** vor, das **errechnete Ergebnis** in näher bezeichneten – meist nur sehr engen – Grenzen (etwa um 0,5 Punkte) **zu verbessern**, manchmal auch **zu verschlechtern**. Gelegentlich wird dies in zulässiger Weise dadurch eingeschränkt, daß das Bestehen oder Nichtbestehen der Prüfung hiervon nicht abhängen darf (vgl. § 5d Abs. 3 DRiG). Gerechtfertigt werden darf indes eine solche „Handsteuerung" im konkreten

---

⁵⁸⁹ Vgl. dazu auch OVG NW, Beschl. v. 23. 10. 1989 – 22 B 2390/88 – WissR 1990, 177.

⁵⁹⁰ OVG Bremen, Urt. v. 3. 6. 1986 – OVG 1 BA 7/85 – SPE 470 Nr. 44. VGH Bad.-Wttbg., Beschl. v. 19. 5. 1980 – 9 S 12/80 – DÖV 1980, 612 = SPE III D II, S. 51.

⁵⁹¹ BVerwG, Beschl. v. 25. 11. 1985 – 7 B 207.85 – Buchholz 421.0 Prüfungswesen Nr. 222. Vgl. ferner: VGH Bad.-Wttbg., Beschl. v. 30. 8. 1988 – 9 S 2646/88 – VBl BW 1989, 111.

⁵⁹² BayVGH, Urt. v. 12. 2. 1977 – 27/28/326 VII 77 – SPE III F III, S. 31; wegen der „ausreichenden" Bewertung von Leistungen bis zur rechnerisch ermittelten Gesamtnote nach der Punktzahl 4, 49 (nicht 4,0): OVG Berlin, Beschl. v. 20. 8. 1969 – I B 108/ 68 – JR 1970, 235. Die Umrechnung von Noten, die nach früherem Recht vorgesehen waren, in eine Bewertung nach einem Punktesystem darf nicht zu einer Herabstufung führen: BVerwG, Beschl. v. 9. 1. 1978 – 7 B 91.76 – aaO. Wegen der Bewertung nach einem Punktsystem (Umrechnungsschlüssel), das die erreichbaren Punkte den Bestehensnoten degressiv zuordnet: VGH Bad.-Wttbg., Urt. v. 11. 4. 1989 – 9 S 204/88 – DVBl 1989, 1262 und OVG NW, Urt. v. 27. 6. 1984 – 16 A 1152/81 – NVwZ 1985, 596 = DVBl 1985, 75.

⁵⁹³ OVG NW, Urt. v. 20. 8. 1993 – 22 A 4261/92. BayVGH, Urt. v. 14. 10. 1992 – 7 B 91.3368 – NVwZ-RR 1993, 363.

Fall nur mit Gründen, die mit dem Leistungsbild des Prüflings und dessen Bewertung zusammenhängen. Klassisches Beispiel ist die Berücksichtigung eines besonders positiven (Gesamt-)Eindrucks in der mündlichen Prüfung.[594] Berücksichtigungsfähig sind danach nur Umstände oder Vorgänge, die nach dem Zweck der Leistungskontrolle bei der Bewertung an sich erfaßt werden müßten, jedoch wegen der zu starren rechnerischen Bewertungsmethode gleichsam herausfallen. Dazu gehören nicht auch gesundheitliche oder soziale Beschwernisse des Prüflings, deretwegen er in dem von ihm angestrebten Beruf ebensowenig einen Bonus erfahren würde, wie er diesen in der Prüfung erfahren darf (vgl. dazu und wegen der Ausgleichsmaßnahmen für Behinderte oben Rdn. 156.).[595]

Ist dagegen in der Prüfungsordnung von einer rechnerischen Ermittlung des Prüfungsergebnisses nicht die Rede oder schreibt sie dementgegen gar ausdrücklich vor, die Gesamtnote unter Berücksichtigung der Einzelnoten, etwaiger Leistungstendenzen oder der in der Ausbildung erbrachten Leistungen nach dem **Gesamteindruck**[596] zu bewerten, ist eine rein schematische Beurteilung unstatthaft.[597] Den ihm eingeräumten, am Prüfungszweck orientierten Beurteilungsspielraum, darüber zu befinden, ob einzelne **schlechte Leistungen** durch bessere Leistungen **ausgeglichen** werden, muß der Prüfer ausschöpfen, ohne seine dazu anzustellenden Erwägungen in ein starres Schema zu zwängen.[598] Soll die Bewertung demgemäß offen für alle maßgeblichen Gesichtspunkte sein, darf das arithmetische Mittel nicht ausschlaggebend, sondern allenfalls ein Hilfsmittel sein, um den Rahmen möglicher Bewertungen abzustecken und für einen Leistungsvergleich gewisse Anhaltspunkte zu gewinnen. Eine Gesamtwertung ist ferner dann geboten, wenn die arithme-

257

---

[594] BVerwG, Beschl. v. 9. 6. 1993 – 6 B 35.92 – Buchholz 421.0 Prüfungswesen Nr. 315 = DVBl 1993, 1310.
Wer wegen zu schlechter schriftlicher Leistungen nicht zur mündlichen Prüfung zugelassen wird, hat diese Möglichkeit nicht: BVerwG, Beschl. v. 9. 6. 1993 – aaO; BayVGH, Urt. v. 22. 1. 1992 – 3 B 91.622.
[595] Hierzu insgesamt: HessVGH, Urt. v. 20. 11. 1990 – 2 UE 3720/87 – DVBl 1991, 771; OVG Lbg., Urt. v. 15. 9. 1988 – 10 A 31/88 – DVBl 1989, 112; VGH Bad.-Wttbg., Urt. v. 11. 11. 1987 – 9 S 2538/87 – VBl BW 1988, 440; OVG NW, Urt. v. 18. 3. 1992 – 22 A 1342/90.
[596] Zur Zulässigkeit der Mitberücksichtigung der äußeren Form einer Prüfungsarbeit: BayVGH, Beschl. v. 25. 11. 1987 – 7 C 8703235 – NJW 1988, 2632. Hinsichtlich schulischer Leistungen, die nicht nur nach denen im zweiten Schulhalbjahr zu messen sind, vgl. auch VGH Bad.-Wttbg., Beschl. v. 10. 10. 1991 – 9 S 2336/91 – NVwZ-RR 1992, 189 = SPE 400 Nr. 35.
[597] OVG Berlin, Beschl. v. 18. 12. 1980 – OVG 3 S 145.80 – und vom 6. 5. 1977 – III B 90.76 – SPE II C IV, S. 21. Es ist schon seit längerem anerkannt, daß es ohne ausdrückliche Regelung in der jeweiligen Prüfungsordnung jedenfalls nicht geboten ist, die Gesamtnote nur arithmetisch zu bilden: BVerwG, Urt. v. 7. 5. 1971 – 7 C 51.70 – NJW 1971, 1956; OVG Lbg., Beschl. v. 15. 5. 1974 – 7 OVG C 1/73 – NJW 1974, 2149.
[598] BVerwG, Beschl. v. 30. 5. 1979 – 7 B 47.79 – Buchholz 421.0 Prüfungswesen Nr. 110 = DÖV 1979, 754.

tisch ermittelte Note zu einer exakt zwischen zwei ganzen Noten liegenden Zwischennote führt und in der Prüfungsordnung nicht ausdrücklich geregelt ist, wie die notwendige Rundung auf eine ganze Note vorzunehmen ist;[599] dafür ist allerdings nur dann Raum, wenn nach der Ausgestaltung des Bewertungsverfahrens nicht schon feststeht, daß die bessere Note nur dann erteilt werden darf, wenn die dafür vorgesehene Punktzahl voll erreicht worden ist.

258 Es steht außer Frage, daß die Prüfer bei der Bewertung konkreter Einzelleistungen eines Prüflings grundsätzlich auch die zu demselben Thema erstellten **Prüfungsarbeiten anderer Prüflinge vergleichend heranziehen** dürfen, um eine vernünftige und gerechte Relation der Bewertungen untereinander zu erreichen.[600] Das entspricht allgemeiner Bewertungspraxis und ist nicht willkürlich, solange nicht vorrangig nach anderen (absoluten) Kriterien zu messende Leistungen unzulässig relativiert, z. B. (noch) ausreichende Leistungen im Lichte hervorragender Leistungen der Mitprüflinge als unzureichend abqualifiziert werden.[601] Umgekehrt darf auch eine Fehlleistung nicht etwa deshalb als ausreichend bewertet werden, weil die Leistungen der Mitprüflinge noch dürftiger sind und die Prüfer sich scheuen, ausschließlich mangelhafte Noten zu erteilen. Letztlich maßgeblich ist das Ziel der Prüfung, mit der ermittelt werden soll, ob speziell dieser Prüfling den Nachweis dafür erbringen kann, daß er etwa zum Handwerksmeister, Arzt oder Richter geeignet ist. Um dies zu beurteilen, bringt der Prüfer in erster Linie seine subjektiven, durch Beruf und Prüfungstätigkeit gewachsenen Erfahrungen ein, zu denen in hohem Maße **vergleichende Erwägungen** gehören. Zudem lassen die konkreten Leistungen der Mitprüflinge durchaus verwertbare Rückschlüsse auf den Schwierigkeitsgrad der Prüfungsaufgabe zu. Es läßt sich nicht leugnen, daß auf diese Weise wiederkehrende „durchschnittliche" Prüfungsergebnisse indizielle Bedeutung dafür haben, was die **„durchschnittlichen" Anforderungen** sind und schließlich auch sein dürfen. Mittelbar werden so die im Hinblick auf das objektiv vorgegebene Prüfungsziel scheinbar nur absolut zu messenden Anforderungen nicht unerheblich relativiert.[602]

259 Beim **Antwort-Wahl-Verfahren** werden die schriftlichen Prüfungsleistungen – anders als bei Prüfungen sonst üblich – nicht nachträglich bewertet, sondern in einem Rechenvorgang mechanisch ausgewertet. Die eigentliche Prüfertätigkeit ist hier vorverlagert: Sie besteht in der Auswahl des Prüfungsstoffs, der Stellung der Fragen und der Festlegung der richtigen und falschen

---

[599] VGH Bad.-Wttbg., Beschl. v. 10. 10. 1991 aaO.
[600] BVerwG, Beschl. v. 15. 6. 1979 – 7 B 123.79 – Buchholz 421.0 Prüfungswesen Nr. 112 und Beschl. v. 26. 2. 1979 – 7 B 15.79 – Buchholz aaO Nr. 104.
[601] Dazu im einzelnen: Wimmer, Festschrift für Konrad Redeker (1993), S. 532 (536).
[602] Das ist letztlich auch der Grund für die Anerkennung prüfungsspezifischer Bewertungsspielräume durch das BVerfG (s. unten Rdn. 327ff. 330, 339, 402). Wimmer (aaO) sieht indes diese Zusammenhänge nicht und anerkennt daher nur objektive Bestehensvoraussetzungen, die sich aller subjektiv-relativierenden Einflüsse entzögen oder jedenfalls entziehen müßten.

Durchführung der Prüfung im einzelnen

Antworten. Diese Aufgaben sind bei Arztprüfungen gemäß § 14 Abs. 3 ÄAppO dem Institut für medizinische Prüfungsfragen (IMPP) übertragen worden.[603]

260 Ob die Auswertung der Antworten zum Prüfungserfolg führt, hängt davon ab, welche Bestehensregel gilt. Das BVerfG hat die durch § 14 Abs. 5 ÄAppO 1978 zeitweise eingeführte **absolute Bestehensgrenze**, wonach es allein darauf ankam, ob der Prüfling 60 Prozent der Prüfungsfragen zutreffend beantwortete hat, für verfassungswidrig erklärt.[604] Nunmehr gilt nach § 14 Abs. 6 ÄAppO[605] für schriftliche Arztprüfungen eine Regelung, in der **absolute und relative Bestehensgrenzen kombiniert** sind: Die schriftliche Prüfung ist bestanden, wenn der Prüfling mindestens 60 Prozent der gestellten Prüfungsaufgaben zutreffend beantwortet hat oder wenn die Zahl der von ihm beantworteten Fragen um nicht mehr als 22 Prozent die durchschnittlichen Prüfungsleistungen der Prüflinge unterschreitet, die nach einer näher bezeichneten Mindeststudienzeit erstmals an der Prüfung teilgenommen haben. Den verfassungsrechtlich geschützten Belangen der betroffenen Prüflinge ist damit entsprechend den Anforderungen des BVerfG (aaO) hinreichend Rechnung getragen.[606] Zweifel bleiben, ob andererseits die **Gesundheit der Bevölkerung**, die als ein besonders wichtiges Gemeinschaftsgut nach den Ausführungen des BVerfG bei Ärzten strenge fachliche Maßstäbe und sogar einen gewissen „Überschuß" an Ausbildungs- und Prüfungsanforderungen rechtfertigt, damit zu sehr vernachlässigt wird. Es darf nämlich nicht übersehen werden, daß mit der relativen Bestehensgrenze[607] gleichsam automatisch das für den Arztberuf notwendige Qualifikationsniveau an das **aktuelle Leistungsniveau der Studenten** gekoppelt wird. Die Bewertung der Leistungen erfolgt auf diese Weise letztlich nicht nach inhaltlichen Kriterien durch den Prüfer, sondern schematisch nach dem Kenntnisstand des Kollektivs der Regelzeitstudenten: Prinzipiell brauchen Medizinstudenten das nicht zu wissen, was sie nicht mehrheitlich wissen. Auf die sich damit stellenden Fragen, ob und wieweit in der Praxis eine solche nach der relativen Bestehensgrenze mögliche Verflachung der ärztlichen Ausbildung konkret zu befürchten und ob selbst

---

[603] Wegen der damit zusammenhängenden Rechtsfragen: BVerfG, Beschl. v. 14. 3. 1989 – 1 BvR 1033/82 – BVerfGE 80, 1 = NVwZ 1989, 850, und BVerwG, Urt. v. 18. 5. 1982 – 7 C 24.81 – BVerwGE 65, 323 (333) = NJW 1983, 354.

[604] BVerfG, Beschl. v. 14. 3. 1989 aaO. Insoweit ist das Urteil des BVerwG v. 18. 5. 1982 aaO korrigiert worden.

[605] Gegenwärtig in der Fassung der 7. ÄnderungsVO v. 21. 12. 1989, BGBl. I S. 2549. Da die Bestehensregel wohl auch künftig für weitere Änderungen anfällig sein dürfte, ist es ratsam, den jeweils neuesten Stand zu erkunden.

[606] So auch BayVGH, Urt. v. 29. 11. 1989 – Nr. 7 B 89 2143 – DVBl 1990, 538. Ebenso hinsichtl. der 3. ÄndVO v. 15. 7. 1981, BGBl. I S. 660: OVG NW, Beschl. v. 21. 5. 1992 – 22 A 1650/87 – DVBl 1993, 58 = NWVBL 1992, 316.

[607] Diese ist dominant, so daß hier nicht nur wie vorstehend von relativen Einflüssen bei der Bewertung nach absoluten Maßstäben die Rede sein kann.

das erforderliche Basiswissen nicht mehr gewährleistet ist,[608] kann hier nicht näher eingegangen werde. Dafür bedürfte es fachkundiger Untersuchungen. Sollten diese ergeben, daß die relative Bestehensgrenze in der Praxis eine solch erhebliche Bedeutung gewinnt, daß der Zweck der Prüfung, **ungeeignete Bewerber** von dem angestreben **Arztberuf fernzuhalten**, auf diese Weise verfehlt wird, verlangt der auch vom BVerfG betonte Schutz der Gesundheit eine wirksame Abhilfe durch den Gesetz- oder Verordnungsgeber.

261 Es ist eine Eigenart des Antwort-Wahl-Verfahrens, daß die korrekte Formulierung der Prüfungsaufgaben besonders schwierig ist. Alle möglichen Antworten müssen vorausgesehen und durch Formulierungsvarianten erfaßt werden. Diesem Strukturmangel ist mit verfahrenrechtlichen Mitteln entgegenzuwirken, indem **unkorrekt formulierte Fragen** von der **Bewertung ausgenommen** oder die **Antworten** des Prüflings als **zutreffend anerkannt** werden.[609]

Für die schriftlichen Arztprüfungen sieht § 14 Abs. 4 ÄAppO demgemäß ein „**Eliminierungsverfahren**" vor. Danach sind die Prüfungsaufgaben vor der Feststellung des Prüfungsergebnisses darauf zu überprüfen, ob sie „**offensichtlich fehlerhaft**" sind, weil sie keine zuverlässigen Prüfungsergebnisse ermöglichen (Abs. 2). „Offensichtlich" bedeutet in diesem Zusammenhang nicht, daß die Fehlerhaftigkeit immer schon auf den ersten Blick erkennbar sein muß. Der Prüfling hat nämlich wegen der Kürze der ihm zur Verfügung stehenden Zeit regelmäßig nicht die Gelegenheit, etwaige Lösungsvarianten zu erfassen; er kann gerade durch verdeckte, aber objektiv vorhandene Mehrdeutigkeiten in die Irre geführt werden. Letztlich kommt es daher darauf an, ob Prüfungsfragen ungeeignet sind, weil sie bei den besonderen Strukturmerkmalen des Antwort-Wahl-Verfahrens ein zuverlässiges Prüfungsergebnis nicht ermöglichen.[610] Ob dies der Fall ist, unterliegt der vollen gerichtlichen Kontrolle (vgl. unten Rdn. 407).[611]

262 Die Ungeeignetheit einer Prüfungsaufgabe kann sich hauptsächlich aus drei unterschiedlichen Gründen ergeben: Erstens ist das der Fall, wenn die Frage schon nach ihrem **Wortlaut unverständlich, widersprüchlich oder mehrdeutig** ist; zweitens ist eine Frage, die auf **mehrfache Weise vertretbar** beantwortet werden kann, ungeeignet; drittens ist eine Prüfungsaufgabe auch dann mißlungen, wenn die nach dem Lösungsmuster als „richtig" anzukreuzende Antwort **in Wahrheit falsch** ist.[612] Schon die verwaltungsinterne Fehlerkontrolle

---

[608] Um die Sicherung eines solchen Mindeststandards geht es auch Henschel in seinem Sondervotum zum Beschl. des BVerfG v. 14. 3. 1989 aaO.

[609] BVerfG, Beschl. v. 17. 4. 1991 – 1 BvR 1529/84 und 138/87 – BVerfGE 84, 59 = NJW 1991, 2008 (2010).

[610] BayVGH, Urt. v. 29. 11. 1989 – Nr. 7 B 89 2143 – DVBl 1990, 538.

[611] BVerfG, Beschl. v. 17. 4. 1991 aaO. OVG NW, Urt. v. 21. 5. 1992 – 22 A 1650/87 – DVBl 1993, 58 = NWVBL 1992, 316; anders noch BayVGH, Urt. v. 29. 11. 1989 aaO.

[612] Dazu im einzelnen: OVG NW, Beschl. v. 21. 5. 1992 – 22 A 1650/87 – aaO. Vgl. ferner die vom BayVGH (Urt. v. 29. 11. 1989 aaO) erörterten Prüfungsaufgaben.

muß darauf angelegt sein, diese und ähnliche Mängel – die bei einem solchen Prüfungsverfahren wohl nicht gänzlich zu vermeiden sind – etwa aufgrund der Häufigkeit der fehlgeleiteten Antworten zu erkennen und für Abhilfe zu sorgen.

Eine Abhilfe ist generell möglich durch die **Eliminierung** der ungeeigneten Aufgabe oder auch durch eine **Gutschrift**, insbesondere wenn anstelle der angeblich „richtigen" eine andere als vertretbar anzusehende Antwort angekreuzt worden ist.[613] Für Arztprüfungen regelt § 14 Abs. 4 ÄAppO, daß ungeeignete Prüfungsaufgaben als nicht gestellt gelten, daß sich die vorgeschriebene Zahl der Fragen entsprechend mindert und daß bei der Bewertung der Prüfungsleistungen, insbesondere der Bestimmung der absoluten und relativen Bestehensgrenze (Abs. 6), von der verminderten Zahl der Prüfungsfragen auszugehen ist. 263

Ergänzend dazu verbietet Abs. 4 Satz 6, daß sich die Verminderung der Zahl der Prüfungsfragen zum **Nachteil eines Prüflings** auswirkt. Diese letztgenannte Regelung zielt darauf ab, gewisse Grobheiten und nicht gerechtfertigte Nachteile der pauschalen Eliminierung gleichsam durch eine handgesteuerte Anpassung individuell zu beseitigen. In Betracht kommen weniger Nachteile infolge einer Verschiebung der allgemeinen Bestehensgrenze; denn diese kann sich durch die Verringerung der Zahl der relevanten Aufgaben nicht erhöhen; insofern könnten allenfalls relative Einwirkungen zu Tage treten. Die **individuelle Anpassung** dürfte daher im wesentlichen dann stattfinden müssen, wenn der Prüfling eine zu eliminierende Frage sachlich vertretbar beantwortet hat, etwa wenn er eine von mehreren als „richtig" anzuerkennende Antworten oder die Antwort angekreuzt hat, die entgegen der Musterlösung die wahrhaft richtige ist.[614] Das gleiche gilt, wenn die Aufgabe einen – durchaus erkennbaren – **Druckfehler** enthält, der Prüfling sich jedoch an den Originaltext hält und so die Aufgabe folgerichtig beantwortet. Das Risiko der möglicherweise unzutreffenden Korrektur des – vielleicht nur scheinbaren – Druckfehlers kann ihm nämlich schon wegen der Kürze der ihm zur Verfügung stehenden Zeit nicht aufgebürdet werden.[615]

Die Anrechnung der Antwort auf eine eliminierte Frage kommt einer individuellen Gutschrift gleich. Da sie nach § 14 Abs. 4 Satz 6 ÄAppO nur zur Vermeidung von Nachteilen gerechtfertigt ist, die das nach Lage der Dinge gebotene Eliminierungsverfahren ohne sachlichen Grund mit sich bringt, muß es **im übrigen bei den allgemeingültigen Maßstäben** verbleiben. Deshalb kann der Prüfling nicht zugleich die Anrechnung seiner Antwort auf eine eliminierte Frage und die Bestimmung der Bestehensgrenze unter entspre- 264

---

[613] OVG NW, Urt. v. 21. 5. 1992 aaO; BayVGH, Urt. v. 29. 11. 1989 aaO. Zu den möglichen Auswirkungen auf die Prüfung im Ganzen s. BayVGH, Beschl. v. 6. 6. 1986 – Nr. 7 CE 86.00729 – NJW 1987, 729 = DVBl 1986, 1110.

[614] BayVGH, Urt. v. 29. 11. 1989 aaO. Vgl. ferner: OVG NW, Urt. v. 24. 9. 1993 – 22 A 151/93.

[615] OVG NW, Urt. v. 21. 5. 1992 aaO.

chend verminderter Zahl der Fragen verlangen. Vielmehr ist für die Bewertung seiner Leistungen diese Aufgabe in die Bestimmung der Grenze einzubeziehen.[616]

265 Bei der Bewertung der Prüfungsleistungen haben **alle zur Entscheidung berufenen Prüfer mitzuwirken**, soweit nicht ein Prüfer etwa als Angehöriger des Prüflings oder wegen eines Beschäftigungsverhältnisses mit ihm von vornherein ausgeschlossen (vgl. § 20 VwVfG) oder nach seinem persönlichen Verhalten als befangen anzusehen ist (dazu oben Rdn. 189). Die **Anwesenheits- und Beteiligungspflicht der Prüfer** bei mündlichen Prüfungen (vgl. Rdn. 201) gilt gleichermaßen auch für die sich zumeist daran anschließende Beratung und Bewertung der von dem Prüfling erbrachten Leistungen. Hängt der Prüfungserfolg nicht nur von einer schematischen oder rechnerischen Zusammenfassung von Einzelleistungen ab, sondern kommt es nach dem in der Prüfungsordnung angelegten Grundkonzept auf ein Zusammenwirken mehrerer, sich in der Meinungsbildung gegenseitig beeinflussender Prüfer an, so darf auf eine **angemessene Abschlußberatung** nicht verzichtet werden. Sie darf nicht durch ein schlichtes Umlaufverfahren oder die schriftliche Abgabe von Bewertungsvorschlägen ersetzt werden, es sei denn, daß aufgrund offensichtlich eindeutiger Verhältnisse ein Meinungsaustausch ohne Zweifel überflüssig ist.[617]

266 Die Teilnahme einer Person an der Beratung, die dem **Prüfungsausschuß nicht angehört** oder die dabei zu berücksichtigende Leistungen des Prüflings nicht oder nur teilweise kennt,[618] ist ein schwerer Verfahrensfehler. Es spricht eine Vermutung dafür, daß hierdurch das Prüfungsergebnis beeinflußt worden ist.[619]

267 Jeder Prüfer muß die Leistungen des Prüflings jedenfalls insofern **selbst, unmittelbar und vollständig beurteilen**, wie er zu einer eigenverantwortlichen Entscheidung berufen ist (vgl. Rdn. 179). Allerdings kann das Prüfungsverfahren auch so ausgestaltet sein, daß Teilergebnisse gleichsam als „feststehende Größen" in die Abschlußbewertung einzugehen haben (vgl. oben Rdn. 180). In diesem Fall sind die übrigen Mitglieder des Prüfungsausschusses an das betreffende **Teil- oder Zwischenergebnis gebunden**, so daß sie es in ihre Ge-

---

[616] BayVGH, Urt. v. 29. 11. 1989 aaO. Das OVG NW (Urt. v. 21. 5. 1992 aaO) verlangt, die relative Bestehensgrenze unter Berücksichtigung des erhöhten Gesamtdurchschnitts neu zu ermitteln, der sich bei der Einbeziehung aller Prüflinge ergibt, die diese Frage wie der betreffende Prüfling beantwortet haben.

[617] VGH Bad.-Wttbg., Urt. v. 7. 7. 1980 – IX 111/79 – DÖV 1981, 584 m. Anm. v. Kirchhof. § 90 Abs. 1 Satz 2 VwVfG, wonach Ausschüsse im Einvernehmen aller Mitglieder ihre Beschlüsse auch im schriftlichen Verfahren fassen dürfen, gilt nach § 2 Abs. 3 Nr. 2 VwVfG nicht für Prüfungen.

[618] Vgl. OVG NW, Urt. v. 14. 10. 1992 – 22 A 205/91 – NWVBL 1993, 256 m. Anm. von Krüger.

[619] Zur Beweislast s. BVerwG, Beschl. v. 31. 7. 1989 – 7 B 104.89 – NVwZ 1990, 65 = Buchholz 401.0 Prüfungswesen Nr. 265.

samtbewertung einstellen müssen. Sie sind damit nicht auch verpflichtet, sich diese Bewertungen anderer Prüfer persönlich zu eigen zu machen.[620]

Weil jeder Prüfer verpflichtet ist, an der möglichst zutreffenden Meinungsbildung des Prüfungsausschuses nach Kräften mitzuwirken, darf er sich **nicht der Stimme enthalten**. Das gilt auch für schulische Versetzungskonferenzen.[621] Der Fehler ist jedoch unerheblich, wenn das Ergebnis der Prüfung von der Stimmenthaltung nicht beinflußt wird.

Der Zusammenhang zwischen der mündlichen Prüfungsleistung und deren Bewertung darf nicht infolge zu langen **Zeitablaufs**[622] verloren gegangen sein. Ein allgemeiner Bewertungsgrundsatz, daß mündliche Leistungen eines Schülers jeweils in der betreffenden Unterrichtsstunde oder unmittelbar danach beurteilt werden müßten, ist nicht ersichtlich. Ebensowenig ist anzunehmen, daß eine nicht unmittelbar in der Unterrichtsstunde vorgenommene Aufzeichnung des Lehrers die Bewertung rechtsfehlerhaft macht.[623] Der Lehrer ist ohne eine besondere Vorschrift auch nicht verpflichtet, Prüfungsgespräche abzuhalten, um auf diese Weise die Note für die mündlichen Leistungen zu bilden; die allgemeine Beteiligung des Schülers im Unterricht kann eine hinreichende Grundlage der Bewertung sein.[624]

268

269

Da an den meisten Prüfungs- und Versetzungsentscheidungen mehrere Prüfer beteiligt sind, kommt den Verfahrensvorschriften, die ihr Zusammenwirken regeln, besondere Bedeutung zu (wegen der rechtlichen Anforderungen an die Besetzung des Prüfungsausschusses s. oben Rdn. 130). Das gebotene **Zusammenwirken mehrerer Prüfer** dient dazu, fachliche Leistungen aus mehrfacher Sicht fachkundig zu bewerten und einseitige Beurteilungen nach Möglichkeit auszugleichen. In den Einzelheiten ist das Verfahren des Zusammenwirkens so zu gestalten, daß diesem Ziel weitgehendst Rechnung getragen wird und zugleich die Chancengleichheit aller Prüflinge gewahrt bleibt.[625] Von der Rechtsprechung sind dafür folgende Grundsätze entwickelt worden:

270

Das Ziel eines sinnvollen Zusammenwirkens der Prüfer wird verfehlt, wenn der Zweitgutachter für eine schriftliche Prüfungsarbeit so spät bestellt wird, daß er nicht mehr in der Lage ist, die Leistungen aus seiner Sicht zu

271

---

[620] OVG NW, Urt. v. 14. 4. 1987 – 22 A 247/87 – NWVBL 1987, 49.
[621] BVerwG, Urt. v. 21. 10. 1960 – 7 C 52.60 – DVBl 1961, 205 = Buchholz 421.0 Prüfungswesen Nr. 10. OVG Berlin, Urt. v. 1. 11. 1979 – OVG III B 23.78 – OVGE 15, 87 = SPE 370 Nr. 16.
[622] VGH Bad.-Wttbg., Urt. v. 21. 1. 1969 – IV 735/68 – SPE III F II, S. 13.
[623] BayVGH, Urt. v. 2. 6. 1975 – Nr. 51 VII 75 – SPE III F III, S. 11.
[624] VGH Bad.-Wttbg., Beschl. v. 14. 2. 1979 – XI 3912/78 – SPE II C II, S. 51; wegen der Verwertung von Hausarbeitsheften und sonstigen Aufzeichnungen: BVerwG, Urt. v. 30. 8. 1977 – 7 C 50.76 – Buchholz 421.0 Prüfungswesen Nr. 85.
[625] Vgl. dazu: BVerwG, Urt. v. 25. 3. 1981 – 7 C 8.79 – DVBl 1981, 1149 = Buchholz aaO Nr. 144; VGH Bad.-Wttbg., Urt. v. 27. 1. 1977 – IX 2142/76 – SPE III D IX, S. 51.

bewerten.[626] Das Zusammenwirken mehrerer Prüfer darf nicht dazu führen, daß die **Selbständigkeit** und **Eigenverantwortlichkeit** der Entscheidungen des einzelnen Prüfers verloren geht, was der Fall ist, wenn ein Prüfer bei der Beratung und Entscheidung schlicht den anderen vertritt[627] oder die Entscheidung erst nach Rücksprache mit dem Vorsitzenden ergeht, obwohl sein Stellvertreter die Prüfung – in Abwesenheit des Vorsitzenden – zulässigerweise geleitet hat.[628]

Schließt der Erstzensor die Durchsicht einer schriftlichen Prüfungsarbeit mit einer Note ab, so liegt darin eine endgültige Bewertung unter der Voraussetzung, daß der Zweitprüfer sich anschließt. Andernfalls handelt es sich nur um einen Vorschlag für die gemeinsame Beratung beider Prüfer.[629] Es genügt, wenn der Erstzensor einer Hausarbeit seine Note – unter den dieses Vorgehen rechtfertigenden Umständen auch in kurzer Form –[630] schriftlich begründet[631] und der Zweitzensor sich mit der Bemerkung „einverstanden" anschließt, ohne die vom Erstzensor gemachten Beurteilungsvermerke im einzelnen zu wiederholen.[632]

272 Ob der eine Prüfer bei seiner Meinungsbildung die Bewertungen und dazu angefertigten Begründungen (insbesondere Randbemerkungen) des anderen Prüfers kennen darf, hängt allein von der Prüfungsordnung ab. Verfassungsrechtlich sind sowohl die **isolierte** als auch die **offene Bewertung** zugelassen. Denn es ist jeweils gleichermaßen sachlich zu rechtfertigen und für die Erhaltung der Chancengleichheit unerheblich, ob die Prüfungsordnung darauf angelegt ist, jede gegenseitige Beeinflussung der Prüfer von vornherein auszuschließen, oder ob sie vielmehr auf eine kritische gegenseitige Kontrolle der Prüfer abstellt und daher offene Bewertungen zuläßt. Wenn sie indes eine „persönliche, voneinander unabhängige Bewertung" durch mehrere Prüfer vorschreibt, sind selbst Randbemerkungen des Erstzensors unzulässig.[633]

Seine abweichende Meinung muß der Zweitzensor einer schriftlichen Prüfungsarbeit **schriftlich niederlegen**, wenn eine zweiseitige Einigung nicht zustande kommt und letztlich der Ausschuß zu entscheiden hat.[634] In der abschließenden Beratung hat der Fachprüfer zunächst eine Note oder einen

---

[626] OVG NW, Urt. v. 18. 10. 1974 – XV A 142/74.
[627] OVG Hamburg, Urt. v. 15. 1. 1968 – Bf I 43/66 – SPE III F VI, S. 1.
[628] VG Schleswig, Urt. v. 19. 11. 1973 – 9 A 51/72 – SPE III F XII, S. 11.
[629] OVG NW, Urt. v. 27. 9. 1974 – XV A 1336/73 – OVGE 30, 83; vgl. auch: BVerwG, Beschl. v. 23. 2. 1962 – 7 B 21.61 – NJW 1962, 1123 = DVBl 1962, 379.
[630] BVerwG, Beschl. 29. 9. 1982 – 7 B 204.81.
[631] BVerwG, Beschl. v. 10. 6. 1983 – 7 B 48.82 – Buchholz aaO Nr. 175 (Unleserlichkeit der Beurteilung).
[632] BVerwG, Beschl. v. 10. 6. 1983 – 7 B 48.82 – aaO.
[633] Dazu insgesamt: VGH Bad.-Wttbg., Urt. v. 29. 9. 1989 – 9 S 735/89 – DVBl 1990, 533 = SPE 470 Nr. 56 und v. 20. 9. 1988 – 9 S 1929/88 – NJW 1989, 1379 = DVBl 1988, 1124 und v. 19. 10. 1984 – 9 S 2282/84 – VBl BW 1985, 261. Vgl. ferner: OVG Bremen, Urt. v. 3. 6. 1986 – OVG 1 BA 6/85 – SPE 530 Nr. 2.
[634] OVG NW, Urt. v. 5. 8. 1982 – 15 A 1719/81.

Punktwert vorzuschlagen.⁶³⁵ Bei einer Kollegialprüfung muß nicht eine volle Einigung über die Notengebung erzielt werden; grundsätzlich sind auch hier **Mehrheitsentscheidungen** statthaft.⁶³⁶

Das Zusammenwirken mehrerer Prüfer kann zulässigerweise derart ausgestaltet sein, daß die Prüfung in **Abschnitte** zerlegt, die bindende Beurteilung einzelner Abschnitte verschiedenen Prüfern oder Prüfungsgremien übertragen wird und der **Prüfungsausschuß** über das **Gesamtergebnis** auf der Grundlage der feststehenden Einzelwertungen entscheidet (vgl. oben Rdn. 180).⁶³⁷ Auch insoweit bleibt die Eigenverantwortlichkeit der Prüfer erhalten, wenngleich sie der Sache nach auf bestimmte Prüfungsabschnitte beschränkt ist. Ob ein **Prüfungsausschuß** oder die **Klassenkonferenz** befugt ist, die Note eines Einzelprüfers (Fachlehrers) **abzuändern**, hängt – bei Fehlen einer spezialgesetzlichen Regelung – davon ab, ob bei der jeweiligen Prüfung der Einzelprüfer in den Ausschuß derart eingegliedert ist, daß er für die Fachnote lediglich Vorschläge macht und der Ausschuß die letztverantwortliche (Kollegial-) Entscheidung trifft oder ob der Einzelprüfer – wie auch bei der Aufteilung der Prüfung in selbständig zu bewertende Abschnitte – für seinen Bereich eigenverantwortlich entscheidet.⁶³⁸ 273

Die Entscheidung über das Prüfungsergebnis muß **klar** und **eindeutig** sein. Sie kann auf unterschiedliche Weise durch Noten oder schlicht durch die Mitteilung ausgedrückt werden, daß die Prüfung „bestanden" oder „nicht bestanden" sei.⁶³⁹ Eine stärkere Differenzierung der Leistungsbewertung ist verfassungsrechtlich weder geboten noch ausgeschlossen.⁶⁴⁰ Allerdings müssen eine von der Prüfungsordnung vorgesehene **Noten- oder Punkteskala** und die zu den einzelnen Bewertungsstufen angegebenen Qualifikationsmerkmale in sich schlüssig sein.⁶⁴¹ 274

---

⁶³⁵ Schl.-H. OVG, Beschl. v. 20. 8. 1992 – 3 M 36/92 – DVBl 1993, 66. Zur Aufhebung der Prüfungsentscheidung wegen eines Verfahrensmangels kann die von einer entsprechenden Regelung in der Prüfungsordnung abweichende Praxis jedoch allenfalls dann führen, wenn Anhaltspunkte dafür bestehen, daß sich dies auf das Prüfungsergebnis ausgewirkt hat.

⁶³⁶ BVerwG, Urt. v. 20. 6. 1978 – 7 C 38.78 – Buchholz aaO Nr. 94.

⁶³⁷ BVerwG, Urt. v. 12. 5. 1961 – 7 C 80/60 – NJW 1962, 122 = DÖV 1961, S. 789. OVG Berlin, Urt. v. 20. 8. 1981 – OVG III B 30.79 (betr. Bewertung der Leistungen eines Schülers nach einem Lehrerwechsel), OVG NW, Urt. v. 28. 7. 1976 – III A 640/75 – (keine Bedenken, daß schriftliche Prüfungsleistungen von anderen Prüfern als von denen der mündlichen Prüfung bewertet werden).

⁶³⁸ Dazu: BVerwG, Urt. v. 28. 9. 1971 – 6 C 41.68 – JZ 1972, 53 = SPE III F I, S. 1. OVG Lbg., Urt. v. 26. 8. 1981 – 13 OVG A 71/81. OVG NW, Urt. v. 29. 4. 1975 – VI A 1164/74 – und v. 17. 4. 1967 – V A 976/65 – NJW 1967, 1773 (m. Anm. v. Stephany).

⁶³⁹ Zur Einführung von Noten und den etwa erforderlichen Übergangsregelungen: BayVGH, Beschl. v. 12. 9. 1984 – 7 CE 84 A. 1835 – DVBl 1985, 1087.

⁶⁴⁰ Für ein Verfassungsgebot zur Reduzierung der Bewertungskomplexität: Becker, Prüfungsrecht S. 137.

⁶⁴¹ Wegen einer angeblichen Inkongruenz zwischen Gesamt- und Einzelnote im Justizprüfungsrecht s. einerseits Schöbel, BayVBl 1983, 321, und andererseits Quiring, BayVBl 1983, 559.

275 In der Regel ist für das Gesamtergebnis der Prüfung eine **Endnote** festzusetzen.[642] Zwischennoten sind unzulässig, wenn sie nicht in der Prüfungsordnung ausdrücklich zugelassen sind.[643] Die Verwendung einer falschen Notenbezeichnung (z. B. „nicht ausreichend" anstelle „mangelhaft") ist unschädlich und ohne weiteres zu berichtigen, wenn offensichtlich ist, daß der Prüfer sich lediglich im Ausdruck vergriffen hat (§ 2 Abs. 3 Nr. 2 und § 42 VwVfG).[644] Nicht hinzunehmen ist jedoch eine Bewertung der Prüfungsleistung, die in der Weise von der Notendefinition abweicht, daß eine Einstufung in die Notenskala nicht nachvollziehbar ist.[645]

276 Prüfungsleistungen, die für das **Bestehen** der Prüfung **nicht kausal** geworden sind, weil sie z. B. in einer früheren Prüfung zum Nichtbestehen geführt haben, dürfen nach dem Sinn und Zweck des die einzelne Prüfung betreffenden Leistungsnachweises in dem (neuen) Prüfungszeugnis keine Erwähnung finden.[646]

Es begegnet grundsätzlich keinen Bedenken, eine **nicht erbrachte Leistung** des Schülers, die auf mangelnder Leistungsbereitschaft (z. B. unentschuldigtem Fehlen im Unterricht) beruht, im Zeugnis ebenso negativ zum Ausdruck zu bringen wie ein auf mangelnder Leistungsfähigkeit beruhendes Versagen.[647]

Ist die schriftliche Prüfungsarbeit – auch ohne ein Verschulden des Prüflings – **abhanden gekommen,** muß das (schriftliche) Prüfungsverfahren wiederholt werden, sofern die Arbeit sich nicht zuverlässig rekonstruieren läßt. Eine **fiktive Bewertung** der Leistungen scheidet in jedem Fall aus.[648]

277 Ist bei der Bewertung der Prüfungsleistungen gegen zwingendes Verfahrensrecht in einer Weise verstoßen worden, daß die Prüfungsentscheidung darauf beruhen kann, führt dies grundsätzlich nicht zu einer erneuten Prüfung, sondern (nur) zu einer **erneuten** – nunmehr vorschriftsmäßigen – **Bewertung der Prüfungsleistungen** oder ausnahmsweise – z. B. wenn ein Fehler bei der rechnerischen Ermittlung der Prüfungsnote (Punktzahl) vorliegt – zu einer **unmittelbaren Korrektur** des Prüfungsergebnisses (s. unten Rdn. 299 ff., 303).

278 Die **Prüfungsentscheidung** ist ergangen, sobald das Ergebnis der Leistungsbewertung von der zuständigen Stelle nach außen hin kundgetan ist. Auf die

---

[642] Wegen der Zulässigkeit von Punktzahlen und Notenstufen: Schöbel, BayVBl 1983, S. 321.

[643] VGH Bad.-Wttbg., Urt. v. 31. 5. 1978 – IX 477/78 – SPE III F II, S. 41 und Urt. v. 28. 6. 1965 – I C 77/62 – DVBl 1966, 37.

[644] BVerwG, Beschl. v. 7. 2. 1983 – 7 CB 96.81 – und OVG NW, Urt. v. 15. 4. 1977 – 5 A 278/76.

[645] HessVGH, Urt. v. 28. 3. 1983 – VI OE 21/81.

[646] OVG NW, Urt. v. 6. 5. 1977 – 5 A 1851/75.

[647] VGH Bad.-Wttbg., Urt. v. 23. 1. 1980 – XI 1881/79 – SPE II C II, S. 31.

[648] VG Würzburg, Urt. v. 5. 11. 1982 – W 3 K 82 A 1274 – NVwZ 1982, 239 = BayVBl 1983, 185.

Gründe der Entscheidung kommt es insofern nicht an.[649] Ist der Prüfling mit ihr nicht einverstanden, muß er die Entscheidung rechtzeitig anfechten, da sie andernfalls **bestandskräftig** wird (s. Rdn. 391).

Schon die **mündliche Eröffnung des Prüfungsergebnisses** durch den Vorsitzenden des Prüfungsausschusses stellt einen **Prüfungsbescheid** dar. Bis dahin kann der Prüfungsausschuß etwa aufgrund neuer Erkenntnisse über die endgültige Entscheidung erneut beraten und seine früheren Absichten ändern. 279

Es steht im Ermessen des Prüfers, ob und wieweit er schon während der Prüfung erkennen läßt, was er von einzelnen Antworten des Prüflings hält. Insbesondere bei verfehlten Antworten ist eine größere Zurückhaltung des Prüfers angebracht, um den Prüfling nicht weiter zu verunsichern.

Klassenarbeiten stehen nach Rückgabe nicht mehr zur Disposition des Fachlehrers und dürfen von ihm nicht aus anderer fachlich-pädagogischer Einschätzung nachträglich schlechter bewertet werden.[650]

Die Prüfungsentscheidung ist zu **begründen**.[651] Das Grundrecht auf freie Berufswahl (Art. 12 Abs. 1 GG) und das Recht auf effektiven Rechtsschutz (Art. 19 Abs. 4 GG) erfordern es, daß die Prüfer die Bewertung einer Prüfungsleistung **schriftlich** begründen, sofern der Prüfling nicht darauf – ausdrücklich oder nach den Umständen sinngemäß – verzichtet. Die Begründung muß ihrem Inhalt nach so beschaffen sein, daß das Recht des Prüflings, Einwände gegen die Bewertung wirksam vorzubringen, ebenso gewährleistet ist wie die Möglichkeit einer sich daran anschließenden gerichtlichen Kontrolle. Daher müssen die maßgeblichen Gründe, die den Prüfer zu der abschließenden Bewertung veranlaßt haben, zwar nicht in den Einzelheiten, aber doch in den für das Ergebnis ausschlaggebenden Punkten erkennbar sein.[652] Es kann dem Prüfling zudem angeboten werden, ihm in einem an die Verkündung anschließenden Gespräch mit dem Prüfer einschließlich der Einsicht in die Prüfungsakten im einzelnen Aufschluß darüber zu geben, aus 280

---

[649] BVerwG, Urt. v. 26. 7. 1984 – 5 C 97.81 – BVerwGE 70, 13 (betr. den Fall, daß schon der Mißerfolg in einem Teil der Prüfung ergibt, daß die Prüfung insgesamt nicht bestanden ist).

[650] Dazu: OVG NW, Urt. v. 17. 4. 1967 – 5 A 976/65 – NJW 1967, 1773 (m. Anm. v. Stephany).

[651] Die in der Vorauflage vertretene gegenteilige Auffassung ist angesichts der nachfolgend zitierten Rechtsprechung des BVerwG nicht mehr aufrechtzuerhalten.
Wegen der Informationspflichten der Prüfungsbehörden und Auskunftsansprüche des Prüflings s. oben Rdn. 104 ff.; wegen des Anspruchs auf „Überdenken" der Prüfungsentscheidung s. unten Rdn. 312 ff.).

[652] BVerwG, Urt. v. 9. 12. 1992 – 6 C 3.92 – BVerwGE 91, 262 = Buchholz 421.0 Prüfungswesen Nr. 307 = NVwZ 1993, 677, betr. die Pflicht zur schriftlichen Begründung bei schriftlichen Arbeiten; auch zur Frage der nachträglichen Korrektur während eines Gerichtsverfahrens. Vgl. ferner: OVG NW, Urt. v. 23. 2. 1993 – 15 A 1163/91 – NWVBl 1993, 293 und v. 17. 9. 1993 – 22 A 1931/91 – und v. 5. 11. 1993 – 22 A 2747/92.
Wegen der Schriftform schulischer Versetzungsentscheidungen: VGH Bad.-Wttbg., Beschl. v. 28. 9. 1992 – 9 S 2187/92 – DVBl 1993, 53 = VBl BW 1993, 113.

welchen Gründen seine Leistungen in bestimmter Weise bewertet worden sind (s. dazu insbesondere auch Rdn. 313).

281 Es spricht vieles dafür, daß die verfassungsrechtlichen Anforderungen, aus denen das BVerwG (aaO) die Pflicht zur **schriftlichen** Begründung der Bewertung schriftlicher Prüfungsarbeiten hergeleitet hat, sinngemäß auch für die **Begründung** der Bewertung der Leistungen in der **mündlichen Prüfung** und schließlich des **Prüfungsergebnisses insgesamt** gelten. Die verwaltungsinterne und die gerichtliche Kontrolle, die nach der neueren Rechtsprechung des BVerfG **wirkungsvoll** sein müssen (dazu im einzelnen unten Rdn. 312ff. und 399ff.), setzen voraus, daß die wesentlichen Gründe der Prüfungsentscheidung hinreichend dokumentiert sind. Dies wird durch mündliche Erklärungen vielfach nicht erreicht, insbesondere wenn die Prüfungsentscheidung aus mehreren Gründen von unterschiedlichem Gewicht zusammengesetzt ist oder wenn sich sonstwie im Einzelfall ohne schriftliche Angaben nicht eindeutig und beweiskräftig erkennen läßt, worauf die Prüfungsentscheidung im wesentlichen gestützt ist. Daß das allgemeine Verwaltungsverfahrensrecht (vgl. § 2 Abs. 3 Nr. 2 i.V.m. § 39 VwVfG) für Prüfungen keine Pflicht zur schriftlichen Begründung des Verwaltungsaktes vorschreibt, besagt nichts darüber, daß verfassungsrechtlich eine schriftliche Begründung auch der Prüfungsentscheidung verlangt werden kann. Macht der Prüfling mit substantiierten (schriftlichen) Einwendungen von seinem **Anspruch auf** „**Überdenken**" der Prüfungsentscheidung Gebrauch (vgl. dazu unten Rdn. 312ff.), wird eine schriftliche Darlegung der wesentlichen Gründe der Prüfungsentscheidung ohnehin nicht zu vermeiden sein. Als ein Bestandteil schon der Prüfungsentscheidung selbst mag sie auch dazu beitragen, daß weitere Kontrollverfahren, die nicht selten auf dem Fehlen einer hinreichenden und verbindlichen Information beruhen, von vornherein überflüssig werden.

282 Erweist sich eine den Prüfling **begünstigende** Prüfungsentscheidung, auch wenn sie nach Ablauf der Klagefrist (Rdn. 391) unanfechtbar geworden ist, später als **objektiv falsch**, etwa weil sich herausgestellt hat, daß die Leistung vorgetäuscht worden ist oder daß bei mathematisierter Leistungsbewertung ein Rechenfehler zugunsten des Prüflings unterlaufen ist, so kann sie unter den Voraussetzungen des § 48 Abs. 1 und 3 VwVfG, der auch im Prüfungsrecht Anwendung findet (§ 2 Abs. 3 Nr. 2 VwVfG), **zurückgenommen** werden.[653] Bei der dabei vorzunehmenden Ermessensentscheidung muß die Prüfungsbehörde berücksichtigen, daß der Vertrauensschutz des Prüflings

---

[653] BVerwG, Beschl. v. 22. 10. 1992 – 6 B 46.92 – Buchholz aaO Nr. 304. OVG NW, Urt. v. 13. 10. 1987 – 22 A 699/87 – NVwZ 1988, 462. VGH Bad.-Wttbg., Beschl. v. 10. 12. 1986 – 9 S 2784/86 – SPE 370 Nr. 19. Zur Abänderbarkeit von Prüfungsentscheidungen vgl. einerseits Weber, BayVBl 1984, 268 und andererseits Mehring, BayVBl 1984, 714. Zur Auslegung der hier einschlägigen Bestimmungen des Verwaltungsverfahrensgesetzes vgl. insbesondere Sachs, in: Stelkens/Bonk/Sachs, Verwaltungsverfahrensgesetz 4. Aufl. (1993) § 48 Rdn. 18ff.

in der Regel mit dem Zeitablauf wächst. Auch die Dienst- und Fachaufsicht (Widerspruchsbehörde) ist hieran gebunden.[654]

Eine den Prüfling **benachteiligende rechtswidrige Prüfungsentscheidung** ist aufzuheben. Ist die Entscheidung nach Ablauf der Rechtsmittelfrist **bestandskräftig** geworden (vgl. §§ 58, 68 und 70 VwGO), hat die Prüfungsbehörde nach pflichtgemäßem Ermessen darüber zu befinden, ob die Entscheidung zurückzunehmen ist (§ 48 Abs. 1 Satz 1 VwVfG). Der Prüfling mag das Wiederaufgreifen des Verfahrens beantragen, wenn die Voraussetzungen des § 51 VwVfG vorliegen (insbesondere bei nachträglichen Änderungen der Sach- und Rechtslage oder im Falle neuer Beweismittel). Welche Ermessenserwägungen von der Behörde anzustellen sind, ist eine Frage der Umstände des jeweiligen Einzelfalles. Wichtige Gesichtspunkte, die für eine Entscheidung zugunsten des Prüflings sprechen, sind die Schwere des Falles und das Maß der persönlichen Belastung des Betroffenen.[655]

283

7. Die Erheblichkeit von Verfahrensmängeln/Heilung durch Neubewertung

Mängel des Prüfungsverfahrens haben – worauf bereits hingewiesen wurde – im wesentlichen zwei unterschiedlichen Folgen: Ist die Leistung des Prüflings fehlerhaft ermittelt worden, muß sie in einer neuen (Teil-)Prüfung neu ermittelt werden; ist indessen (nur) die Bewertung der fehlerfrei erbrachten Leistung unter Verletzung von Verfahrensvorschriften erfolgt, führt dies zu einer bloßen Neubewertung der vorhandenen Leistung durch die Prüfer (s. oben Rdn. 79). Vor alledem steht jedoch die Frage, ob der **Fehler** für die abschließende Entscheidung **überhaupt erheblich** ist. Ein Verfahrensfehler bei der Abnahme einer Prüfung hat nämlich grundsätzlich nur dann die Aufhebung der Prüfungsentscheidung zur Folge, wenn sein Einfluß auf das Prüfungsergebnis nicht ausgeschlossen werden kann. Dieser seit langem in der Rechtsprechung anerkannte Grundsatz kommt nunmehr durch § 46 VwVfG und die entsprechenden Bestimmungen der Verwaltungsverfahrensgesetze der Länder zum Ausdruck.[656] Allerdings gilt diese Vorschrift nur bei Fehlern im **Prüfungsverfahren** (einschließlich des normierten Verfahrens zur Bewertung der Prüfungsleistung). Sie ist dagegen **nicht** anwendbar auf **materielle** Rechtsfehler, insbesondere **Bewertungsfehler**, die nicht auf formellen Bewer-

284

---

[654] Wegen des Einwirkungsrechts der Aufsichtsbehörden s. oben Rdn. 182.
[655] Vgl. BVerwG, Beschl. v. 16. 8. 1989 – 7 B 57.89 – Buchholz aaO Nr. 268 = DVBl 1989, 1196 und Beschl. v. 4. 10. 1993 – 6 B 35.93 – Buchholz aaO Nr. 319 (keine generelle Verpflichtung zur Wiederaufnahme des Verfahrens nach Änderung der Rechtsprechung).
[656] Vgl. z. B.: BVerwG, Beschl. v. 4. 2. 1991 – 7 B 7.91 – Buchholz 421.0 Prüfungswesen Nr. 283 und Urt. v. 20. 11. 1987 – 7 C 3.87 – BVerwGE 78, 280 (284) = Buchholz aaO Nr. 246 = NVwZ 1988, 433 mit weit. Hinweisen.
Für schulische Prüfungen: HessVGH, Urt. v. 13. 12. 1991 – 7 UE 311/88.

tungsregeln, sondern auf einem inneren Bewertungsvorgang beruhen (wegen der insofern für die Erheblichkeit eines Fehlers geltenden Maßstäbe s. unten Rdn. 364).[657]

285 Die **Unerheblichkeit eines Verfahrensfehlers** kann sich in zweierlei Weise kundtun:
Erstens sind es Fälle, in denen die Prüfungsentscheidung von vornherein **nicht auf dem Fehler beruht**, etwa wenn der Prüfling trotz falscher Hinweise die richtigen Hilfsmittel mitbringt, einen offensichtlichen Schreibfehler im Text der Aufgabe als solchen erkennt[658] oder in der überzogenen Prüfungszeit ebensowenig eine Frage beantworten kann. Gleichermaßen beruht die Prüfungsentscheidung auch dann nicht auf dem Fehler, wenn im Antwort-Wahl-Verfahren fälschlich zwei richtige Antworten (B und C) vorgegeben sind, der Prüfling aber die unrichtige Antwort A für richtig hält.[659]
Zweitens kommen Fälle in Betracht, in denen die Prüfungsentscheidung zwar auf einem Verfahrensfehler beruht, jedoch feststeht, daß sie **auch ohne diesen Fehler nicht anders ausfallen** würde. Dies ist z. B. anzunehmen, wenn der Fehler sich in seinen Auswirkungen auf einen Teil der Prüfung beschränkt und wegen der schlechten Leistungen in den anderen Prüfungsteilen ein Prüfungserfolg ausgeschlossen ist.

286 Ob hinreichend sicher auszuschließen ist, daß ohne den Fehler im Prüfungsverfahren ein besseres Prüfungsergebnis erzielt worden wäre, läßt sich nicht allgemein, sondern nur unter Würdigung aller Umstände des Einzelfalles beantworten. In der Rechtsprechung ist die Tendenz erkennbar, an einen solchen Ausschluß strenge Anforderungen zu stellen: So ist die **Auswahl eines unzulässigen Prüfungsstoffs** nicht etwa wegen der trotzdem ausreichenden Antworten des Prüflings als unerheblich erachtet worden; denn die Vielzahl der unzulässigen Fragen habe zu einer nachhaltigen Verunsicherung des Prüflings geführt, durch die sein – sonst wohl überdurchschnittliches – Leistungsvermögen beeinträchtigt worden sein könne.[660] Liegt ein Verfahrensfehler in der **Überschreitung der Prüfungsdauer**, so läßt sich dessen Ursächlichkeit für das Prüfungsergebnis nur dann ausschließen, wenn nach dem Ablauf der regulären Prüfungszeit unter den zur Entscheidung berufenen Prüfern Einigkeit über das bis dahin erzielte Ergebnis bestand und das nach rechtswidriger Fortsetzung der Prüfung festgestellte Ergebnis davon nicht abweicht.[661]

---

[657] Zu dieser notwendigen Unterscheidung und den damit zusammenhängenden Rechtsfragen: Rozek, NVwZ 1992, 33 mit berechtigter Kritik an dem Urt. des BayVGH v. 12. 9. 1990 – 3 B 9000061 – NVwZ 1991, 499.
[658] VGH Bad.-Wttbg., Urt. v. 6. 6. 1989 – 9 S 1039/89 – DVBl 1989, 1202 = VBl BW 1990, 196.
[659] BVerwG, Urt. v. 20. 11. 1987 aaO S. 285. OVG NW, Urt. v. 21. 2. 1986 – 15 A 2211/84 – SPE 436 Nr. 8.
[660] BVerwG, Urt. v. 17. 7. 1987 – 7 C 118.86 – BVerwGE 78, 55 (58) = Buchholz 421.0 Prüfungswesen Nr. 242 = NVwZ 1987, 977.
[661] OVG NW, Urt. v. 17. 7. 1991 – 22 A 1533/89 – NVwZ-RR 1992, 246 = NWVBL 1992, 66.

Im Falle der Nichtbeteiligung berufener oder der Beteiligung nicht berufener Prüfer dürfte der Versuch, die Unerheblichkeit eines solchen Mangels nachzuweisen, in aller Regel scheitern; denn der Einfluß einer versäumten bzw. einer **unzulässigen Beteiligung an der Beratung** auf das Ergebnis der Prüfung läßt sich grundsätzlich nicht ausschließen.[662] Insofern könnte der Fehler allenfalls dann am Ende unerheblich sein, wenn er nur einen Teil der Prüfung (z. B. ein einzelnes Prüfungsfach) betrifft und schon die anderen schlechten – fehlerfrei bewerteten – Leistungen in den übrigen Fächern den Mißerfolg der Prüfung ergeben.

Auch ein Verfahrensfehler, der darin besteht, daß die Prüfungsbehörde den Prüflingen **unterschiedlich günstige Hilfsmittel** gestattet, ist erheblich. Es kann nämlich nicht ausgeschlossen werden, daß der Mißerfolg des Prüflings darauf beruht, daß er schlechtere Hilfsmittel besaß.[663] Als unerheblich für das Prüfungsergebnis sind dagegen **formelle Mängel der Prüfungsniederschrift** zu bewerten. Diese Mängel haben dann nicht einmal auf die Beweislage einen erheblichen Einfluß, wenn der Prüfungshergang unstreitig ist.[664]

Auch ein rechtserheblicher Verfahrensfehler muß von dem Prüfling letztlich hingenommen werden, wenn er es pflichtwidrig versäumt hat, an der Verhinderung oder rechtzeitigen Beseitigung des Fehlers mitzuwirken. Das gleiche gilt, wenn der Prüfling einen solchen Fehler nicht unverzüglich gerügt hat, obwohl ihm dies zumutbar war. Die damit angesprochenen **Mitwirkungs- und Rügepflichten des Prüflings**, auf deren grundsätzliche Bedeutung bereits unter Rdn. 83 eingegangen wurde, sind hinsichtlich einzelner Aspekte des Prüfungsverfahrens unterschiedlich ausgestaltet. Schwerpunkte finden sich in Fällen der **Prüfungsunfähigkeit** (s. Rdn. 158 ff.), der **Befangenheit** des Prüfers (Rdn. 195) und bei Störungen durch äußere Einwirkungen auf die Prüfung etwa durch **Baulärm** (s. Rdn. 242 ff.). Auf die dortigen Ausführungen wird verwiesen. 287

Selbst wenn es dem Prüfling nicht oblag, einen Mangel im Prüfungsverfahren zu rügen, kann es unter besonderen Umständen – z. B. wenn der Prüfling sein Einverständnis mit einer bestimmten Verfahrensweise erklärt hat – treuwidrig und damit eine **unzulässige Rechtsausübung** sein, wenn er später dennoch die vorschriftswidrige Verfahrensweise beanstandet. Der aus dem Grundsatz von Treu und Glauben herzuleitende Gesichtspunkt der **Verwirkung** ist nämlich auch im Prüfungsrecht zu beachten.[665] Die Einwilligung des Prüflings in eine Änderung des Verfahrensablaufs ist allerdings nicht beacht- 288

---

[662] VGH Bad.-Wttbg., Urt. v. 16. 1. 1990 – 9 S 3071/88 – SPE 470 Nr. 56.
[663] VGH Bad.-Wttbg., Urt. v. 25. 2. 1982 – 9 S 2532/81 – NVwZ 1983, 565.
[664] HessVGH, Urt. v. 7. 1. 1988 – 3 UE 2283/84.
[665] Vgl. dazu: BVerwG, Beschl. v. 18. 6. 1981 – 7 CB 22.81 – Buchholz 421.0 Prüfungswesen Nr. 149 und Urt. v. 18. 9. 1970 – 7 C 26.70 – Buchholz aaO Nr. 42 = DVBl 1970, 928 = BayVBl 1971, 24.

lich, wenn der Gang des Verfahrens (z. B. die Dauer der Prüfung) von der Prüfungsordnung zwingend vorgeschrieben ist.⁶⁶⁶

289 Es besteht die Möglichkeit, daß Verfahrensmängel später – etwa im Widerspruchsverfahren – **geheilt** werden (§ 45 VwVfG).⁶⁶⁷ Die Heilbarkeit von Verfahrensmängeln hängt davon ab, ob der betreffende Vorgang isoliert von dem eigentlichen Prüfungsgeschehen nachvollziehbar ist, ohne daß seine spezifische Bedeutung für das Prüfungsergebnis wesentlich gemindert wird. So kann z. B. die nicht nur geringfügige Abwesenheit eines Mitglieds des Prüfungsausschusses oder der Versetzungskonferenz während der Beratung nicht dadurch geheilt werden, daß das betreffende Mitglied später erklärt, es sei mit dem Prüfungsergebnis oder der Nichtversetzung des Schülers einverstanden; denn der Schutzzweck des Beteiligungsgebotes verlangt die persönliche aktive Teilnahme des Prüfers an der Beratung und Abstimmung. Anders kann es sein, wenn der nunmehr vollständige und richtig besetzte Prüfungsausschuß im Rahmen des Widerspruchsverfahrens nach **neuer Beratung** das Prüfungsergebnis bestätigt, es sei denn, es besteht ein konkreter Anlaß zu der Annahme, daß der Prüfungsausschuß wegen seiner ursprünglichen Entscheidung – etwa wenn er diese ohne wirklich neue Beratung schlicht wiederholt hat – befangen ist.

8. Die Wiederholung der Prüfung/Rücktritt mit Wiederholungsrecht

290 Von einer „Wiederholung" der Prüfung wird zumeist unspezifisch dann gesprochen, wenn die Prüfung – aus welchem Grunde auch immer – ein weiteres Mal durchgeführt wird. Für die damit zusammenhängenden Rechtsfragen, macht es jedoch einen großen Unterschied, ob die Prüfung etwa nach dem berechtigten Rücktritt des Prüflings als nicht unternommen gilt und daher von vorn zu beginnen ist, ob die bei einer Prüfung von der Prüfungsbehörde oder den Prüfern gemachten Fehler durch die Wiederholung der Prüfung zu korrigieren sind oder ob es sich um einen weiteren – von der Prüfungsordnung zugelassenen – Prüfungsversuch handelt, nachdem die Prüfung im ersten Versuch nicht bestanden worden ist. Auf diese drei Arten der Wiederholung einer Prüfung wird hier jeweils gesondert eingegangen.

291 Der **Rücktritt** mit der Folge, daß die gesamte Prüfung⁶⁶⁸ oder einzelne

---

⁶⁶⁶ OVG NW, Urt. v. 17. 7. 1991 – 22 A 1533/89 – NVwZ-RR 1992, 246 = NWVBL 1992, 66.

⁶⁶⁷ OVG Lbg., Urt. v. 14. 9. 1971 – V OVG A 40/71 – SPE III G XII, S. 51. OVG NW, Urt. v. 28. 10. 1965 – V A 105/65 – DÖV 1967, 319 = RdJ 1966, S. 128 (m. Anm. v. Knudsen), und v. 9. 9. 1963 – V A 215/63 – SPE II C IX, S. 3.

⁶⁶⁸ Art. 12 Abs. 1 GG verbietet nicht eine prüfungsrechtliche Regelung, nach der bei der Auslassung eines Prüfungsabschnitts, dessen Anteil an der Gesamtbeurteilung 40% beträgt, die gesamte Prüfung zu wiederholen ist: BVerwG, Beschl. v. 6. 10. 1982 – 7 B 206, 207.81 – Buchholz 421.0 Prüfungswesen Nr. 163.

Abschnitte der Prüfung – als Erstprüfung – neu zu beginnen sind, ist nach den einschlägigen Bestimmungen der jeweiligen Prüfungsordnung regelmäßig nur „aus wichtigem Grund" zugelassen.[669] Im Prinzip geht es darum, das der (äußeren) Chancengleichheit nicht gerecht gewordene Prüfungsverfahren abzubrechen und auf eine Weise zu wiederholen, die den Anforderungen der Chancengleichheit entspricht. Ein hinreichender Grund für den Abbruch und zugleich für die Wiederholung der (Erst-)Prüfung ist insbesondere dann gegeben, wenn Umstände vorliegen, die den Prüfling außergewöhnlich – nach dem Zweck der Leistungskontrolle irrelevant – belasten und ihn dadurch nicht nur unwesentlich hindern, normale Leistungen zu erbringen. Die Wichtigkeit des Grundes läßt sich ferner daraus herleiten, daß es dem Prüfling unter Berücksichtigung aller Umstände des Einzelfalls und nach Abwägung der widerstreitenden Interessen nicht zuzumuten ist, weiter an der Prüfung teilzunehmen.

Hierzu gehören insbesondere die **krankheitsbedingte Prüfungsunfähigkeit** 292 und sonstige **außergewöhnliche persönliche oder familiäre Belastungen** (dazu im einzelnen: Rdn. 153 ff.). Auch wenn diese Umstände nur bei einer einzelnen Aufsichtsarbeit vorliegen, sind grundsätzlich sämtliche Aufsichtsarbeiten (der Klausurensatz) neu anzufertigen, es sei denn, daß die Prüfungsordnung die Verselbständigung einzelner Arbeiten zuläßt und dabei die Chancengleicheit gewahrt bleibt. Das gleiche gilt für die einzelnen Prüfungsfächer in der mündlichen Prüfung. Die damit etwa einhergehenden Erschwernisse sind von dem Prüfling hinzunehmen, wenn es darum geht in einem sog. Kampagne-System durch gleichzeitige, nicht „abgeschichtete" Prüfungen der Chancengleichheit Rechnung zu tragen.[670]

Der Kreis der „wichtigen Gründe", die den Rücktritt von der Prüfung 293 rechtfertigen können, ist damit nicht geschlossen. Es können auch andere Umstände ergeben, daß es dem Prüfling nicht zumutbar ist, die Prüfung fortzusetzen. Zum Beispiel kann durch **erhebliche Verzögerungen des Prüfungsverfahrens** etwa infolge von Erkrankungen der Zweck der Prüfung unerreichbar oder der Zusammenhang von Prüfungsvorbereitung und Prüfung aufgehoben sein. Es ist dann unter Würdigung aller Umstände des Einzelfalls abzuwägen, ob die Fortsetzung des Prüfungsverfahrens noch sinnvoll und zumutbar ist.[671]

Ein wichtiger Grund, der den Rücktritt mit der Folge des Neubeginns 294 (Erstversuch) rechtfertigen könnte, ist dagegen nicht die **Erkenntnis schlechter Prüfungsleistungen** in den ersten Abschnitten der Prüfung, und zwar auch dann nicht, wenn der Prüfling die vorliegende Bewertung dieser Prüfungsab-

---

[669] Dazu insbesondere: BVerwG, Urt. v. 7.10. 1988–7 C 8.88 – BVerwGE 80, 282 = NJW 1989, 2340 = Buchholz aaO Nr. 259. VGH Bad.-Wttbg., Urt. v. 15. 9. 1987 – 9 S 1168/87 – SPE 596 Nr. 29.
[670] BVerwG, Beschl. v. 8. 5. 1991 – 7 B 43.91 – DVBl 1991, 759 = SPE 980 Nr. 40.
[671] OVG NW, Urt. v. 23. 10. 1986 – 22 A 2737/85 – NVwZ 1988, 461 = SPE 596 Nr. 26. VGH Bad.-Wttbg., Urt. v. 15. 9. 1987 – 9 S 1168/87 – SPE 596 Nr. 29.

schnitte für ungerechtfertigt hält. Wer die Prüfung aus Protest gegen die – angeblich ungerechte – Bewertung seiner bisherigen Prüfungsleistungen abbricht, schafft durch seine Leistungsverweigerung einen neuen Grund für das Nichtbestehen der Prüfung, so daß es auf die angeblichen Fehler in den vollzogenen Teilen der Prüfung dann nicht mehr ankommt. Es bleibt dem Prüfling in diesem Fall nur übrig, die abschließende Prüfungsentscheidung mit dem Ziel ihrer Aufhebung anzufechten oder sich der – von der Prüfungsordnung auch ohne „wichtigen Grund" zugelassenen – Wiederholungsprüfung (Zweitversuch) zu unterziehen.

295 Die **Rücktrittserklärung** des Prüflings hat für sich allein noch keine unmittelbar rechtsgestaltende Wirkung. Sie entspricht nicht der einseitig zu erklärenden Kündigung eines Rechtsverhältnisses, sondern ist als ein **Antrag an die Prüfungsbehörde** zu verstehen, den **Rücktritt zu genehmigen**. Ein solcher Antrag kann daher zurückgenommen werden, solange über ihn noch nicht entschieden worden ist. Da die für den Erfolg des Antrags maßgeblichen Gründe stets „unverzüglich" vorzubringen sind (zur Rügepflicht s. Rdn. 287), ist ein Nachschieben von Gründen im allgemeinen unzulässig. Bloße Präzisierungen oder ergänzende Hinweise sind dagegen statthaft.[672]

Eine Prüfungsbestimmung, nach der eine aus mehreren Teilen bestehende Prüfung nach **dreimaligem (berechtigtem) Rücktritt** des Prüflings von einem Prüfungsteil als „nicht bestanden" gilt, ist wegen Verstoßes gegen das Übermaßverbot nichtig.[673] Erweist sich der Prüfling indes dauernd oder für nicht absehbare Zeit als prüfungsunfähig, kann das Prüfungsverfahren etwa durch einen Widerruf der Zulassung beendet oder zumindest für eine gewisse Zeit ausgesetzt werden.

296 Die **Wiederholung der Prüfung** oder eines Prüfungsabschnitts kommt ferner als eine Maßnahme zur **Korrektur von Fehlern der Prüfer** oder Prüfungsbehörden in Betracht. Diese ist ohne weiteres zu veranlassen, wenn die rechtswidrige Prüfungsentscheidung noch nicht wegen Ablaufs der Rechtsmittelfrist (s. unten Rdn. 391) unanfechtbar und damit bestandkräftig geworden ist. Im Falle der **Bestandskraft** besteht ein Anspruch auf Wiederaufgreifen des Verfahrens grundsätzlich nur unter den in § 51 Abs. 1 VwVfG genannten Voraussetzungen.[674] Im übrigen entscheidet die Behörde gemäß § 48 Abs. 1 Satz 1 VwVfG nach pflichtgemäßem Ermessen darüber, ob sie den **rechtswidrigen, aber unanfechtbaren Prüfungsbescheid** ändert und den Prüfling erneut prüft bzw. dessen Leistungen erneut bewertet. Dieses Ermessen ist trotz der Grundrechtsbetroffenheit des Prüflings nicht etwa im Sinne einer für ihn positiven Entscheidung generell reduziert; die Rechtssicherheit, der die fort-

---

[672] Dazu insgesamt: VGH Bad. Wttbg., Urt. v. 31. 1. 1989 – 9 S 961/88 – SPE 596 Nr. 35.
[673] OVG NW, Urt. v. 6. 4. 1984 – 15 A 1355/82 – SPE 980 Nr. 29.
[674] Eine Änderung der höchstrichterlichen Rechtsprechung ist grundsätzlich keine Änderung der Rechtslage im Sinne des § 51 Abs. 1 VwVfG: BVerwG, Beschl. v. 16. 2. 1993 – 9 B 241.92 – DÖV 1993, 532.

während Bestandskraft dient, kann ein Festhalten an der nicht rechtzeitig angefochtenen Entscheidung rechtfertigen. Eine ausnahmsweise **Reduzierung des Ermessens** in der Art, daß nur das Wiederaufgreifen des Verfahrens in Frage kommt, ist z.B. dann anzunehmen, wenn eine gesamte bundesweit abgenommene Prüfung – wie etwa die Ärztliche Vorprüfung im März 1985 – grob fehlerhaft war.[675]

Ist eine fehlerhafte Prüfungsentscheidung[676] noch **nicht bestandskräftig**, kommt es für die **Beseitigung des Fehlers** darauf an, ob er im Verfahren zur **Ermittlung der Leistungen** oder bei deren **Bewertung** gemacht worden ist (dazu oben Rdn. 79). In dem erstgenannten Fall des fehlerhaften Ablaufs der Prüfung ist regelmäßig das Leistungsbild verfälscht, so daß die Grundlage einer korrekten Leistungsbewertung fehlt. **Fiktive Leistungen**, die der Prüfling bei ordnungsgemäßer Verfahrensweise vermutlich erbracht hätte, sind auch nicht ersatzweise der Prüfungsentscheidung zugrunde zu legen. Die Prüfung kann demnach in diesem Fall nicht wegen des Verfahrensfehlers für bestanden erklärt, sondern muß **wiederholt** werden.[677] 297

Mängel des Prüfungsverfahrens, die durch die Wiederholung der davon betroffenen Teile der Prüfung zu beheben sind, sind insbesondere nicht schon während der Prüfung hinreichend beseitigte äußere Störungen des Prüfungsverlaufs (z.B. durch erheblichen **Baulärm** oder **Unruhe im Prüfungsraum**). Ist die Anfertigung von Aufsichtsarbeiten nur zeitweise gestört, muß eine entsprechende Nachschreibezeit gewährt werden, die geeignet und geboten ist, die durch die Störungen entstandenen Nachteile auszugleichen und damit die Chancengleichheit wiederherzustellen (dazu im einzelnen Rdn. 241).[678] Sofern die Störung nicht offensichtlich ist, sondern von der individuellen Betroffenheit des einzelnen Prüflings abhängt, darf die Prüfungsbehörde abwarten, ob ein entsprechender **Hinweis** (**Rüge**) Anlaß zu solchen Maßnahmen gibt. Auf eine berechtigte Rüge ist notfalls durch eine allgemeine Wiederholung der so nicht ordnungsgemäß und chancengleich ermittelten Leistungen dieser Prüfungsgruppe die Chancengleichheit wiederherzustellen. 298

---

[675] Dazu insgesamt: BVerwG, Beschl. v. 16. 8. 1989 – 7 B 57.89 – Buchholz 421.0 Prüfungswesen Nr. 268 = DVBl 1989, 1196. VGH Bad.-Wttbg., Urt. v. 31. 1. 1989 – S 1141/88 – NVwZ 1989, 882.

[676] Allgemeine Voraussetzung ist, daß der Fehler für die Prüfungsentscheidung erheblich ist (dazu Rdn. 284, 364). Ein Anspruch auf erneute Prüfung besteht nicht etwa schon deshalb, weil andere Prüflinge durch Täuschung ein besseres Examensergebnis erzielt haben: BVerwG, Beschl. v. 6. 4. 1984 – 7 C 26.84 – KMK-HSchR 1984, 907.

[677] BVerwG, Beschl. v. 16. 4. 1982 – 7 B 58.80 – NJW 1980, 2208 = DÖV 1981, 62 = Buchholz 421.0 aaO Nr. 127. VGH Bad.-Wttbg., Urt. v. 30. 6. 1980 – 9 S 974/80 – SPE III F II, S. 71 und Beschl. v. 10.4. 1979 – IX 646/79 – SPE F II, S. 201. Das gilt auch, wenn Prüfungsarbeiten und Bewertungsgutachten, die sich im Gewahrsam des Prüfungsamts befunden haben, nicht mehr aufzufinden sind: VGH Bad.-Wttbg., Urt. v. 1. 4. 1987 – 9 S 1829/86 – NVwZ 1987, 1010 = DVBl 1987, 951.

[678] BVerfG, Beschl. v. 21. 12. 1992 – 1 BvR 1295/90 – NJW 1993, 917 = VBl BW 1993, 216, wonach die Gerichte uneingeschränkt zu überprüfen haben, ob durch die Kompensationsmaßnahmen ein Ausgleich gelungen ist.

Diese Entscheidung ist **unverzüglich** zu treffen; es darf nicht abgewartet werden, ob einzelne Prüflinge vorerst darauf verzichten, aus der (berechtigten) Rüge auch Konsequenzen ziehen, um so zu versuchen, die Gültigkeit des Prüfungsversuchs von seinem Ergebnis abhängig zu machen (vgl. Rdn. 245).

299 Wirkt sich der Mangel im Prüfungsverfahren nicht auf die gesamte Prüfung aus, sind nach dem **Gebot** der möglichst „**schonenden Fehlerbeseitigung**" nur diejenigen Abschnitte neu zu beginnen, die von diesem Fehler beeinflußt sein können.[679] Voraussetzung ist allerdings, daß die fehlerhaften Prüfungsteile von anderen Teilen abtrennbar sind, ohne daß die Gesamtbewertung verfälscht wird.[680] Ist dies der Fall, verstieße es gegen das Übermaßverbot, von dem Prüfling den völligen Neubeginn zu verlangen.[681] Ebensowenig steht es dem Prüfling zu, auch die fehlerfreien Prüfungsabschnitte neu zu beginnen. Das verstieße gegen den Grundsatz der Chancengleichheit aller Prüflinge.[682]

300 Auch im übrigen ist bei der Korrektur des Verfahrensfehlers durch ein (teilweise) neues Prüfungsverfahren das Interesse des benachteiligten Prüflings weitgehendst zu schonen und so zu verfahren, daß auch dem Grundsatz der **Chancengleichheit** möglichst ungeschmälert Geltung verschafft wird.[683] Wird bei der Auswertung der (z.B. in einer ärztlichen Prüfung) nach dem **Antwort-Wahl-Verfahren** erbrachten Prüfungsleistung die Unbeantwortbarkeit einzelner Prüfungsfragen festgestellt, so kann der Prüfling eine erneute Prüfung verlangen oder sogar – wenn die Berechnung nach der Eliminierung der fehlerhaften Fragen dies ergibt – beanspruchen, daß die Prüfung für bestanden erklärt wird.[684]

301 Die **Zusammensetzung des Prüfungsausschusses**, vor dem der mit einem Verfahrensfehler behaftete Prüfungsabschnitt zu wiederholen ist, unterliegt –

---

[679] BVerwG, Beschl. v. 24. 6. 1983 – 7 CB 60.82 –; VGH Bad. Wttbg., Urt. v. 7. 12. 1983 – 9 S 2082/83 – DÖV 1984, 814. Wegen zulässiger Sonderregelungen in der Prüfungsordnung vgl. BVerwG, Beschl. v. 6. 10. 1982 – 7 B 206, 207.81 – Buchholz aaO Nr. 163.

[680] Ist die mündliche Prüfung nur eine Ergänzungsprüfung zur schriftlichen Prüfung, muß bei einem Fehler im Verfahren der mündlichen Prüfung die gesamte Prüfung wiederholt werden: OVG NW, Urt. v. 17. 7. 1991 – 22 A 1533/89 – NVwZ-RR 1992, 246 = NWVBL 1992, 66.

[681] Damit steht nicht in Widerspruch, daß für den Fall des Rücktritts wegen Prüfungsunfähigkeit das Neuschreiben aller Klausuren bzw. die Teilnahme an einer gesamten mündlichen Prüfung verlangt werden darf (s. vorstehend Rdn. 292). Während dort die Chancengleichheit z. B. bei der Beteiligung an einem Klausurensatz oder einer mündlichen Prüfung im Vordergrund steht, geht es hier vor allem darum, Rechtsfehler der Behörde möglichst schonend zu korrigieren.

[682] Hierzu insgesamt: BVerwG, Beschl. v. 4. 12. 1980 – 7 B 68.79 – und v. 25. 7. 1979 – 7 CB 68.69 – Buchholz aaO Nr. 118 und Urt. v. 10. 7. 1964 – 7 C 82.64 – NJW 1965, 122.

[683] BVerwG, Urt. v. 9. 7. 1982 – 7 C 51.79 – Buchholz 421.0 Nr. 161 = DVBl 1983, 90. Wegen der rechtlichen Bedeutung der zwischenzeitlichen Änderung der Prüfungsordnung vgl. Rdn. 56 ff.

[684] OVG NW, Beschl. v. 28. 5. 1984 – 15 B 679/84 – SPE 436 Nr. 9. Die Einzelheiten dazu sind nunmehr in einem besonderen Eliminierungsverfahren geregelt (s. Rdn. 317).

mangels spezieller Regelung in der Prüfungsordnung – grundsätzlich keiner besonderen Voraussetzung.[685] Es kommt daher für die Wiederholbarkeit des betreffenden Prüfungsabschnittes nicht darauf an, ob der Prüfungsausschuß in alter Zusammensetzung überhaupt noch zusammentreten kann.[686]

Dem Prüfling ist zwecks Wahrung der Chancengleichheit eine angemessene **Zeit zur Wiedereinarbeitung** zu gewähren. Ist wegen der Dauer des Rechtsstreits zu befürchten, daß er seinen Leistungsstand nicht auf für ihn zumutbare Weise bewahren kann, ist er noch vor dem Ende des gerichtlichen Verfahrens vorsorglich erneut zu prüfen. Dies kann er – wenn die genannten Voraussetzungen vorliegen – im Wege der einstweiligen Anordnung erzwingen (s. dazu Rdn. 414).[687]

Leidet indes (nur) die **Bewertung** der ordnungsgemäß erbrachten Leistungen an einem wesentlichen Mangel (z.B. wegen Abwesenheit eines Prüfers bei der Abschlußberatung oder wegen sachfremder Erwägungen), so sind die **Beratung und Entscheidung** – nicht aber die Leistung des Prüflings – zu wiederholen.[688] Bei mündlichen Prüfungsleistungen hängt es im Einzelfall von der Erinnerung der beteiligten Prüfer ab, wann die erneute Beratung und Entscheidung über das Ergebnis einer zeitlich zurückliegenden Prüfung faktisch unmöglich wird.[689] In solchen Fällen kann – um eine Wiederholung der Prüfungsleistung zu vermeiden – eventuell ein vorläufiger Rechtsschutz verhindern, daß vollendete Tatsachen geschaffen werden (s. Rdn. 414ff.). Die Wiederholung der (schriftlichen) Prüfung ist indes nicht zu vermeiden, wenn – nicht rekonstruierbare – Prüfungsarbeiten **abhanden** gekommen sind, und zwar ohne Rücksicht darauf, wer den Verlust zu vertreten hat.[690]

Ist die Neubewertung der Prüfungleistungen (noch) möglich, gebietet der Grundsatz der Chancengleichheit, daß in der Regel die **ursprünglichen Prüfer** hiermit befaßt werden. Nur wenn sie befangen sind, müssen sie durch andere Prüfer ersetzt werden. Das ist nicht schon generell dann der Fall, wenn die ursprüngliche Bewertung durch die Aufsichtsbehörde oder durch das Gericht als nicht fehlerfrei erkannt worden ist. Dagegen läßt die Äußerung eines Prüfers, es werde sich auch im Falle der Neubewertung am Prüfungsergebnis

---

[685] OVG NW, Urt. v. 24. 10. 1975 – XV A 1305/74.
[686] OVG Bremen, Urt. v. 21. 11. 1967 – II A 391/66 – RdJB 1970, 24 = SPE III F V, S. 101.
[687] OVG Bremen, Beschl. v. 4. 7. 1991 – OVG 1 B 35/91 – SPE 214 Nr. 7.
[688] BVerwG, Urt. v. 20. 6. 1978 – 7 C 38.78 – Buchholz aaO Nr. 94 = SPE III D I, S. 7; VGH Bad.-Wttbg., Beschl. v. 14. 12. 1981 – 9 S 1092/80 – DÖV 1982, 164 = DVBl 1982, 449.
[689] Vgl. VGH Bad.-Wttbg., Urt. v. 6. 2. 1969 – IV 509/68 – SPE III G II, S. 1.
[690] VGH Bad.-Wttbg., Urt. v. 1. 4. 1987 – 9 S 1829/86 – NVwZ 1987, 1010 = DVBl 1987, 951. VG Würzburg, Urt. v. 5. 11. 1982 – W 3 K 82 A 1274 – NVwZ 1982, 239 = BayVBl 1983, 185. Bei Verschulden des Prüfers oder der Prüfungsbehörde kommen allenfalls Schadensersatzansprüche in Betracht (s. Rdn. 84ff.). Ein Prüfling, der die von ihm abgegebene Prüfungsarbeit vernichtet, kann von der weiteren Teilnahme an der Prüfung ausgeschlossen werden.

nichts ändern, Rückschlüsse auf seine Befangenheit zu (vgl. dazu Rdn. 189).[691]

303 Im Falle eines Bewertungsfehlers kann ausnahmsweise ein Anspruch des Prüflings bestehen, die **Prüfung für bestanden zu erklären** oder ihm die begehrte bessere Note zu erteilen. Dies kommt in Betracht, wenn den Prüfern bei einer korrekten Bewertung kein Bewertungsspielraum (Rdn. 327ff., 330) mehr verbleibt, der ein abweichendes Ergebnis rechtfertigen könnte, z.B. wenn eine rechnerische Ermittlung des Prüfungsergebnisses vorgeschrieben ist (vgl. dazu Rdn. 252ff.) oder wenn sonstwie im Einzelfall ausgehend von den feststehenden Teilergebnissen oder sonstigen Bewertungsgrundlagen ein anderes Prüfungsergebnis offensichtlich rechtswidrig wäre.

304 Die **einmalige Wiederholung** nicht bestandener Prüfungen ist in den meisten Prüfungsordnungen zugelassen; darüberhinaus räumen sie nicht selten zumindest die Möglichkeit ein, den Prüfling unter bestimmten Voraussetzungen (z.B. bei besonderen persönlichen Belastungen[692] oder günstigen Prognosen, insbesondere bei bestimmten Mindestleistungen[693]) zu einer **zweiten Wiederholungsprüfung** zuzulassen.[694]

Die **einmalige** Wiederholung zu gewähren, ist grundsätzlich auch **verfassungsrechtlich geboten**, damit das Grundrecht auf freie Berufswahl (Art. 12 Abs. 1 GG) nicht übermäßig eingeschränkt wird.[695] Da Prüfungen immer nur begrenzte Ausschnitte aus dem Leistungsvermögen des Prüflings erfassen können, dürfen Prüfungsordnungen sich nicht darauf beschränken, den einmaligen Nachweis von Mindestkenntnissen zu fordern. Allerdings zwingt das Verfassungsrecht nicht dazu, die „Nachkontrolle" des Mißerfolgs in der Form einer weiteren verselbständigten Wiederholungsprüfung anzuordnen. Auch ein System von wiederholbaren Zwischenprüfungen sowie die Mög-

---

[691] BVerwG, Urt. v. 24. 2. 1993 – 6 C 38.92 – Buchholz 421.0 Prüfungswesen Nr. 314 = NVwZ 1993, 686 und v. 9. 12. 1992 – 6 C 3.92 – Buchholz aaO Nr. 307 = NVwZ 1993, 677.

[692] Dazu gehört in der Regel nicht auch eine berufliche Tätigkeit, die den Prüfling an der Vorbereitung der Prüfung gehindert hat: VGH Bad.-Wttbg., Urt. v. 20. 1. 1988 – 9 S 1047/87 – SPE 980 Nr. 34.

[693] Diese Einschränkungen widersprechen nicht höherrangigem Recht: BayVGH, Beschl. v. 12. 1. 1989 – Nr. 7 CE 88 3403 – BayVBl 1989, 660.

[694] Wegen der besonderen Voraussetzungen für die Annahme eines „Ausnahmefalls" vgl. OVG NW, Urt. v. 26. 11. 1993 – 22 A 3246/92 – und OVG RhPf., Beschl. v. 20. 11. 1992 – 2 A 10863/92. Wenn diese Voraussetzungen, die regelmäßig auch prognostische Einschätzungen der Prüfungsbehörde erfordern, vorliegen, bleibt kein weiterer Ermessensspielraum, der eine Ablehnung rechtfertigen könnte; denn Art. 12 Abs. 1 GG läßt auch hier solche Spielräume nicht zu. Anderer Auffassung: OVG Bremen, Urt. v. 6. 5. 1986 – OVG 1 BA 5/85 – SPE 980 Nr. 28.
Macht ein Prüfling von der Erlaubnis, eine Prüfung ein zweites Mal zu wiederholen, über mehrere Jahre hin keinen Gebrauch, so hat er dieses Recht verwirkt: OVG Berlin, Urt. v. 4. 3. 1981 – OVG VII B 4.79 – SPE III G IV, S. 11.

[695] So jedenfalls in der Tendenz auch: BVerfG, Beschl. v. 14. 3. 1989 – 1 BvR 1033/82 – BVerfGE 80, 1 = NVwZ 1989, 850.

lichkeit, die Prüfung in einzelnen Fächern zu wiederholen, kann den genannten Anforderungen gerecht werden.[696] Aus rechtsstaatlichen Gründen bedarf es hierzu einer normativen Grundlage, die dies generell und rechtsverbindlich regelt (vgl. dazu oben Rdn. 21 ff. 29).[697] Ohne sie ist die Wiederholung der Prüfung nicht begrenzt, solange der Prüfling die Voraussetzungen der Zulassung für die Prüfung erfüllt.

Die Beschränkung der Wiederholungsmöglichkeiten auf **nur eine Wiederholung** verstößt nicht gegen Art. 12 Abs. 1 GG.[698] Ebensowenig ist die **unbeschränkte Wiederholbarkeit** verfassungsrechtlich geboten.[699] Regelungen, die den Zugang zu einem Beruf von dem Bestehen einer Prüfung abhängig machen, begründen subjektive Zulassungsvoraussetzungen im Sinne der vom BVerfG im Apotheken-Urteil (BVerfGE 7, 377 (405 ff.)) entwickelten Stufentheorie.[700] Danach ist es zulässig, auch hinsichtlich der Zahl der Wiederholungsmöglichkeiten an die Qualifikation des Prüflings anzuknüpfen. Auch die Zahl der Prüfungsversuche gibt Aufschluß über die Qualifikation des Bewerbers für einen Beruf. So ist es insbesondere nicht ohne Aussagewert, nach wie vielen vergeblichen Versuchen erstmals das erforderliche Mindestwissen nachgewiesen werden kann. Deshalb erlaubt die Zahl der Prüfungsmißerfolge Rückschlüsse auf die individuellen Fähigkeiten des Prüflings.[701] Dieser Einsicht darf die Prüfungsordnung Rechnung tragen, indem sie die Wiederholungsmöglichkeiten beschränkt. Demgegenüber ist es nicht ausschlaggebend, daß die die Prüfung beliebig oft wiederholenden Prüflinge auf ihrem langen Weg zur beruflichen Qualifikation allenfalls die Prüfungskapazität erschöpfen, aber in dem Beruf selbst noch keinen Schaden anrichten können.[702] Es liegt übrigens nicht nur im wohlverstandenen Interesse der in diesem Fach nach wiederholtem Mißerfolg offensichtlich nicht qualifizierten Prüfinge, sondern auch im Interesse der Allgemeinheit, daß diese sich nicht allzu spät auf ein Berufsziel umstellen, das ihren Fähigkeiten entspricht.

Die Rechtsprechung hat sich ferner mit weiteren Einzelfragen betreffend

---

[696] Zur Wiederholbarkeit von Tests für medizinische Studiengänge: OVG NW, Beschl. v. 10. 12. 1986 – 11 B 2628/86 – NJW 1987, 1505 = SPE 980 Nr. 31.
[697] Zur Beschränkung der Wiederholbarkeit durch eine Studienordnung mit Ausschlußwirkungen für das Studium im Bundesgebiet: BayVGH, Urt. v. 9. 4. 1986 – Nr. 7 B 85 A. 1910 – BayVBl 1987, 178.
[698] BVerwG, Beschl. v. 7. 3. 1991 – 7 B 178.90 – Buchholz 421.0 Prüfungswesen Nr. 285. Vgl. ferner: Beschl. v. 18. 11. 1985 – 7 B 11.85 – Buchholz aaO Nr. 221 = DÖV 1986, 476 und Urt. v. 27. 11. 1981 – 7 C 66.78 – NJW 1982, 1339 = Buchholz aaO Nr. 156 mit weit. Nachweisen.
Ebenfalls kein Verstoß gegen die Bayerische Verfassung: BayVerfGH, Urt. v. 24. 2. 1988 – Vf 16-VII-86 – SPE 980 Nr. 33 = BayVBl 1988, 300 und v. 28. 1. 1988 – Vf 13-VII-86 – NVwZ 1988, 911 = DVBl 1988, 576.
[699] BVerfG, Beschl. v. 14. 3. 1989 aaO. Anderer Auffassung: Becker, Prüfungsrecht, S. 142 ff. sowie NJW 1990, 273 (282).
[700] Dazu im einzelnen: BVerwG, Beschl. v. 7. 3. 1991 aaO.
[701] BVerfG, Beschl. v. 14. 3. 1989 aaO.
[702] In diesem Sinne Becker aaO.

die Durchführung von Wiederholungsprüfungen befassen müssen. Daraus ist zu erwähnen:

306 Grundsätzlich gelten die prüfungsrechtlichen Vorschriften und allgemeinen Rechtsgrundsätze für die Wiederholungsprüfung in gleichem Maße wie für die Erstprüfung.[703] Es gibt jedoch keinen prüfungsrechtlichen Grundsatz, daß Wiederholungsprüfungen stets nach denselben, inhaltlich unveränderten Prüfungsvorschriften durchzuführen sind wie die vorausgegangenen Prüfungsversuche. Auch **Verschärfungen der Bestehensvoraussetzungen** zwischen Erstprüfung und Wiederholungsprüfung sind nicht unzulässig.[704] Sie müssen aber insgesamt noch zumutbar sein[705] (wegen des Vertrauensschutzes bei Änderung der Prüfungsbestimmungen s. oben Rdn. 56 ff.).

Im Verhältnis zu den Erstprüflingen sind die Chancen der Wiederholer nicht selten dadurch verbessert, daß sie mit anderen Voraussetzungen und von einem günstigeren Ausgang her den Weg in die (zweite) Prüfung gehen. Insbesondere die **Anrechnung von ausreichenden Leistungen** der Erstprüfung, die in den Prüfungsordnungen unterschiedlich geregelt ist, kann den Wiederholer nicht unwesentlich entlasten. Dies ist ebenso wie die unterschiedliche Behandlung der Gesamtwiederholer und der Teilwiederholer mit dem Gleichheitssatz vereinbar.[706]

Andererseits hat der Wiederholer aber auch Nachteile hinzunehmen, die sich aus den besonderen Umständen dieser Prüfungssituation ergeben. Die in der Wiederholungsprüfung durchweg **verstärkte prüfungstypische Streßsituation** ist dem Risikobereich des Prüflings zuzurechnen, so daß ein Bonus für höhere nervliche Belastung rechtlich nicht zulässig ist.[707] Besonderheiten der Wiederholungsprüfung können es rechtfertigen, daß die **Reihenfolge der Aufsichtsarbeiten** oder die zeitlichen Zwischenräume unter ihnen nicht mit denen der Erstprüfungen übereinstimmen.[708] Die Aufforderung, an einer Wiederholungsprüfung teilzunehmen, ist nicht allein deshalb rechtswidrig, weil der Prüfling inzwischen eine andere **Ausbildung begonnen** hat und diese unterbrechen oder gar abbrechen müßte, wenn er sich der Wiederholungsprüfung

---

[703] Zur Chancengleichheit im Verhältnis Erstprüfling – Wiederholer: BVerwG, Beschl. v. 9. 6. 1993 – 6 B 35.92 – Buchholz 421.0 Prüfungswesen Nr. 315. Zur Ausgestaltung des Prüfungsrechtsverhältnisses im Hinblick auf „Aussteiger" und „Wiederholer" sowie Bewerber für erneute Prüfungen an anderer Stelle: OVG NW, Urt. v. 27. 1. 1993 – 22 A 992/91.

[704] BVerwG, Beschl. v. 15. 10. 1984 – 7 CB 70.84 – KMK-HSchR 1985, 444.

[705] Dazu insgesamt: BVerwG, Beschl. v. 29. 12. 1992 – 6 B 56.92 – Buchholz aaO Nr. 308; Urt. v. 18. 5. 1982 – 7 C 24.81 – BVerwGE 65, 323 = NJW 1983, 354 = Buchholz aaO Nr. 159; wegen weiterer Einzelheiten vgl. ferner BVerfG, Beschl. v. 6. 12. 1988 – 1 BvL 5 und 6/85 – BVerfGE 79, 212 = NVwZ 1989, 645 (betr. Änderung der Notenskala in der Prüfungsordnung). BVerwG, Urt. v. 14. 12. 1990 – 7 C 16.90 – Buchholz aaO Nr. 280 (betr. einen zusätzlichen Prüfungsversuch); OVG NW, Urt. v. 14. 4. 1987 – 22 A 247/87 – NWVBL 1987, 49 (betr. eine Stichtagsregelung).

[706] BVerwG, Beschl. v. 15. 10. 1984 – 7 CB 70.84 – KMK-HSchR 1985, 444.

[707] BVerwG, Beschl. v. 26. 11. 1980 – 7 B 190.80.

[708] BVerwG, Beschl. v. 8. 7. 1992 – 6 B 7.92 – DVBl 1993, 49.

stellt; denn auch das Verfahren zur Wiederholung der Prüfung ist – selbst wenn die Prüfungsordnung insoweit nicht ausdrücklich Fristen festlegt – in angemessener Zeit zu einem Abschluß zu bringen.[709]

Ein Prüfer, der den Prüfling bereits in der Erstprüfung geprüft hat, ist nicht grundsätzlich, sondern nur wenn die Prüfungsordnung dies vorsieht, von der **Mitwirkung in der Wiederholungsprüfung** ausgeschlossen.[710] Im übrigen ist er allenfalls – wie in der Erstprüfung – dann nicht zu beteiligen, wenn er gemäß § 20 VwVfG ausgeschlossen oder wenn er befangen ist (vgl. Rdn. 189ff.).

Nach dem erfolglosen Abschluß aller zugelassenen Prüfungsversuche kann ein weiterer Versuch nicht etwa durch den **Neubeginn** des betreffenden **Studiums** erreicht werden.[711]

Auch eine in den Lauf eines Verwaltungsprozesses gegen eine früher versuchte Erstprüfung fallende (**erfolglose**) **Wiederholungsprüfung** zählt als ein Prüfungsversuch im Sinne der Prüfungsvorschriften, die die Anzahl möglicher Prüfungswiederholungen beschränken.[712] Wird der Bescheid über das Nichtbestehen einer Prüfung im ersten Versuch zeitlich nach der erfolglosen Wiederholungsprüfung – z.B. wegen eines Verfahrensfehlers – aufgehoben und besteht der Prüfling die demzufolge nachzuholende Erstprüfung erneut nicht, so kann er einen **weiteren Prüfungsversuch** nicht mit der Begründung verlangen, die Wiederholungsprüfung sei rechtswidrig, weil die Erfolglosigkeit des ersten Prüfungsversuches, die Voraussetzung der Wiederholungsprüfung sei, im Zeitpunkt der Wiederholung noch nicht festgestanden habe.[713]

Die verwaltungsgerichtliche Klage nach erfolgloser Erstprüfung hindert nicht die **Durchführung der Wiederholungsprüfung**. Ebensowenig ist dem Antrag des Prüflings auf Zulassung zur Wiederholungsprüfung ein Verzicht auf die Korrektur des Bescheides über die erste Prüfung zu entnehmen.[714] Für den Fall, daß die Wiederholungsprüfung bestanden und die Erstprüfung (später) als rechtsfehlerhaft aufgehoben wird, gilt die **Prüfung als im ersten Versuch bestanden**.[715] Wird der Bescheid über die erste Prüfung aufgehoben, bevor die Wiederholungsprüfung abgeschlossen ist, ist diese – soweit dies ohne Benachteiligung des Prüflings möglich ist – als „**Erstprüfung**" **fortzusetzen** oder abzubrechen, um die Prüfung **insgesamt neu** zu beginnen.[716]

Die Regelung, nach der ein Schüler dieselbe Klasse oder Jahrgangsstufe **nur**

---

[709] BVerwG, Urt. v. 14. 6. 1982 – 7 C 74.78 – Buchholz aaO Nr. 162 = DVBl 1983, 89.
[710] OVG NW, Urt. v. 4. 12. 1980 – 17 A 2507/79 – DÖV 1981, 587.
[711] BVerwG, Beschl. v. 12. 2. 1985 – 7 B 12.85 und Urt. v. 27. 11. 1981 – 7 C 66.78 – NJW 1982, 1339 = Buchholz aaO Nr. 156.
[712] BVerwG, Beschl. v. 15. 6. 1979 – 7 B 232.78 – Buchholz aaO Nr. 113.
[713] BVerwG, Beschl. v. 23. 3. 1981 – 7 B 39, 41.81 – Buchholz 421.0 Prüfungswesen Nr. 143.
[714] BVerwG, Urt. v. 28. 4. 1978 – 7 C 50.75 – BVerwGE 55, 355ff. (357).
[715] OVG NW, Beschl. v. 29. 7. 1981 – 15 B 757/81. Vgl. ferner: BVerwG, Urt. v. 21. 10. 1993 – 6 C 12.92 – Buchholz aaO Nr. 320.
[716] OVG NW, Beschl. v. 29. 7. 1981 – 15 B 757/81. BVerwG, Urt. v. 28. 4. 1978 aaO.

einmal wiederholen kann, ist nicht anwendbar, wenn der Schüler die vorhergegangene Klasse freiwillig wiederholt hat.[717]

311 Ob nach bestandener Prüfung ein Anspruch auf erneute Prüfung zur **Verbesserung der Prüfungsnote** besteht, richtet sich allein danach, ob die Prüfungsordnung eine solche Möglichkeit einräumt.[718] Bundesverfassungsrecht gewährleistet ein solches Recht nicht und verbietet auch nicht etwa sachdienliche Beschränkungen einer solchen Begünstigung durch zeitliche Grenzen oder den Ausschluß von Wiederholungsmöglichkeiten.[719]

9. Widerspruch gegen die Prüfungsentscheidung/verwaltungsinternes Kontrollverfahren

312 Das BVerfG[720] hat bei berufsbezogenen Prüfungen unmittelbar aus Art. 12 Abs. 1 GG einen Anspruch des Prüflings auf effektiven Schutz seines Grundrechts der Berufsfreiheit durch eine entsprechende Ausgestaltung des Prüfungsverfahrens hergeleitet. Danach muß der Prüfling die Möglichkeit haben, **Einwände gegen die Bewertungen** seiner Prüfungsleistungen bei der Prüfungsbehörde „rechtzeitig und wirkungsvoll" vorzubringen, um auf diese Weise ein „Überdenken" dieser Bewertungen unter Berücksichtigung seiner Einwände zu erreichen. Begehrt der Prüfling mit substantiierten Einwendungen ein „Überdenken" der prüfungsspezifischen Bewertungen, so ist ein **eigenständiges verwaltungsinternes Kontrollverfahren** durchzuführen.[721] Die gerichtliche Kontrolle allein trägt dem Grundrechtsschutz nicht hinreichend Rechnung, weil sie nach wie vor an Grenzen stößt (dazu unten Rdn. 402, 406); denn der Bewertungsvorgang ist von zahlreichen Unwägbarkeiten bestimmt, und den Prüfern bleibt jedenfalls bei ihren prüfungsspezifischen Wertungen (s. unten Rdn. 327ff., 330) ein Bewertungsspielraum. Der **Anspruch des Prüflings auf „Überdenken" der Prüfungsentscheidung** stellt daher einen unerläßlichen Aus-

---

[717] OVG NW, Urt. v. 18. 5. 1984 – 16 A 67/83 – SPE 976 Nr. 6.
[718] Wegen der sog. Freischußregelung s. Eggensperger, VBl BW 1991, 314.
[719] Hierzu auch wegen weiterer Einzelheiten: BVerwG, Beschl. v. 30. 10. 1984 – 7 B 111.84 – KMK-HSchR 1985, 745; VGH Bad.-Wttbg., Beschl. v. 22. 12. 1992 – 9 S 2623/92 – VBl BW 1993, 263. BayVGH, Beschl. v. 5. 3. 1986 – Nr. 3 N 85 A. 2347 – BayVBl 1986, 530 und v. 12. 9. 1984 – Nr. 3 B 84 A. 1231 – BayVBl 1985, 21. Kein Anspruch auf Wiederholung der 4. Schulklasse, um damit eine bessere Empfehlung für das Gymnasium zu erlangen: OVG RhPf., Beschl. v. 16. 9. 1985 – 2 B 26/85 – SPE 978 Nr. 2.
[720] Beschlüsse v. 17. 4. 1991 – 1 BvR 419/81 u. a. – BVerfGE 84, 34 = NJW 1991, 2005 und – 1 BvR 1529/84 – BVerfGE 84, 59 = NJW 1991, 2008.
[721] BVerwG, Urteile v. 24. 2. 1993 – 6 C 35.92 – Buchholz 421.0 Prüfungswesen Nr. 313 = NVwZ 1993, 681 und – 6 C 38.92 – Buchholz aaO Nr. 314 = NVwZ 1993, 686. Die im Beschl. v. 14. 3. 1988 – 7 B 31.88 – Buchholz aaO Nr. 249 zum Ausdruck gebrachte gegenteilige Auffassung ist damit korrigiert.

gleich für die nur eingeschränkt mögliche Kontrolle von Prüfungsentscheidungen durch die Verwaltungsgerichte dar.[722]

Damit das Verfahren des „Überdenkens" der Prüfungsentscheidung seinen Zweck, das Grundrecht der Berufsfreiheit des Prüflings effektiv zu schützen, konkret erfüllen kann, muß gewährleistet sein, daß die Prüfer ihre **Bewertungen hinreichend begründen** (s. oben Rdn. 280, 281), daß der Prüfling seine **Prüfungsakten** mit den Protokollen der mündlichen Prüfung und den Korrekturbemerkungen zu den schriftlichen Arbeiten **einsehen** kann (s. oben Rdn. 104 ff.), daß die daraufhin erhobenen **substantiierten Einwendungen** den beteiligten Prüfern zugeleitet werden, daß die Prüfer sich mit ihnen **auseinandersetzen** und, soweit diese berechtigt sind, ihre Bewertungen korrigieren sowie alsdann auf dieser – möglicherweise veränderten – Grundlage **erneut über das Ergebnis der Prüfung entscheiden**.[723]

313

Dieser Anspruch des Prüflings auf ein eigenständiges verwaltungsinternes Kontrollverfahren zum Zwecke des Überdenkens insbesondere der prüfungsspezifischen Wertungen besteht indessen nicht voraussetzungslos. Dem Recht des Prüflings, auf vermeintliche Irrtümer und Rechtsfehler wirkungsvoll hinzuweisen (BVerfGE 84, 34 (48)), entspricht vielmehr nur dann eine Pflicht der Prüfer zum Überdenken ihrer Bewertungen, wenn ihnen „wirkungsvolle Hinweise" gegeben, d.h. die Einwände **konkret und nachvollziehbar** begründet werden. Dazu genügt es nicht, daß der Prüfling sich generell gegen eine bestimmte Bewertung seiner Leistungen wendet, indem er sie etwa pauschal als zu streng oder nicht überzeugend bemängelt. Vielmehr muß er konkret darlegen, in welchen Punkten die Korrektur bestimmter Prüfungsleistungen nach seiner Auffassung Bewertungsfehler aufweist, indem er **substantiierte Einwände** gegen sie erhebt. Dazu gehören insbesondere konkrete Darlegungen über Widersprüchlichkeiten oder sonstige Ungereimtheiten bei den Randbemerkungen oder den abschließenden Bewertungsvermerken. Macht er geltend, daß etwa eine als falsch bewertete Antwort in Wahrheit vertretbar sei und auch vertreten werde, so hat er dies unter Hinweis auf entsprechende Fundstellen näher darzulegen. Beanstandet der Prüfling die Bewertung von Prüfern in der mündlichen Prüfung, so ist von ihm zu erwarten, daß er einzelne Fragen oder zumindest Fragenkomplexe benennt und sich dazu äußert, inwiefern seine Antwort falsch bewertet worden ist.[724]

314

Die Prüfungsbehörde hat substantiierte Einwendungen des Prüflings gegen Bewertungen seiner Prüfungsleistungen unverzüglich den betroffenen Prüfern zum Zwecke des Überdenkens ihrer Bewertungen sowie einer etwa gebotenen **Nachkorrektur** zuzuleiten. Die Prüfer müssen diesem Anliegen in

315

---

[722] Dazu im einzelnen: BVerwG, Urt. v. 24. 2. 1993 – 6 C 35.92 – aaO.
[723] BVerwG, Urt. v. 24. 2. 1993 – 6 C 35.92 – aaO und v. 9. 12. 1992 – 6 C 3.92 – Buchholz aaO Nr. 307 = NVwZ 1993, 677.
[724] BVerwG, Urt. v. 24. 2. 1993 aaO und Beschl. v. 23. 12. 1993 – 6 B 19.93 – Buchholz aaO Nr. 326.

angemessener Zeit Rechnung tragen. Nötigenfalls muß der Prüfungsausschuß nochmals zusammentreten, um darüber zu befinden, ob eine Änderung einzelner Bewertungen auf das Gesamtergebnis von Einfluß ist. In diesem Fall geht es um eine Neubewertung der vorliegenden Prüfungsleistung, nicht um das schlichte Nachschieben von Gründen für die unzulänglich begründete Prüfungsentscheidung.[725]

Die Neubewertung muß grundsätzlich von den **ursprünglich mit der Bewertung befaßten Prüfern** vorgenommen werden.[726] Das gilt auch dann, wenn in dem verwaltungsinternen Kontrollverfahren – ebenso wie in einem gerichtlichen Verfahren – ein Korrekturfehler erkannt worden ist. Ein neuer Prüfer ist dagegen dann mit der Neubewertung zu befassen, wenn der ursprüngliche Prüfer sich als **befangen** gezeigt hat, etwa weil er sich festgelegt hat, daß eine Änderung der Note nicht in Betracht komme (vgl. oben Rdn. 189ff.). Die Neubewertung einer Prüfungsarbeit aufgrund begründeter Beanstandungen des Prüflings darf indes nicht zu einer Verschlechterung der Prüfungsnote führen.[727]

316   Ist zu dem Zeitpunkt, in dem der Prüfling das Verfahren auf „Überdenken" der Prüfungsentscheidung durch die Prüfer wirksam in Gang setzt, bereits ein **gerichtliches Verfahren anhängig** oder wird es später – etwa zur Fristwahrung – anhängig gemacht, so ist dieses auf Antrag des Prüflings bis zum Abschluß des verwaltungsinternen Kontrollverfahrens **auszusetzen**. Auf diese Möglichkeit hat das Gericht den klagenden Prüfling hinzuweisen. Es ist allein Sache des Prüflings, abzuwägen und darüber zu befinden, ob er zunächst das verwaltungsinterne Kontrollverfahren abgeschlossen haben will oder zugleich oder auch vorrangig eine gerichtliche Aufhebung der Prüfungsentscheidung wegen der von ihm ebenfalls geltend gemachten – von dem Gericht kontrollierbaren – Rechtsverstöße anstrebt.[728]

317   Besondere Anforderungen an das verwaltungsinterne Kontrollverfahren sind dann zu stellen, wenn die Struktur des behördlichen Verfahrens oder die Art der zu treffenden Entscheidungen die Gefahr typischer und absehbarer Fehler mit sich bringt. In diesem Fall verlangt der Grundrechtsschutz bei berufsbezogenen Prüfungen (Art. 12 Abs. 1 GG), daß verfahrensrechtliche Möglichkeiten zur **vorbeugenden Fehlerkontrolle** genutzt werden. Dies gilt besonders, wenn die typischen Fehler sich von der entscheidenden Verwaltungsbehörde früher und besser erkennen lassen als von den in ihren Grundrechten betroffenen Bürgern. Demgemäß erfordern die zentralen Prüfungen für Studierende der Medizin in der Form des **Antwort-Wahl-Verfahrens** solche besonderen verfahrensrechtlichen Vorkehrungen mit dem Ziel, die Folgen fehlerhaft gestellter Aufgaben auszugleichen und auf diese Weise das Grund-

---

[725] Vgl. BVerwG, Urt. v. 9. 12. 1992 – 6 C 3.92 – aaO.
[726] BVerwG, Urt. v. 9. 12. 1992 – 6 C 3.92 – aaO.
[727] Dazu insgesamt: BVerwG, Urt. v. 24. 2. 1993 – 6 C 38.92 – aaO.
[728] BVerwG, Urt. v. 24. 2. 1993 – 6 C 35.92 – aaO.

recht der Berufsfreiheit wirksam zu schützen.⁷²⁹ Dem entspricht das durch § 14 Abs. 4 ÄAppO 1986 eingeführte **Eliminierungsverfahren** (s. dazu Rdn. 261).

Es ist dem **Gesetzgeber** vorbehalten, das vom BVerfG (aaO) nunmehr geforderte verwaltungsinterne Kontrollverfahren bei Prüfungsentscheidungen so zu gestalten, daß es den genannten Anforderungen entspricht.⁷³⁰ Der gebotene „rechtzeitige und wirkungsvolle" Schutz des Grundrechts der Berufsfreiheit verlangt, daß das „Überdenken" möglichst **zeitnah zur Prüfung** stattfindet. Hierfür bietet sich das in den §§ 68ff. VwGO grundsätzlich vorgesehene **Widerspruchsverfahren** an, das sich dann aber auf eine Kontrolle auch der prüfungsspezifischen Wertungen unter maßgeblicher Beteiligung der ursprünglichen Prüfer erstrecken muß. Aber auch ein anderweitiges verwaltungsinternes Kontrollverfahren ist denkbar und zulässig, wenn es gleichermaßen die genannten verfassungsrechtlichen Anforderungen erfüllt.⁷³¹ Dabei muß der Abschluß dieses Verfahrens vor Klageerhebung – wenngleich dies sinnvoll ist – nicht in jedem Fall gewährleistet sein.⁷³² Das Grundrecht der Berufsfreiheit ist nämlich nicht verletzt, wenn einem Prüfling zugemutet wird, **vorsorglich zur Fristwahrung Klage zu erheben** und die **Aussetzung des gerichtlichen Verfahrens** bis zum Abschluß des eigenständigen Verwaltungskontrollverfahrens zu beantragen.⁷³³ Es ist daher nicht angezeigt und schon gar nicht etwa verfassungsrechtlich geboten, den Prüfungsbescheid entgegen den einschlägigen Rechtsvorschriften nicht mit einer Rechtsmittelbelehrung zu versehen, um dem Prüfling auf diese Weise die Möglichkeit einer fristgerechten Klageerhebung zu verlängern.⁷³⁴

318

---

⁷²⁹ BVerfG, Beschl. v. 17. 4. 1991 – 1 BvR 1529/84 – BVerfGE 84, 59 = NJW 1991, 2008 (2010).

⁷³⁰ BVerwG, Urt. v. 24. 2. 1993 – 6 C 35.92 – aaO. Dazu im einzelnen: Rdn. 36.

⁷³¹ Gegenüber dem förmlichen Widerspruchsverfahren kann ein auf die Besonderheiten der Prüfung abstellendes Gegenvorstellungsverfahren durchaus Vorteile bieten, weil es flexibler gehandhabt werden kann und eher unbürokratisch „schneller und wirkungsvoller" zu einem Gespräch zwischen Prüfer und Prüfling führt.

⁷³² Der gegenteiligen Rechtsauffassung des OVG NW (z.B. Urt. v. 18. 3. 1992 – 22 A 1342/90 – und v. 18. 9. 1991 – 22 A 1239/89 – NVwZ 1992, 397 = NWVBl 1992, 63 mit Anm. v. Krüger) hat sich das BVerwG (s. Urteile v. 24. 2. 1993 – 6 C 32.92 – aaO und – 6 C 35.92 – aaO und – 6 C 38.92 – aaO) nicht angeschlossen. Das OVG NW (Urt. v. 17. 9. 1993 – 22 A 1931/91) hält an seiner Auffassung nun nicht mehr fest. Das Urteil des OVG RhPf., v. 13. 11. 1991 – 2 A 10800/91 – NVwZ 1992, 399 ist vom BVerwG (Urt. v. 24. 2. 1993 – 6 C 35.92 – aaO) ebenso aufgehoben worden, weil es kein eigenständiges Verwaltungskontrollverfahren für erforderlich, sondern die schriftsätzlichen Äußerungen des Prüfungsamts im Klageverfahren als ausreichend erachtet hatte. Auch die Auffassung des BayVGH (Urt. v. 4. 12. 1992 – 3 B 91975 – BayVBl 1992, 345), die gerichtliche Kontrolle der Prüfungsentscheidung reiche aus, steht mit der Rechsprechung des BVerwG (aaO) nicht in Einklang.

⁷³³ Dieser Weg ist ähnlich auch für den Fall der Verzögerung der Widerspruchsentscheidung in § 75 VwGO vorgesehen.

⁷³⁴ Das OVG NW hatte in zahlreichen Entscheidungen (z.B. Urt. v. 18. 9. 1991 – 22 A 1239/89 – NVwZ 1992, 397 und Urt. v. 25. 11. 1992 – 22 A 2595/92 – DVBl 1993,

319 Solange in einzelnen Ländern ein förmliches Widerspruchsverfahren (§ 68 ff. VwGO) gegen berufbezogene Prüfungsentscheidungen nicht vorgesehen ist und ein eigenständiges verwaltungsinternes Kontrollverfahren auch nicht auf andere Weise durch Gesetz geregelt ist, ist ein solches Verfahren **übergangsweise ohne gesetzliche Grundlage** in der Weise durchzuführen, die den genannten Anforderungen an einen „rechtzeitigen" und „wirkungsvollen" Grundrechtsschutz der jeweiligen Situation entsprechend möglichst nahe kommt. Dies entspricht ständiger Rechtsprechung des BVerfG und des BVerwG, wonach in der Zeit bis zum Erlaß der verfassungsrechtlich gebotenen gesetzlichen Regelung verfassungsnahe Übergangslösungen zu praktizieren sind (s. oben Rdn. 48 ff.).[735]

Auch soweit ein förmliches Widerspruchsverfahren gegen Prüfungsentscheidungen vorgesehen ist, bleibt angesichts der genannten verfassungsrechtlichen Anforderungen an eine „wirkungsvolle" verwaltungsinterne Kontrolle im einzelnen folgendes zu beachten:

320 Über den schriftlichen Widerspruch entscheidet gem. § 73 Abs. 1 Nr. 1 VwGO in der Regel die nächsthöhere Behörde oder unter den Voraussetzungen der Nr. 2 die Behörde, die den Prüfungsbescheid erlassen hat, sodann zumeist der Leiter des Prüfungsamts. Deren Aufgabe, auch die „Zweckmäßigkeit" der angefochtenen Maßnahme zu überprüfen (§ 68 Abs. 1 Satz 1 VwGO), richtet sich in Prüfungsangelegenheiten im Grunde darauf, die **Bewertung der Prüfungsleistungen in die Kontrolle einzubeziehen**. Eine bloße Rechtmäßigkeitskontrolle, die z. B. nur auf Verfahrensfehler ausgerichtet wäre, entspräche nicht den verfassungsrechtlichen Anforderungen an ein wirkungsvolles verwaltungsinternes Kontrollverfahren. Allerdings sind weder die Beamten der nächsthöheren Behörde noch der Leiter des Prüfungsamts befugt und auch zumeist nicht in der Lage, die Bewertung der Prüfungsleistungen durch die Prüfer in der gebotenen Weise zu „überdenken". Sie müssen daher die Überprüfung der – hinreichend substantiierten – Einwendungen des Prüflings gegen prüfungsspezifische Wertungen den **in das Kontrollverfahren einzuschaltenden Prüfern überlassen**.[736] Das ist auch verfassungsrechtlich offensichtlich unbedenklich.[737]

321 Zu beachten sind in diesem Zusammenhang ferner Sonderregelungen, welche die **Unabhängigkeit und Letztverantwortlichkeit der Prüfer** gegenüber den Prüfungsbehörden ausdrücklich bekräftigen. In diesem Sinne hat das

---

509) diesen Weg aufgezeigt, damit auf diese Weise der von ihm gestellten Anforderung eines dem Klageverfahren zwingend vorgeschalteten „Vorverfahrens" entsprochen werden könne. Da diese Anforderung nach der Rechtsprechung des BVerwG (aaO) nicht aufrechtzuerhalten ist, erübrigt sich dieser – mit dem geltenden Recht nicht in Einklang zu bringende – Lösungsvorschlag.
[735] Vgl. die Hinweise im Urt. des BVerwG v. 24. 2. 1993 – 6 C 35.92 – aaO.
[736] Vgl. dazu: BVerwG, Beschl. v. 16. 2. 1981 – 7 B 18.81 – Buchholz aaO Nr. 140 und Urt. v. 1. 12. 1978 – 7 C 68.77 – BVerwGE 57, 130 (147).
[737] BVerfG, Besch. v. 17. 4. 1991 aaO. BVerwG, Urt. v. 24. 2. 1993 – 6 C 35.92 – aaO.

BVerwG die gesetzliche Regelung in den §§ 46 Abs. 1 und den §§ 37, 38 des Berufsbildungsgesetzes vom 14. 8. 1969 (BGBl. I S. 1112) ausgelegt.[738] Daraus, daß das Gesetz die Leistungsbeurteilung allein einem in besonderer Weise zusammengesetzten Prüfungsausschuß anvertraut habe, habe er zu erkennen gegeben, daß er diesen Anforderungsstandard in einem Widerspruchsverfahren nicht unterschritten wissen wolle. Gesetzliche Regelungen, die – wie dargelegt – die Eigenständigkeit der Prüfer bekräftigen, müssen im Lichte der genannten verfassungsrechtlichen Vorgaben in diesem Sinne ausgelegt werden.

Die Annahme, daß eine spezialgesetzliche Bekräftigung der Freiheit und Unabhängigkeit des Prüfers zugleich die dem entgegenstehenden Eingriffsbefugnisse der Prüfungsämter und Aufsichtsbehörden einschränkt, wird durch das verfassungsrechtliche Gebot verstärkt, die **Chancengleichheit aller Prüflinge** zu wahren (Art. 3 Abs. 1 GG). Würde ein Prüfling es allein mit dem Begehren auf Überdenken der Prüfungsentscheidung – durch förmlichen Widerspruch oder Gegenvorstellungen – erreichen können, daß seine Leistungen nunmehr durch **andere Personen nochmals bewertet** werden, würde er damit gegenüber anderen Prüflingen einen unberechtigten Vorteil erlangen.

Während die Unabhängigkeit des Prüfers oder des Prüfungsausschusses 322 sich (nur) auf den engeren Bereich seiner prüfungsspezifischen Wertungen bezieht, die wesentlich von seinen persönlichen Eindrücken und Erfahrungen her bestimmt werden und daher durch Dritte nicht ersetzt werden können (s. dazu unten Rdn. 327, 330), ist indessen die **Rechtmäßigkeit der Prüfungsentscheidung**, insbesondere die Einhaltung der Prüfungsordnung und sonstiger einschlägiger Rechtsvorschriften, nicht der Kontrolle der Behörden, insbesondere der Prüfungsämter, entzogen.[739] Da nach der neueren Rechtsprechung des BVerfG (aaO) ferner kein Anlaß besteht, **Antworten des Prüflings auf Fachfragen** einer nur begrenzt kontrollierten Einschätzung der Prüfer zu überlassen, ist die Aufsichtsbehörde auch insofern zu einer vollen Kontrolle verpflichtet.

Auch **Hochschullehrer** sind als Prüfer nicht gegen Aufsichtsmaßnahmen 323 und Korrekturen ihrer Bewertungen im Widerspruchsverfahren absolut geschützt. Daß sie der **allgemeinen Rechtsaufsicht** unterliegen, steht außer Frage.[740] Hinsichtlich der prüfungsspezifischen Wertungen kommt es für Hochschulprüfungen gleichermaßen darauf an, daß sie von der Fachaufsicht nicht in der gebotenen Weise „überdacht" werden können und nur darauf zu kontrollieren sind, ob sie frei von Willkür sind (dazu im einzelnen

---

[738] Urt. v. 20. 7. 1984 – 7 C 28.83 – BVerwGE 70, 4 = NVwZ 1985, 557 = DVBl 1985, 57.
[739] Vgl. dazu auch: HessVGH, Urt. v. 9. 3. 1988 – 1 UE 831/84 – DVBl 1988, 1126.
[740] VGH Bad.-Wttbg., Urt. v. 28. 10. 1986 – 9 S 1189/85 – SPE 526 Nr. 1 (betr. die Pflicht des Prüfungsamts, dem Prüfer seine Rechtsbedenken mitzuteilen und ihm Gelegenheit zu geben, seine Bewertungen zu ergänzen oder zu korrigieren).

Rdn. 320). Dem entspricht die Bekräftigung der Unabhängigkeit prüfender Hochschullehrer, wie dies in mehreren (Landes-)Hochschulgesetzen geschehen ist.[741]

Eine solche spezialgesetzliche Begrenzung der Fachaufsicht ist freilich nicht schon daraus herzuleiten, daß **Wissenschaft, Forschung und Lehre** gemäß Art. 5 Abs. 3 GG **frei** sind. § 15 Abs. 2 Satz 1 HRG besagt nämlich, daß Hochschulprüfungen der Feststellung dienen, ob der Student bei Beurteilung seiner individuellen Leistung das Ziel des Studienabschnitts oder Studiums erreicht hat. Die damit geforderte individuelle Leistungsbeurteilung unterscheidet sich in keiner Weise danach, ob sie von einem Hochschullehrer oder von einem anderen Prüfer, z.B. von einem Richter oder Rechtsanwalt vorgenommen wird, der unter Umständen derselben Prüfungskommission angehört. Daß die Aufstellung der (Diplom-) Prüfungsordnungen und damit die Vorgaben für den zulässigen Prüfungsstoff „wissenschaftsrelevante Angelegenheiten" sind (BVerfGE 35, 123), ändert nichts daran, daß die im Einzelfall vorzunehmende Bewertung der individuellen Leistungen und Fähigkeiten des einzelnen Prüflings ein „**normaler Prüfungsvorgang**" ist, der nicht durch Freiheiten modifiziert ist, die durch Art. 5 Abs. 3 GG der Wissenschaft, Forschung und Lehre gewährleistet sind.[742]

324 **Für schulische Leistungsbewertungen** und die Einwirkungsrechte der Schulaufsichtsbehörden gelten die vorstehend dargelegten Rechtsgrundsätze auf dem Hintergrund des Art. 2 Abs. 1 GG in Verb. mit Art. 19 Abs. 4 GG im Grunde gleichermaßen. Auch hier ist von § 68 VwGO auszugehen und weiter zu untersuchen, ob und wieweit **spezialgesetzliche Regelungen** die durch diese Vorschrift angeordnete „Zweckmäßigkeitskontrolle" einschränken. Ein Beispiel hierfür ist die Regelung in §1 Abs. 3 der Versetzungsordnung für Gymnasien im Lande Baden-Württemberg, die **ausschließlich den Klassenkonferenzen** einen Einschätzungsspielraum bezüglich der vorübergehenden Natur eines Leistungsdefizits und bezüglich einer positiven Leistungsprognose

---

[741] Nachweise bei Waldeyer, in: Hailbronner, Kommentar zum Hochschulrahmengesetz § 15 Rdn. 52. Das gleiche gilt, wenn die Diplom-Prüfungsordnung der Fakultät einer Hochschule die Bewertung der Prüfungsleistungen ausschließlich einem bestimmten Kreis von Prüfern zuweist: OVG NW, Beschl. v. 23. 10. 1989 – 22 B 2390/88 – WissR 1990, 177.

[742] OVG Berlin, Urt. v. 13. 9. 1984 – 3 B 60.82 – DVBl 1985, 1088. Das BVerwG hat in seinem Beschl. v. 16. 12. 1985 – 7 B 233, 234.84 – NVwZ 1986, 376, diese Frage offen gelassen, weil der prüfende Hochschullehrer jedenfalls eine bestandskräftige Anordnung der Aufsichtsbehörde (betr. die Herabsetzung einer Examensnote) hinnehmen müsse.
Anderer Auffassung: Waldeyer, aaO Rdn. 52 m. w. Hinweisen auf die im Schrifttum vorherrschende Meinung der Anwendbarkeit des Art. 5 Abs. 3 GG auf Prüfungen der Hochschullehrer. Die Auffassung des BayVGH (DÖV 1985, 496), auf die Waldeyer sich stützt, steht der hier vertretenen Auffassung nicht entgegen, weil dort von einer spezialgesetzlichen Regelung (Art. 5 Abs. 2 BayHSchLG) ausgegangen wird.

für die nächsthöhere Klasse einräumt. Der Schulaufsichtbehörde stehen danach allenfalls rechtsaufsichtliche Kontrollbefugnisse zu.[743]
Spezialgesetzliche Regelungen solcher oder ähnlicher Art enthalten teilweise auch die **Schulverwaltungsgesetze der Länder** (vgl. z.B. § 62 hessSchVG und § 9 Abs. 2 bremSchVG). Zu bemerken ist allerdings, daß die Schulaufsicht darin durchweg nicht auf die reine Rechtsaufsicht beschränkt ist, sondern auch dann eingreifen darf oder sogar eingreifen muß, wenn gegen „allgemein anerkannte pädagogische Grundsätze" verstoßen wurde oder wenn „der Unterrichtsablauf" gefährdet ist. Dieser stärkere Einfluß der Aufsichtsbehörden im schulischen Bereich und dort speziell bezogen auf pädagogische Belange ist kennzeichnned nicht nur für die schulgesetzlichen Regelungen, sondern auch für die dies im wesentlichen bestätigende Rechtsprechung, welche infolgedessen die Klagebefugnis des Lehrers gegen solche Maßnamen verneint.[744]
Die Grenzen der schulaufsichtlichen Maßnahmen sind jedoch auch in diesem Bereich dann erreicht, wenn es nicht mehr nur um die Einhaltung und gleichmäßige Anwendung „anerkannter Grundsätze" geht, die im Hinblick auf den Gleichheitssatz (Art. 3 Abs. 1 GG) ohnehin quasi Rechtssatzcharakter haben, sondern um den Schutz des **Kernbereichs der pädagogischen Freiheit**. Diesen zu bewahren, ist für die effiziente Erfüllung des staatlichen Erziehungsauftrags in der Schule (Art. 7 Abs. 1 GG) eine unverzichtbare Voraussetzung (vgl. dazu im einzelnen: 2. Aufl. Rdn. 303 ff., 308). Insofern wirkt es sich aus, daß schulische Leistungsbewertungen bei den Klassenarbeiten und Versetzungsentscheidungen regelmäßig auch von pädagogischen Überlegungen beeinflußt sind. Soweit der Lehrer dabei die rechtsverbindlichen Vorschriften einhält und darüberhinaus auch nicht gegen Regeln verstößt, welche die Bedeutung „allgemein anerkannter Grundsätze" aufweisen, darf die Aufsichtsbehörde seinen pädagogischen Spielraum nicht durch Einzelweisungen weiter beschränken, sondern muß den einzelnen **Lehrer eigenverantwortlich** an dem verwaltungsinternen **Kontrollverfahren** beteiligen.

Erkennt die Aufsichtsbehörde, daß die Prüfung rechtsfehlerhaft durchgeführt worden ist und daß die Prüfungsentscheidung auf einem solchen Fehler beruhen kann, wird sie – je nachdem wie der Fehler sich auswirkt – eine **erneute (Erst-)Prüfung** ansetzen oder die Prüfer anweisen, die Leistungen des Prüflings/Schülers unter Beachtung der vorgegebenen rechtlichen Bindungen

---

[743] VGH Bad.-Wttbg., Beschl. v. 28. 9. 1992 – 9 S 2187/92 – DVBl 1993, 53 = VBl BW 1993, 113, auch zu der Befugnis des davon betroffenen Schülers, eine Verletzung dieser Bindungen zu rügen.
[744] BVerwG, Beschl. v. 9. 4. 1987 – 7 B 184.86. VGH Bad.-Wttbg., Beschl. v. 27. 1. 1988 – 4 S 1133/86 – DVBl 1988, 1121 = DÖV 1988, 1017 (mit Anm. v. Hennecke) = SPE 470 Nr. 51. OVG Berlin, Beschl. v. 30. 1. 1987 – 4 B 8.86 – SPE 470 Nr. 55. BayVGH, Beschl. v. 6. 3. 1986 – Nr. 3 B 84 A. 1062 – SPE 196 Nr. 1. OVG NW, Urt. v. 3. 9. 1985 – 16 A 555/84 – SPE 976 Nr. 8. VG Berlin, Urt. v. 17. 12. 1987 – VG 7 A 120.86 – SPE 480 Nr. 1 und v. 20. 9. 1985 – VG 5 A 203.83 – SPE 470 Nr. 53.

erneut zu bewerten.⁷⁴⁵ Die Aufsichtsbehörde darf nur dann allein über das Ergebnis der verwaltungsinternen Kontrolle entscheiden, wenn bei richtiger Anwendung der gesetzlichen Bewertungsregelungen (z.B. hinsichtlich der Bedeutung gewisser Punktzahlen für die Prüfungsnote) nur eine einzige Entscheidung rechtmäßig sein kann.

---

[745] Zu der Frage, ob dem Lehrer zugemutet werden darf, die abweichende Entscheidung der Aufsichtsbehörde gegen seine Überzeugung nach außen hin zu vertreten, vgl. Ossenbühl, DVBl 1982, 1157 (1164); Eiselt, DÖV 1981, 821 (827ff.).

D. Inhaltliche Bewertungsfehler

1. Die materiell-rechtlichen Vorgaben für die Leistungsbewertung/prüfungsspezifische Wertungen

Zwar sind die für das Bestehen der Prüfung maßgeblichen Anforderungen durch das Prüfungsziel und durch die Bewertungsmaßstäbe (insbesondere die Angabe einer Notenfolge) gemäß dem verfassungsrechtlichen **Gesetzesvorbehalt** durchweg **normativ geregelt** (vgl. oben Rdn. 30 ff.), jedoch ist die Bestimmtheit dieser Regelungen und damit ihre **Steuerungskraft** für die einzelne Prüfung nicht sehr ausgeprägt, sondern eher gering. Die in den Ausbildungs- und Prüfungsgesetzen vorgegebenen **Prüfungsziele** sind zumeist sehr abstrakt umschrieben und daher nur „Grobziele", wie etwa der Nachweis der Befähigung zum Richteramt (§ 5 Abs. 1 und § 5d DRiG). In anderen Fällen, insbesondere bei den Schul- und Hochschulprüfungen, sind die Prüfungsziele inhaltlich auf Lehr- oder Studienpläne bezogen, die entsprechend den fortschreitenden wissenschaftlichen oder pädagogischen Erkenntnissen angepaßt und damit regelmäßig verändert werden. Zusätzlich finden sich hier nicht selten relative Einschläge, etwa wenn es darauf ankommt, daß der Student/Schüler speziell den in den Rahmenplänen umgrenzten Stoff beherrscht, der von dem Lehrer/Ausbilder tatsächlich behandelt worden ist.

Das Gebot, die „**Einheitlichkeit**" der Prüfungsanforderungen zu gewährleisten (vgl. z.B. § 5d Abs. 1 Satz 2 DRiG), verlangt von dem Prüfer eine persönliche Übersicht über die üblichen Anforderungen und eine vergleichende Bewertung mit den konkreten Anforderungen in der von ihm abgehaltenen Prüfung. Ferner setzt die gebotene Einordnung in eine **Noten- oder Punkteskala** voraus, daß der Prüfer den Eckwert einer „durchschnittlichen Leistung" kennt, den er sich in aller Regel durch seine Erfahrungen als Prüfer bildet (vgl. dazu insbesondere die Verordnung über eine Noten- und Punkteskala für die erste und zweite juristische Prüfung vom 3. 12. 1981, BGBl. S. 1243). Dazu muß er nicht nur erkennen, was im Hinblick auf das Prüfungsziel im allgemeinen zu verlangen ist, sondern auch den **Schwierigkeitsgrad der konkreten Aufgabe** einschätzen und so die Lösung des Prüflings an dem Eckwert der „durchschnittlichen Leistung" messen. Soll schließlich auch der „**Gesamteindruck**" berücksicht werden (vgl. § 5d Abs. 4 DRiG), so ruft das Gesetz damit zu einer besonders subjektiven Einschätzung des Prüfers auf: Der eine Prüfer mag einen besonders positiven Gesamteindruck gewinnen, wenn der Prüfling schnell und dynamisch reagiert, und die daraus resultierenden Flüchtigkeitsfehler gering schätzen. Für den anderen Prüfer wiegen diese Fehler schwerer, zumal er mehr die durch ein ruhiges Vorgehen gekennzeichnete Bedachtsamkeit schätzt. Dies alles ist rechtlich nicht enger zu binden, es sei denn, daß die Prüfung durchgängig schematisiert wird, wie es z. B. bei dem sog. Antwort-Wahl-Verfahren weitgehend der Fall ist.[746]

328 Sind also die normativen Bindungen für die Leistungsbewertungen der Prüfer regelmäßig verdünnt, so folgt daraus nicht die Freiheit der Prüfer, ihre Bewertungen auf **irrationale Erwägungen oder bloße Intuitionen** zu gründen. Den Zugang zu einem Beruf verfassungskonform zu reglementieren und dabei die Chancengleichheit zu wahren, setzt Rationalität und Sachgerechtigkeit voraus. Dies ist in dem hier gegebenen Schutzbereich der Art. 12 und 3 GG eine Rechtspflicht. Die Lockerung der rechtlichen Bindungen bedeutet lediglich, daß der Prüfer nicht ein einzig richtiges Ergebnis der Bewertung auf dem einzig richtigen Wege finden muß, sondern daß er in der Ausrichtung auf das Prüfungsziel rational mit **sachlich vertretbaren Gründen** eine Entscheidung darüber zu treffen hat, ob und mit welcher Qualifikation dieses Ziel erreicht oder aber verfehlt worden ist. Wer von dem „dynamischen" Prüfling einen besseren Gesamteindruck hat als von dem „bedächtigen" oder umgekehrt, wertet rechtsfehlerfrei, wenn er dies aus vernünftigen und jedenfalls sachlich vertretbaren Gründen herleitet; die persönliche Neigung zur Dynamik oder Bedächtigkeit ist kein solcher Grund.[747] Wer andererseits eine **vertretbare und mit gewichtigen Gründen folgerichtig begründete Lösung** als falsch bewertet, handelt rechtsfehlerhaft, weil er gegen einen dies untersagenden allgemeinen Bewertungsgrundsatz verstößt, der bei berufsbezogenen Prüfungen aus Art. 12 Abs. 1 GG folgt.[748]

329 Die Rechtspflicht, Prüfungsleistungen rational und sachgerecht zu würdigen, verlangt zunächst, daß der Prüfer alle zur Bewertung anstehenden und dazu geeigneten Leistungen des Prüflings **vollständig und unvoreingenommen zur Kenntnis** nimmt und sodann ihren Gehalt mit Hilfe von Maßstäben **würdigt**, die der Sache nach dazu verhelfen können, das Ausmaß der Annäherung der Leistung an das Prüfungsziel zu erkennen. Zwar läßt sich diese Pflicht des Prüfers angesichts der unterschiedlichen Prüfungssituationen nicht in positivem Sinne weiter konkretisieren. Negativ gewendet, kann jedoch ein **Fehlerkatalog** aufgezeigt werden, der besonders markante, rechtserhebliche Bewertungsfehler umfaßt:

Zu nennen sind Fälle, in denen der Prüfer die Grundlagen oder den Gegen-

---

[746] Das würde aber den Verzicht auf die Vorteile einer mündlichen Leistungskontrolle bedeuten.

[747] Dieses Beispiel soll hier allein dazu dienen, bei einem Bewertungsvorgang die normativen Bindungen einerseits und die Bandbreite rechtlich zulässiger Wertungen andererseits zu veranschaulichen. Die davon zu trennende Nachweismöglichkeit hängt davon ab, in welcher Weise die Prüfer gehalten sind, ihre Bewertungen zu begründen (dazu oben Rdn. 246 ff. und 280 ff.).

[748] BVerfG, Beschl. v. 17. 4. 1991 – 1 BvR 419/81 – BVerfGE 84, 34 = NJW 1991, 2005. Die Beurteilung, ob eine Begründung „folgerichtig" ist, kann freilich selbst schon Bewertungselemente enthalten und daher wegen ihres prüfungsspezifischen Charakters für Bewertungsspielräume offen sein.

stand der Prüfung verkannt hat oder in denen er von falschen Tatsachen ausgegangen ist. Bei dem eigentlichen Bewertungsvorgang können offensichtliche, unter keinen Umständen vertretbare Fehleinschätzungen einen Rechtsfehler darstellen; die Mißachtung allgemeingültiger Bewertungsgrundsätze zählt hierzu in gleicher Weise. Schließlich kann die Rechtsordnung es auch nicht hinnehmen, wenn sachfremde Erwägungen in die Bewertung eingeflossen oder ungleiche Maßstäbe bei gleicher Ausgangslage angelegt worden sind. Darauf wird nachfolgend unter 2a) bis e) näher eingegangen werden (zur Frage der Erheblichkeit von Bewertungsfehlern für das Prüfungsergebnis s. unten Rdn. 364).

Die vorstehend erörterten Freiheiten und Bindungen des Prüfers bei dem Bewertungsvorgang und der Entscheidung über das Bewertungsergebnis haben besondere Bedeutung für das Ausmaß und die Intensität der **gerichtlichen Kontrolle von Prüfungsentscheidungen**. Aus dem dargelegten Beurteilungs- oder Bewertungsspielraum der Prüfer bei den „prüfungsspezischen Wertungen" folgt eine entsprechende Einschränkung der gerichtlichen Kontrolldichte. Dies ist im Prinzip allseits anerkannt, nunmehr jedoch durch die Rechtsprechung des BVerfG dahingehend modifiziert worden, daß die Gerichte nicht nur die Einhaltung der Grenzen des Bewertungsspielraumes, sondern auch die **Richtigkeit/Vertretbarkeit der Antworten auf Fachfragen** („fachspezifische Wertungen") zu kontrollieren haben.[749] Darauf ist im prozeßrechtlichen Teil näher einzugehen (s. unten Rdn. 399ff.). 330

2. Rechtserhebliche Fehler bei der Bewertung von Prüfungsleistungen

a) Die Grundlagen und der Gegenstand der Bewertung

Das durch Gesetz und Prüfungsordnung vorgegebene Ziel der Leistungskontrolle kann nur erreicht werden, wenn für die abschließende Beurteilung eine hinreichende Grundlage vorhanden ist. Dazu dient als ein erster Schritt die an diesem Ziel zu orientierende **Auswahl des Prüfungsstoffes**, der dem Prüfling hinreichend Gelegenheit geben muß, in angemessener Weise darzustellen, daß seine Kenntnisse und Fähigkeiten den gesetzten Anforderungen entsprechen (s. dazu im einzelnen Rdn. 203ff.). 331

In einem weiteren Schritt hat der Prüfer sich mit aller Sorgfalt darum zu bemühen, die wahren Kenntnisse und Fähigkeiten des Prüflings zu ermitteln und persönlich zu erfassen, um so die richtige Grundlage für den eigentlichen Bewertungsvorgang zu schaffen. Damit stellen sich Anforderungen an die **Dauer** und die **Intensität der Prüfung**. Auch wenn keine Prüfungszeiten vorgeschrieben sind, muß soviel und solange geprüft werden, bis der Prüfer sich 332

---

[749] BVerfG, Beschl. v. 17. 4. 1991 aaO.

ein hinreichendes Bild von dem Prüfling machen kann.⁷⁵⁰ Ein Bewertungsmangel infolge eines „Defizits an Sachaufklärung", der zu einer Aufhebung der Prüfungsentscheidung führen würde, wird freilich schwer und im allgemeinen nur dann anzunehmen sein, wenn es nach dem Prüfungsverlauf praktisch ausgeschlossen war, sich schon zu dem Zeitpunkt der Beendigung des Prüfungsverfahrens oder aufgrund der wenigen Prüfungsfragen eine abschließende Meinung zu bilden.⁷⁵¹

333 Da die zur Bewertung anstehenden Äußerungen und Antworten auf Prüfungsfragen in der Regel aus zahlreichen – bedeutsamen und weniger bedeutsamen – Einzelheiten bestehen, können sie zumeist nicht sofort abschließend beurteilt werden; zunächst sind vielmehr **sämtliche Darlegungen, Äußerungen und Verhaltensweisen des Prüflings**, die für die Beurteilung relevant sein können, zu erfassen. Auf diese Weise ist sicherzustellen, daß in den Bewertungsvorgang alle Umstände einbezogen werden, die für die Qualifizierung der Leistung und Eignung des Prüflings wesentlich sind. Nimmt der Prüfer Teile der von ihm zu bewertenden Leistungen nicht zur Kenntnis, etwa indem er schrifliche Arbeiten nur teilweise oder nur „diagonal" liest, ist die Prüfungsentscheidung rechtsfehlerhaft; das gilt auch, wenn er die Autoren einzelner Darlegungen verwechselt oder von einer anderen als der tatsächlich gestellten Aufgabe ausgeht.⁷⁵²

334 Mitabgelieferte **Konzept- oder Gliederungsblätter** sowie auf **Disketten gespeicherte Entwürfe** müssen im allgemeinen nicht als eine verbindliche Äußerung des Prüflings angesehen und vollständig zur Kenntnis genommen werden, es sei denn, daß sie ausnahmsweise von dem Prüfling erkennbar zum Bestandteil der Prüfungsarbeit gemacht worden und dazu nach Form und Inhalt auch geeignet sind.⁷⁵³ In diesem Fall können die darin enthaltenen Äußerungen auch zum Nachteil des Prüflings verwertet werden, was nicht in Betracht kommt, wenn die Konzeptblätter ungeeignet oder nur versehentlich beigefügt worden sind. Keineswegs darf deren Berücksichtigung davon abhängig sein, ob daraus Vorteile für den Prüfling herzuleiten sind oder eher Nachteile. Das wäre eine Verletzung der Chancengleichheit.

---

⁷⁵⁰ Dazu insbesondere: Stuer, DÖV 1974, 257.

⁷⁵¹ Vgl. BVerwG, Urt. v. 2. 7. 1965 – 7 C 171.64 – DVBl 1966, 35 = Buchholz 421.0 Prüfungswesen Nr. 27 (betr. die Feststellung „ungenügender" Leistungen nach 9-minütiger Prüfung). OVG NW, Urt. v. 12. 2. 1970 – 5 A 855/69 – Recht im Amt 1970, 154 (betr. die Bewertung nach nur 4 Fragen und Befragung nur nach Wortmeldung).
Der Bewertungsspielraum des Prüfers umfaßt zwar auch die Einschätzung, ob die bislang erbrachten Leistungen ihm eine hinreichend sichere Beurteilung ermöglichen. Ob dies praktisch ausgeschlossen ist und damit die Grenzen dieses Spielraumes überschritten sind, kann etwa auch mit sachverständiger Hilfe in einem Verwaltungsrechtsstreit festgestellt werden.

⁷⁵² BVerwG, Beschl. v. 3. 1. 1985 – 7 B 231, 232.84 – DVBl 1985, 1082 = SPE 446 Nr. 15 und Urt. v. 20. 9. 1984 – 7 C 80.82 – Buchholz aaO Nr. 202 und v. 20. 9. 1984 – 7 C 57.83 – BVerwGE 70, 143 = NVwZ 1985, 187.

⁷⁵³ BVerwG, Beschl. v. 22. 7. 1992 – 6 B 43.92 – Buchholz 421.0 Prüfungswesen Nr. 297 = DVBl 1993, 49.

Offensichtlich fehlerhaft und daher rechtswidrig ist die Bewertung von 335
Prüfungsleistungen, wenn ein Prüfer von **falschen** – die Bewertung beeinflussenden – **Tatsachen** ausgegangen ist,[754] indem er etwa die Prüfungsaufgabe oder die Prüfungsleistung nicht richtig oder nicht vollständig zur Kenntnis genommen hat. Ebenso kann das Nichterkennen anderer wichtiger Umstände dazu führen, daß die Beurteilung einer hinreichenden Grundlage entbehrt, z. B. wenn die Prüfer übersehen haben, daß die Leistungen eines lernbehinderten Kindes – entsprechend einem neueren Zeugnis – inzwischen wesentlich verbessert worden sind,[755] oder wenn sie falsche Vorstellungen darüber hatten, mit welchen **Hilfsmitteln** die Prüfungsleistungen erbracht worden sind.[756] Auch die falsche Beurteilung rechtlicher Vorfragen und allgemeiner Prüfungsvoraussetzungen macht die Bewertungsgrundlage lückenhaft und die Prüfungsentscheidung rechtswidrig.[757] Das Gleiche gilt, wenn der Prüfungsausschuß zu Unrecht angenommen hat, die Leistungen seien **erschlichen**[758] oder **unentschuldigt verweigert** worden.[759] Ein Rechtsfehler liegt in all diesen Fällen immer schon dann vor, wenn wesentliche Fakten objektiv nicht beachtet oder tatsächlich falsch gesehen worden sind und somit der Bewertung die **tragfähige Grundlage fehlt**. Auf ein Verschulden des Prüfers kommt es in diesem Zusammenhang nicht an.

Von „falschen Tatsachen" kann indessen nicht gesprochen werden, wenn es nicht um die Grundlagen geht, auf dem die Leistungsbewertung aufbaut, sondern darum, ob im Rahmen der Leistungsbewertung selbst etwas richtig oder falsch beurteilt worden ist. Die falsche Auffassung des Prüfers zu einer wissenschaftlichen Fachfrage gehört nicht zu den „falschen Tatsachen", sondern sie führt zu einem **inhaltlichen Fehler beim Bewertungsvorgang**, der not-

---

[754] BVerwG, Urt. v. 21. 10. 1993 – 6 C 12.92 – Buchholz aaO Nr. 320; BayVGH, Urt. v. 12. 9. 1990 – 3 B 9000061 – NVwZ 1991, 499 = DVBl 1991, 759, der jedoch einen solchen Sachverhaltsirrtum im Bewertungsvorgang fälschlich als einen Fehler im Prüfungsverfahren ansieht. Vgl. ferner: VGH Bad.-Wttbg., Beschl. v. 21. 1. 1974 – IV 974/73 – SPE III G II, S. 11.

[755] VGH Bad.-Wttbg., Urt. v. 26. 3. 1974 – IX 99/73 – Bad.-Wttbg. Verwaltungspraxis 1974, 229.

[756] BVerwG, Urt. v. 23. 7. 1965 – 7 C 196.64 – DÖV 1965, 771 = DVBl 1966, 860. Vgl. ferner: BVerwG, Beschl. v. 18. 1. 1983 – 7 CB 55.78 – DVBl 1983, 591; Urt. v. 30. 8. 1977- 7 C 50.76 – Buchholz 421.0 Prüfungswesen Nr. 85 (betr. Ausgleichsmaßnahme für Behinderte) und BayVGH, Beschl. v. 6.4. 1981 – Nr. 3 B 80 A 1519 – BayVBl 1981, 688.
Hinweise für die Fallbearbeitung sind keine „Hilfsmittel": BVerwG, Beschl. v. 21. 12. 1993 aaO.

[757] BVerwG, Beschl. v. 2. 4. 1979 – 7 B 61.79 – Buchholz aaO Nr. 107 = DÖV 1979, 753 (betr. den Irrtum über den Schwierigkeitsgrad einer Prüfungsaufgabe). Das teilweise Fehlen von selbstverständlichen Bearbeitungshinweisen ist unschädlich: BVerwG, Beschl. v. 21. 12. 1993 aaO.

[758] Dazu: OVG NW, Urt. v. 29. 6. 1983 – 15 A 1696/82 – NJW 1983, 2278. VGH Bad.-Wttbg., Urt. v. 9. 7. 1968 – IV 732/66 – SPE III E II, S. 11.

[759] BayVGH, Urt. v. 27. 9. 1968 – Nr. 89 III 68 – SPE II C III, S. 11; OVG NW, Urt. v. 7. 1. 1976 – VI A 647/75.

falls mit sachverständiger Hilfe festzustellen ist (dazu nachfolgend Rdn. 339 ff.). Auch **Fehlinterpretationen des Prüfers**, z. B. bezogen auf den Inhalt der Prüfungsaufgabe oder der Antworten des Prüflings, sind keine „falschen Tatsachen", sondern ebenfalls Fehler beim Bewertungsvorgang.

336 Die Frage nach der Prüfungsrelevanz bestimmter Äußerungen oder schriftlicher Darlegungen des Prüflings stellte sich schon in anderen Zusammenhängen, auf die bereits oben (Rdn. 203 ff. und 251 ff.) näher eingegangen worden ist. Ergänzend und zusammenfassend sei hier erwähnt:

Es dürfen nur solche **Äußerungen des Prüflings** der Bewertung zugrunde gelegt werden, die für ihn **erkennbar prüfungsrelevant** sind. Dazu gehören nicht auch Äußerungen in Vorstellungsgesprächen oder am Rande der Prüfung. Ist ein Prüfungsstoff (teilweise) nicht zulässig, dürfen die dazu abgegebenen Äußerungen des Prüflings der Bewertung seiner Leistungen nicht zugrunde gelegt werden. Allgemeinwissen, Kenntnisse größerer Zusammenhänge, in die der eigentliche Prüfungsstoff eingebettet ist, **Hintergrundwissen, sprachliche Fähigkeiten**, aber auch **Rechtschreibmängel** müssen nicht unbeachtlich sein, sondern können je nach dem Zweck der Prüfung und im Hinblick auf das Prüfungsziel in die Bewertung einfließen. Allerdings dürfen sie im allgemeinen keine zentrale Bedeutung erlangen, sondern nur zur Abrundung etwa bei der vorgesehenen Bildung des „Gesamteindrucks" verhelfen.[760] Im Einzelfall können jedoch etwa sprachliche Mängel (z. B. unzulängliche Kenntnisse der deutschen Sprache) einem Prüfungserfolg von vornherein entgegenstehen (vgl. Rdn. 139).[761]

337 Auf **persönliche Merkmale und Eigenschaften** ist abzustellen, wenn und soweit es nach dem Ziel der Prüfung darauf ankommt (zur „Person des Prüflings" s. oben Rdn. 137 ff.). Beispiele dafür sind „Zuverlässigkeitsprüfungen" etwa im Bereich von Handwerk und Gewerbe. Die „**Unwürdigkeit**" **eines Bewerbers** kann für die Erteilung oder Entziehung eines akademischen Grades auch nach bestandener Doktorprüfung dann ein Grund sein, wenn besonders schwerwiegende Verfehlungen vorliegen.[762]

Die vor der Prüfung gelegene **Ausbildung** ist nur dann für die Bewertung der Prüfungsleistungen relevant, wenn dies in der Prüfungsordnung etwa in der Weise vorgesehen ist, daß dort erbrachte Leistungen anzurechnen sind.[763] Mängel oder Defizite in der Ausbildung führen im Falle einer engen Verzahnung von Ausbildung und Prüfung (z. B. beim Abitur) dazu, daß der etwa

---

[760] Dazu insbesondere: BVerwG, Urt. v. 17. 7. 1987 – 7 C 118.86 – BVerwGE 78, 55 = Buchholz aaO Nr. 242 = NVwZ 1987, 977; vgl. ferner BVerwG, Urt. v. 24. 4. 1991 – 7 C 24.90 – Buchholz aaO Nr. 288 (betr. die gesellschaftswissenschaftlichen Anteile einer Diplomhauptprüfung im Studiengang Elektronik).

[761] BVerwG, Beschl. v. 10. 12. 1993 – 6 B 40.92 – Buchholz aaO Nr. 321.

[762] BVerwG, Beschl. v. 25. 8. 1992 – 6 B 31.91 – NVwZ 1992, 1201. Vgl. ferner: BVerwG, Urt. v. 15. 12. 1993 – 6 C 20.92 – Buchholz aaO Nr. 322.

[763] VGH Bad.-Wttbg., Beschl. v. 4. 2. 1991 – 9 S 3137/90 – VBl BW 1991, 310 (betr. eine abstufende Bewertung der Leistungen in der Prüfung und im Vorbereitungsdienst bei der Bildung des „Gesamteindrucks").

mangelhaft vorbereitete Prüfungsstoff für die Bewertung der Prüfungsleistung nicht relevant sein darf. In den übrigen Fällen hat der Prüfer die Leistungen nicht etwa deshalb besser zu bewerten, weil z.B. im Hochschulbereich eine nur lückenhafte Ausbildung stattgefunden hat.[764]

Gegenstand der Bewertung sind **nur die tatsächlich und eigenverantwortlich erbrachten Leistungen**, nicht jedoch fiktive Leistungen, die er normalerweise hätte bringen können, jedoch wegen außergewöhnlicher Umstände nicht erbracht hat. Das gilt auch dann, wenn etwa eine **schriftliche Arbeit** ohne Verschulden des Prüflings **abhanden** gekommen ist; er hat dann jedoch einen Anspruch auf eine erneute Prüfung ohne Anrechnung auf die Wiederholungsmöglichkeit.[765]

Sämtliche prüfungsrelevanten Einzelleistungen des Prüflings sind im Rahmen der anstehenden Leistungskontrolle nach ihrer Bedeutung zu **gewichten**, um auf diese Weise eine geeignete Grundlage für die abschließende Beurteilung der Gesamtleistung zu gewinnen. Leistungen von untergeordneter Bedeutung dürfen nicht in den Mittelpunkt gestellt werden.[766] Ebensowenig dürfen Leistungen als irrelevant oder als weniger beachtlich vernachlässigt werden, die nach dem Ziel der Leistungskontrolle für das Prüfungsergebnis bedeutsam sind.

338

Ist das Verfahren zur Bewertung der Prüfungsleistungen etwa durch die Vorgabe von **Quoten** oder von **Berechnungsmodalitäten** in der Prüfungsordnung formalisiert, so wird der Bewertungsvorgang dadurch entsprechend gebunden (vgl. Rdn. 252 ff.). Für die Beurteilung der Prüfungsleistungen darf auch eine **Musterlösung** herangezogen werden, wenn sie als ein sachkundiger Lösungsvorschlag gilt, so daß andere, gleichermaßen vertretbare Lösungen damit nicht von vornherein abgewertet werden. Die Vorgabe der richtigen Antworten bei Prüfungen im **Antwort-Wahl-Verfahren** ist keine Musterlösung in diesem Sinne, sondern eine gleichsam vorweggenommene Beurteilung der in Betracht kommenden Antworten.[767]

Hat der Prüfer dies verkannt und z.B. ohne die erforderliche Aufbereitung des Prüfungsgegenstandes oder sonstwie ohne eine tragfähige Bewertungs-

---

[764] Dazu im einzelnen Rdn. 206 und ferner: BVerwG, Beschl. v. 12. 11. 1992 – 6 B 36.92 – Buchholz aaO Nr. 305 = BayVBl 1993, 282 und v. 18. 5. 1982 – 1 WB 148.78 – BVerwGE 73, 376; BayVGH, Urt. v. 25. 9. 1985 – 7 B 82 A. 2336 – DÖV 1986, 478.

[765] BVerwG, Beschl. v. 3. 1. 1992 – 6 B 20.91 – Buchholz 310 § 113 VwGO Nr. 240 = BayVBl 1992, 442 und Urt. v. 18. 12. 1987 – 7 C 49.87 – BVerwGE 78, 367 = NVwZ 1988, 434 (auch zur Beweislast); VGH Bad.-Wttbg., Urt. v. 1. 4. 1987 – 9 S 1829/86 – NVwZ 1987, 1010 = DVBl 1987, 951.

[766] Wegen der Überbewertung äußerer Formen vgl. nachstehend Rdn. 354.

[767] Vgl. dazu insbesondere: BVerwG, Urt. v. 9. 12. 1983 – 7 C 99.82 – NJW 1984, 2650 = Buchholz aaO Nr. 187 und Beschl. v. 12. 11. 1980 – 7 C 56.79 – Buchholz aaO Nr. 133.

grundlage nur eine pauschale und oberflächliche Beurteilung abgegeben,[768] so kann diese keinen Bestand haben. Vielmehr ist dann über das Prüfungsergebnis erneut zu befinden, nachdem die für eine zutreffende Bewertung erforderlichen Grundlagen geschaffen worden sind.

b) Willkürverbot und Beachtung allgemeingültiger Bewertungsgrundsätze

339 Fachlich-wissenschaftliche und pädagogische Wertungen sind rechtswidrig, wenn sie willkürlich sind, das heißt, wenn sie aus keinem sachlichen Gesichtspunkt gerechtfertigt werden können. Zu nennen sind hier insbesondere **Verstöße gegen die Denkgesetze** oder andere offensichtliche Denkfehler auch bei den prüfungsspezifischen Wertungen, z. B. ein dem Prüfer unterlaufener Widerspruch durch die unterschiedliche Bewertung ein- und desselben Merkmals der Prüfungsleistung an verschiedenen Stellen der Bewertung. Bei den fachwissenschaftlichen Annahmen des Prüfers ist eine willkürliche Fehleinschätzung schon dann anzunehmen, wenn sie dem **Fachkundigen als unhaltbar erscheinen** muß, und nicht erst dann, wenn sie sich auch dem Laien als gänzlich unhaltbar aufdrängt.[769] Willkürlich ist eine Bewertung etwa auch dann, wenn der Prüfer Lösungen oder Antworten vermißt, die nach der **Aufgabenstellung nicht verlangt** bzw. nicht erfragt worden sind.[770]

340 Damit sind jedoch die rechtlichen Bindungen des Bewertungsvorgangs nur grob erfaßt. Selbst wenn man hinzunimmt, daß mit dem gesetzlich festgelegten Prüfungsziel materiell-rechtliche Vorgaben für die Leistungsbewertung gegeben sind (s. oben Rdn. 326) und daß ferner viele Prüfungsordnungen das Verfahren bei der Bewertung von Prüfungsleistungen reglementieren (s. Rdn. 251 ff.), so wäre auch damit der **rechtliche Rahmen des Bewertungsvorgangs** nicht vollständig dargestellt. Vielmehr sind zusätzlich noch die „allgemeingültigen Bewertungsgrundsätze" zu nennen, die der Prüfer gleichfalls beachten muß, um einen Rechtsfehler zu vermeiden. Gemeint sind damit fachwissenschaftlich fundierte, allgemein anerkannte Regeln der Leistungsbewertung.[771]

Es ist bisher nicht gelungen, den wesentlichen Gehalt solcher Bewertungsgrundsätze, die von der Rechtsprechung zur Eingrenzung des früher sehr

---

[768] Vgl. z. B. OVG Berlin, Beschl. v. 18. 12. 1980 – OVG 3 S 145.80 (betr. die Unzulässigkeit einer schematischen Beurteilung ohne Berücksichtigung einer deutlichen Leistungssteigerung).

[769] BVerfG, Beschl. v. 17. 4. 1991 – 1 BvR 419/81 – BVerfGE 84, 34 = NJW 1991, 2005 (2008).

[770] BVerwG, Urt. v. 9. 12. 1983 – 7 C 99.82 – NJW 1984, 2650 = Buchholz 421.0 Prüfungswesen Nr. 187.

[771] Zur Definiton dieses Begriffs und als kritische Bestandsaufnahme: Hofmeyer, „Allgemein anerkannte Bewertungsgrundsätze" als schulrechtliche Beurteilungskriterien, Schr. z. ÖR Bd. 530, S. 89, mit zahlreichen weiteren Beispielen auch über das Schulwesen hinaus.

weit gefaßten Beurteilungsspielraums der Prüfer angeführt worden sind, deutlicher zu bestimmen. Die Sach- und Rechtslage ist vielmehr durch eine schwer überschaubare Kasuistik geprägt, auf die später noch einzugehen ist.[772] Zuvor ist jedoch generell zu bemerken, daß mit der neueren Rechtsprechung des BVerfG[773] auch der „allgemeingültige Bewertungsgrundsatz" stärkere Konturen erhalten hat: Erstens wurde das **Verbot, eine vertretbare und mit gewichtigen Argumenten folgerichtig begründete Lösung als falsch zu bewerten**, jedenfalls bei berufsbezogenen Prüfungen als ein aus Art. 12 GG folgender „allgemeiner Bewertungsgrundsatz" besonders hervorgehoben.[774] Zweitens führt die Ausdehnung der gerichtlichen Kontrolle auf die volle Überprüfung fachspezifischer Wertungen (s. unten Rdn. 399) dazu, daß auch **fachspezifische Standards der Bemessung und Bewertung von Leistungen** – etwa entsprechend dem zu ermittelnden Stand der pädagogischen Praxis oder der gesicherten wissenschaftlichen Erkenntnis – in gleicher Weise gerichtlich kontrollierbar sind; das führt dazu, daß solche fachspezifischen Standards – soweit mit ihnen Bewertungsregeln zum Ausdruck kommen – **rechtsrelevant** und von den Prüfern zu beachten sind.[775]

Die Rechtsprechung hat sich bislang in mannigfacher Weise mit „allgemeingültigen Bewertungsgrundsätzen" befaßt und dazu insbesondere folgendes dargelegt:

Hinsichtlich der Leistungsanforderungen in der Prüfung muß ein ausgewogenes Verhältnis zu den **Anforderungen** eingehalten werden, die in dem **angestrebten Beruf** im allgemeinen gestellt werden. Damit ist zwar keine exakte Angleichung verlangt, jedoch sind sachlich nicht gerechtfertigte Überforderungen untersagt.[776] Ausnahmsweise kann allerdings ein gewisser „Überschuß" an Anforderungen gerechtfertigt sein, um ein besonders wichtiges Gemeinschaftsgut (z. B. die Gesundheit der Bevölkerung) angemessen zu schützen.[777]

Selbstverständlich ist jeder Prüfer gehalten, **Richtiges als richtig und Falsches als falsch zu bewerten**, und es ist ihm zugleich verboten, das Gegenteil zu tun.

---

[772] Die Entwicklung wird ebenfalls kritisch nachgezeichnet von: Berkemann, Die „eingeschränkte" richterliche Kontrolle schulischer Leistungen – Ursprünge und Ideologien, RdJB 1986, 258.
[773] Beschl. v. 17. 4. 1991 – 1 BvR 419/81 – aaO; vgl. ferner: Beschl. v. 17. 4. 1991 – 1 BvR 1529/84 – BVerfGE 84, 59 = NJW 1991, 2008.
[774] Bei anderen, insbesondere schulischen Prüfungen ist auf das allgemeine Persönlichkeitsrecht (Art. 2 Abs. 1 GG) abzustellen, so daß auch dort prinzipiell ähnliche Anforderungen gelten.
[775] Ähnliche Lösungsmodelle hatten schon Hofmeyer, aaO und Berkemann, aaO vorgeschlagen. Allerdings bedarf es weiterer Anstrengungen, solchermaßen in Praxis und Wissenschaft anerkannte Standards zu ermitteln.
[776] BVerwG, Urt. v. 17. 7. 1987 – 7 C 118.86 – BVerwGE 78, 55 = NVwZ 1987, 977 = Buchholz 421.0 Prüfungswesen Nr. 242 und Beschl. v. 16. 10. 1985 – 7 B 189.85 – Buchholz aaO Nr. 219 mit weiteren Hinweisen.
[777] BVerfG, Beschl. v. 14. 3. 1989 – 1 BvR 1033/82 – BVerfGE 80, 1 = NVwZ 1989, 850.

Ob diese banalen Formeln es verdienen, als „allgemeingültige Bewertungsgrundsätze" bezeichnet zu werden, mag dahinstehen. Jedenfalls können sie nicht dazu herhalten, die „Richtigkeit" einer prüfungsspezifischen Wertung pauschal zu einer Rechtsfrage zu machen, um sie auf diese Weise einer uneingeschränkten gerichtlichen Kontrolle zuzuführen. Die Kritik an der Rechtsprechung des BVerwG[778], das lediglich einen solchen Mißbrauch ausschließen wollte, dessen Ausführungen dazu allerdings mißverständlich sind, geht daher am Kern der Sache vorbei.

343 Der Bewertungsvorgang darf nicht ungeordnet sein oder bloßen Intuitionen nachgehen, sondern muß den Prinzipien der **Sachbezogenheit und Systemgerechtigkeit** folgen.[779] Jedoch muß der Prüfer sich bei seiner endgültigen Bewertung nicht in jeder Weise an ein starres Bewertungsschema halten; denn die Bewertung bleibt letztlich ein persönlicher Vorgang, bei dem auch die nicht zu vermeidenden Ungenauigkeiten eines Schemas auszugleichen sind. Bindungen solcher Art bestehen von vornherein nicht, wenn der Prüfer sich für den internen Gebrauch nur eine Übersicht über die von den Prüflingen in den schriftlichen Arbeiten erbrachten Leistungen zugelegt hat.[780]

344 Das **Gebot der Sachlichkeit**[781] verlangt als ein allgemein anerkannter Bewertungsgrundsatz die unvoreingenommene Würdigung der einzelnen Prüfungsleistung ohne Ansehen der Person.[782] Der Prüfer muß die Leistung mit innerer Distanz frei von Emotionen zur Kenntnis nehmen, sich bemühen, die Darlegungen des Prüflings richtig zu verstehen, und auf dessen Gedankengänge eingehen.[783] Liegt ein offensichtliches **Schreibversehen** des Prüflings vor, so daß sich mit hinreichender Gewißheit feststellen läßt, was der Prüfling wirklich äußern wollte, darf auf ein solches Versehen nicht abgestellt werden, wenn dieses keinen Rückschluß auf die zu prüfenden Fähigkeiten gestattet.[784]

345 Spezielle Grundrechte des Prüflings beeinflussen – abgesehen von dem Gleichheitssatz (Art 3 GG) – nicht die fachliche Bewertung seiner Leistungen. Somit darf eine Prüfungsleistung rechtsfehlerfrei als „nichtwissenschaft-

---

[778] BVerwG, Beschl. v. 12. 11. 1979 – 7 B 228, 79 – Buchholz 421.0 Prüfungswesen Nr. 121. Dazu die kritischen Bemerkungen im Beschl. des BVerfG v. 17. 4. 1991 – 1 BvR 419/81 – aaO. Vgl. ferner: Seebass, NVwZ 1985, 521 (527).

[779] Vgl. VGH Bad.-Wttbg., Urt. v. 16. 1. 1990 – 9 S 3071/88 – SPE 470 Nr. 56.

[780] VGH Bad-Wttbg., Urt. v. 25. 1. 1983 – 9 S 984/82 – DÖV 1983, 860.

[781] Es geht hier um dessen inhaltliche Anforderungen an die Grundhaltung des Prüfers. Damit unterscheidet es sich von dem gleichlautenden Gebot einer sachlichen Verfahrensweise etwa bei Äußerungen des Prüfers, das z.B. den schon in der Ausdrucksweise verfehlten Randbemerkungen entgegenwirkt (vgl. dazu oben Rdn. 187).

[782] Dazu insbesondere: BVerwG, Urt. v. 20. 9. 1984 – 7 C 57.83 – BVerwGE 70, 143 = NVwZ 1985, 187.

[783] Seebass, Die Prüfung – ein rechtsschutzloser Freiraum der Prüfer?, NVwZ 1985, 521 (527).

[784] BVerwG, Urt. v. 28. 11. 1980 – 7 C 54.78 – BVerwGE 61, 211 ff. (214); wegen der Überbewertung äußerer Formen vgl. nachstehend Rdn. 354.

lich" bemängelt werden, ohne daß der Prüfling demgegenüber sein **Grundrecht auf Wissenschaftsfreiheit** (Art. 5 Abs. 3 GG) mit Erfolg geltend machen könnte.[785] Ebensowenig hindert die Freiheit des Gewissens (Art. 4 Abs. 1 GG) daran, aus **Gewissensgründen** nicht erbrachte Leistungen bei der Entscheidung über das Prüfungsergebnis als nachteilig zu bewerten.[786]

Zwar ist die Verletzung allgemeingültiger Bewertungsgrundsätze anzunehmen, wenn trotz ausschließlich positiver Beurteilungen einzelner Leistungen die Prüfung insgesamt für nicht bestanden erklärt wird.[787] Es ist jedoch in der Rechtsprechung anerkannt, daß die Entscheidung über das Bestehen oder Nichtbestehen einer Prüfung **trotz ausreichender Durchschnittsleistung** von besonders **wichtigen Einzelleistungen abhängig gemacht werden darf;**[788] allerdings ist dies nur ausnahmsweise dann zulässig, wenn damit eine unverzichtbare Voraussetzung für den angestrebten Beruf erfaßt wird. 346

Ein allgemein schlechtes Prüfungsergebnis läßt für sich allein nicht den Schluß zu, daß die Prüfungsaufgabe falsch, irreführend oder ungeeignet ist.[789] Ebensowenig verbieten allgemein anerkannte Bewertungsgrundsätze, infolge unentschuldigten Fernbleibens **nichterbrachte oder nachweislich erschlichene Leistungen** in einzelnen Fächern als „ungenügend" zu bewerten und entsprechend bei der Gesamtwürdigung zu berücksichtigen.[790]

Zu der Frage, wie die Einzelnoten zu einer **Gesamtnote** zusammenzuführen sind, gibt es in vielen Prüfungsordnungen spezielle, diesen Vorgang schematisierende Regelungen, auf die bereits eingegangen wurde (s. oben Rdn. 252 ff.). Sie gehen – soweit sie rechtmäßig sind – allgemeinen Bewertungsgrundsätzen vor. Fehlen solche ausdrücklichen Regelungen des Bewertungsverfahrens, ist es rechtlich nicht geboten, daß die Gesamtnote nur arithmetisch gebildet werden darf.[791] Vielmehr ist die Entscheidung über das Prü- 347

---

[785] VGH Bad.-Wttbg., Urt. v. 10. 11. 1981 – 4 S 1988/80 – SPE III F II, S. 111; VG Berlin, Urt. v. 22. 6. 1982 – 12 A 1767/81.
[786] VGH Bad.-Wttbg., Urt. v. 10. 11. 1981 aaO. Vgl. ferner:BayVGH, Beschl. v. 18. 10. 1988 – Nr. 7 CE 88. 21. 50 – DVBl 1989, 110 = BayVBl 1989, 114 (betr. die Bewertung im Falle der Nichtteilnahme an einem Praktikum mit Tierpräparationen aus Gewissensgründen).
[787] HessVGH, Urt. v. 2. 10. 1973 – II OE 63/73 – SPE III F VII, S. 101.
[788] BVerwG, Beschl. v. 4. 11. 1980 – 7 B 227.80 – Buchholz 421.0 Prüfungswesen Nr. 132 (betr. das sogen. „Blockversagen"); OVG Lbg., Urt. v. 16. 8. 1977 – V OVG C 2/77 – SPE II C VIII, S. 1 (betr. den qualifizierten Leistungsnachweis beim Wechsel von Klasse 10 in Klasse 11 des Gymnasiums); OVG NW, Urt. v. 30. 11. 1977 – 16 A 1544/77 – (betr. die Beherrschung der deutschen Sprache, einschließlich der Rechtschreibung und Zeichensetzung) und Urt. v. 11. 11. 1977 – 15 A 1415/76 – (betr. die Festsetzung eines Sperrfachs ohne Ausgleichsmöglichkeit).
[789] BVerwG, Beschl. v. 18. 5. 1982 – 1 WB 148.78 – BVerwGE 73, 376.
[790] Im Einzelfall ist freilich gerade hier der Grundsatz der Verhältnismäßigkeit zu berücksichtigen. Vgl. dazu insbes.: BVerwG, Beschl. v. 16. 6. 1980 – 7 B 108.80 – und Beschl. v. 7. 12. 1976 – 7 B 157.76 – Buchholz 421.0 Prüfungswesen Nr. 78.
[791] BVerwG, Beschl. v. 11. 8. 1980 – 7 CB 81.79 – Buchholz 421.0 Prüfungswesen Nr. 130 und Urt. v. 7. 5. 1971 – 7 C 51.70 – NJW 1971, 1956; OVG Lbg., Beschl. v. 15. 5. 1974 – VII OVG C 1/73 – NJW 1974, 2149.

fungsergebnis sodann aufgrund einer umfassenden Wertung und Gewichtung der Einzelleistungen nach dem **Gesamteindruck** zu treffen.[792] Die Berechnungen des arithmetischen Mittels können dazu eine gedankliche Hilfskonstruktion und ihr Ergebnis kann ein Indiz für die Richtigkeit der Bewertung sein.[793] Auf ein arithmetisches Notenbildungsverfahren kann allerdings dann nicht verzichtet werden, wenn die Prüfungsordnung eine bestimmte Gewichtung einzelner Teilleistungen vorschreibt (etwa mündliche Prüfung im Verhältnis zur schriftlichen Prüfung wie 1:2).[794] Unter diesen Umständen darf ein zur Note „ausreichend" tendierender arithmetischer Wert (z. B. 4, 25) nicht auf „mangelhaft" abgerundet werden.[795]

348 Zu den Fragen, unter welchen Voraussetzungen gute Einzelleistungen schlechte **ausgleichen** können und wieweit bei gemischten, guten und schlechten Einzelleistungen der **Gesamteindruck**, im schulischen Bereich auch die Prognose für das Anschlußhalten in der nächsthöheren Klasse, die Prüfungsentscheidung beeinflussen darf, finden sich außerhalb der jeweiligen Prüfungsordnungen keine oder nur sehr abstrakte „allgemein anerkannte Bewertungsgrundsätze".[796] Eine abschließende Bewertung allein aufgrund der eindeutig guten oder schlechten Leistungen schon aufgrund der schriftlichen Prüfung, ist nicht grundsätzlich untersagt. Vielmehr ist anerkannt, daß die Zulassung zur mündlichen Prüfung von Mindestleistungen im schriftlichen Teil abhängig gemacht werden kann, sofern diese eine hinreichend sichere Aussage gestatten.[797] Ein Ausgleich zu strenger Benotung der schriftlichen Prüfungsleistungen durch entsprechend mildere Bewertungen der mündlichen Leistungen ist nicht statthaft.[798]

Die Berücksichtigung von **Ausbildungsnoten** bei der Festsetzung des Gesamtergebnisses kann nicht zum Bestehen der Prüfung führen, wenn der Prüfling in der Prüfung insgesamt keine ausreichenden Leistungen oder gar in keinem Prüfungsabschnitt eine bessere Note als „mangelhaft" erreicht hat.[799] Eine Regelung, nach der die **Reifeprüfung** als „nicht bestanden" gilt, wenn der Schüler einen der Kurse in den 4 Abiturfächern im 2. Halbjahr der Jahrgangs-

---

[792] Nach Auffassung des OVG RhPf., Urt. v. 14. 5. 1986 – 2 A 77/85 – DVBl 1986, 1116 besteht ein allgemeiner Bewertungsgrundsatz, daß der Lehrer bei der Festsetzung der (Halb-)Jahresnote für ein Fach die Teilnote für die schriftlichen Leistungen nicht doppelt so stark wie diejenigen für die mündlichen Leistungen gewichten darf, wenn nur eine einzige schriftliche Arbeit angefertigt worden ist.
[793] VG Berlin, Urt. v. 17. 8. 1982 – 12 A 1844.81.
[794] VG Berlin, Urt. v. 3. 8. 1982 – 12 A 3294/81.
[795] VG Berlin, Urt. v. 3. 8. 1982 – 12 A 3294/81.
[796] Dazu: OVG NW, Urt. v. 25. 11. 1977 – 16 A 38/77 – (Kein Zwang, bei einer mangelhaften und einer ausreichenden Teilleistung die Gesamtnote „ausreichend" festzusetzen).
[797] Z. B. daß zumindest die Hälfte der schriftlichen Arbeiten ausreichend ist; vgl. dazu: BVerwG, Beschl. v. 6. 5. 1988 – 7 B 71.88 – NJW 1988, 2813 = DVBl 1988, 1120 = Buchholz 421.0 Prüfungswesen Nr. 251.
[798] OVG NW, Urt. v. 14. 4. 1987 – 22 A 247/87 – NWVBL 1987, 49.
[799] OVG NW, Beschl. v. 13. 4. 1983 – 15 A 2169/81.

stufe 13 mit der Punktzahl 0 (ungenügend) abgeschlossen hat, verstößt nicht gegen den Grundsatz der Verhältnismäßigkeit.[800]

Es gilt – ohne ausdrückliche Regelung in der jeweils maßgeblichen Prüfungsordnung – nicht der allgemeine Bewertungsgrundsatz, daß **frühere Leistungen zu berücksichtigen**, insbesondere in näher bezeichneter Weise **anzurechnen** sind. Hinreichende Anhaltspunkte für einen Verstoß gegen allgemeingültige Bewertungsgrundsätze oder für eine offensichtliche Fehleinschätzung „mangelhafter" Gesamtleistungen lassen sich nicht schon daraus herleiten, daß der Prüfling zuvor über einen längeren Zeitraum etwa in Ausbildungsstationen, Seminaren oder Zwischenprüfungen **stets eine bessere Note** erzielt hat.[801] 349

Wird eine Prüfungsarbeit von dem Erstzensor mit „gut" bewertet, muß die Note „mangelhaft" des Zweitzensors und des ihm folgenden Ausschußvorsitzenden nicht zwingend eine offensichtliche Fehlentscheidung sein. Es gibt nämlich keinen allgemeingültigen Bewertungsgrundsatz, daß die von einem Mitglied des Prüfungsausschusses mit „gut" bewertete Leistung mindestens „ausreichend" sein muß.[802] Freilich läßt ein solch großer **Bewertungsunterschied** einen Bewertungsfehler als möglich erscheinen, so daß das Gericht im Rahmen seiner Aufklärungspflicht dieser Frage nachzugehen hat (s. unten Rdn. 393). Daß ein Leistungssportler wegen seiner schlechten Leistungen in der Abitur-Sportprüfung nur eine niedrige Note erhält, läßt für sich allein noch keinen Bewertungsfehler vermuten; es kommt – wie auch bei allen anderen Prüflingen – auf den Nachweis der Befähigung in der Prüfung selbst an. 350

Grundsätzlich ist die Leistung des einzelnen Prüflings isoliert danach zu bewerten, ob sie für sich allein den Anforderungen entspricht, die durch das Ziel der Prüfung vorgegeben sind. Dies sind durchweg objektive Anforderungen, die von einem speziellen Berufsbild (z. B. „Befähigung zum Richteramt") geprägt sind, es sei denn, daß die Prüfungsordnung auch **individuelle Fortschritte oder relative Gesichtspunkte** berücksichtigt wissen will (zur relativen Bestehensgrenze bei ärztlichen Prüfungen s. § 14 Abs. 6 ÄAppO).[803] Dieser allgemeingültige Bewertungsgrundsatz schließt es nicht aus, daß der Prüfer den für seine Bewertungen maßgeblichen Eckwert einer „**durchschnittlichen Leistung**" auch nach seinen Erfahrungen in Prüfungen gleicher Art im Hinblick auf die üblichen Leistungen anderer Prüflinge bildet (dazu im einzelnen Rdn. 258). Er verbietet ferner nicht, die zu demselben Thema erstellten Arbeiten anderer Prüflinge heranzuziehen oder deren mündliche Leistungen zu betrachten, um damit eine **vernünftige und gerechte Relation der Bewer-** 351

---

[800] OVG NW, Urt. v. 31. 8. 1979 – 15 A 824/78 – SPE III F IX, S. 41.
[801] BVerwG, Urt. v. 2. 7. 1965 – 7 C 171.64 – DVBl 1966, 35 = Buchholz aaO Nr. 27.
[802] VG Berlin, Urt. v. 10. 7. 1984 – VG 12 A 1766.83.
[803] Gegen eine relative Bewertung bei juristischen Prüfungen: Wimmer, in: Festschrift für Konrad Redeker, S. 531 (535).

tungen untereinander auch zum Zwecke der „Feinabstimmung" zu erreichen. Voraussetzung ist dabei jedoch, daß das durch absolute Maßgaben gekennzeichnete Ziel der Prüfung nicht zu einer relativen Größenordnung umgestaltet wird, so daß es nicht mehr auf die Anforderungen des jeweiligen Berufs, sondern auf die stets schwankenden Gesamtleistungen aller Prüflinge oder einer Gruppe von ihnen ankommt. **Relative Bewertungen** können daher in solchen Fällen nur ergänzende Funktion haben, etwa um nach der Prüfungsordnung zugelassene Anhebungen der Gesamtnote zu rechtfertigen[804] oder den Schwierigkeitsgrad einer Aufgabe zu ermitteln.[805]

c) Sachfremde Erwägungen

352 Wenn die Bewertung von Prüfungsleistungen auf sachfremden Erwägungen beruht, sind auch die Grenzen des prüfungsspezifischen Bewertungsspielraums des Prüfers überschritten; die Prüfungsentscheidung ist als rechtswidrig aufzuheben. Da sich die sachfremden Erwägungen ausschließlich auf die Bewertung der Leistungen beziehen, jedoch die Leistungen als solche und deren Gültigkeit nicht beeinflussen, muß **nur die Bewertung** und nicht auch die Prüfung **wiederholt** werden.[806]

Sachfremde Erwägungen sind solche, die in keinem inhaltlichen Zusammenhang mit dem Sinn und Zweck der Leistungskontrolle in der betreffenden Prüfung stehen und daher **willkürlich** sind. Es besteht ein enger Zusammenhang mit dem „**Gebot der Sachlichkeit**", soweit dies nicht nur das äußere Verhalten des Prüfers betrifft, sondern einen allgemeingültigen Bewertungsgrundsatz darstellt (s. vorstehend Rdn. 344) Dieses Gebot ist im Falle sachfremder Erwägungen stets verletzt, die freilich oft nur schwer nachzuweisen sind. Demgegenüber setzt die Feststellung mangelnder Sachlichkeit in der **Verfahrensweise des Prüfers**, etwa bei Randbemerkungen, die schon nach ihrem Wortlaut polemisch oder gar beleidigend sind, nicht auch voraus, daß dem Prüfer nachzuweisen ist, er habe seine Bewertung maßgeblich auf Gesichtspunkte gestützt, die mit dem Prüfungsgegenstand keinerlei inhaltlichen Bezug haben.[807] Die Übergänge sind jedoch fließend, so daß eine genaue Abgrenzung zumeist nicht erforderlich ist.

353 Eine Quelle sachfremder Erwägungen ist die **Voreingenommenheit** des Prüfers (dazu Rdn. 189 ff.). Emotional aufgeladene oder übertrieben abwertende

---

[804] BVerwG, Urt. v. 7. 10. 1900 – 7 C 2.88 – Buchholz 421.0 Prüfungswesen Nr. 258 = DVBl 1989, 99 = VBl BW 1989, 93 mit Anm. v. Hamann.

[805] Insofern bestehen Bedenken gegen die Ausführungen des BVerwG, Urt. 13. 5. 1986 – 1 C 7.84 – NVwZ 1987, 980, wonach zum Bestehen einer Meisterprüfung die Hälfte der „besten, werkgerechtesten" Leistung verlangt werden darf.

[806] Vgl. BVerwG, Urt. v. 24. 2. 1993 – 6 C 38.92 – Buchholz 421.0 Prüfungswesen Nr. 314 = NVwZ 1993, 686.

[807] Vgl. hierzu insgesamt: BVerwG, Urt. v. 20. 9. 1984 – 7 C 57.83 – BVerwGE 70, 143 (153) = NVwZ 1985, 187.

Randbemerkungen bei schriftlichen Prüfungsarbeiten können anzeigen, daß anstelle der nötigen Ausgewogenheit und Distanz sachfremder Ärger und Maßlosigkeit die Bewertung beeinflußt haben.[808] Allein aus einer etwas herben oder auch **drastischen Ausdrucksweise** des Prüfers kann jedoch nicht ohne weiteres darauf geschlossen werden, daß die Bewertung der Prüfungsleistungen von Erwägungen getragen sei, die nicht in Zusammenhang mit dem Ziel der Leistungskontrolle stehen. Selbst gelegentliche „**Ausrutscher**" und „**Entgleisungen**" des Prüfers in der mündlichen Prüfung hat das BVerwG (aaO S. 152) bislang hinnehmen wollen. Daran wird aber wohl nur dann festzuhalten sein, wenn solche Vorfälle wegen Geringfügigkeit nicht ins Gewicht fallen. Der krasse Fall, daß der Prüfer seiner **Verärgerung** „freien Lauf" läßt (BVerwG aaO.), ist als schwerwiegend einzustufen und kennzeichnet keineswegs nur die untere Grenze des nicht mehr hinzunehmenden Prüferverhaltens.

Nicht schon die Beachtung, jedoch die **Überbewertung äußerer Formen**[809] ist sachfremd; der Grundsatz der Verhältnismäßigkeit ist auch insofern maßgebend.[810] Offensichtlich rechtswidrig ist das Einfließenlassen **konfessioneller**[811] oder **parteipolitischer Gesichtspunkte** in die Bewertung schulischer oder wissenschaftlicher Leistungen. Dort wo sachliche Bezüge zwischen dem zu bewertenden Leistungsbild und den Grundwerten der Verfassung, insbesondere der freiheitlich-demokratischen Grundordnung, bestehen, ist es keineswegs sachfremd, sondern in der Regel sogar **geboten, grundgesetzwidrige Thesen, Argumente oder Verhaltensweisen zu kritisieren** und negativ zu bewerten. Es ist ferner nicht sachfremd, das Bestehen einer Prüfung, das als Voraussetzung z. B. für die Übernahme in den öffentlichen Dienst gilt, von einer ausreichenden **Beherrschung** der **deutschen Sprache** abhängig zu machen (s. Rdn.

354

---

[808] BVerwG, Urt. v. 20. 9. 1984 – 7 C 57.83 – BVerwGE 70, 143 (151 ff.) = NVwZ 1985, 187. VGH Bad.-Wttbg., Urt. v. 24. 4. 1990 – 9 S 3227/89 – SPE 528 Nr. 7. Eine besonders hohe Mißerfolgsquote bei der Beteiligung eines bestimmten Prüfers ist für sich allein noch kein hinreichender Grund anzunehmen, daß die Erwägungen dieses Prüfers nicht am Ziel der Prüfung orientiert und daher sachfremd seien: BVerwG, Beschl. v. 6. 11. 1987 – 7 B 198.87 – NVwZ 1988, 439 = Buchholz aaO Nr. 245. Ebensowenig läßt allein die Tatsache, daß ein Prüfer/Lehrer seine Meinung hinsichtlich der Bewertung ändert, Rückschlüsse auf sachfremde Erwägungen zu: OVG Berlin, Urt. v. 10. 10. 1985 – 3 B 54.84 – SPE 400 Nr. 30.
[809] BVerwG, Beschl. v. 19. 8. 1975 – 7 B 24.75 – SPE III E I, S. 51 (betr. die Überbewertung der Schriftform); BayVGH, Beschl. v. 25. 11. 1987 – 7 C 87 03235 – NJW 1988, 2632 (betr. die Benutzung eines Bleistifts). OVG Berlin, Urt. v. 17. 8. 1978 – OVG III B 35.78 – DVBl 1979, 355 (betr. die wissenschaftliche Form einer Universitätsprüfung); VGH Bad.-Wttbg., Beschl. v. 28. 3. 1979 – IX 1277/78 – SPE III D II, S. 31 (betr. Rechtschreib-, Grammatik- und Zeichenfehler in einer Diplomarbeit); OVG NW, Urt. v. 28. 4. 1982 – 15 A 969/81 – DÖV 1983, 299 (betr. die äußere Form einer Diplomarbeit).
[810] In dem vom BayVGH (Urt. v. 25. 11. 1987 aaO) entschiedenen Fall wurde die Verhältnismäßigkeit als gewahrt erachtet, weil die „äußere Form" dort nur mit 10% in die Gesamtbewertung eingeflossen war.
[811] Anders insofern bei Schulen in freier Trägerschaft (s. 2. Aufl. Rdn. 17, 158 ff.).

d) Das Gebot, Gleiches gleich zu bewerten.

355 Die Prüfer und Prüfungsausschüsse sind durch Art. 3 Abs. 1 GG gehalten, **gleiche Leistungen gleich zu bewerten**. Schwierigkeiten macht indessen die Feststellung, ob die vorliegenden Leistungen wirklich gleich sind. Dabei ist zu berücksichtigen, daß die für die abweichende Bewertung maßgeblichen atypischen Merkmale oder Fallgestaltungen häufig nicht evident sind, sondern sich gerade erst aus der – zumeist hinzunehmenden – **Einschätzung des Prüfers** ergeben. Unterschiede können sich z. B. auch aus dem Schwierigkeitsgrad der Prüfungsaufgaben ergeben, wodurch die scheinbar gleichartigen Leistungen der Prüflinge unterschiedliches Gewicht erhalten können. Bei **unterschiedlichen Laufbahnprüfungen** können wegen der unterschiedlichen Leistungsanforderungen an die Bewertung selbst gleichlautender Arbeiten unterschiedliche Maßstäbe angelegt werden.[814]

Ferner steht es mit dem Gleichheitssatz in Einklang, wenn von der Möglichkeit der **Veränderung einer rechnerisch ermittelten Gesamtnote** aufgrund eines anderen Gesamteindrucks (vgl. § 5 d DRiG) in dem Fall kein Gebrauch gemacht wird, daß dies das Prüfungsergebnis umkehren würde.[815] Der Zweck einer bloßen Präzision der rechnerischen Bewertung, welche ihrerseits eine gleichmäßige Handhabung gewährleisten soll, läßt dies nicht zu. Allerdings kann auch eine – nach der Prüfungsordnung vorgesehene – rechnerische Bewertung ihren Zweck verfehlen, etwa wenn die Notenstufen oder Zuordnungen von Punkten zu sachlich nicht gerechtfertigten Ergebnissen führen (s. dazu oben Rdn. 253 ff. und 274).[816]

356 Aus dem Gleichheitssatz (Art. 3 Abs. 1 GG) erwächst dem Prüfling kein Rechtsanspruch darauf, daß ihm eine sachlich nicht gerechtfertigte Bevorzugung nur deshalb zu teil wird, weil diese anderen Prüflingen in einer ähnli-

---

[812] BVerwG, Beschl. v. 1.8. 1983 – 7 B 97.83 – Buchholz 421.0 Prüfungswesen Nr. 182.

[813] VGH Bad.-Wttbg., Urt. v. 27. 1. 1988 – 9 S 3018/87 – NJW 1988, 2633 = VBl BW 1988, 262.

[814] BVerwG, Beschl. v. 14. 9. 1989 – 2 CB 54.86 – Buchholz aaO Nr. 270.

[815] BVerwG, Beschl. v. 6. 2. 1987 – 7 B 181.86 – NVwZ 1988, 438 = Buchholz aaO Nr. 50.

[816] Zur Bildung eines Bewertungsrasters innerhalb eines Hundert-Punkte-Schüssels mit Angabe einer Bestehensgrenze: BVerwG, Urt. v. 13. 5. 1986 – 1 C 7.84 – NVwZ 1987, 980; VGH Bad-Wttbg., Urt. v. 16. 1. 190 – 9 S 3071/88 – SPE 470 Nr. 56.
Der Gleichheitssatz verlangt nicht, daß der Zahlenwert des jeweiligen Prüfungsergebnisses als Gleichwertigkeitsmaßstab etwa bei der Anerkennung der (fachgebundenen) Hochschulreife exakt übernommen wird: BVerwG, Beschl. v. 5. 11. 1985 – 7 B 196.85 – NVwZ 1986, 378 = Buchholz 421.2 Hochschulrecht Nr. 111.

chen Situation gewährt worden ist. Auch hier gilt, daß ein Anspruch auf „Gleichheit im Unrecht" nicht besteht. Der Gleichheitssatz kann sich unter den vorgenannten Umständen nur ausnahmsweise etwa dann auswirken, wenn bei – ausnahmsweise zulässiger – relativer Bewertung die Leistungen des einen Prüflings in gewisser Abhängigkeit von den Leistungen anderer – ungerechtfertigt bevorzugter – Mitprüflinge zu bewerten sind.[817]

Die nur im Ergebnis vorliegende **Übereinstimmung mit anderen Prüfungsarbeiten**, die besser bewertet worden sind, macht eine abweichende Prüfungsentscheidung nicht gleichheitswidrig, soweit es im Einzelfall gerade darauf ankommt, **auf welchem Wege** das Ergebnis gefunden worden ist.[818] Ebensowenig verstößt es gegen den Gleichheitsssatz, Prüfungen schon nach dem **Versagen** des Prüflings in einzelnen Teilabschnitten (**vorzeitig**) **für nicht bestanden** zu erklären. Voraussetzung dazu ist freilich, daß der betreffende Prüfungsabschnitt soviel Gewicht besitzt, daß schon insoweit das Versagen ohne Verletzung des Übermaßverbotes die Feststellung rechtfertigt, daß der Prüfling insgesamt nicht in der Lage ist, die Mindestanforderungen zu erfüllen.[819] 357

Die Nichtberücksichtigung der **vor der Abiturprüfung** erbrachten Leistungen von Schülern staatlich genehmigter (aber nicht auch anerkannter) Privatschulen bei der Abiturprüfung verstößt nicht gegen Art. 3 Abs. 1 GG.[820]

Wird **Religionsunterricht** auf der Grundlage religiöser Offenbarung und unter Hinwendung auf ein bestimmtes Bekenntnis erteilt, entziehen sich die „Leistungen" in diesem Fach insoweit einer wirklichen Kontrolle. Es ist daher nicht sachwidrig und verletzt nicht den Gleichheitssatz, die Religionsnote unter diesen Umständen als für die **Versetzung unerheblich** anzusehen.[821] Auch bei der Bewertung **musischer oder sportlicher Leistungen** gebietet der Grundsatz der Chancengleichheit keine Differenzierung nach der etwa vorhandenen Begabung des jeweiligen Schülers. Insofern ist allerdings vorauszusetzen, daß das Klassenziel in den Unterrichtsfächern Sport und Musik auch von weniger begabten Schülern erreicht werden kann. Ist dies der Fall, kann die Versetzung auch daran scheitern, daß – neben anderen mangelhaften Leistungen – eine schlechte Note in einem solchen Fall den Ausschlag gibt.[822] 358

Über Leistungsmängel darf nicht wegen eines vertretbaren oder unvertretbaren Grundes in der Person des Prüflings hinweggesehen werden. **Ungleiche Startchancen** (z. B. Prüfungsunfähigkeit) müssen vielmehr etwa durch eine **Wiederholung** der Prüfung (Rdn. 291) beseitigt oder durch Anpassung der 359

---

[817] VGH Bad.-Wttbg., Urt. v. 22. 12. 1976 – IX 782/74 – SPE III A II, S. 7.
[818] BVerwG, Beschl. v. 30. 8. 1966 – 7 B 113.66 – DVBl 1966, 860 = Buchholz 421.0 Prüfungswesen Nr. 30.
[819] Vgl. oben Rdn. 346. Zum sogen. Blockversagen: BVerwG, Beschl. v. 4. 11. 1980 – 7 B 227.80 – Buchholz 421.0 Prüfungswesen Nr. 132; OVG NW, Urt. v. 27. 9. 1974 – XV A 1336/73 – OVGE 30, 83. Zur unterschiedlichen Gewichtung von Teilabschnitten: OVG NW, Urt. v. 12. 10. 1977 – 16 A 613/76 – SPE III D IX, S. 21.
[820] HessVGH, Urt. v. 28. 3. 1983 – VI OE 21/81.
[821] Vgl. BVerwG, Urt. v. 6. 7. 1973 – 7 C 36.71 – NJW 1973, 1815.
[822] OVG Bremen, Urt. v. 4. 11. 1975 – OVG I B A 22/74 – SPE II C IV, S. 11.

äußeren Prüfungsbedingungen – z. B. durch **Vorlesehilfen** und **Zeitzugaben für einen Blinden** – ausgeglichen werden (vgl. Rdn. 156). Dagegen verstößt es gegen den Sinn und Zweck der Leistungskontrolle, die Gleichheit dadurch herstellen zu wollen, daß anstelle der unter ungünstigen Bedingungen erbrachten, schlechten Leistungen **hypothetische (bessere) Leistungen** der Bewertung zugrunde gelegt werden. Aus diesem Grund dürfen mangelhafte Leistungen nicht etwa deshalb „ausreichend" genannt werden, weil der Prüfling solche besseren Leistungen, die seine Mitprüflinge unter normalen Prüfungsbedingungen erbracht haben, ohne besondere Erschwernisse vermutlich ebenso erbracht hätte. Vielmehr ist dem Prüfling durch eine Wiederholung der Prüfung Gelegenheit zu geben, seine wahren Fähigkeiten unter Beweis zu stellen.

e) Sonstige rechtliche Bindungen (Zusagen, ständige Bewertungspraxis)

360   Ob ein Prüfer oder ein Fachlehrer sich rechtserheblich gebunden hat, bestimmte Bewertungen abzugeben oder näher bezeichnete Bewertungsregeln einzuhalten, ist vorab eine **Auslegungsfrage**. Durch allgemein gehaltene Ausführungen verursachte Hoffnungen der Prüflinge, Eltern oder Schüler sind von vornherein dann nicht schutzwürdig, wenn diese aus den Gesamtumständen erkennen können, daß lediglich Erwartungen ausgedrückt, Leistungstrends angezeigt oder Chancen vermittelt werden sollten. Ebensowenig sind Auskünfte über den aktuellen Leistungsstand oder die Äußerungen von Rechtsansichten als verbindliche Zusicherungen zu verstehen.[823]

361   Davon abgesehen ist eine **Zusage** nur dann verbindlich, wenn sie von der **zuständigen**, mit der fachkundigen Bewertung beauftragten **Stelle** abgegeben wird.[824] Nicht durch eine Willensbildung der Versetzungskonferenz abgedeckte Äußerungen eines Fachlehrers, der Schüler werde versetzt, können zwar als Amts- oder Dienstpflichtverletzungen anderweitige rechtliche Folgen haben, aber nicht den Prüfungsausschuß an die „Zusage" binden. Das gilt auch für irrtümliche Mitteilungen einer besseren als der vom Prüfungsausschuß für einzelne Prüfungsleistungen beschlossenen Note durch ein Mitglied des Prüfungsausschusses.[825]

Ist ein Verwaltungsakt (§ 35 VwVfG) Gegenstand der Zusicherung, so ist diese auch in Prüfungsangelegenheiten nur dann wirksam, wenn sie in **schriftlicher Form** abgefaßt worden ist (§ 2 Abs. 3 Nr. 2 und § 38 VwVfG).[826] Es

---

[823] Zur Abgrenzung dieser Maßnahmen: Stelkens in: Stelkens/Bonk/Sachs, Verwaltungsverfahrensgesetz, 4. Aufl. 1993 § 38 Rdn. 16.
[824] OVG Berlin, Urt. v. 7. 11. 1974 – V B 7.73 – DVBl 1975, 731 = DÖV 1975, 570.
[825] OVG NW, Beschl. v. 14. 7. 1975 – XV B 663/75.
[826] Auch hier ist aus Gründen der Vereinheitlichung auf das Verwaltungsverfahrensgesetz des Bundes abgestellt worden. Maßgeblich ist im Bereich der dem Landesrecht unterliegenden Prüfungen das jeweilige Landes-Verwaltungsverfahrensgesetz, das aber durchweg gleichlautende Vorschriften enthält.

besteht kein sachlicher Grund, das Vertrauen der Eltern an die Verbindlichkeit von Zusagen – etwa nach Treu und Glauben – zu schützen, soweit sie wissen müssen, daß die Erfüllung der Zusage vom Eintritt gewisser Umstände – wie anhaltender Leistungen des Schülers oder einer umfassenden Würdigung durch mehrere Prüfer – abhängt, die auch ein Fachlehrer nicht mit Sicherheit vorhersehen kann.

Daß Prüfungs- und Versetzungsentscheidungen weitgehend das Ergebnis **prüfungsspezifischer Wertungen** sind, steht der **rechtlichen Verbindlichkeit** diesbezüglicher Zusagen dagegen nicht von vornherein entgegen. Denn daß die rechtliche Bindung sich inhaltlich auf etwas bezieht, das dem Einschätzungs- und Bewertungsvorrecht des Prüfers untersteht, ist kein Grund, sie für rechtlich unmöglich zu halten. 362

Die Leistungsbewertung kann auch dann gegen rechtliche Bindungen verstoßen, wenn ohne sachlichen Grund von einer ständigen, gewohnheitsrechtlich bindenden **Bewertungspraxis** abgewichen wird. Die gewohnheitsrechtliche Bindung setzt aber voraus, daß allseits Übereinstimmung darin besteht, daß die betreffende Praxis verbindlich ist und fortgelten soll. Ein internes Bewertungsschema mit einschlägigen Beurteilungskriterien dient grundsätzlich nur der persönlichen Meinungsbildung des Prüfers/Lehrers und ist daher für Änderungen und Fortentwicklungen offen.[827] Im übrigen besteht jedenfalls kein Anspruch auf Beibehaltung einer rechtswidrigen Bewertungspraxis, z. B. Schüler trotz schlechter Leistungen zu versetzen, sofern sie ankündigen, nach der nächsten Klasse abzugehen.[828] 363

3. Die Erheblichkeit des Bewertungsfehlers

Auch im Falle inhaltlicher Bewertungsfehler der vorbezeichneten Art[829] ist die Prüfungsentscheidung nur dann aufzuheben, wenn der Mangel erheblich ist. Im Blickfeld stehen hier Mängel in dem inneren Bereich des Bewertungsvorgangs, z. B. falsche fachspezifische Wertungen, willkürliche Fehleinschätzungen oder unsachliche Beweggründe, aber auch – im Vorfeld dazu – die unvollständige Kenntnisnahme der erbrachten Leistungen des Prüflings.[830] Allerdings kann hier der **Einfluß des Fehlers auf das Prüfungsergebnis** im allgemeinen seltener ausgeschlossen werden, als bei bloßen Verfahrensfehlern wie 364

---

[827] VGH Bad.-Wttbg., Urt. v. 25. 1. 1983 – 9 S 984/82 – DÖV 1983, 860.
[828] Dazu: BVerwG, Beschl. v. 12. 9. 1973 – 7 B 80.72 – SPE III E I, S. 11.
[829] Wegen der Erheblichkeit von Verfahrensfehlern, einschließlich des normierten Verfahrens zur Bewertung der Prüfungsleistungen, s. oben Rdn. 284 ff.
[830] Dazu gehört auch der „Sachverhaltsirrtum", etwa wenn die Prüfer das Fehlen bestimmter Ausführungen kritisieren, dabei jedoch übersehen, daß der Prüfling hierzu an anderer Stelle Ausführungen gemacht hat. Der BayVGH, Urt. v. 12. 9. 1990 – 3 B 9000061 – NVwZ 1991, 499 = DVBl 1991, 759, geht insofern fälschlich von einem Verfahrensfehler aus.

etwa bei der Berechnung der Gesamtnote nach einem vorgegebenen Modell. Immerhin dürfte nunmehr – nach der entsprechenden Eingrenzung des Bewertungsspielraumes der Prüfer (vgl. oben Rdn. 399ff. i.V.m. 327, 330) auch die so nicht berechtigte Kritik des Prüfers an der Antwort des Prüflings auf eine Fachfrage unerheblich sein, wenn die **Antwort aus anderen Gründen erkennbar falsch** ist. In den meisten Fällen wird freilich kaum abzusehen sein, wie die Prüfungsentscheidung ausgefallen wäre, wenn der Prüfer z.B. sachfremde Erwägungen unterlassen oder einschlägige allgemeingültige Bewertungsgrundsätze beachtet hätte. Unter diesen Umständen ist eine – sodann fehlerfreie – Neubewertung der vorhandenen Prüfungsleistungen unumgänglich, selbst wenn nach Lage der Dinge vieles dafür spricht, daß sich an dem Prüfungsergebnis vermutlich nichts ändern wird.

365 Anders als bei Mängeln des Verfahrens ist die Unerheblichkeit inhaltlicher Bewertungsfehler nicht aus § 46 VwVfG herzuleiten, weil diese Vorschrift ausschließlich das **Verwaltungsverfahren** betrifft.[831] Daraus folgt indes nicht, daß eine solche Rechtsfolge von vornherein nicht in Betracht komme, weil dafür eine gesetzliche Regelung fehle. Der Rechtsgrundsatz, daß auch **inhaltliche Fehler ohne Sanktion** bleiben, sofern sie sich auf das Prüfungsergebnis nicht ausgewirkt haben, ist nämlich in der Rechtsprechung seit langem, und zwar schon vor Inkrafttreten des Verwaltungsverfahrensgesetzes, anerkannt.[832]

366 Ausgeschlossen werden kann der Einfluß des Bewertungsfehlers auf das Prüfungsergebnis einmal dann, wenn er Ausführungen betrifft, die offensichtlich nicht tragend, sondern nur **beiläufige Anmerkungen** sind. Das mag z.B. im Falle einer übermäßigen, emotionalen Kritik etwa an der schlechten Schrift oder wegen der Rechtschreibfehler dann anzunehmen sein, wenn dies in einer Randbemerkung geschehen ist, die Bewertung aber gemäß dem abschließenden Vermerk eindeutig und umfassend nur auf sachliche Gesichtspunkte gestützt worden ist, die allein das Ergebnis tragen. Zum anderen kann sich die Unerheblichkeit des Fehlers auch in dem Bereich tragender Erwägungen daraus ergeben, daß das **Prüfungsergebnis anderweitig gehalten** wird. Hierzu gehören insbesondere Fälle, in denen der Bewertungsfehler nur eine – selbständig zu beurteilende – Teilleistung betrifft und die Prüfungsnote schon aufgrund anderer Teilleistungen feststeht.

---

[831] Zutreffend: Rozek, Neubewertung einer fehlerhaft bewerteten Prüfungsarbeit im Prüfungsrechtsstreit, NVwZ 1992, 33 (35).
[832] BVerwG, Beschl. v. 4.2. 1991 – 7 B 7.91 – Buchholz 421.0 Prüfungswesen Nr. 283; Urt. v. 20. 11. 1987 – 7 C 3.87 – BVerwGE 78, 280 (284) = NVwZ 1988, 433 = DVBl 1988, 402. In dem früheren Urt. v. 20. 9. 1984 (– 7 C 57.83 – BVerwGE 70, 143, 147 = NVwZ 1985, 187) hat das BVerwG eine ausdrückliche landesrechtliche Regelung nicht verlangt, sondern als bundesrechtlich unbedenklich erachtet. Auch das BVerfG, Beschl. v. 17. 4. 1991 – 1 BvR 419/81 – BVerfGE 84, 34 = NJW 1991, 2005 (2008), nimmt ohne weiteres an, daß die dort angefochtene Prüfungsentscheidung Bestand habe, weil die Möglichkeit auszuschließen sei, daß der materielle Bewertungsfehler die Prüfungsnote beeinflußt haben könnte.

Wird in anderen Fällen ein erheblicher Fehler eingeräumt und durch eine **Neubewertung**, die fehlerfrei zu demselben Ergebnis kommt, bereinigt, so wird damit nicht die Erheblichkeit des Fehlers ausgeschlossen, sondern eine **neue Entscheidung getroffen**, auch wenn von einem neuen förmlichen Bescheid abgesehen wird. Für die Frage der Erheblichkeit des Bewertungsfehlers kommt es allein auf den **Zeitpunkt der abschließenden Erstbewertung** an. Die Neubewertung schafft eine neue Rechtslage.[833]

4. Neubewertung

Ist der inhaltliche Bewertungsfehler für die Prüfungsentscheidung erheblich, müssen die vorliegenden Leistungen erneut bewertet werden, wodurch auch darüber zu befinden ist, wie des Gesamtergebnis nunmehr lautet. Ein bloßes **Nachschieben von Gründen** für die frühere, mit Mängeln behaftete (Teil-)Bewertung reicht dazu nicht aus. Vielmehr muß durch die neue oder ergänzende Begründung erkennbar werden, daß die Prüfer sich **erneut mit dem Inhalt der Prüfungsarbeit befaßt** und sich hinsichtlich ihrer Bewertung auseinandergesetzt haben.[834] 367

Der Grundsatz der Chancengleichheit gebietet es, daß die Neubewertung einer Prüfungsleistung von den Prüfern oder von dem Prüfungsausschuß vorgenommen wird, welche die beanstandete frühere Bewertung vorgenommen haben. Dadurch läßt sich am besten gewährleisten, daß grundsätzlich dieselben Maßstäbe, Vorstellungen und Erfahrungen zugrunde gelegt werden wie bei der Erstbewertung. Der Umstand allein, daß Prüfer eine Prüfungsleistung nicht fehlerfrei beurteilt haben und daher erneut beurteilen müssen, rechtfertigt nicht den Schluß, sie seien nunmehr befangen oder voreingenommen. Für den Vorrang des Grundsatzes der **Bewertung durch dieselben Prüfer** spricht, daß das Prüfungsverfahren so gestaltet sein muß, daß alle Prüfungsteilnehmer in möglichst ungehindertem Wettbewerb die gleichen Möglichkeiten haben, die ihren Fähigkeiten entsprechenden Leistungen zu erbringen, und daß eine unterschiedliche Beeinflussung des Prüfungsergebnisses durch außerhalb ihrer Person liegende Umstände möglichst vermieden wird. Nach dem Grundsatz der Chancengleichheit, der das Prüfungsverfahren beherrscht, müssen für vergleichbare Prüfungen soweit wie möglich die glei- 368

---

[833] BVerwG, Urt. v. 9. 12. 1992 – 6 C 3.92 – BVerwGE 91, 262 = Buchholz 421.0 Prüfungswesen Nr. 307 = NVwZ 1993, 677. Anders: BayVGH, Urt. v. 12. 9. 1990 aaO, dem Rozek (aaO) mit berechtigter Kritik entgegentritt. In der Sache selbst bleibt es zwar jeweils bei dem erfolglos beanstandeten Prüfungsergebnis; der klagende Prüfling vermeidet jedoch Gerichtskosten, wenn er aufgrund der Neubewertung die Erledigung der Hauptsache erklärt und nicht etwa hinnehmen muß, daß die Prüfungsentscheidung mangels Erheblichkeit des Bewertungsfehlers rechtmäßig ist und die Klage deshalb auf seine Kosten abgewiesen wird.

[834] BVerwG, Urt. v. 9. 12. 1992 aaO.

chen Prüfungsbedingungen und Bewertungskriterein gelten. Das muß auch durch die Konstanz der Prüfer gewährleistet werden, solange nicht zusätzliche konkrete Umstände erkennen lassen, daß der einzelne Prüfer **befangen** ist.[835] Dies ist z. B. dann anzunehmen, wenn ein Prüfer sich schon vor der Neubewertung dahin festgelegt hat, daß für ihn eine Änderung der Note nicht in Betracht komme.[836]

369 Das Ergebnis der Bewertung darf durch die erneute Bewertung **nicht verschlechtert** werden, weil dies der verfassungsrechtlich verankerten Chancengleichheit zuwiderlaufen würde. Diesem Gebot ist auch bei der Festlegung der Rechtsfolge, die sich aus einem rechtsrelevanten Bewertungsfehler ergibt, möglichst ungeschmälert Rechung zu tragen. Daher muß der Prüfer bei der Neubewertung nur den ursprünglichen Fehler vermeiden, darf aber nicht seine allgemeinen Bewertungskriterien ändern, nach denen er im Rahmen des ihm zustehenden Bewertungsspielraums (s. Rdn. 399 ff. i. V. m. 327, 330) die Prüfungsleistung bewertet hat. Er muß vielmehr seine Gesamtbewertung durch die Korrektur der als rechtsfehlerhaft beanstandeten Einzelbewertungen ergänzen und die neu vorzunehmenden Wertungen in die komplexen Erwägungen, auf denen das Bewertungsergebnis beruht, einpassen. Dies schließt eine Verschlechterung aus, weil die als rechtsfehlerhaft beanstandeten Wertungen dem Prüfling zum Nachteil gereichen, so daß die gebotene Korrektur dieses Bewertungsfehlers grundsätzlich nur zu einer besseren oder gleichen Bewertung führen kann.[837]

---

[835] BVerwG, Urt. v. 24. 2. 1993 – 6 C 38.92 – Buchholz 421.0 Prüfungswesen Nr. 314 = NVwZ 1993, 686. Urt. v. 9. 12. 1992 – 6 C 3.92 – aaO. Einzelne Oberverwaltungsgerichte hatten insofern bislang anders entschieden, z. B. VGH Bad.-Wttbg., Urt. v. 15. 2. 1991 – 9 S 105/90 – NVwZ 1991, 1205.
[836] BVerwG, Urt. v. 24. 2. 1993 aaO.
[837] BVerwG, Urt. v. 24. 2. 1993 aaO.

E. Prozeßrechtliche Fragen

1. Verwaltungsrechtsschutz im Prüfungswesen/Rechtsschutzinteresse

Es ist gegenwärtig nicht mehr ungewöhnlich, daß die Gerichte über die Rechtmäßigkeit von Prüfungsentscheidungen oder die Nichtversetzung eines Schülers befinden müssen. Sie werden häufiger denn je mit Klagen aus dem Prüfungswesen befaßt, weil nicht wenige Prüflinge darin eine letzte Chance sehen, ihre langjährige Ausbildung dennoch erfolgreich abzuschließen, um den begehrten Beruf ausüben zu können. Nicht selten werden jedoch von Klägern, die glauben, ihre Leistungen seien falsch bewertet worden, die **Kontrollmöglichkeiten der Verwaltungsgerichte** in Prüfungsangelegenheiten erheblich überschätzt (dazu im einzelnen Rdn. 399 ff.). Dagegen wird die indirekte Wirkung, die schon von der Möglichkeit nachträglicher verwaltungsgerichtlicher Kontrolle ausgeht und auf laufende Prüfungsverfahren ausstrahlt, meist zu wenig beachtet.

Die Kammern und Senate der Verwaltungsgerichte sind keine „Superprüfungsausschüsse" und nicht dazu berufen, angeblich zu strenge oder von dem Prüfling als ungerecht empfundene Beurteilungen nach eigenen Bewertungsmaßstäben zu korrigieren. Insbesondere darf das Gerichtsverfahren nicht dazu mißbraucht werden, daß der klagende Prüfling auf diese Weise praktisch einen weiteren – ansonsten nicht zugelassenen – Prüfungsversuch unternehmen kann, während die anderen diese Chance nicht haben. Die gerichtliche Kontrolle ist **allein an rechtlichen Maßstäben** orientiert; sie betrifft im wesentlichen die Einhaltung des vorgeschriebenen Verfahrens und die Beachtung der Grenzen des den Prüfern zukommenden Bewertungsspielraumes.

Das erforderliche **Rechtsschutzinteresse** ist offensichtlich, wenn der klagende Prüfling die Prüfung nicht bestanden hat und mit rechtlichen Einwänden eine Korrektur dieser ihn belastenden Entscheidung anstrebt.[838] Soweit es dem Prüfling nach bestandener (Erst-)Prüfung allein darum geht, das Prüfungsergebnis zu verbessern (sogen. Verbesserungsklage), oder wenn lediglich um eine Einzelnote gestritten wird (zur Zulässigkeit s. unten Rdn. 380, 386.), ist das Rechtsschutzinteresse nur dann gegeben, wenn die im einzelnen angestrebte Verbesserung reale positive Folgen hat, z. B. wenn davon die Zulassung zum Studium oder der Erfolg einer beruflichen Bewerbung ab-

---

[838] Wird zwischenzeitlich die Wiederholungsprüfung bestanden, entfällt nicht ohne weiteres das Rechtsschutzinteresse für die anhängige Klage gegen die erste (negative) Prüfungsentscheidung (s. Rdn. 308, 309 und 389). Für den Fall der Nichtversetzung eines Schülers: BVerwG, Urt. v. 6. 12. 1983 – 7 C 39.83 – NVwZ 1984, 794 = DVBl 1984, 272.

hängt.⁸³⁹ Weniger strenge Anforderungen werden in der Rechtsprechung in Fällen gestellt, in denen der Prüfling zwischenzeitlich zwar die Wiederholungsprüfung bestanden hat, trotzdem aber die – nicht bestandene – Erstprüfung weiterhin anficht, um so den „Makel des Durchgefallenseins" als ein generelles Hemmnis für das berufliche Fortkommen zu beseitigen.⁸⁴⁰

2. Der Verwaltungsrechtsweg

372 Streitigkeiten um Prüfungsentscheidungen der öffentlichen Hand sind grundsätzlich „öffentlich-rechtliche Steitigkeiten", für die der Verwaltungsrechtsweg eröffnet ist (§ 40 Abs. 1 VwGO).⁸⁴¹ Das gilt insbesondere für Prüfungen der öffentlichen Hochschulen und staatlichen Prüfungsämter sowie für Laufbahnprüfungen im öffentlichen Dienst. Werden von anderen öffentlichen Einrichtungen (z. B. Ortskrankenkassen) Prüfungen abgehalten, ist maßgebend für die Zuordnung zum öffentlichen oder bürgerlichen Recht allein der Charakter der Rechtsnorm, in der die prüfungsrechtlichen Beziehungen der am Prüfungsverhältnis beteiligten Parteien wurzeln, nicht dagegen die Rechtsnatur der Einrichtung oder der Charakter ihrer Aufgaben.⁸⁴² Ist das Prüfungsrechtsverhältnis etwa durch einen Tarifvertrag geregelt, so ist nicht der Verwaltungsrechtsweg gegeben, sondern die Prüfungsentscheidung ist vor dem Arbeitsgericht anzufechten.⁸⁴³

373 **Leistungsbewertungen öffentlicher Schulen**, die unmittelbar der Erfüllung des hoheitlichen Erziehungs- und Bildungsauftrages dienen (Art. 7 Abs. 1 GG), tragen stets **öffentlich-rechtlichen Charakter**. Obwohl das Rechtsverhältnis zwischen dem Schüler und dem Träger einer **Privatschule** in seiner Grundstruktur privatrechtlich ausgestaltet ist, können jedenfalls Prüfungs- und Versetzungsentscheidungen staatlich anerkannter Ersatzschulen, die insoweit als Beliehene öffentliche Aufgaben wahrnehmen und bei der Erfüllung des allge-

---

⁸³⁹ Zur Abgrenzung vgl. BVerwG, Beschl. v. 9.1. 1984 – 7 B 170.83 – und VGH Bad.-Wttbg., Urt. v. 29. 9. 1989 – 9 S 735/89 – DVBl 1990, 533.

⁸⁴⁰ BVerwG, Urt. v. 12. 4. 1991 – 7 C 36.90 – BVerwGE 88, 111 (114) = NVwZ 1992, 56.

⁸⁴¹ Eine Verfassungsbeschwerde ist auch hier erst nach Erschöpfung des Rechtsweges vor den Verwaltungsgerichten zulässig: BVerfG, Beschl. v. 14. 3. 1989 – 1 BvR 1308/82 – BVerfGE 80, 40 = NVwZ 1989, 854.

⁸⁴² BVerwG, Urt. v. 25. 3. 1981 – 7 C 79.79 – Buchholz 310 § 40 VwGO Nr. 188 = DÖV 1981, 678 (betr. Verwaltungsprüfung für Krankenkassenangestellte). Wegen der Anfechtung des Nichtbestehens einer theologischen Aufnahmeprüfung der Evangelisch-lutherischen Landeskirche in Bayern s. VG Ansbach, Urt. v. 11. 10. 1983 – Nr. AN 2 K 82 A. 2111 – BayVBl 1984, 120 m. Anm. v. Gramlich, aaO S. 282.

⁸⁴³ BVerwG, Beschl. v. 18. 1. 1993 – 6 B 5.92 – Buchholz 421.0 Prüfungswesen Nr. 311 = NVwZ-RR 1993, 251; OVG RhPf., Urt. v. 17. 7. 1991 – 2 A 10173/91 – (betr. eine Angestelltenprüfung mit dem Ziel einer Höhergruppierung im kommunalen Verwaltungs- und Kassendienst).

meinen Bildungsanspruchs mitwirken,⁸⁴⁴ vor den Verwaltungsgerichten angefochten werden.⁸⁴⁵ Dagegen kann die Abschlußprüfung staatlich nicht anerkannter **Ergänzungsschulen** nur vor den ordentlichen Gerichten angefochten werden.⁸⁴⁶

3. Zuständigkeit

Örtlich zuständig ist gemäß § 52 Nr. 3 Satz 1 VwGO regelmäßig das Verwaltungsgericht, in dessen **Bezirk** die umstrittene Prüfungs- oder Versetzungsentscheidung getroffen worden ist. Der **Wohnsitz des Klägers** ist nur dann maßgebend, wenn eine Behörde entschieden hat, deren Zuständigkeit sich auf mehrere Verwaltungsgerichtsbezirke erstreckt.⁸⁴⁷ Ist die Prüfungsentscheidung von einer Stelle getroffen worden, die keine örtlich begrenzten Zuständigkeiten hat (z. B. von einer Hochschule), so bestimmt sich die örtliche Zuständigkeit des Verwaltungsgerichts gemäß § 52 Nr. 5 VwGO nach dem Sitz der Behörde.

374

4. Verfahrensbeteiligte/Klagebefugnis

Die Klage ist von dem **Prüfling** oder von dem **Schüler** zu erheben, der die umstrittene Entscheidung angreift; ist er minderjährig und daher beschränkt geschäftsfähig, wird er durch seine Eltern⁸⁴⁸ vertreten. Darüber hinaus haben auch die **Eltern** eine selbständige Klagebefugnis (§ 42 Abs. 2 VwGO), soweit ihr gemeinsames Recht auf Erziehung des Kindes (Art. 6 Abs. 2 GG) betroffen ist. Dagegen ist ein **Lehrer** nicht schon dann klagebefugt, wenn die Schul-

375

---

⁸⁴⁴ Dazu: 2. Aufl. Rdn. 91, 167 und 206 ff.
⁸⁴⁵ BayVGH, Beschl. v. 28. 1. 1982 – 7 CE 81 A/2144 – NVwZ 1982, 562; VGH Bad.-Wttbg., Urt. v. 24. 3. 1976 – IX 490/73 – RdJB 1977, 386; HessVGH, Urt. v. 2. 12. 1974 – VI OE 107/73 – SPE III F VII, S. 45. OVG NW, Urt. v. 5. 7. 1960 – V A 258/59 – RWS 1963, 214; OVG RhPf., Urt. v. 29. 9. 1965 – 2 A 45/65 – RdJ 1967, 275. Auch gegen Entscheidungen des Prüfungsausschusses einer Gemeindeverwaltungs- und Sparkassenschule ist – selbst wenn sie die Rechtsform einer Gesellschaft bürgerlichen Rechts hat – der Verwaltungsrechtsweg gegeben: BVerwG, Urt. v. 28. 9. 1971 – 6 C 41.68 – SPE III F I, S. 1 = JZ 1972, 53.
⁸⁴⁶ BVerwG, Beschl. v. 27. 3. 1974 – 7 C 3.73 – BVerwGE 45, 117 = BayVBl 1974, 476.
⁸⁴⁷ Dazu: BVerwG, Urt. v. 30. 6. 1972 – 7 C 22.71 – DVBl 1973, 149 = MDR 1972, 978 (betr. die Entscheidungen des Gemeinsamen Prüfungsamtes, einer Mehrländerbehörde, der Länder Bremen, Hamburg und Schleswig-Holstein für die 2. Juristische Staatsprüfung).
⁸⁴⁸ Und zwar notwendig durch beide Eltern gemeinsam: OVG Lbg., Beschl. v. 29. 6. 1981 – 13 OVG B 27/81 – NVwZ 1982, 321; vgl. dazu ferner: 2. Aufl. Rdn. 112.

aufsicht eine von ihm festgesetzte Note geändert[849] oder eine schriftliche Aufgabe für ungültig erklärt hat.[850] Er ist nämlich durch eine solche dienstliche Maßnahme nicht in seinen persönlichen Rechten beeinträchtigt, soweit nicht der Kernbereich seiner pädagogischen Freiheit verletzt ist (vgl. 2. Aufl. Rdn. 303).

376 Die Klage ist gemäß § 78 Abs. 1 Nr. 1 VwGO gegen die Körperschaft zu richten, deren Behörde den umstrittenen Prüfungsbescheid erlassen hat. In einigen Ländern (z. B. in Nordrhein-Westfalen, im Saarland, in Niedersachsen und in Schleswig-Holstein) ist die Klage gemäß § 78 Abs. 1 Nr. 2 VwGO i. V. m. den einschlägigen Ausführungsgesetzen dieser Länder gegen die Behörde selbst zu richten, die den Verwaltungsakt erlassen hat.

Behörden im Sinne dieser Vorschrift sind nur Organe mit selbständigen, nach außen gerichteten Wahrnehmungszuständigkeiten, also nicht Prüfungsausschüsse, sondern die **Prüfungsämter** oder **Schulen**, denen die betr. Ausschüsse bzw. Lehrerkonferenzen intern zugeordnet sind.[851] Eine Klage wegen des Nichtbestehens der Reifeprüfung, die an einer staatlich anerkannten **Privatschule** (Ersatzschule) abgelegt worden ist, ist gegen den Träger der Privatschule und nicht gegen das Land zu richten.[852]

377 Auch in Prüfungsangelegenheiten können ausnahmsweise **Dritte** an dem streitigen Rechtsverhältnis derart beteiligt sein, daß die Entscheidung ihnen gegenüber nur einheitlich ergehen kann; sie sind in diesem Fall von dem Gericht **beizuladen** und nehmen sodann als Beteiligte an dem Verwaltungsrechtsstreit teil (§ 65 Abs. 2, § 63 Nr. 3 VwGO). Dieses trifft freilich nicht schon dann zu, wenn die gerichtliche Entscheidung sinngemäß auch andere Prüflinge angeht, weil sie z. B. in derselben Gruppe ebenfalls unsachlich geprüft und in derselben Weise durch Baulärm gestört worden sind oder die gleichen unzulässigen Hilfsmittel benutzt haben. Insofern ist maßgeblich, daß die einzelnen Prüfungsrechtsverhältnisse selbständig sind, so daß **jeder Prüfling selbst ein Rechtsmittel** einlegen muß, um für sich die Rechtskraft der Prüfungsentscheidung zu vermeiden. Auch der **Widerruf** einer erschlichenen Examensnote kann nur individuell erfolgen und ist daher **nur individuell anfechtbar**.

Anders ist die Rechtslage, wenn eine Behörde oder sonstige öffentliche Einrichtung durch das Urteil unmittelbar verpflichtet werden soll, bestimmte Maßnahmen zu treffen. Dies gilt insbesondere für Streitigkeiten um das Er-

---

[849] OVG Berlin, Beschl. v. 30. 1. 1987 – 4 B 8.86 – SPE 470 Nr. 55. VG Berlin, Urt. v. 20. 9. 1985, – VG 5 A 203.83 – SPE 470 Nr. 53.
[850] BayVGH, Beschl. v. 6. 3. 1986 – Nr. 3 B 84 A. 1062 – SPE 196 Nr. 1.
[851] Dazu insgesamt: BVerwG, Urt. v. 20. 7. 1984 – 7 C 28.83 – BVerwGE 70, 4 = NVwZ 1985, 577 und v. 2. 7. 1965 – 7 C 171.64 – DVBl 1966, 35 = Buchholz 421.0 Prüfungswesen Nr. 27; OVG NW, Urt. v. 13. 3. 1991 – 22 A 871/90 – NJW 1991, 2586 = DVBl 1991, 774; VGH Bad.-Wttbg., Urt. v. 31. 1. 1989 – 9 S 961/88 – SPE 596 Nr. 35; Müller, Die Rechtsstellung der Justizprüfungsämter, DRiZ 1978, 198.
[852] HessVGH, Urt. v. 2. 12. 1974 – VI OE 107/73 – SPE III F VII, S. 45.

gebnis medizinischer oder pharmazeutischer Prüfungen im **Antwort-Wahl-Verfahren**. Hier ist das Institut für medizinische und pharmazeutische Prüfungsfragen in Mainz notwendig beizuladen und damit am gerichtlichen Verfahren zu beteiligen.[853]

5. Der Gegenstand der gerichtlichen Kontrolle

Die Prozeßordnung hat zu gewährleisten, daß die in den vorherigen Abschnitten dargelegten materiell-rechtlichen Rechte des Prüflings gerichtlich durchsetzbar sind. Letztlich begehrt jeder Prüfling eine positive, möglichst gut benotete Prüfungsentscheidung und damit einen ihn begünstigenden Verwaltungsakt. Wird ein solcher Verwaltungsakt rechtswidrig abgelehnt, so kann der Betroffene zwar grundsätzlich von dem Gericht verlangen, daß es die **Verpflichtung der Behörde ausspricht, die beantragte Amtshandlung vorzunehmen** (§ 113 Abs. 5 VwGO). Mit Klagen in Prüfungsangelegenheiten läßt sich dieses Ziel jedoch nur selten unmittelbar ansteuern;[854] denn häufig fehlt es – etwa gerade wegen des gerügten Verfahrensmangels – an einer ordnungsgemäß zu bewertenden Leistung oder eine bewertungsfähige Leistung ist zwar vorhanden, aber die Bewertung selbst ist zunächst fehlerfrei nachzuholen, bevor das Prüfungsergebnis festgestellt werden kann. In anderen Fällen geht es darum, vorab gewisse Hindernisse auf dem Weg zum Prüfungserfolg zu beseitigen, z. B die Nichtzulassung zur mündlichen Prüfung. Wird etwa die erforderliche Genehmigung des Rücktritts wegen Krankheit versagt, muß auch diese zunächst erstritten werden (vgl. hierzu auch oben Rdn. 171 und 295). Das Verwaltungsprozeßrecht (§§ 113, 114 VwGO) gibt hinreichende Möglichkeiten, diesen unterschiedlichen Ausgangslagen und dem jeweils daraus herzuleitenden Klagebegehren angemessen Rechnung zu tragen (wegen der entsprechenden Klagearten s. nachfolgend Rdn. 381ff.). 378

Gegenstand der richterlichen Kontrolle sind freilich nur Sachentscheidungen, nicht dagegen **unselbständige, nicht vollstreckbare Verfahrenshandlungen**, die häufig dazu dienen, die Sachentscheidung vorzubereiten; sie können gemäß § 44a VwGO nur gleichzeitig mit Rechtsbehelfen gegen die eigentliche Sachentscheidung angegriffen werden. 379

Als eine unselbständige Verfahrenshandlung ist z. B die **Ladung zur Prüfung** anzusehen.[855] Das gilt auch für die Aufforderung an den angeblich erkrankten Prüfling, ein **amtsärztliches Attest** vorzulegen.[856] Im schulischen Bereich zäh-

---

[853] VGH Bad.-Wttbg., Beschl. v. 28. 12. 1992 – 9 S 2520/92; BayVGH, Beschl. v. 20. 12. 1990 – 7 C 903490 – DVBl 1991, 761.
[854] Es kommen praktisch nur Fälle in Betracht, in denen sich das Prüfungsergebnis aus exakten Vorgaben ableiten, insbesondere errechnen läßt, so daß den Prüfern keinerlei Bewertungsspielraum verbleibt.
[855] BayVGH, Urt. v. 11. 1. 1989 – Nr. 3 B 8801381 – BayVBl 1989, 343.
[856] BVerwG, Beschl. v. 27. 8. 1992 – 6 B 33.92 – DVBl 1993, 51 = BayVBl 1992, 762.

len hierzu Einzelbewertungen wie **Klassenarbeiten**,[857] Vorzensuren oder sonstige, die eigentliche Entscheidung vorbereitende Maßnahmen.[858] Im Gegensatz dazu ist die Mitteilung, der Schüler sei nach mehrfacher Nichtversetzung mangels Eignung von der weiterführenden Schule entlassen, kein die Nichtversetzung ergänzender bloßer Hinweis, sondern ein selbständig belastender Verwaltungsakt. Er ist demgemäß auch selbständig anzufechten, wenn vermieden werden soll, daß die **Entlassung** bestandskräftig wird.[859]

380 Ob **Einzelnoten** in bestimmten Fächern oder Ausbildungsabschnitten eine selbständige Sachentscheidung bedeuten oder nur im Rahmen der Überprüfung der abschließenden Prüfungsentscheidung der gerichtlichen Kontrolle unterliegen, hängt von der Ausgestaltung des Prüfungsverfahrens durch die Prüfungsordnung ab, insbesondere davon, ob die Prüfung in einzelne selbständige Teile gegliedert ist und ob der jeweiligen Einzelnote unmittelbar eine rechtliche Wirkung zukommt. Letzteres ist im allgemeinen nicht der Fall, jedoch ausnahmsweise dann anzunehmen, wenn gerade diese Note Rechte des Betroffenen begründet, z.B. hinsichtlich seiner Rechtsposition bei der Verteilung von Studienplätzen oder beim Zugang zum Beruf (Art. 12 GG). Im übrigen ist die Einzelnote etwa einer Klausur oder einer Hausarbeit ein rechtlich unselbständiges Bewertungselement für die Gesamtnote und die Entscheidung über das Prüfungsergebnis, welche als der maßgebliche Verwaltungsakt allein Gegenstand der Klage sein kann.[860]

a) Klageziel/Klageart

381 Das Klageziel hat sich der materiellen Rechtslage anzupassen und muß deshalb davon abhängig gemacht werden, welchen konkreten Anspruch der Prüfling in der gegebenen Situation geltend machen kann. Dem hat auch die Klageart, mit der dieser Anspruch gerichtlich durchgesetzt werden soll, zu entsprechen. Ist das letztendliche Ziel des Prüflings, die Prüfung zu bestehen oder eine bessere Prüfungsnote zu erlangen, nach Lage der Dinge erreichbar,

---

[857] OVG NW, Urt. v. 17. 4. 1967 – V A 976/65 – NJW 1967, 1773 mit Anm. v. Stephany.

[858] OVG NW, Urt. v. 22. 9. 1981 – 18 A 2160/80 – SPE III A IX, S. 15; VGH Bad.-Wttbg., Urt. v. 8. 5. 1979 – IV 4064/78 – SPE III F II, S. 17 (Fachnote anfechtbar) und Urt. v. 1. 2. 1977 – IV 1315/76 – SPE III D II, S. 21.

[859] VGH Bad.-Wttbg., Beschl. v. 13. 6. 1985 – 9 S 758/85 – NVwZ 1985, 593 = DVBl 1985, 1070.

[860] BVerwG, Urt. v. 16. 3. 1994 – 6 C 5.93 – und v. 25. 4. 1983 – 7 B 179.82 – BayVBl 1983, 477 (Zeugnisnote) und v. 18. 5. 1982 – 1 WB 148.78 – BVerwGE 73, 376 und v. 25. 3. 1981 – 7 B 143.80 – (Verbesserung der Prüfungsnote eines jur. Examens) und Beschl. v. 3. 12. 1979 – 7 B 196.79 – Buchholz 421.0 Prüfungswesen Nr. 123 (fehlendes Rechtsschutzinteresse für die Aufbesserung um 2/1000 Punkte) und Beschl. v. 27. 4. 1976 – 7 B 6.76 – Buchholz aaO Nr. 74 (betr. die Festsetzung einer Ausbildungsnote); OVG RhPf., Urt. v. 9. 1. 1980 – 2 A 81/79 – DÖV 1980, 614. Vgl. ferner: Löwer, Die Zeugnisnote – ein Verwaltungsakt?, DVBl 1980, 952.

da die Sache in diesem Sinne spruchreif ist oder im Verlauf des Prozesses spruchreif gemacht werden kann (vgl. Rdn. 303 sowie vorstehend Rdn. 378), ist die **Verpflichtungsklage** darauf zu richten, die **Prüfung mit dem begehrten Ergebnis für bestanden zu erklären** (vgl. § 113 Abs. 5 Satz 1 VwGO). Die Aufhebung der negativen Prüfungsentscheidung ist darin einzubeziehen, hat aber keine selbständige Bedeutung.

In vielen Fällen ergibt sich jedoch schon aus dem unstreitigen Sachverhalt und dem Vorbringen des Prüflings, daß er einen solchen **perfekten Bestehensanspruch** nach der gegenwärtigen Rechtslage nicht hat und vor dem ungewissen Eintreten zusätzlicher Ereignisse (z. B. einer nachzuholenden Neubewertung oder wegen der noch ausstehenden mündlichen Prüfung) noch nicht haben kann. Macht er in solchen Fällen einen Bestehensanspruch geltend, muß er mit einer Teilabweisung der Klage und entsprechender Kostenbeteiligung auch dann rechnen, wenn er im übrigen Erfolg hat. Die Umstände, die einen Bestehensanspruch nach der gegebenen Sach- und Rechtslage ausschließen, sind von unterschiedlicher Art und Wirkung auf das Recht des Prüflings, ordnungsgemäß geprüft und über das Ergebnis einer solchen Prüfung fehlerfrei beschieden zu werden. Dem ist das Klageziel anzupassen.

Werden **Bewertungsmängel** geltend gemacht, hat in der Praxis insbesondere die **Bescheidungsklage** erhebliche Bedeutung. Sie dient dazu, den Anspruch auf fehlerfreie Neubewertung und Neubescheidung der Prüfungsleistungen durchzusetzen, der daraus folgt, daß gewisse Leistungen zuvor rechtsfehlerhaft bewertet worden sind. Dieser Anspruch ist eine materiell-rechtliche Modifizierung des Bestehensanspruchs; er ist auf eine andere selbständige Bewertung und Bescheidung des Prüfungsergebnisses gerichtet, welche die gerügten Bewertungsfehler zu vermeiden hat. 382

„**Nicht spruchreif**" im Sinne des § 113 Abs. 5 Satz 2 VwGO ist die zur Durchsetzung dieses Anspruchs erhobene Klage nicht etwa, weil die Prüfung nicht für bestanden erklärt werden kann – darauf ist die Klage hier nicht gerichtet –, sondern weil das Gericht den Prüfern nicht aufgeben kann, wie sie durch eine Neubewertung im einzelnen unter Vermeidung des gerügten Bewertungsfehlers dem Anspruch des Prüflings auf einen fehlerfreien Fortgang bzw. Abschluß des Prüfungsverfahrens Rechnung tragen. In den Gründen seiner (stattgebenden) Entscheidung hat das Gericht darzulegen, daß es einen rechtserheblichen Bewertungsfehler erkannt hat und daß dieser bei der **Neubewertung** und erneuten Entscheidung über das Prüfungsergebnis zu vermeiden ist. Diese Rechtsauffassung des Gerichts haben die Prüfer gemäß § 113 Abs. 5 Satz 2 VwGO zu beachten. Die Bescheidungsklage erfaßt dieses Begehren mit dem auf **Neubescheidung unter Beachtung der Rechtsauffassung des Gerichts** ausgerichteten Antrag. Freilich kann es im Einzelfall sachdienlich sein, zur Klarstellung in Antrag und Tenor diejenigen Teile der Prüfung (z. B. eine bestimmte Aufsichtsarbeit) zu nennen, um deren Bewertung gestritten wird.

Betrifft der angebliche **Bewertungsfehler** (nur) einen **ersten Teil** oder **Ab-**

schnitt der Prüfung (z. B. die Klausuren) und ist die Prüfung schon danach als nicht bestanden erklärt und abgebrochen worden, so ist allein gegen diese negative (Gesamt-)Prüfungsentscheidung die **Anfechtungsklage** statthaft. Hinsichtlich dieser Entscheidung kommt eine Bescheidungsklage schon deshalb nicht in Betracht, weil der Prüfungserfolg nicht ohne weiteren Fortgang des Verfahrens festzustellen ist. Allenfalls eine Verpflichtungsklage auf Zulassung zur mündlichen Prüfung – nach einer Neubewertung der Klausuren – wäre dann statthaft, wenn die Prüfungsordnung einen solchen Zulassungsakt vorsieht und nicht – wie es allgemein üblich ist – das Prüfungsverfahren im Falle ausreichender Klausuren durch eine Ladung zur mündlichen Prüfung (vgl. Rdn. 379) schlicht fortgesetzt wird. Eine Bescheidungsklage auf Verbesserung einzelner Klausurnoten ist grundsätzlich und insbesondere auch in dem Fall, daß das Prüfungsverfahren schon wegen schlechter Klausuren beendet worden ist, ausgeschlossen (vgl. Rdn. 380, 386). Bestehen Zweifel, ob die Prüfungsbehörde das Prüfungsverfahren nach einer erfolgreichen Anfechtungsklage fortsetzen wird, sollte – neben dem Antrag auf Aufhebung der negativen Prüfungsentscheidung – zusätzlich die Fortsetzung dieses Verfahrens beantragt werden (zur Klageart s. Rdn. 383 am Ende).

383 Geht es indessen um einen Fehler in dem **Verfahren zur Ermittlung der Prüfungsleistungen** (z. B. im Falle der Verwendung unzulässigen Prüfungsstoffes oder bei unerträglichem Baulärm), so konkretisiert sich der Prüfungsanspruch auf das Recht auf fehlerfreie Wiederholung des betreffenden Verfahrens. Für den Bestehensanspruch fehlen unter diesen Umständen ebenfalls schon die materiell-rechtlichen Voraussetzungen und nicht erst die Spruchreife. Das ist auch hier dafür bestimmend, wie bei dieser Sach- und Rechtslage der geltend gemachte Anspruch prozessual durchzusetzen ist: Da der negative Prüfungsbescheid den Fortgang der Prüfung, in diesen Fällen durch Wiederholung bestimmter Verfahrensabschnitte, hindert, muß in erster Linie dessen **Aufhebung** begehrt werden, wofür die **Anfechtungsklage** gegeben ist (§ 113 Abs. 1 Satz 1 VwGO). In Ergänzung dazu sollte in aller Regel beantragt werden, **welche Verfahrensteile** der Prüfling zu **wiederholen** begehrt oder wie sonstwie das Verfahren fehlerfrei zu Ende zu führen ist. Verzichtet werden kann auf diesen Zusatz, wenn außer Frage steht, daß die Behörde nach Aufhebung ihrer Prüfungsentscheidung das Verfahren pflichtgemäß fortsetzen bzw. wiederholen wird.

Die **Fortsetzung** oder **Wiederholung** von Teilen des Prüfungsverfahrens – beginnend etwa mit einer Ladung zur mündlichen Prüfung – ist auch in dieser Situation kein mit der Verpflichtungsklage zu erstreitender Verwaltungsakt. Das Begehren richtet sich vielmehr auf ein schlichtes Verwaltungshandeln (vgl. Rdn. 379) und ist daher mit der **allgemeinen Leistungsklage** geltend zu machen. Anders kann es sein, wenn dem Fortgang des Verfahrens nach der Prüfungsordnung eine ausdrückliche **Zulassung vorgeschaltet** ist; sie ist grundsätzlich ein selbständiger Verwaltungsakt, der mit der **Verpflichtungs-** oder, wenn auch neue Bewertungen vorzunehmen sind, mit der **Bescheidungsklage** zu erstreiten ist.

Besonderheiten sind in dem Fall zu beachten, daß die Genehmigung des **Rücktritts** von der Prüfung (z. B. wegen Erkrankung) versagt worden ist. Die Genehmigung ist als ein selbständiger Verwaltungsakt mit der Verpflichtungsklage zu erstreiten (§ 113 Abs. 5 Satz 1 VwGO). Daneben ist gegen die etwa aus dem Versäumnis hergeleitete negative Prüfungsentscheidung die Anfechtungsklage zu erheben, da sonst der Mißerfolg bestandskräftig feststünde.[861] 384

Verfahrensrechtlich steht nichts im Wege, daß der Kläger mit dem **Hauptantrag** ein positives Prüfungsergebnis erstreiten möchte und **hilfsweise** seine **Prüfungsunfähigkeit** geltend macht. Er kann – prozessual betrachtet – seinen Hauptantrag auch dann noch in der Rechtsmittelinstanz weiterverfolgen, wenn er in der Vorinstanz mit dem Hilfsantrag rechtskräftig obsiegt hat.[862] Materiell-rechtlich setzt der Kläger sich jedoch dem Vorwurf eines widerspruchsvollen und treuwidrigen Verhaltens aus, wenn er einen positiven Prüfungsbescheid beansprucht, obwohl er die Zuverlässigkeit der umstrittenen Leistungskontrolle selbst in Abrede stellt. Der Hauptantrag kann keinen Erfolg haben, wenn die vom Gericht aufzuklärende Prüfungsunfähigkeit wirklich gegeben war. 385

Die Verpflichtungs- oder Bescheidungsklage auf **Verbesserung** des Prüfungsergebnisses, einzelner Teilergebnisse oder gar einzelner Noten (sogen. **Verbesserungsklage**) ist nur dann zulässig, wenn es sich bei der umstrittenen Maßnahme um einen Verwaltungsakt, d. h. um eine selbständige, unmittelbar Rechtswirkungen erzeugende Regelung mit Außenwirkung, handelt und wenn (auch) insofern ein Rechtsschutzinteresse zu bejahen ist (vgl. Rdn. 371). Dies ist hinsichtlich der Entscheidung, die Prüfung sei (nur) mit der Note ausreichend bestanden, im allgemeinen der Fall, da das Grundrecht des Prüflings auf freie Berufswahl (Art. 12 GG) hiervon unmittelbar betroffen ist. Insbesondere die Einstellung in den öffentlichen Dienst ist bei einem solchen Prüfungsergebnis erheblich erschwert oder gar in manchen Bereichen nahezu ausgeschlossen. Die Bewertung einzelner Klausuren erzeugt dagegen im allgemeinen noch keine unmittelbare Rechtswirkung und ist daher kein – etwa zu verbessernder – Verwaltungsakt (s. oben Rdn. 380). 386

Teilanfechtungen sind nur statthaft, soweit die Prüfung aus rechtlich selbständigen Teilen besteht. In diesem Fall ist ferner zu beachten, daß die übrigen – nicht angefochtenen – Teile bestandskräftig werden. Das mag für den Prüfling den Vorteil haben, daß er insoweit vor nachträglichen Verschlechte- 387

---

[861] Die denkbare Lösung über ein Wiederaufgreifen des Verfahrens (vgl. § 51 VwVfG) im Falle der nachträglichen Genehmigung des Rücktritts dürfte für den Prüfling der beschwerlichere Weg sein.
[862] BVerwG, Urt. v. 13. 12. 1979 – 7 C 43.78 – Buchholz 421.0 Prüfungswesen Nr. 124.

rungen auch prozeßrechtlich geschützt ist.⁸⁶³ Es hat aber auch den Nachteil der **fristgebundenen „Anfechtungslast"**, so daß im Falle späterer Erkenntnisse etwa aus den Parallelverfahren anderer Mitprüflinge für diesen Prüfling nichts mehr herzuleiten ist.

388 Der **allgemeine Prüfungsanspruch**, der die volle Durchführung der Prüfung in einzelnen rechtlich unselbständigen Abschnitten einschließlich der Bescheidung über das Prüfungsergebnis umfaßt, ist nicht aus mehreren selbständigen **Teilansprüchen** zusammengesetzt, die sich getrennt voneinander gerichtlich verfolgen ließen, so daß die übrigen in Bestandskraft erwüchsen. Dem steht schon entgegen, daß mit der Klage auf Fortsetzung oder Wiederholung des Verfahrens – wie dargelegt – zugleich immer die **Aufhebung des negativen Prüfungsbescheides** begehrt werden muß. Damit ist einer Aufteilung und Verselbständigung von Teilen des allgemeinen Prüfungsanspruchs der Boden entzogen.

Materiell-rechtlich führt die unterschiedliche konkrete Ausrichtung des allgemeinen Prüfungsanspruchs je nach der Art des gerügten Fehlers und der Beseitigung seiner Folgen nicht zu Aufteilungen, sondern zu **inhaltlichen Modifizierungen dieses Anspruchs** entsprechend der jeweiligen Sach- und Rechtslage. Es geht stets um die Fortsetzung der Prüfung unter Beseitigung des dem entgegenstehenden Hindernisses, z.B. des Abbruchs der Prüfung infolge der – angeblich rechtswidrigen – Bewertung einzelner Aufsichtsarbeiten. Für **Teilanfechtungen** mit Auswirkungen auf die Bestandskraft anderer Teile der Prüfung ist danach kein Raum.⁸⁶⁴ Für den klagenden Prüfling hat dies andererseits den Vorteil, daß er im Verlauf des verwaltungsgerichtlichen Streitverfahrens weitere Rügen vorbringen kann, die sich auf andere Abschnitte der Prüfung beziehen. Erfährt er z.B. erst später aufgrund nachfolgender Äußerungen eines Prüfers, daß dieser befangen war, so ist er auch dann nicht gehindert, damit die Bewertung seiner mündlichen Leistungen zu rügen, wenn er mit seiner Klage bislang nur das Verfahren bei den Aufsichtsarbeiten (etwa wegen Unruhe im Prüfungssaal) beanstandet hat.

389 Auch wenn eine (einmalige) Wiederholung der Prüfung nach der Prüfungsordnung zugelassen ist, sollte der Prüfling nicht abwarten, ob er diese besteht, sondern gegen die nach seiner Meinung rechtswidrige Entscheidung in der Erstprüfung innerhalb der Rechtsmittelfrist vorgehen.⁸⁶⁵ Besteht er die **Wiederholungsprüfung** zwischenzeitlich, erledigt sich seine Klage nicht; denn das Bestehen einer **Erstprüfung** ist für den beruflichen Werdegang nicht identisch mit dem Bestehen einer Wiederholungsprüfung. Erweist sich die Erstprüfung

---

⁸⁶³ BVerwG, Urt. v. 16. 3. 1994 – 6 C 5.93. Wegen des materiell-rechtlichen Verbots einer Verschlechterung s. BVerwG, Urt. v. 24. 2. 1993 – 6 C 38.92 – Buchholz 421.0 Prüfungswesen Nr. 314 = NVwZ 1993, 686.
⁸⁶⁴ BVerwG, Urt. v. 16. 3. 1994 – 6 C 5.93. Die Rechtslage ist anders zu beurteilen, wenn die Prüfung aus mehreren rechtlich selbständigen Teilen besteht, die unabhängig voneinander Bestand haben können.
⁸⁶⁵ Zu den je nach Sachlage unterschiedlichen Reaktionen s. Rdn. 308, 309.

später wegen eines inhaltlichen Bewertungsfehlers als rechtswidrig, muß die sie betreffende Prüfungsentscheidung aufgehoben und die Bewertung fehlerfrei nachgeholt werden. Der Prüfling kann in diesem Fall aber auch die Anerkennung der Wiederholungsprüfung – etwa weil er mit ihrem Ergebnis zufrieden ist – als Erstprüfung beanspruchen. Wird die Erstprüfung wegen eines Verfahrensfehlers insgesamt aufgehoben, so daß insofern gar keine korrekte bewertungsfähige Leistung vorliegt, gilt sie als nicht unternommen; die Wiederholungsprüfung gilt dann ohne weiteres als Erstprüfung.[866]

b) Das Vorverfahren

Vor Erhebung der Anfechtungs- oder der Verpflichtungsklage sind die Rechtmäßigkeit und Zweckmäßigkeit des Verwaltungsaktes gemäß § 68 VwGO grundsätzlich in einem Vorverfahren (**Widerspruchsverfahren**) nachzuprüfen. Nur wenn über den Widerspruch oder über einen Antrag auf Vornahme eines Verwaltungsaktes ohne zureichenden Grund in angemessener Frist sachlich nicht entschieden ist, kann die Klage nach Ablauf von drei Monaten seit Einlegung des Widerspruchs erhoben werden (§ 75 VwGO). Die **Zweckmäßigkeitskontrolle** ist in einem weiten Sinne zu verstehen; sie erfaßt auch die Wertungen der Prüfer, soweit sie nachvollziehbar sind und durch andere ersetzt werden können, ohne dabei die Chancengleichheit zu verletzen (vgl. dazu Rdn. 182, 183).

§ 68 Abs. 1 Satz 2 VwGO läßt es zu, daß eine solche Nachprüfung unterbleibt, wenn ein Gesetz dies für besondere Fälle bestimmt oder der Verwaltungsakt von einer obersten Bundesbehörde oder von einer obersten Landesbehörde erlassen worden ist. Dies ist oder war jedenfalls in der Vergangenheit bei Justizprüfungen häufig der Fall. Nachdem nunmehr jedoch aufgrund der Rechtsprechung des BVerfG ein **verwaltungsinternes Kontrollverfahren** jedenfalls bei berufsbezogenen Prüfungen verfassungsrechtlich gewährleistet ist, das der Gesetzgeber zu regeln hat (dazu im einzelnen Rdn. 312 ff., 318), ist damit zu rechnen, daß das Widerspruchsverfahren auch in Prüfungsangelegenheiten künftig überall vorgesehen sein wird. Es nimmt dann zum einen die Aufgaben des verwaltungsinternen Kontrollverfahrens wahr, das die Ein-

390

---

[866] Dazu insgesamt: BVerwG, Urt. v. 12. 4. 1991 – 7 C 36.90 – NVwZ 1992, 56 = DVBl 1991, 756 unter Aufhebung des davon abweichenden Urteils des VGH Bad.-Wttbg., Urt. v. 17. 7. 1990 – 9 S 707/89 – VBl BW 1991, 148. Vgl. ferner: BVerwG, Urt. v. 28. 4. 1978 – 7 C 50.75 – BVerwGE 55, 355 (357) und v. 30. 6. 1972 – 7 C 22.71 – BVerwGE 40, 205. Zur (anhaltenden) Zulässigkeit der Anfechtungsklage gegen die erste Prüfungsentscheidung nach bestandener Wiederholungsprüfung: BVerwG, Urt. v. 21. 10. 1993 – 6 C 12.92 – Buchholz aaO Nr. 320.
Zur Zulässigkeit einer prüfungsrechtlichen Restitutionsklage im Hinblick auf die Änderung der ständigen Rechtsprechung zum Beurteilungsspielraum durch das BVerfG vgl. BayVGH, Urt. v. 25. 3. 1992 – 3 B 91 2846 – NVwZ 1993, 92 = DVBl 1993, 55.

schränkungen der gerichtlichen Kontrolle bei prüfungsspezifischen Wertungen ausgleichen soll, und bezweckt zum anderen, daß unnötige Verwaltungsprozesse vermieden werden. Für eine Übergangszeit, in der der Gesetzgeber eine solche oder ähnliche Regelung noch nicht getroffen hat, ist ein formloses **Gegenvorstellungsverfahren** zu praktizieren. Dieses hat aber prozeßrechtlich keine Bedeutung und kann auch noch nach Klageerhebung nachgeholt werden.[867]

c) Fristen

391   Der Widerspruch ist **innerhalb eines Monats**, nachdem die Prüfungsentscheidung dem Prüfling bekanntgegeben worden ist, schriftlich oder zur Niederschrift des Prüfungsamts zu erheben (§ 70 VwGO).

Die Anfechtungsklage muß innerhalb eines Monats nach Zustellung des Widerspruchsbescheids oder – wenn dieser nicht erforderlich ist – innerhalb eines Monats nach der Bekanntgabe des Verwaltungsaktes (hier insbesondere des Prüfungsbescheides) erhoben werden. Das gilt entsprechend auch für die Verpflichtungsklage, wenn der Antrag auf Vornahme des Verwaltungsaktes abgelehnt worden ist (§ 74 VwGO). Wird die Frist versäumt, ist der **Bescheid bestandskräftig** und gilt ohne Rücksicht auf ihm anhaftende Rechtsmängel, es sei denn, daß diese so schwerwiegend sind, daß der Verwaltungsakt als nichtig anzusehen ist.[868]

Allerdings beginnt die Frist auch hier nur zu laufen, wenn der Beteiligte über den Rechtsbehelf, die Verwaltungsbehörde oder das Gericht, bei denen der Rechtsbehelf anzubringen ist, den Sitz und die einzuhaltende Frist schriftlich belehrt worden ist. Ist die **Rechtsmittelbelehrung** unterblieben, gilt eine Jahresfrist (§ 58 Abs. 1 und 2 VwGO).

Die Rechtsmittelbelehrung ist regelmäßig vorgeschrieben (vgl. § 73 Abs. 3 VwGO und einschlägige Vorschriften der jeweiligen Prüfungsordnung). Sie darf nicht unterbleiben, um dem Prüfling innerhalb der dann eintretenden Jahresfrist die Möglichkeit zu erleichtern, ein verwaltungsinternes Kontrollverfahren durchzuführen.[869]

---

[867] BVerwG, Urt. v. 24. 2. 1993 – 6 C 35.92 – Buchholz 421.0 Prüfungswesn Nr. 313 = NVwZ 1993, 681; wegen der Einzelheiten s. oben Rdn. 318, 319.

[868] Etwa wenn er in wesentlichen Teilen einen unverständlichen Text enthält oder von einer offensichtlich unzuständigen Person (z.B. von der Sekretärin des Amtsleiters) verfaßt worden ist.

[869] Das OVG NW hatte dies in ständiger Rechtsprechung nicht beachtet (vgl. z.B. Urt. v. 16. 7. 1992 – 22 A 2549/91 – NVwZ 1993, 95 = DVBl 1993, 63). Dem ist das BVerwG nicht gefolgt; nach seiner Rechtsprechung ist der Lösungsweg des OVG NW (aaO) zudem obsolet, weil das verwaltungsinterne Kontrollverfahren auch noch während des Gerichtsverfahrens nachgeholt werden kann (Urt. v. 24. 2. 1993 – 6 C 35.92 – aaO).

6. Das gerichtliche Verfahren/Aufklärungspflicht, Beweislast

Gemäß § 86 Abs. 1 Satz 1 VwGO erfaßt das Gericht den Sachverhalt von 392 Amts wegen. Der Vorsitzende hat darauf hinzuwirken, daß unklare Anträge erläutert, sachdienliche Anträge gestellt, ungenügende tatsächliche Angaben ergänzt, ferner alle für die Feststellung und Beurteilung des Sachverhalts wesentlichen Erklärungen abgegeben werden (§ 86 Abs. 3 VwGO). Er hat die Streitsache tatsächlich und rechtlich zu erörtern (§ 104 Abs. 1 VwGO). Untersagt sind deshalb „Überraschungsentscheidungen". Will das Gericht seine Entscheidung auf Gesichtspunkte stützen, die nach dem bisherigen Prozeßverlauf nicht als entscheidungserheblich in Betracht gezogen worden sind, muß es die Beteiligten zuvor auf diese Möglichkeit hinweisen und ihnen Gelegenheit zur Stellungnahme geben.[870]

Die Verpflichtung, auf sachdienliche Anträge hinzuwirken, umfaßt in Prüfungsangelegenheiten insbesondere die Erörterung darüber, wie bei fehlender Spruchreife ein Bescheidungsbegehren oder in anderen Fällen die Aufhebung der Prüfungsentscheidung und der Fortgang des Verfahrens durch **sachdienliche Anträge** zur Geltung gebracht werden können (s. oben Rdn. 381 ff.). Gegenstand der Erörterung sollte in der Regel auch sein, ob und wieweit die **Bewertungsrügen** des Klägers eine gerichtliche Kontrolle ermöglichen oder ob der Bewertungsspielraum der Prüfer diese einschränkt (dazu nachfolgend Rdn. 399, 331 ff.). In dem letzteren Fall ist – wenn die Bewertungsrüge hinreichend substantiiert ist – der Kläger auf die Möglichkeit hinzuweisen, daß er von den Prüfern verlangen kann, ihre Bewertung zu überdenken, und zwar nach einer vom Kläger zu beantragenden Aussetzung des gerichtlichen Verfahrens in einem eigenständigen verwaltungsinternen Kontrollverfahren.[871]

Die **Untersuchungsmaxime** (§ 86 VwGO) verpflichtet das Verwaltungsgericht 393 nicht dazu, das gesamte Prüfungsgeschehen anhand der Prüfungsakten und Niederschriften sowie durch Vernehmung der Prüfer zu rekonstruieren und auf **verborgene Fehler** abzutasten. Das Ausmaß der Ermittlungen wird vielmehr davon bestimmt, wieweit durch den Streitstoff, insbesondere durch das Vorbringen des Klägers, Anhaltspunkte für Verfahrensmängel oder Bewertungsfehler gegeben sind. Ein Prüfling, der die Bewertung einer Prüfungsarbeit beanstandet, muß **konkrete und substantierte Einwendungen** vorbringen; er kann sich nicht darauf verlassen, daß sich bei der Überprüfung

---

[870] BVerwG, Urt. v. 14. 3. 1991 – 10 C 10.91 – Buchholz 310 § 86 Abs. 3 Nr. 43 mit weit. Hinweisen. Wegen des Umfangs der Hinweispflicht im Prüfungswesen vgl. auch: BVerfG, Beschl. v. 13. 11. 1979 – 1 BvR 1022/78 – BVerfGE 52, 380 = NJW 1980, 1153.

[871] BVerwG, Urt. v. 24. 2. 1993 – 6 C 35.92 – aaO. Vgl. dazu im einzelnen Rdn. 312 ff.

der von ihm als ungerecht empfundenen Bewertung irgendein Fehler finden wird.[872]

Um einen vorliegenden Verfahrensfehler als unerheblich abzutun, genügt es freilich nicht, daß es für seine Erheblichkeit „keine Anhaltspunkte gibt". Das Gericht muß sich vielmehr die Gewißheit verschaffen, ob der Fehler für die abschließende Prüfungsentscheidung wesentlich ist, weil er sie möglicherweise beeinflußt hat (vgl. Rdn. 284 ff. und 364 ff.).[873] Bei nur geringfügigen Abweichungen von einer Regel kann es auf der Hand liegen, daß das Prüfungsergebnis hiervon nicht beeinflußt worden ist.

Soweit der Prüfungshergang – insbesondere der Bewertungsvorgang – dem Kläger verschlossen ist, sind dessen Möglichkeiten, die von ihm angenommenen Prüfungsmängel spezifiziert darzulegen, jedoch beschränkt. Dem hat das Gericht im Einzelfall Rechnung zu tragen, ohne sich angesichts bloß vager Vermutungen auf Sachverhaltsausforschungen einzulassen. **Ungereimtheiten im Prüfungsverlauf** und **Widersprüchlichkeiten bei der Begründung** der Prüfungsentscheidung ergeben einen besonderen Anlaß für eine **nähere Aufklärung**. Das gilt insbesondere, wenn bestimmte (Teil-)Ergebnisse nach Vorgeschichte und Gesamtzusammenhang so unverständlich sind, daß sich die nähere Aufklärung der noch ungewissen Ursachen aufdrängt.

394 Der Behauptung des Klägers, seine als **falsch bewertete Lösung** oder Antwort auf eine **Fachfrage** sei in Wahrheit richtig oder zumindest **vertretbar**, muß das Gericht nachgehen, wenn sie hinreichend substantiiert ist. Dazu gehört, daß der Kläger mit konkreten Hinweisen plausibel darlegt, die fachwissenschaftliche Beurteilung des Prüfers müsse einem Fachkundigen als unhaltbar erscheinen, oder in gleicher Weise erläutert, daß von ihm eine vertretbare, mit gewichtigen Argumenten folgerichtig begründete Lösung erbracht worden sei. Der Darlegungslast ist nicht etwa schon dann Genüge getan, wenn der klagende Prüfling dem Gericht die Vorzüge seiner Auffassung nahezubringen versucht. Die fachwissenschaftliche Richtigkeit oder Vertretbarkeit einer Lösung muß vielmehr mit Hilfe objektiver Kriterien einsichtig gemacht werden. Dazu gehören in erster Linie Hinweise auf qualifizierte fachwissenschaftliche Äußerungen im Schrifttum, welche die Lösung des Prüflings stützen.[874]

395 Das Gericht muß klären, ob es die **Sachkunde** besitzt, aufgrund eines sol-

---

[872] BVerwG, Urt. v. 24. 2. 1993 – 6 C 35.92 – aaO und Urt. v. 24. 2. 1993 – 6 C 32.92 – Buchholz 421.0 Prüfungswesn Nr. 312 = NVwZ 1993, 689 und Beschl. v. 23. 12. 1993 – 6 B 19.93 – Buchholz aaO Nr. 326 (betr. Bewertungen der mündlichen Prüfung) und v. 1. 9. 1992 – 6 B 22.92 – Buchholz aaO Nr. 302.
[873] BVerwG, Urt. v. 25. 3. 1981 – 7 C 8.79 – Buchholz aaO Nr. 144 = DVBl 1981, 1149 = DÖV 1981, 679 und Urt. v. 6. 7. 1979 – 7 C 26.76 – Buchholz aaO Nr. 116 = DVBl 1980, 482 = DÖV 1980, 140.
[874] BVerwG, Urteile v. 24. 2. 1993 – 6 C 35.92 – aaO und – 6 C 38.92 – Buchholz 421.0 Prüfungswesen Nr. 314 = NVwZ 1993, 686. Wegen weiterer Einzelheiten: Niehues, Stärkere gerichtliche Kontrolle von Prüfungsentscheidungen, NJW 1991, 3001 (3005).

chermaßen substantierten Sachvortrags selbst zu entscheiden, ob die Lösung des Klägers in Wahrheit richtig oder zumindest vertretbar ist.[875] Dazu wird es bei juristischen Fragen im allgemeinen in der Lage sein, auch wenn die Fachfrage ein Rechtsgebiet betrifft, für das die Verwaltungsgerichte nicht zuständig sind.[876] Ist indes ein **Sachverständigenbeweis** erforderlich, so ist der dazu beauftragte Experte nicht nach seiner eigenen Meinung zu der umstrittenen Fachfrage zu fragen, sondern er hat ein Gutachten über den hinreichend gesicherten Stand der fachwissenschaftlichen Meinungen (Literaturgutachten) anzufertigen. Darin ist auch zu bekunden, ob die betreffenden Äußerungen im Fachschrifttum auf einem Niveau liegen, das es rechtfertigt, die andere Meinung des Prüfers als unhaltbar erscheinen zu lassen. Wenn ein durch wissenschaftliche Leistungen qualifizierter Prüfer eine fachliche Lösung oder Antwort auf eine Fachfrage für nicht vertretbar hält, darf das Gericht die darauf gestützte Prüfungsentscheidung nur dann wegen nachgewiesener „Vertretbarkeit" der Antwort aufheben, wenn die von ihm verwandte Erkenntnisquelle deutlich mehr Qualität besitzt.[877]

Das Gutachten eines Sachverständigen unterliegt auch in Prüfungsangelegenheiten nach § 108 Abs. 1 VwGO der **freien Beweiswürdigung** des Gerichts. Es kann von ihm abweichen, wenn es von seiner Richtigkeit nicht überzeugt ist. Sodann muß es aber seine Abweichung begründen und dabei erkennen lassen, daß seine Sachkunde hierzu ausreicht.[878]

Auch Sachverhalte, aus denen sich die **Voreingenommenheit** des Prüfers ergeben kann, sind – wenn dafür konkrete Anhaltspunkte vorgetragen oder sonstwie ersichtlich sind – durch das Gericht aufzuklären.[879] Das gleiche gilt für die Feststellung der **Prüfungsunfähigkeit** des Prüflings während der Prüfung. Wenn der Nachweis der Prüfungsunfähigkeit laut Prüfungsordnung nur durch ein amtsärztliches Zeugnis erbracht werden kann, sind indes **andere Beweismittel** grundsätzlich nicht zugelassen und daher allenfalls ergänzend oder klarstellend verwertbar, insbesondere wenn ein amtsärztliches Zeugnis aus Gründen nicht zu beschaffen war, die der Prüfling nicht zu vertreten hat (dazu im einzelnen Rdn. 158).

Mittel der Aufklärung des Prüfungshergangs und aller äußeren Begleitumstände ist insbesondere die **Vernehmung der Mitglieder des Prüfungsausschusses**, der **Mitprüflinge** und etwaiger **Zuhörer** als Zeugen.[880] Ferner kann die

---

[875] BVerwG, Beschl. v. 18. 3. 1993 – 6 B 66.92 – und Beschl. v. 10. 11. 1983 – 3 C 56.82 – BVerwGE 68, 177.
[876] Vgl. hierzu insgesamt: BVerwG, Urt. v. 24. 3. 1993 – 6 C 38.92 – aaO.
[877] Wegen weiterer Einzelheiten: Niehues, aaO S. 3005.
[878] BVerwG, Beschl. v. 19. 11. 1992 – 6 B 41.92.
[879] Zum Umfang der gerichtlichen Aufklärungspflicht bei der Rüge der Voreingenommenheit des Prüfers: BVerwG, Urt. v. 20. 6. 1978 – 7 C 38.78 – Buchholz 421.0 Prüfungswesen Nr. 94.
[880] Auch die Mitglieder des Prüfungsausschusses nicht als Partei, s. OVG NW, Urt. v. 18. 10. 1974 – XV A 47/74 – OVGE 30, 123. (Zu der Frage der Verfahrensbeteiligung s. Rdn. 375 ff.).

Prüfungsniederschrift hierüber Auskunft geben, soweit sie ordnungsgemäß zustandegekommen⁸⁸¹ und hinreichend vollständig ist.⁸⁸² Auch eine **Tonband- oder Videoaufzeichnung** kann insbesondere bei der Beteiligung mehrerer Prüfer und Prüflinge nur unvollständig Beweis über den Hergang der mündlichen Prüfung geben, weil sie die Prüfungssituation nur ausschnittsweise erfaßt und nicht die persönlichen Eindrücke offenbart, die der Prüfer von dem Verhalten des Prüflings gewonnen hat (zur Frage, ob solche technischen Geräte verwendet werden müssen, vgl. Rdn. 248, 249).⁸⁸³

397 Die Prüfungsunterlagen – insbesondere die schriftlichen Prüfungsarbeiten – als Quelle näherer Aufklärung zu erschließen, bereitet gelegentlich Schwierigkeiten. Zwar sind auch die Schulen und Prüfungsämter nach § 99 Abs. 1 Satz 1 VwGO grundsätzlich zur **Vorlage ihrer Akten** verpflichtet; die oberste Aufsichtsbehörde kann jedoch – wovon allerdings in der Praxis des Prüfungswesens kaum noch Gebrauch gemacht wird – die Vorlage der Akten verweigern, wenn ihr **Inhalt seinem Wesen nach geheim zu halten** ist (vgl. § 99 Abs. 1 Satz 2 VwGO; wegen des Rechtsbehelfs vgl. Abs. 2).⁸⁸⁴ Die ältere Rechtsauffassung, daß Prüfungsunterlagen grundsätzlich ihrem Wesen nach geheim seien,⁸⁸⁵ hatte sich in der Praxis der Verwaltungsgerichte nie voll durchgesetzt und dürfte inzwischen überholt sein.⁸⁸⁶ Besteht die Gefahr, daß Prüfungsarbeiten bei der **Akteneinsicht** durch den Kläger (§ 100 VwGO) verfälscht werden, kann die Akteneinsicht nur unter Aufsicht auf der Geschäftsstelle des Gerichts zugelassen werden (vgl. § 100 Abs. 2 VwGO).

398 Ist ein entscheidungserheblicher Vorgang trotz Ausschöpfung aller zur Verfügung stehenden Beweismittel nicht hinreichend aufzuklären, kommt es darauf an, zu wessen Lasten dies geht (**materielle Beweislast**). Im allgemeinen geht die Unerweislichkeit einer Tatsache zu Lasten des Beteiligten, der aus ihr für ihn günstige Rechtsfolgen herleitet.⁸⁸⁷ Das Prüfungsrechtsverhältnis wird

---

⁸⁸¹ Das Fehlen der vorgeschriebenen Unterschrift beeinträchtigt den Beweis des Prüfungshergangs: BVerwG, Urt. v. 28. 11. 1957 – 2 C 50.57 – Buchholz aaO Nr. 2.

⁸⁸² Zu den Anforderungen an das Prüfungsprotokoll und den sich aus Mängeln des Protokolls ergebenden Konsequenzen vgl. oben Rdn. 246 ff.

⁸⁸³ OVG NW, Urt. v. 25. 1. 1978 – 16 A 1022/77. So insbesondere auch Herzog, NJW 1992, 2601 (2602).

⁸⁸⁴ Die im Feststellungsverfahren nach den §§ 35 ff. VergabeVO-ZVS verwendeten Testaufgaben können grundsätzlich als ihrem Wesen nach geheimhaltungsbedürftig angesehen werden: BayVGH, Besch. v. 13. 5. 1985 – 7 C 85 A. 634.

⁸⁸⁵ BVerwG, Beschl. v. 23. 2. 1962 – 7 B 21.61 – NJW 1962, 1162 = DVBl 1962, 379. HessVGH, Beschl. v. 25. 2. 1964 – B II 3/64 – JZ 1964, 763 mit Anm. von Menger und Erichsen.

⁸⁸⁶ BayVGH, Beschl. v. 4. 1. 1978 – 235 III 77 – DÖV 1978, 336; HessVGH, Beschl. v. 17. 9. 1976 – VII T E 80/75 – SPE III G VII, S. 51; OVG Lbg., Beschl. v. 28. 2. 1972 – II B 72/71 – NJW 1973, 638 = SPE III G VIII, S. 11; VGH Bad.-Wttbg., Beschl. v. 4. 9. 1969 – IV 701/69 – NJW 1969, 2254; OVG RhPf., Beschl. v. 30. 5. 1968 – 2 B 17/68 – NJW 1968, 1900.

⁸⁸⁷ Dazu mit weiteren Hinweisen: Redeker/von Oertzen, Verwaltungsgerichtsordnung, 11. Aufl. (1994) § 108 Rdn. 12 ff.

inhaltlich geprägt durch den allgemeinen Prüfungsanspruch, der auf Zulassung zur Prüfung und Durchführung des Prüfungsverfahrens einschließlich der Bewertung der Leistungen und Bescheidung über das Prüfungsergebnis gerichtet ist. Wer die **Erfüllung dieses Anspruchs** verlangt, ist **beweispflichtig** für das Vorhandensein der Anspruchsvoraussetzungen (z. B., daß die Antwort auf eine Fachfrage richtig oder zumindest vertretbar ist). Können die dazu maßgeblichen Tatsachen trotz hinreichender Aufklärungsbemühungen des Gerichts nicht festgestellt werden, geht dies grundsätzlich zu Lasten des Prüflings. Führt dagegen die Prüfungsbehörde **anspruchsvernichtende Gründe** an (z. B., daß die Arbeit erschlichen oder gefälscht sei), so trägt sie dafür die materielle Beweislast.[888]

Diese allgemeine Aufteilung der Beweislasten macht indes in der Anwendung auf den Einzelfall nicht unbeträchtliche Schwierigkeiten. Für die Praxis ist von erheblicher Bedeutung, daß auch im Prüfungswesen der **Beweis des ersten Anscheins** gilt. Er bedeutet, daß nach Lage der Dinge auf erste Sicht ein bestimmter Sachablauf zu unterstellen ist, solange sich nicht Tatsachen ergeben, welche ein von dem typischen Ablauf abweichendes Geschehen als möglich erscheinen lassen.[889] Ist z. B. ein Bewertungsfehler festgestellt worden, trägt die Prüfungsbehörde die Beweislast dafür, daß der angefochtene Prüfungsbescheid nicht darauf beruht.[890] Ein **Täuschungsversuch** ist durch den Beweis des ersten Anscheins nachzuweisen, wenn die Prüfungsarbeit und das vom Prüfer erarbeitete, allein zur Verwendung durch die Prüfungskommission bestimmte Lösungsmuster teilweise wörtlich und im übrigen in Gliederung und Gedankenführung übereinstimmen[891] (s. dazu Rdn. 149).

7. Die gerichtliche Kontrolldichte/Bewertungsspielraum des Prüfers

Nach der früheren ständigen Rechtsprechung des BVerwG,[892] der sich die übrigen Verwaltungsgerichte und auch das Schrifttum durchweg angeschlos-

---

[888] Zum Nachweis der Prüfungsunfähigkeit wegen einer Erkrankung: BVerwG, Urt. v. 22. 10. 1982 – 7 C 119.81 – BVerwGE 66, 213 (215). Schl.-H OVG, Urt. v. 17. 12. 1992 – 3 L 139/92. BayVGH, Urt. v. 18. 9. 1985 – Nr. 7 B 84 A. 3179 – SPE 596 Nr. 23 = BayVBl 1986, 118.
Zur Begünstigung der Mitprüflinge: VGH Bad.-Wttbg., Urt. v. 8. 12. 1989 – 9 S 1937/89 – DVBl 1990, 535 = NVwZ 1990, 1002 (nur Leitsatz). Für den Fall des Abhandenkommens von Prüfungsarbeiten: BVerwG, Urt. v. 18. 12. 1987 – 7 C 49.87 – BVerwGE 78, 367 = NVwZ 1988, 434; OVG NW, Urt. v. 19. 5. 1987 – 22 A 177/87 – NVwZ 1987, 1012 = DVBl 1987, 1225; OVG RhPf., Urt. v. 9. 1. 1985 – 2 A 61/84 – NVwZ 1987, 619.

[889] Redeker/von Oertzen, aaO Rdn. 14 mit weit. Hinweisen.

[890] BVerwG, u. v. 20. 9. 1984 – 7 C 57.83 – BVerwGE 70, 143 (147). VGH Bad.-Wttbg., Urt. v. 20. 9. 1988 – 9 S 1929/88 – NJW 1989, 1379 = DVBl 1988, 1124.

[891] BVerwG, Beschl. v. 20. 2. 1984 – 7 B 109.83 – NVwZ 1985, 191 = SPE 846 Nr. 14.

[892] Seit dem Urt. v. 24. 4. 1959 – 7 C 104.58 – BVerwGE 8, 272 = NJW 1959, 1842.

sen hatten,[893] war die gerichtliche Kontrolle von Prüfungsentscheidungen stark eingeschränkt. Den Prüfern wurde generell ein **Beurteilungsspielraum** eingeräumt. Die Gerichte hatten nur zu kontrollieren,
- ob das **Verfahren** ordnungsgemäß durchgeführt worden ist,
- ob die Prüfer von **falschen Tatsachen** ausgegangen sind,
- ob sie **allgemein anerkannte Bewertungsmaßstäbe** nicht beachtet haben,
- ob sie sich von **sachfremden Erwägungen** haben leiten lassen,
- ob die Bewertung unter keinem erdenklichen wissenschaftlichen oder pädagogischen Gesichtspunkt gerechtfertigt sein kann und daher **willkürlich** ist.

Diese weitgehende Zurücknahme der gerichtlichen Kontrolle hat das **BVerfG nicht gebilligt.** Es hat durch zwei Beschlüsse vom 17. 4. 1991[894] bei berufsbezogenen[895] Prüfungen hierin eine Verletzung der Grundrechte des Prüflings (Art. 12 Abs. 1 und Art. 19 Abs. 4 GG) erkannt und den Verwaltungsgerichten aufgegeben, Prüfungen und Prüfungsentscheidungen deutlich stärker als bisher zu kontrollieren. Die bisherige Rechtsprechung hat es nur insoweit unbeanstandet gelassen, wie es um **prüfungsspezifische Wertungen** geht.[896] Hingegen seien fachliche **Meinungsverschiedenheiten** zwischen Prüfer und Prüfling der gerichtlichen Kontrolle nicht generell entzogen. Eine vertretbare mit gewichtigen Argumenten folgerichtig begründete Lösung dürfe nicht als falsch bewertet werden. Die Vertretbarkeit der Lösung wie auch die Frage, ob die Einschätzung des Prüfers dem Fachkundigen als unhaltbar erscheinen müsse, habe das **Gericht notfalls mit sachverständiger Hilfe zu ermitteln.** Soweit hinsichtlich der prüfungsspezifischen Wertungen ein Spielraum der Prüfer verbleibe, verlange der Grundrechtsschutz einen Ausgleich durch ein besonderes verwaltungsinternes Kontrollverfahren (dazu Rdn. 312 ff.).

---

[893] Kritisch dagegen: Becker, Prüfungsrecht, 1. Aufl. 1988, S. 203.

[894] – 1 BvR 419/81 u. 213/83 – BVerfGE 84, 34 = NJW 1991, 2005 (Jura) und – 1 BvR 1529/84 u. 138.87 – BVerfGE 84, 59 = NJW 1991, 2008 (Ärztliche Prüfung).

[895] Die vom BVerfG entwickelten Grundsätze zur verwaltungsgerichtlichen Kontrolle berufsbezogener Prüfungen sind auch auf beamtenrechtliche Laufbahnprüfungen anwendbar: BVerwG, Beschl. v. 13. 3. 1992 – 2 B 96.91 – Buchholz 232 § 15a Nr. 1.
Auch für schulische Prüfungen und Versetzungen sind diese Grundsätze nicht unbeachtlich, da es tatsächlich um die gerichtliche Kontrolldichte (Art. 19 Abs. 4 GG) in grundrechtsrelevanten Bereichen geht. Anstelle des Art 12 Abs. 1 GG vermittelt hier Art. 2 Abs. 1 GG mit dem Grundrecht auf persönliche Handlungsfreiheit und dem allgemeinen Persönlichkeitsrecht die Grundrechtsrelevanz. Allerdings sind insbesondere bei Versetzungsentscheidungen oder Überweisungen in eine Sonderschule pädagogische Erwägungen von zentraler Bedeutung. Ferner dürfte hier die individuelle Wertung, die an die persönlichen Fortschritte des Schülers anknüpft, nicht selten den Ausschlag geben. Die Beurteilung der Antworten auf einzelne Fachfragen als richtig oder falsch tritt demgegenüber vielfach in den Hintergrund oder ist mit den gerichtlich nur sehr begrenzt kontrollierbaren pädagogischen Abwägungen und prüfungsspezifischen Wertungen untrennbar verflochten. Mit gleichem Ergebnis: OVG NW, Urt. v. 23. 2. 1993 – 15 A 1163/91. Kopp, DVBl 1991, 989 (990).

[896] Zu dem damit zusammenhängenden Bewertungsspielraum der Prüfer s. oben Rdn. 327, 330.

Gerichtliche Kontrolldichte

Die für viele überraschenden Entscheidungen des BVerfG, deren verfassungsrechtliche Maßgaben nunmehr von den Fachgerichten umzusetzen sind,[897] sind im Schrifttum vielfältig kommentiert worden.[898] Sie haben insbesondere Anlaß gegeben, den offenbar unendlichen Streit darüber neu zu beleben, ob es letztlich dem **Gericht** oder der **Verwaltung** zusteht, **unbestimmte Gesetzesbegriffe auszufüllen** und auf diese Weise abstrakte Vorgaben des Gesetzgebers in konkretes Recht umzusetzen.[899] Darauf kann hier nicht im einzelnen eingegangen werden. Es soll jedoch nicht unerwähnt bleiben, daß die Verwaltungsgerichte in dieser Frage zugleich von zwei Seiten bedrängt werden: Der von der einen Seite, insbesondere von Politik und Wissenschaft, immer wieder betonten Aufforderung an die Gerichte, nur zu „kontrollieren" und nicht zu „agieren", steht auf der anderen Seite der verfassungsgerichtliche Abbau nahezu aller bisher anerkannten Beurteilungsspielräume gegenüber.[900]

400

Art. 19 Abs. 4 GG schließt nach Meinung des BVerfG[901] eine Bindung der Gerichte an die im Verwaltungsverfahren getroffenen Feststellungen und Wertungen im Grundsatz aus. Aus dem Anspruch des Bürgers auf eine tatsächlich wirksame gerichtliche Kontrolle, folge die grundsätzliche **Pflicht der Gerichte**, die angefochtenen Verwaltungsakte in tatsächlicher und rechtlicher Hinsicht **vollständig nachzuprüfen**. Daß auch dieser Grundsatz einzelne Ausnahmen zuläßt, verschweigt das BVerfG (aaO) nicht. Jedoch ist die in einem gewaltenteilenden Rechtsstaat der Exekutive zukommende Aufgabe des Gesetzesvollzugs nach seiner Meinung kein Grund für eine entsprechende Beschränkung der gerichtlichen Einflüsse auf eine bloße Kontrolle im Rahmen

401

---

[897] Vgl. dazu die Urteile des BVerwG v. 9.12.1992 – 6 C 3.92 – Buchholz 421.0 Prüfungswesen Nr. 307 = NVwZ 1993, 677 sowie v. 24.2.1993 – 6 C 32.92 – Buchholz aaO Nr. 312 = NVwZ 1993, 689 und – 6 C 35.92 – Buchholz aaO Nr. 313 = NVwZ 1993, 681 und – 6 C 38.92 – Buchholz aaO Nr. 314 = NVwZ 1993, 686 und v. 21.10.1993 – 6 C 12.92 – Buchholz aaO Nr. 320.

[898] Hingewiesen sei insbesondere auf: Seebass, Eine Wende im Prüfungsrecht? NVwZ 1992, 609; Koenig, Zur gerichtlichen Kontrolle sogenannter Beurteilungsspielräume im Prüfungsrecht, VerwArch 83.Bd. 1992, 351; Redeker, Verfassungsrechtliche Vorgaben zur Kontrolldichte verwaltungsgerichtlicher Rechtsprechung, NVwZ 1992, 305; ders., Über die Einflußmöglichkeiten des Fachgesetzgebers auf das verwaltungsgerichtliche Verfahren, DÖV 1993, 10; Löwer, Kontrolldichte im Prüfungsrecht nach dem Maßstab des Bundesverfassungsgerichts, in: Festschrift für Konrad Redeker, München 1993, S. 515; Theuersbacher, Gerichtliche Kontrolle der Prüfungsentscheidungen im Antwort-Wahl-Verfahren der medizinischen und pharmazeutischen Prüfungen, BayVBl 1991, 649. Wimmer, Gibt es gerichtlich unkontrollierbare „prüfungsspezifische" Bewertungsspielräume?, in: Festschrift für Konrad Redeker, München 1993, S. 531; s. dazu auch meinen Beitrag: Stärkere gerichtliche Kontrolle von Prüfungsentscheidungen, NJW 1991, 3001.

[899] Dazu die zahlreichen Hinweise von Sachs, in: Stelkens/Bonk/Sachs, Verwaltungsverfahrensgesetz, 4. Aufl. 1993 § 40 Rdn. 90 ff.

[900] Redeker (NVwZ 1992, 305) hat dies anschaulich zusammengestellt und mit gewichtigen Gründen kritisiert.

[901] AaO, hier insbesondere NJW 1991, 2006, 2007.

einer Bandbreite fachlicher Vertretbarkeit. Obwohl die im Prüfungsrecht nur sehr allgemein gehaltenen gesetzlichen Vorgaben durchweg mehrere sachlich vertretbare Bewertungen zulassen (s. oben Rdn. 326 ff.), wird zur Wahrung des überkommenen Rechtsschutzsystems der Grundsatz der „einen richtigen Entscheidung" auch hier als ein Axiom unterstellt.[902] Nach der Rechtsauffassung des BVerfG kann das nur ganz ausnahmsweise anders sein, nämlich wenn unbestimmte Rechtsbegriffe – so das BVerfG weiter – wegen hoher Komplexität oder besonderer Dynamik der geregelten Materie so vage und die Konkretisierung im Nachvollzug der Verwaltungsentscheidung so schwierig seien, daß die gerichtliche Kontrolle an die **Funktionsgrenzen der Rechtsprechung** stoße. Für die Bewertung von Berufszugangsprüfungen komme das jedoch nicht in Betracht, weil insofern Sonderregelungen gelten würden.

402 Grund für eine **Ausnahme von der Vollkontrolle** und damit für die Annahme eines **begrenzten Bewertungsspielraums der Prüfer** ist für das BVerfG[903] letztlich, daß Prüfungsnoten nicht isoliert gesehen werden dürfen, sondern in einem Bezugssystem zu finden sind, das durch persönliche Erfahrungen und Vorstellungen der Prüfer beeinflußt wird. Die Prüfer müßten bei ihrem wertenden Urteil von Einschätzungen und Erfahrungen ausgehen, die sie im Laufe ihrer Examenspraxis bei vergleichbaren Prüfungen entwickelt hätten und allgemein anwendeten. Das Gericht könne diese Vorgänge auch mit sachverständiger Hilfe weder aufdecken noch auf die nur in Umrissen rekonstruierbare Prüfungssituation anwenden. Wenn es demzufolge **eigene Bewertungskriterein** entwickele, würden die **Maßstäbe verzerrt**. Mit dieser Begründung hat das BVerfG den von ihm besonders betonten Rechtsschutzanforderungen (Art. 19 Abs. 4 GG) die ebenfalls verfassungsrechtlich legitimierte **Gegenposition der Chancengleichheit** (Art. 3 Abs. 1 GG)[904] gegenübergestellt

---

[902] Kritisch dazu, aber scheinbar resignierend: Redeker, NVwZ 1992, 305 (306). Vgl. insbesondere Franßen, in: Festschrift für Zeidler, 1987 S. 429, sowie Koenig, aaO S. 367.
Die Parallele zu anderen unbestimmten Gesetzesbegriffen, z. B. im Polizei- und Ordnungsrecht („Gefahr für die öffentliche Sicherheit oder Ordnung") oder im Technik- und Umweltrecht („Stand der Wissenschaft und Forschung"), die ebenfalls von den Gerichten üblicherweise letztentscheidend ausgefüllt werden, ist zwar nicht zu übersehen. Daraus folgt indes keine inhaltliche Rechtfertigung des vielfach zu beobachtenden Übermaßes an gerichtlichen Einwirkungen auf so aber auch anders vertretbare Sachentscheidungen der Verwaltung. Dagegen akzeptiert das Gesetz, das sich bei der Verwendung unbestimmter Rechtsbegriffe bewußt einer engeren Steuerung enthält, die Entscheidungen der Verwaltung, sofern sie in der Bandbreite seiner weit gefaßten Vorgaben liegen und daher inhaltlich vertretbar sind.
[903] AaO, hier insbesondere NJW 1991, 2007.
[904] Koenig (aaO S. 368) betont zudem das verfassungsrechtliche Gebot der exekutiven Effizienz, welches gebiete, auf diese Weise „judikativ verzerrte" Bewertungsmaßstäbe zu vermeiden.

und einen Ausgleich gesucht, der in den Einzelheiten noch durch die fachgerichtliche Rechtsprechung zu erschließen ist.[905]

Die zentrale Bedeutung dieser Erweiterung der gerichtlichen Kontrolle liegt darin, daß die Bewertung der Antworten des Prüflings auf **fachwissenschaftliche Fragen** nicht mehr dem Beurteilungsspielraum der Prüfer unterliegt, sondern von den Gerichten auf ihre Richtigkeit oder Vertretbarkeit zu überprüfen ist. Der vom BVerfG[906] neu eingeführte Begriff „**Antwortspielraum**" soll ausdrücken, daß es einen Rahmen oder eine Bandbreite fachlich vertretbarer Antworten geben kann, die nicht als falsch beurteilt werden dürfen. Insofern ist für einen Bewertungsspielraum der Prüfer von vornherein kein Platz. Doppelte und sich möglicherweise überschneidende Spielräume, die zu schwierigen Abgrenzungen führen könnten, sind deshalb nicht gegeben. 403

Zwar hat das Gericht den Sachverhalt von Amts wegen zu erforschen (s. Rdn. 393 ff.), jedoch muß es die Vertretbarkeit der Lösungen und Antworten des Prüflings auf Fachfragen nicht gleichsam automatisch kontrollieren. Den klagenden **Prüfling** trifft auch insoweit eine **Mitwirkungspflicht**, nach der es ihm obliegt, einen solchen Fehler darzulegen und **substantiiert** vorzubringen, daß seine Lösung entgegen der Meinung des Prüfers richtig oder zumindest vertretbar sei (zu den Anforderungen an die Vertretbarkeitsrüge im einzelnen s. oben Rdn. 393)[907] 404

Den fachlichen Fragen und den dazu vertretbaren Antworten muß das Gericht nicht nachgehen, wenn die Möglichkeit auszuschließen ist, daß deren 405

---

[905] Eine vorsichtige Prognose dazu enthält mein bereits erwähnter Beitrag in der NJW 1991, 3001.
Trotz unterschiedlicher Begründungen hält der ganz überwiegende Teil des Schrifttums mit der Rechtsprechung, die ohnehin an die vom BVerfG aufgestellten Grundsätze gebunden ist (§ 31 BVerfGG), daran fest, daß grundsätzlich ein – wenngleich reduzierter – Bewertungsspielraum der Prüfer anzuerkennen ist. Dagegen verlangt Wimmer, Festschrift für Konrad Redeker (1993), S. 531, eine uneingeschränkte Vollkontrolle nach Maßgabe eingehenderer Gesetzesbestimmungen mit entsprechend vermehrter Steuerungskraft. Er rügt, daß das Kernargument des BVerfG nicht tragfähig sei, weil die Leistungen eines Prüflings nicht relativ im Vergleich zu denen der anderen, sondern (absolut) allein daran zu messen seien, ob sie den durch das Prüfungsziel vorgegebenen Anforderungen entsprächen. Soweit Wimmer damit die relative Bewertung nach dem zufälligen Niveau einer Gruppe von Prüflingen beanstandet, ist ihm zuzustimmen. Das hat das BVerfG aber wohl nicht gemeint, wenn es auf die Erfahrungen abgestellt hat, die Prüfer im Laufe ihrer Examenspraxis entwickelt haben und mit deren Hilfe sie sich generelle Maßstäbe dafür bilden, was z. B. eine durchschnittliche Leistung ist oder wie sich der Schwierigkeitsgrad einer Aufgabe bemißt. Es kommt nicht darauf an, daß sich das Gericht hierzu etwa mit sachverständiger Hilfe auch selbst eine vertretbare, jedoch keinesfalls einzig richtige Meinung bilden könnte. Das Gebot der Chancengleichheit verbietet vielmehr die dabei eintretende Modifizierung der Maßstäbe.
[906] AaO, insbesondere NJW 1991, 2008.
[907] BVerwG, Urt. v. 24. 2. 1993 – 6 C 38.92 – Buchholz 421.0 Prüfungswesen Nr. 314 = NVwZ 1993, 686 und v. 21. 10. 1993 – 6 C 12.92 – Buchholz aaO Nr. 320. Niehues, Stärkere gerichtliche Kontrolle von Prüfungsentscheidungen, NJW 1991, 3001 (3004).

zutreffende Beurteilung auf das Prüfungsergebnis einschließlich der Prüfungsnote einen Einfluß hat.[908] Hilfreich für eine solche Feststellung können **substantiierte Bewertungsvermerke der Prüfer** sein, in denen die wirklich tragenden Gründe von ihnen bezeichnet worden sind. Nach Meinung des BVerfG (aaO) liegt es auf der Hand, daß sich der ursprüngliche Korrekturfehler **nicht auf die Note ausgewirkt** hat, wenn die Prüfer nachträglich bekunden, daß sie auch ohnedem an der Gesamtbewertung festhalten, weil die Prüfungsarbeit insgesamt an zahlreichen Oberflächlichkeiten leide und an vielen Stellen Begründungen vermissen lasse. Wenn in diesem Fall entgegenstehende Gesichtspunkte nicht ersichtlich seien, lasse sich ausschließen, daß eine nochmalige Erörterung dieses Punktes zu einem für den Kläger günstigeren Ergebnis führen könnte.[909]

Ist die **Ursächlichkeit des Beurteilungsfehlers** indes nicht auszuschließen, kann das Gericht die Leistungsbewertung grundsätzlich nicht ersetzen, sondern nur den Prüfungsbescheid aufheben und die zuständigen Prüfer zu einer neuen, fehlerfreien Beurteilung verpflichten. Das ist ausnahmsweise anders, wenn das Prüfungsergebnis rechnerisch zu ermitteln ist und nach der Eliminierung des Beurteilungsfehlers auch von dem Gericht ohne weiteres festgestellt werden kann.

406 Die Klage des Prüflings hat deutlich weniger Erfolgsaussichten, wenn er nicht eine fachwissenschaftliche Fehlbeurteilung rügen kann, sondern seine Einwendungen lediglich darauf abzielen, die **eigentliche Bewertung des Prüfers** (z. B. die Bildung der Gesamtnote) in Frage zustellen. Insofern ist die gerichtliche Kontrolldichte in der eingangs aufgezeigten Weise weiterhin eingeschränkt, weil hier der Bewertungsspielraum der Prüfer zu beachten ist (s. vorstehend Rdn. 402).

Eine Bewertung liegt z. B. allein im Rahmen des **von den Gerichten zu respektierenden Bewertungsspielraumes**, wenn der Prüfer die Vertretbarkeit der Lösung nicht ausschließt, jedoch die Argumente der Minder- oder Außenseitermeinung, denen sich der Prüfling allzu leichtfertig angeschlossen hat, für **wenig überzeugend** hält. Auch der **Schwierigkeitsgrad der Prüfungsaufgabe** und die Fragen, ob sie leicht ist, so daß schon wenige Fehler eine schlechte Note rechtfertigen können, oder ob sie schwer ist und daher auch eine mit Mängeln behaftete Lösung noch akzeptabel erscheint, sind durch prüfungsspezifische Wertungen zu beantworten, die das Gericht nur in der dargelegten Weise, z. B. auf offensichtliche Fehleinschätzungen, kontrollieren kann. Dasselbe gilt für den „**Vergleichsrahmen**" des Prüfers und seine darauf gestützte Wertung, ob der Prüfling seine Begründungen sorgfältig aufbereitet und überzeugend dargelegt hat. Wo die jeweilige Bestehensgrenze anzusetzen

---

[908] BVerfG aaO, insbesondere NJW 1991, 2008.
[909] Genau genommen handelt es sich hierbei nicht um Kausalitätsfragen im Rahmen der ursprünglichen Bewertung, sondern um die Herstellung der Rechtmäßigkeit durch eine Neubewertung. Im Ergebnis macht das jedoch keinen Unterschied, wenn die Neubewertung ordnungsgemäß erfolgt ist (vgl. dazu Rdn. 367ff.).

und welche Leistung noch als „durchschnittlich" zu bewerten ist, kann und darf das Gericht dem Prüfer auch nicht mit Hilfe eines Sachverständigen vorschreiben. Es kann aber im Rahmen der hier statthaften Kontrolle rügen, daß der Prüfer bei seiner Wertung von **falschen Tatsachen ausgegangen** ist oder ihr **sachfremde Erwägungen** zugrunde gelegt hat (dazu und wegen der übrigen rechtserheblichen Bewertungsfehler s. oben Rdn. 331 ff).[910]

Auch im **Antwort-Wahl-Verfahren** müssen solche prüfungsspezifischen Wertungen vorgenommen werden; sie sind hier nur zeitlich vorverlagert und nicht einzelfallbezogen. Aus den Prüfungsfragen und Antwortalternativen ergibt sich, welche Kenntnisse von einem Medizinstudenten in dem entsprechenden Ausbildungsabschnitt gefordert werden und welches Gewicht insofern Wissenslücken und Fehler haben. Dieses zu bewerten, ist die Aufgabe spezieller **Sachverständigenkommissionen**, nicht dagegen des Gerichts.[911] Soweit indes um die Eignung oder Fehlerhaftigkeit einer Prüfungsaufgabe gestritten wird und dabei **fachwissenschaftliche Beurteilungen** einfließen, ist – sofern substantiierte Einwendungen erhoben werden – die **gerichtliche „Richtigkeitskontrolle"** in der Regel mit Hilfe eines Sachverständigen geboten.[912] Sind die Einwendungen des klagenden Prüflings berechtigt, etwa weil eine Frage mißverständlich oder auch eine andere Antwort richtig ist, ist eine Berichtigung erforderlich, wie sie in § 14 Abs. 4 ÄAppO in der Form eines **Eliminierungsverfahrens** geregelt ist. Dieses Verfahren sollte auch für die nachträgliche Berichtigung der in einem Gerichtsverfahren ermittelten Fehler sinngemäß angewendet werden, da der Zeitpunkt der Erkenntnis des Fehlers keine unterschiedliche Behandlung gebietet. Auf diese Weise könnte auch darüber befunden werden, ob sich der Fehler auf das Prüfungsergebnis auswirkt, so daß die Sache damit spruchreif wird.

Die Bewertung von Prüfungsleistungen enthält im allgemeinen sowohl fachwissenschaftliche Beurteilungen als auch prüfungsspezifische Wertungen. Die hinsichtlich der fachwissenschaftlichen Beurteilungen den Gerichten aufgegebene Kontrolle, ob der Prüfling die Fachfrage entgegen der Meinung des Prüfers richtig oder jedenfalls vertretbar beantwortet hat, setzt primär voraus, daß sich ein **fachwissenschaftlicher Bereich der Leistung** und deren Beurteilung **klar erfassen lassen**. Dies dürfte im Antwort-Wahl-Verfahren, soweit dort bestimmte Antworten auf bestimmte Fragen vom Prüfling als richtig oder falsch zu deklarieren sind, regelmäßig der Fall sein. Bei den anderen Prüfungen, bei denen etwa die Gründlichkeit der Untersuchungen oder die Überzeugungskraft der Argumente wichtige Bewertungskriterien sind, muß zunächst die damit möglicherweise verflochtene fachwissenschaft-

---

[910] BVerwG, Urt. v. 21. 10. 1993 – 6 C 12.92 – Buchholz aaO Nr. 320. Auch bei Entscheidungen der Lehrerkonferenz über die Befreiung vom Verbot des nochmaligen Wiederholens einer Jahrgangsstufe gelten diese Maßstäbe: BayVGH, Beschl. v. 22. 12. 1992 – 7 CE 923380 – BayVBl 1993, 310.
[911] BVerfG aaO, insbesondere NJW 1991, 2010.
[912] BVerfG aaO, s. insbesondere NJW 1991, 2011.

liche Beurteilung gleichsam ausgefiltert und sodann ihre Bedeutung für die Prüfungsentscheidung erfaßt werden.

Ein solches Ausfiltern ist nicht möglich, wenn fachliche Beurteilungen mit prüfungsspezifischen Wertungen untrennbar verknüpft sind.[913] Eine „untrennbare" Verknüpfung liegt aber nur äußerstenfalls dann vor, wenn die Beurteilung der Fachfrage und die prüfungsspezifische Wertung zumindest teilweise identisch sind oder jedenfalls den direkten Durchgriff bedingen, weil eine für beide Fälle relevante Sachfrage nur einheitlich zu beantworten ist (z. B. wenn die Vertretbarkeit einer Lösung davon abhängt, wie der Prüfer den Schwierigkeitsgrad der Aufgabe oder die Überzeugungskraft der Argumente einschätzt).[914] Die Verknüpfung ist aber durchaus trennbar, wenn die fachlichen Beurteilungen lediglich auf einer ersten Stufe des Bewertungsvorgangs die Grundlage dafür bieten, in einer Gesamtwürdigung darüber zu befinden, ob der Prüfling das Ziel der Prüfung (z. B. die Befähigung zum Richteramt) erreicht hat. Erweist sich in diesem Fall eine für die Prüfungsentscheidung erhebliche **fachwissenschaftliche Beurteilung als falsch** (etwa weil die Antwort des Prüflings auf eine Fachfrage entgegen der Meinung des Prüfers richtig ist), ist den sich daran anschließenden **prüfungsspezifischen Wertungen die Grundlage entzogen**. Einen solchen Beurteilungsfehler kann das Gericht ohne weiteres feststellen, ohne in davon nicht trennbare Bewertungsspielräume der Prüfer einzudringen. Die Prüfungsentscheidung kann dann insgesamt keinen Bestand haben, weil unter diesen Umständen keine Veranlassung besteht, die ihrer Grundlage enthobenen prüfungsspezifischen Wertungen zu respektieren.

8. Der Inhalt der gerichtlichen Entscheidung/Bindungswirkung

409 Der Inhalt der gerichtlichen Entscheidung, insbesondere die Entscheidungsformel, hängt von dem zulässigerweise verfolgten **Klageziel** ab (dazu im einzelnen schon oben Rdn. 381 ff.). Zum Ausdruck gebracht werden muß, ob dieses Ziel vollständig oder teilweise ereicht worden ist oder ob der geltend gemachte Anspruch nicht besteht, so daß die Klage abzuweisen ist. Da das Gericht auch bei berechtigten Einwendungen des Klägers nur selten in der Lage ist, das **Bestehen der Prüfung** festzustellen, wird es im allgemeinen den

---

[913] BVerfG aaO, insbesondere NJW 1991, 2007. Vgl. dazu auch: BVerwG, Urt. v. 21. 10. 1993 – 6 C 12.92 – Buchholz 421.0 Prüfungswesen Nr. 320.

[914] Anders: Seebass, Eine Wende im Prüfungsrecht?, NVwZ 1992, 610 (614), der eine untrennbare Verknüpfung schon dann annimmt, wenn fachliche Beurteilungen „im Rahmen des Bewertungsspielraumes" gefällt werden. Da das sehr häufig der Fall ist, wären fachliche Beurteilungen – was Seebass nicht verkennt – in aller Regel weiterhin nur einer stark eingeschränkten Kontrolle zugänglich. Diese Auslegung würde also im Ergebnis zu einer Praxis führen, die die Maßgaben des BVerfG größtenteils wirkungslos macht. Aus den hier genannten Gründen ist sie indes auch sachlich nicht gerechtfertigt.

Beklagten verpflichten, seinerseits den Rechtsfehler zu beseitigen. Dazu gehören möglichst konkrete Anweisungen oder Maßgaben, etwa daß die **Bewertung der Prüfer unter Vermeidung eines bestimmten Fehlers zu wiederholen** sei oder daß das Prüfungsverfahren (z. B. die ehedem durch Lärm gestörte Aufsichtsarbeit) erneut und diesmal **ungestört durchzuführen** oder daß das Prüfungsverfahren in bestimmter Weise etwa durch die **Zulassung zur mündlichen Prüfung fortzusetzen** sei (vgl. § 113 Abs. 5 und § 114 VwGO). Die jeweils auszusprechenden Rechtsfolgen sind auf diese Weise an der Art und der Bedeutung des Rechtsfehlers orientiert. Sie müssen nicht im Tenor des Urteils, sondern können auch in seinen Gründen bezeichnet werden, insbesondere wenn der Beklagte gemäß § 113 Abs. 5 Satz 2 VwGO verpflichtet wird, den Kläger **nach der Rechtsauffassung des Gerichts erneut zu bescheiden**. Die Aufhebung der angefochtenen Prüfungsentscheidung ist in diesem Fall zwar auszusprechen, hat aber in aller Regel gegenüber dem Verpflichtungs-, Leistungs- oder Bescheidungsausspruch nur unselbständige Bedeutung. Aus der besonderen Situation des Prüfungsverfahrens kann es sich ergeben, daß auf eine isolierte Anfechtungsklage hin nur die Prüfungsentscheidung aufgehoben wird, insbesondere wenn über die daraus resultierenden Rechtsfolgen von vornherein Übereinstimmung herrscht (vgl. hierzu insgesamt Rdn. 381 ff.).

Die **inhaltlichen Bindungen** an das nach Ablauf der Rechtsmittelfrist nach einem Monat seit seiner Zustellung (§ 124 Abs. 2 VwGO) **rechtskräftige Urteil** ergeben sich aus den vorbezeichneten unterschiedlichen Ausprüchen des Gerichts einschließlich der dazu abgegebenen tragenden Gründe. Hat das Gericht den Beklagten verpflichtet, den Kläger „unter Beachtung der Rechtsauffassung des Gerichts" erneut zu bescheiden, sollten die Urteilsbegründungen auch von dem obsiegenden Kläger besonders sorgfältig daraufhin untersucht werden, ob die dargelegte Rechtsauffassung des Gerichts für ihn etwa teilweise auch nachteilig ist und daher negative Auswirkungen hat. Ohne ein Rechtsmittel – wofür auch noch die Anschlußberufung in Frage kommt – würde das Urteil auch insoweit rechtskräftig, wie es damit in einzelnen Fragen hinter dem Kagebegehren zurückbleibt. 410

Die gerichtliche Kontrolle bezieht sich auf den **Zeitpunkt** des Prüfungsverfahrens, insbesondere der angefochtenen **Prüfungsentscheidung**. Spätere Leistungsverbesserungen sind für die Rechtmäßigkeit dieser Entscheidung grundsätzlich irrelevant. Anders ist es z. B., wenn über die Rechtmäßigkeit der **Überweisung in eine Sonderschule** gestritten wird. Da insoweit die Prognose künftiger Entwicklungen eine wesentliche Rolle spielt, sind Verbesserungen der Lernbehinderung zu berücksichtigen.[915] 411

Das Gericht darf nicht über die von ihm erkannten **Verfahrensfehler** (z. B., daß der Prüfungsausschuß falsch besetzt war), die ein bewertungsfähiges 412

---

[915] VGH Bad.-Wttbg., Urt. v. 26. 3. 1974 – IX 99/73 – Bad.-Wttbg. Verwaltungspraxis 1974, 229.

Leistungsbild ausschließen, schlicht hinwegsehen, wenn der Kläger den Fehler nicht gerügt hat. Ist das Klagebegehren indes ausschließlich auf eine bessere Bewertung der erbrachten Leistungen angelegt, etwa wenn die Prüfung bestanden ist, die Bewertung der Leistungen dem Kläger jedoch zu niedrig erscheint (sogen. **Verbesserungsklage**), so darf das Gericht nur diesem Klagebegehren entweder stattgeben (eventuell durch Bescheidungsurteil) oder es muß, wenn wegen eines von ihm erkannten Verfahrensfehlers eine bewertungsfähige Leistung nicht vorliegt, die Klage abweisen. Die Aufhebung der gesamten Prüfungsentscheidung mit der Folge des Neubeginns der Prüfung ist ihm in diesen Fällen untersagt (§ 88 VwGO).

Im Falle einer einheitlichen Prüfungsentscheidung umfaßt das Verpflichtungsbehren (gerichtet z. B. auf Neubewertung der Leistungen oder Fortsetzung des Prüfungsverfahrens) notwendig immer auch die **Aufhebung der als rechtswidrig erachteten Prüfungsentscheidung im Ganzen** (s. oben Rdn. 383). Die Neubewertung darf letztlich nicht schlechter als die (fehlerhafte) Erstbewertung ausfallen, weil die Prüfer materiellrechtlich verpflichtet sind, eine den Prüfling rechtswidrig benachteiligende Bewertung zu korrigieren.[916]

413 Nach § 153 Abs. 1 VwGO kann ein rechtskräftig beendetes Verfahren nach den Vorschriften des Vierten Buchs der Zivilprozeßordnung wieder aufgenommen werden. **Nichtigkeitsklage** und **Restitutionsklage** sind demnach auch in Prüfungsangelegenheiten statthaft. Für die Zulässigkeit der Restitutionsklage ist neben der Einhaltung der Monatsfrist seit Kenntnis des Wiederaufnahmegrundes (§ 586 Abs. 1 und 2 ZPO), der Einhaltung der Fünfjahresfrist ab Rechtskraft (§ 586 Abs. 2 ZPO) und des schuldlosen Versäumnisses ordentlicher Rechtsmittel (§ 582 ZPO) unabdingbare Voraussetzung, daß ein nach § 580 ZPO beachtlicher Restitutionsgrund dargelegt wird. Dazu gehört nicht eine Änderung der materiellen oder prozessualen Rechtslage durch den Gesetzgeber oder durch rechtsfortbildende richterliche Erkenntnisse. Deshalb dürfte etwa auch darin kein Restitutionsgrund zu sehen sein, daß das BVerfG durch seine Beschlüsse vom 17. 4. 1991 (aaO) nunmehr eine stärkere gerichtliche Kontrolle von Prüfungsentscheidungen verlangt, als sie ehedem von dem Verwaltungsgericht im Falle des Klägers – entsprechend der damals vorherrschenden Rechtsauffassung – zugrunde gelegt worden ist.

9. Vorläufiger Rechtsschutz

414 Da verwaltungsgerichtliche Verfahren je nach der Zahl der Instanzen, die sie durchlaufen, oft erst nach Jahren abgeschlossen sind, besitzt der vorläufige Rechtsschutz im Prüfungswesen große praktische Bedeutung. Ein rechtzeitiger und wirkungsvoller Grundrechtsschutz, der bei berufsbezogenen Prüfun-

---

[916] BVerwG Urt. v. 24. 2. 1993 – 6 C 38.92 – Buchholz 421.0 Prüfungswesen Nr. 314 = NVwZ 1993, 686.

gen durch Art. 12 Abs. 1 in Verb. mit Art. 19 Abs. 4 GG verbürgt ist, setzt voraus, daß auch bei zeitlichen Verzögerungen die Durchsetzung der Grundrechte gewährleistet ist.[917]

Der vorläufige Rechtsschutz findet in Prüfungsangelegenheiten vornehmlich im Verfahren auf Erlaß einer **einstweiligen Anordnung** nach Maßgabe des § 123 VwGO und **nicht im Aussetzungsverfahren nach § 80 VwGO** statt. Denn der Prüfling begehrt im allgemeinen die Sicherung eines Anspruchs, der auf eine fehlerfreie Durchführung der Prüfung und auf eine sachgerechte Bewertung seiner Leistungen gerichtet ist (s. oben Rdn. 381 ff.).[918]

Anders ist die Situation, wenn den Prüfling selbständige, belastende Sanktionen der Prüfungsbehörde treffen, wie etwa der Bescheid, daß die Prüfung wegen eines **Täuschungsversuchs** beendet sei und als nicht bestanden gelte. Das gleiche gilt auch dann, wenn die **Zulassung zur Prüfung** nachträglich **widerrufen** wird. Der Widerspruch gegen solche selbständigen Eingriffsakte hat aufschiebende Wirkung, solange nicht erfolgreich die sofortige Vollziehung angeordnet worden ist (s. § 80 Abs. 1, Abs. 2 Nr. 4 und Abs. 5 VwGO).[919] Unterläßt die Prüfungsbehörde trotz der aufschiebenden Wirkung von Widerspruch und Anfechtungsklage die nächstfälligen Einzelmaßnahmen (z. B. die Ladung zur mündlichen Prüfung), so sind diese schon wegen der Mißachtung der aufschiebenden Wirkung durch einstweilige Anordnung (§ 123 VwGO) durchzusetzen.[920]

Der Prüfling muß zur Begründung seines Antrags nicht nur darlegen, daß 415 ihm näher bezeichnete Ansprüche zustehen; er muß außerdem einen **Anordnungsgrund** glaubhaft machen (§ 123 Abs. 1 Satz 2, Abs. 3 VwGO i. V. m. § 920 Abs. 2 ZPO). Danach ist Voraussetzung für den Erlaß einer einstweiligen Anordnung das Bestehen der Gefahr, daß durch eine Veränderung des bestehenden Zustands die Verwirklichung seiner Rechte vereitelt oder wesentlich erschwert werden könnte. Schwierigkeiten treten regelmäßig dadurch auf, daß der vorläufige Rechtsschutz im Prüfungswesen, soll er wirklich effektiv sein, weitgehend schon ein **Vorgriff auf die Entscheidung im Hauptverfahren** ist. Ein solcher Vorgriff ist im allgemeinen unzulässig[921] und darf im Prüfungswesen nur ausnahmsweise dann vorgenommen werden, wenn sonst der Rechtsschutz leerzulaufen drohte und die – unter Beachtung

---

[917] Dazu grundsätzlich: BVerfG, Beschl. v. 25. 10. 1988 – 2 BvR 745/88 – BVerfGE 79, 69 (74) = NJW 1989, 827.

[918] Dazu und zum vorläufigen Rechtsschutz im Prüfungsrecht insgesamt: Jakobs, VBl BW 1984, 129 ff.
Eine einstweilige Anordnung ist auch statthaft, um unverzüglich Maßnahmen zum Ausgleich von körperlicher Behinderungen zu erreichen: VGH Bad.-Wttbg., Beschl. v. 26. 8. 1993 – 9 S 2023/93 – DVBl 1993, 1315 = VBl BW 1994, 31.

[919] OVG NW, Beschl. v. 9. 3. 1989 – 22 B 813/89 – NWVBL 1989, 413. Jakobs, aaO S. 131.

[920] Ebenso: Jakobs, aaO S. 131.

[921] Dazu: Redeker/von Oertzen, Verwaltungsgerichtsordnung, 11. Aufl. (1994) § 123 Rdn. 11 ff. (14a).

der gebotenen Beschleunigung erfolgende – Würdigung der Rechtslage hohe Erfolgsaussichten der Klage erkennen läßt.[922] So darf z.B. niemandem ermöglicht werden, vorläufig den Arztberuf auszuüben, wenn nicht anzunehmen ist, daß seine Klage mit dem Antrag, die ärztliche Prüfung für bestanden zu erklären, höchstwahrscheinlich erfolgreich sein wird. Der erhebliche Nachteil, der dem Prüfling dadurch droht, daß er seine spezielle Vorbereitung auf die Prüfung nicht während der Dauer eines mehrjährigen Gerichtsverfahrens konservieren kann, dürfte in der Regel dadurch größtenteils auszugleichen sein, daß die nächstmögliche Gelegenheit zu einer Wiederholungsprüfung ergriffen oder – wenn die sonstigen Voraussetzungen dafür vorliegen (s. vorstehend) – durch einstweilige Anordnung ermöglicht wird.[923]

416 Im übrigen sind, soweit die Durchsetzbarkeit eines obsiegenden Urteils dadurch hinreichend gesichert werden kann, nur **vorläufige Maßnahmen** statthaft.[924] So kann im Wege der einstweiligen Anordnung nicht die endgültige, sondern nur die vorläufige Zulassung zur Prüfung begehrt werden. Wird in einem solchen Fall die Prüfung bestanden, kann nicht allein daraus (rückschließend) die Rechtswidrigkeit der Nichtzulassung hergeleitet werden.[925] Die Behörde behält das **Prüfungszeugnis** bis zur Entscheidung im Hauptverfahren zurück,[926] es sei denn, die Eilbedürftigkeit und Erfolgsaussichten der Klage rechtfertigen im Einzelfall die Aushändigung eines vorläufigen Prüfungszeugnisses.[927]

417 Auch wenn es nicht nur um eine ordnungsgemäße Wiederholung der Prüfung, sondern um die Neubewertung der Prüfungsleistungen und damit unmittelbar um das Bestehen der Prüfung geht, kommt – soweit der Anspruch glaubhaft gemacht worden ist – in der Regel nicht eine vorläufige Prüfungsentscheidung im positiven Sinne, sondern nur ein **vorläufiges Prüfungszeugnis** in Betracht. Es kann auf diese oder andere Weise dem Prüfling die Möglichkeit verschafft werden, die Berechtigungen und Chancen, die sich aus der bestandenen Prüfung ergeben, vorläufig zu nutzen, damit ihm der – in ho-

---

[922] Wegen der Einzelheiten s. die ausführlichen Darlegungen von Jakobs, VBl BW 1984, 130 ff.
[923] Dazu insgesamt: HessVGH, Beschl. v. 29. 9. 1992 – 6 TG 1517/92 – DVBl 1993, 57; OVG Bremen, Beschl. v. 4. 7. 1991 – OVG 1 B 35/91 – SPE 214 Nr. 7; BayVGH, Beschl. v. 12. 1. 1989 – Nr. 7 CE 883403 – BayVBl 1989, 660; VGH Bad.-Wttbg., Beschl. v. 28. 12. 1992 – 9 S 2520/92 – DVBl 1993, 508 und v. 10. 3. 1989 – 9 S 615/89 – DVBl 1989, 1197 und v. 27. 1. 1984 – 9 S 3066/83 – DÖV 1984, 816 = VBl BW 1984, 384 und v. 3. 11. 1982 – 11 S 1743/82 – (betr. die Zulassung zur Reifeprüfung); OVG RhPf., Beschl. v. 25. 2. 1982 – 2 B 13/82 (betr. das Nichtbestehen der ärztlichen Vorprüfung).
[924] S. auch dazu im einzelnen: Jakobs aaO.
[925] BVerwG, Beschl. v. 22. 1. 1981 – 7 B 156.80 – Buchholz 421.0 Prüfungswesen Nr. 139.
[926] OVG NW, Beschl. v. 27. 11. 1974 – XV B 1194/74.
[927] OVG NW, Urt. v. 13. 12. 1974 – XV A 1455/74.

hem Maße wahrscheinliche – Erfolg des Hauptverfahrens nicht zwischenzeitlich abgeschnitten wird.[928]

Geht es um die **Versetzung in die nächsthöhere Schulklasse**, richtet sich der vorläufige Rechtsschutz, der auch hier aufgrund des § 123 VwGO zu gewähren ist,[929] auf Teilnahme am Unterricht (des gastweisen Besuchs) dieser Klasse.[930] Die Eilbedürftigkeit ergibt sich hier regelmäßig daraus, daß der nicht versetzte Schüler den Anschluß an seine bisherige Klasse schnell verliert. Das **Rechtsschutzinteresse** für eine einstweilige Anordnung entfällt indessen nicht, wenn das Schuljahr bereits fortgeschritten ist. Freilich kann der Anordnungsantrag nicht schon dann Erfolg haben, wenn die Versetzung bei richtiger Anwendung von Formvorschriften möglich ist, sondern erst wenn sie bei richtiger Bewertung der Leistungen des Schülers wahrscheinlich ist.[931] Ferner ist in die Erwägungen einzubeziehen, ob der Schüler nach seinen Kenntnissen dem Unterricht der nächsthöheren Klasse hinreichend wird folgen können. Sollte dies mit hoher Wahrscheinlichkeit auszuschließen sein, kann er auch nicht vorläufig in diese Klasse versetzt werden. 418

Erreicht ein nicht versetzter Schüler, der im Wege einer einstweiligen Anordnung zum Unterricht der nächsthöheren Klasse zugelassen worden ist, noch vor Abschluß des gerichtlichen Verfahrens das Ziel dieser Klasse, so ist er **weiter zu versetzen**. Er wird dadurch wegen seines nachgewiesenen gegenwärtigen Leistungsstandes uneingeschränkt und ohne Vorbehalt Schüler dieser höheren Klasse. Die umstrittene Nichtversetzung in die untere Klasse wird dann für die Frage, welcher Klasse der Schüler angehört, inhaltlich gegenstandslos. Der Schüler kann allerdings gemäß § 113 Abs. 1 Satz 4 VwGO die Feststellung beantragen, daß die frühere Nichtversetzung rechtswidrig gewesen ist, sofern er ein berechtigtes Interesse an einer solchen Feststellung besitzt. 419

10. Vergleichsmöglichkeiten

Bei Streitigkeiten um Prüfungs- oder Versetzungsentscheidungen ist es nicht nur besonders wichtig, daß möglichst bald eine abschließende Klärung 420

---

[928] Wegen der Wiedereinsetzung in den vorigen Stand (§ 60 VwGO): BVerwG, Beschl. v. 7. 9. 1976 – 7 B 104/76 – NJW 1977, 262.
[929] OVG Lbg., Beschl. v. 26. 11. 1984 – 13 B 10/84 – SPE 904 Nr. 5. Für den Fall, daß der mehrfach nicht versetzte Schüler kraft gesetzlicher Regelung die Schule verlassen muß: OVG RhPf., Beschl. v. 19. 1. 1983 – 2 B 4/83 – SPE 976 Nr. 10.
[930] OVG NW, Beschl. v. 30. 11. 1981 – 15 B 1846/81 – (betr. die vorläufige Teilnahme am Unterricht der Klasse 6 der Realschule nach Anfechtung der schulischen Anordnung, die zur Erprobungsstufe gehörende Klasse 5 zu wiederholen); OVG Berlin, Beschl. v. 18. 8. 1981 – OVG 3 S 153.81 – (Anordnung abgelehnt, weil die durch Verwaltungsvorschriften festgelegten Versetzungsvoraussetzungen nicht erfüllt seien); OVG Berlin, Beschl. v. 18. 12. 1980 – OVG 3 S 145.80 – (betr. vorläufigen Schulbesuch in der gymnasialen Oberstufe).
[931] OVG Lbg., Beschl. v. 26. 11. 1984 aaO.

herbeigeführt wird, es ist meist gleichermaßen von erheblicher Bedeutung, daß eine Atmosphäre erhalten oder geschaffen wird, in der sachlich weiter gearbeitet und die Prüfung unter Umständen ohne persönliche Ressentiments wiederholt werden kann. Beides wird durch eine vergleichsweise Beendigung des Rechtsstreits erreicht oder zumindest gefördert. Insbesondere, wenn der äußere Ablauf des Prüfungsverfahrens den rechtlichen Anforderungen möglicherweise nicht voll entsprochen hat, Einzelheiten, insbesondere die Frage des **Einflusses etwaiger Verfahrensmängel auf die Prüfungsentscheidung**, jedoch allenfalls durch **langwierige Aufklärungen** beantwortet werden können, drängt sich eine etwa auch teilweise Wiederholung der Prüfung oder Wiederholung der Beratung und Entscheidung über das Prüfungsergebnis auf.

421 Rechtliche Gründe stehen einem gerichtlichen Vergleich im Prüfungs- und Versetzungswesen nicht oder jedenfalls nicht mehr als anderswo entgegen. Solange um die Rechtmäßigkeit einer Prüfungsentscheidung vor Gericht gestritten wird, ist die vergleichsweise zugestandene Wiederholung **keine zusätzliche (Zweit-)Prüfung**, die aus Gründen der Chancengleichheit unzulässig sein könnte, sondern eine Fortsetzung der noch nicht abgeschlossenen Erstprüfung.

Zwar dürfen die Beteiligten einen Vergleich nur soweit schließen, wie sie über den Gegenstand der Klage verfügen können (§ 106 VwGO). Damit ist der **Vergleichsspielraum** jedoch nicht auf solche Fälle beschränkt worden, die im Rahmen eines behördlichen Handlungsermessens variabel zu gestalten sind. Vielmehr ist ein Vergleich auch dann zulässig, wenn entweder über die tatbestandlichen Voraussetzungen der behördlichen Entscheidung oder aber über die Auslegung des Gesetzes oder von Verwaltungsvorschriften Zweifel bestehen, es sei denn, ein Vergleich bestimmten Inhalts wird durch – nicht weiter interpretationsfähige – zwingende gesetzliche Bestimmungen untersagt oder widerspricht überwiegendem öffentlichem Interesse.[932]

§ 2 Abs. 3 Nr. 2 i. V. m. § 55 VwVfG enthält nicht eine solche entgegenstehende gesetzliche Regelung. Danach gilt zwar die gesetzliche Ermächtigung, öffentlich-rechtliche Vergleichsverträge abzuschließen, wenn die Behörde dies für zweckmäßig hält, nicht auch für Prüfungen. Das bedeutet, daß das Ergebnis der Leistungskontrolle einschließlich der dazu erforderlichen Bewertungen **nicht nach Zweckmäßigkeitserwägungen durch Vergleichsvertrag** festgelegt werden darf. Dies würde zudem das Gebot der Chancengleichheit verletzen, auf deren Beachtung diese gesetzliche Regelung abzielt. Modalitäten des Prüfungsverfahrens, einschließlich der Neubewertung der Leistungen und der Wiederholung einer Prüfung, die mit einem Verfahrensfehler behaftet zu sein scheint, dürfen indes vergleichsweise geregelt werden. Die **inhaltliche Bewertung** der Leistungen wird auf diese Weise nicht etwa „vergleichsweise" vorgenommen.

---

[932] Dazu insbesondere: Redeker/von Oertzen, aaO § 106 Rdn. 3 ff. mit weit. Hinweisen insbesondere auf die Rechtsprechung des BVerwG und abweichende Meinungen im Schrifttum.

Sachverzeichnis

Die Zahlen verweisen auf die Randnummern

Abhandenkommen der Prüfungsarbeit
237, 276
Absprachen der Prüfer 71
Abwesenheit eines Prüfers 201 f., 265
Akteneinsicht 112
Amtsärztliches Attest
- als Nachweis der Prüfungsunfähigkeit
160, 395
- als unselbständige Verfahrenshandlung
379
Änderung der Prüfungsbedingungen
56 ff., 84
Anerkennung von Abschlüssen und Berechtigungen 10 ff.
Anfechtungsklage
- gegen Prüfungsentscheidungen bei Mängeln des Prüfungsverfahrens 383
Anhörungsgebot 104, 111
Anoymität im Prüfungsverfahren 40, 140, 181, 233
Anspruch auf Überdenken
- im verwaltungsinternen Kontrollverfahren 77, 104 ff., 312 ff.
Antwortspielraum des Prüflings 403
Antwort-Wahl-Verfahren
- Eindeutigkeit der Prüfungsfrage 205, 219, 262
- grundsätzlich zulässig und geeignet 219
- gerichtliche Überprüfung 407
- gesetzliche Grundlage 34
- prüfungspezifische Wertungen 407
- relative und absolute Bestehensgrenzen 260
- Richtigkeit der Antwort 338, 340 ff.
- Verschärfung der Anforderungen 56 ff.
Arithmetische Ermittlung des Prüfungsergebnisses 254 f.
Ärztliche Untersuchung
- bei krankheitsbedingtem Rücktritt von der Prüfung 160 ff., 395
Aufklärungspflicht des Gerichts 392 ff.
Aufrundung einer Dezimalstelle 255 ff.
Aufschiebende Wirkung des Rechtsbehelfs 414

Aufsichtspflicht
- bei der Anfertigung schriftlicher Prüfungsarbeiten 235
Ausbildungsnote 348
Ausgleich guter und schlechter Leistungen 348
Auskunftsanspruch der Eltern 115 ff.
Auskunftspflicht der Schule 115 ff., 121
Ausländer
- Beherrschen der deutschen Sprache 139
- ungleiche Startchancen 359

Befangenheit des Prüfers 189 ff., 353
Begründungspflicht bei der Leistungsbewertung 280
- schriftliche Begründung 281
Behinderung bei der Prüfung 139
- Ausgleich durch Hilfsmittel 156, 234
Bekanntgabe des Prüfungsergebnisses 280 f.
Bekanntmachung der Prüfungsordnung 69
Bescheidungsurteil 382
Besetzung des Prüfungsausschusses 126 ff.
Bestandskraft von Prüfungsentscheidungen
- Rechtsmittelfristen 391
Bestimmtheitsgebot hinsichtlich der gesetzlichen Steuerung 23
- s. auch Vorbehalt des Gesetzes
Betreuungspflicht der Prüfungsbehörden 104 ff., 84
Beurteilung
- selbständige, eigenverantwortliche 179, 267, 271
Beurteilungsspielraum 399 ff., i. V. m. 327, 330
- s. auch Bewertungsspielraum
Beweis des ersten Anscheins 149, 398
Beweislast 398
Bewertung von Prüfungsleistungen
- materielle Bewertungsgrundlagen 326 ff.-

– prüfungsspezifische, fachspezifische Wertungen 327, 342, 399 ff., 408
– relative oder absolute Wertung 138, 258, 402
– Verfahrensregelungen betr. die Bewertung 251 ff.
Bewertungsfehler
– Erheblichkeit 284, 286, 364
– falsche tatsächliche oder rechtliche Voraussetzungen 331 ff., 335
– inhaltliche 335
– Korrektur der fehlerhaften Bewertung 79, 367 f.
Bewertungsgrundsätze, allgemein anerkannte 187, 339 ff.
Bewertungspraxis 360 ff.
Bewertungsvorrecht des Prüfers 399 ff.
Bewertungsspielraum s. Beurteilungsspielraum
Bundestreue 10 ff.

Chancengleichheit
– als prinzipielle Anforderung 1, 2
– im Bereich der äußeren Prüfungsbedingungen 215 ff., 234
Computer
– Störungen bei der Abfassung der Prüfungsarbeit 142

Differenzierung der Leistungsbewertung 274
Disketten
– Ablieferung von Disketten anstelle schriftlicher Arbeiten 334

Eigenverantwortlichkeit des Prüflings und persönliche Leistung 140
Eigenverantwortlichkeit und Unabhängigkeit des Prüfers 179
Einsichtnahme in Prüfungsakten 104 ff.
Einstweilige Anordnung 414
– auf Erteilung eines vorläufigen Zeugnisses 417
– Erledigung durch Weiterversetzung 419
Einzelnoten
– als Gegenstand der gerichtlichen Kontrolle 379 f.
Einzelprüfer
– Zulässigkeit 199 f.
– Abänderbarkeit seiner Entscheidungen 273
Eliminierungsverfahren 261, 317

Elternrecht
– Anspruch auf Mitteilung schulischer Leistungen 115 ff.
Erheblichkeit von Verfahrensmängeln 79, 284 ff.
– von Bewertungsfehlern 364 ff.
Erkrankung s. Prüfungsunfähigkeit
Ermessen
– bei der Auswahl des Prüfungsstoffs 212
– s. auch Beurteilungsspielraum

Fachlehrer
– Änderung seiner Bewertungen durch die Klassenkonferenz 273
Fachnote s. Einzelnote
Fachspezifische Wertungen s. Bewertung von Prüfungsleistungen
Fehleinschätzung von Prüfungsleistungen 339 ff.
Fehlerkontrolle
– vorbeugende 261, 317
– nachträgliche 105, 312 ff.
Form der Prüfung 215 ff.

Geheimhaltung von Prüfungsunterlagen 397
Gerichtliche Kontrolle, Kontrolldichte 399 ff.
Gesamteindruck als Bewertungskriterium 257, 347
Gesetzesvorbehalt s. Vorbehalt des Gesetzes
Gestaltungsspielraum des Prüfers
– bezüglich Form und Verlauf der Prüfung 223
Gesundheitliche Beschwerden des Prüflings 153 ff.
– des Prüfers 178
Gleichbehandlung der Prüflinge bei der Gewährung von Hilfsmitteln 234
Gleichbewertungsgebot 355 ff.
Gleichwertigkeit von Abschlüssen und Berechtigungen
– in anderen Bundesländern 10 ff.
– in EG-Mitgliedstaaten 19
Grundrechtsschutz
– verfahrensmäßige Absicherung 25, 105, 312
– gerichtliche Kontrolle 76, 399 ff.
Gruppenarbeiten 141
Gruppenprüfung 230

Zahlen = Randnummern 235

Heilung von Mängeln im Prüfungsverfahren 289
Hilfsmittel in der Prüfung 144, 234

Informationspflicht
- der Prüfungsbehörde 105 ff.
- der Schule 115 ff.

Klagebefugnis 375
Klagegegner, Verfahrensbeteiligte 376 f.
Klageziel, Klageart 381
Klassenarbeiten
- als Gegenstand der gerichtlichen Kontrolle 379
Kontrolldichte verwaltungsgerichtlicher Überprüfung 399 ff.
Korrekturassistenten 179
Krankheit des Prüflings s. Prüfungsunfähigkeit

Lärmstörungen 238 ff., 241
Leistungsklage
- mit dem Ziel der Fortsetzung des Prüfungsverfahrens 383
- auf Verbesserung von Fachnoten 386
Leistungsmängel, unvertretbare 359
Leistungsvergleich, relative Bewertung der Leistung 138, 258, 402

Mathematisierende (arithmetische) Leistungsbewertung 254 ff., 347
Menstruationsbeschwerden während der Prüfung 156
Mitwirkungspflicht der Prüfer
- bei der Bewertung der Prüfungsleistungen im Prüfungsausschuß 179, 265
Mitwirkungspflicht des Prüflings
- im Falle von (Lärm-)Störungen 244
- zur Feststellung seiner Prüfungsunfähigkeit 158 ff.
- bei der Substantiierung seiner Einwände gegen die Bewertung 314
- bei der Aufklärung des Sachverhalts im gerichtlichen Verfahren 404
Multiple-Choice-Verfahren s. Antwort-Wahl-Verfahren
Mündliche Prüfung
- Abwesenheit von Mitgliedern des Prüfungsausschusses 201, 265
- Gruppenprüfung 230
- Höchst- oder Mindestdauer 228
- Organisationsermessen, Gestaltungsspielraum 220, 228

- Zahl der Prüfungskandidaten 230
Musterlösung 338

Nachträgliche Fehlerkontrolle 105, 312 ff.
Nachschreibzeit 241
Neubewertung bei Bewertungsfehlern 367
Niederschrift s. Protokoll
Note s. Einzelnote

Parlamentarische Leitentscheidung s. Vorbehalt des Gesetzes
Privatschule
- Anfechtung von Prüfungs- und Versetzungsentscheidungen 373
Protokoll der Prüfung 246 ff.
- Folgen von Mängeln 250
- Umfang der Protokollierungspflicht 247
Prüfer 174 ff.
- Beurteilungsspielraum 399 ff. i. V. m 327, 330
- Eigenverantwortlichkeit, Unabhängigkeit 179
- fachliche Qualifikation 174
- Fairneß und Sachlichkeit 184
- Unvoreingenommenheit 189
Prüfung als hoheitliche Angelegenheit 5
Prüfungsakten, Prüfungsarbeiten
- Anspruch auf Einsichtnahme 104 ff.
- als Beweismittel 396
- Vorlage bei Gericht 397
Prüfungsausschuß
- Anwesenheit seiner Mitglieder 201, 265
- Qualifikation seiner Mitglieder 174
- richtige Besetzung 124 ff., 130,
- Zuständigkeit 124 ff.
Prüfungsentscheidung
- Begründung 280
- Bekanntgabe, Wirksamkeit 278 f.
- Bestandskraft 391
- inhaltliche Anforderungen 274
- nachträgliche Änderung, Widerruf, Rücknahme 282, 283
Prüfungs(un-)fähigkeit 153 ff.
- Merkmale und Voraussetzungen der Prüfungsunfähigkeit 153 ff.
- nachträgliche Berücksichtigung 170
- Rücktritt, Genehmigung 171 ff.
- Rügepflicht und Nachweis durch (amts-)ärztliches Attest 158 ff.

Prüfungskandidaten
- Höchstzahl in der Prüfung 230
Prüfungsleistungen
- allgemeingültige Bewertungsgrundsätze 339 ff.
- normiertes Bewertungsverfahren 251 ff.
Prüfungsordnung
- Auslegungsregeln 71
- Bekanntmachung 52, 69
- formelle und inhaltliche Mängel, Rechtsfolgen 51 ff.
Prüfungsspezifische Wertungen 327 f., 399 ff.
Prüfungspraxis 71 ff.
- Änderungsmöglichkeiten 72
- Vertrauensschutz 73
Prüfungsprotokoll s. Protokoll
Prüfungsstoff
- vorherige Bekanntgabe 110, 211
- Gesetzesvorbehalt 25
Prüfungsverfahren 25 ff., 215 ff.
- faire Verfahrensführung 78, 184 ff.
- Gesetzesvorbehalt 25
- Gleichbehandlung 75, 80 ff., 137 ff.
- nachträgliche Änderung 216
- rechtserhebliche Mängel 81 ff.,

Randbemerkungen
- der Prüfer, äußere Form, Stil 187
- von Korrekturassistenten 179
Rauchen im Prüfungsraum 154, 239
Rechtschreibmängel, Erheblichkeit 336
Religionslehre, Versetzungserheblichkeit 208, 358
Rücktritt von der Prüfung
- Genehmigung 161, 171
- Rechtfertigungsgründe 153 ff., 292 ff.
- wegen gesundheitlicher Störungen 153 ff.
- wegen (Lärm-)Störungen während der Prüfung 245
- Wiederholungsmöglichkeiten 172 ff., 290 ff.
Rügepflicht des Prüflings
- bei Kenntnis von Mängeln des Prüfungsverfahrens 83, 158, 195, 244 f.

Sachfremde Erwägungen
- bei der Bewertung von Prüfungsleistungen 352 ff.
Schadensersatz 84

Schreibbehinderung, Arbeitszeitverlängerung 156, 234
Schreibhilfe bei Behinderung 156, 234
Schreibversehen 344
Schreibzeitverlängerung
- bei Hausarbeiten 225
- bei nachträglichen Änderungen der Aufgabe 221
- bei Störungen durch äußere Einwirkungen (Lärmstörungen) 241
Schweigen des Prüflings 108, 229
Schwerbehinderung, Hilfsmittel 156
Sitzverteilung 233
Sonderschulbedürftigkeit
- gerichtliche Überprüfung 411
- maßgeblicher Zeitpunkt für die Feststellung 411
Sonderschule
- Anfechtung der Überweisung 411
Sozialverhalten des Schülers
- als Gegenstand schulischer Bewertungen 120
Sperrwirkung nicht ausreichender (Teil-)Leistungen 40, 347 f.
Sportunterricht, Bewertungsgrundsätze 358
Sprachkenntnisse
- Beherrschen der deutschen Sprache als Prüfungsvoraussetzung 139
Störung der Prüfung
- durch äußere Einwirkungen 238 ff.
Substantiierungspflicht des Prüflings
- hinsichtlich seiner Einwendungen im verwaltungsinternen Kontrollverfahren 314 ff.
- im gerichtlichen Verfahren 404

Tatsächlich erbrachte Leistungen als Gegenstand der Bewertung 337
Täuschung, Täuschungsversuch
- Ausschluß von der Prüfung 150
- Beweis des ersten Anscheins 149, 398
- Beurteilung des Gewichts von Täuschungshandlungen 150
- nachträglicher Widerruf der Prüfungsentscheidung wegen Täuschung 152
- Nachweis durch das Prüfungsprotokoll 250

Überdenken der Bewertungen, Anspruch des Prüflings 77, 104 ff., 312 ff.
Übergangsfrist

Zahlen = Randnummern

- für eine rechtsförmige Ausgestaltung des Prüfungswesens 48
Übergangsregelungen
- bei Änderung der Prüfungsordnung 59, 62, 74
Unabhängigkeit des Prüfers 182
Unentschuldigtes Fehlen
- Bewertung nicht erbrachter Leistungen 346
Unruhe im Prüfungsraum 239, 388
Untersuchungsmaxime
- im gerichtlichen Verfahren 393

Verbale Zeugnisse, Gesetzesvorbehalt 47
Verbesserungsklage 371, 386, 412
Verfahrensbeteiligte 375
Verfahrensmangel 75 ff.
- Erheblichkeit 81 ff., 284 ff.
Vergleichsabschluß 420
Vergleich mit den Leistungen anderer Prüflinge 138, 258, 402
Verpflichtungsklage
- auf Bestehen der Prüfung 381
- auf Verbesserung einzelner Noten 386
- auf Verbesserung des Ergebnisses 371, 386
Versetzung des Schülers, Gesetzesvorbehalt 23, 41
Versetzungserheblichkeit von Fachnoten
- Musik 358
- Religion 208, 358
- Sport 358
Versetzungsordnung 42
Vertrauensschutz
- bei der Änderung von Prüfungsbestimmungen 56 ff.
- bei der Änderung der Prüfungspraxis 73
- bei einer rechtswidrigen, begünstigenden Prüfungsentscheidung 282
- bei rechtswidriger Zulassung zu Prüfung 101
Verwaltungsinternes Kontrollverfahren 312 ff., ferner 36, 49, 183, 281
Verwaltungsrechtsschutz 370 ff.
Verwaltungsvorschriften, rechtliche Bedeutung 67 ff.
Vorbehalt des Gesetzes 21 ff.
- Grundsätzliche Geltung 21
- betr. Leistungsanforderungen und Bewertungen 30 ff.

- betr. schulische Leistungsbewertungen 41 ff.
- betr. Verfahren und Zuständigkeiten 25 ff.
Voreingenommenheit des Prüfers s. Befangenheit
Vorlagepflicht betr. die Prüfungsunterlagen 397
Vorläufiger Rechtsschutz 414
Vorbereitung der Prüfung, Zeitvorgabe 221
Vorverfahren, Widerspruchsverfahren 390, s. auch 312 ff.
Vorwarnung 123
Vorzensuren
- als Gegenstand der gerichtlichen Kontrolle 386

Widerspruch, Widerspruchsverfahren 312 ff., 390
Wiederholung der Prüfung 290 ff.
- nach erfolgloser Prüfung 304 ff.
- nach Rücktritt aus wichtigem Grunde (z. B. wegen Krankheit) 292 ff.
- zur Korrektur von Mängeln des Prüfungsverfahrens 296 ff.
Willkürverbot
- als rechtliche Schranke prüfungsspezifischer Wertungen 339 ff.

Zusammensetzung des Prüfungsausschusses 126 ff.
- bei Wiederholungsprüfungen 301
Zeitliche Dauer der mündlichen Prüfung 228
Zeugenbeweis 249, 396
Zeugnis
- Anspruch auf Erteilung 108 ff.
- verbale Fassung 47
Zuhörer bei der Prüfung 239
Zulassung zur Prüfung 85 ff.
- Zulassungsvoraussetzungen 89 ff., 97
- Zulassung zur Wiederholungsprüfung 95
Zusammenwirken der Prüfer 73, 199 ff., 265, 270
Zuständigkeit des Prüfers, des Prüfungsausschusses 124 ff.
- Gesetzesvorbehalt 26
Zuständigkeit des Verwaltungsgerichts
- Verwaltungsrechtsweg 372
- örtliche Zuständigkeit 374